KB212824

깨달음
논쟁

깨달음 논쟁

깨달음이란 무엇인가?

불교학연구회 엮음

운주사

본서에 수록된 논문들은 모두 『불교학 연구』 제54~56호에 게재된 논문들을 수정 보완한 것임을 밝힙니다.

발간사

붓다는 중생들의 깨달음과 열반을 위하여 다양한 교학과 실천을 설했고, 그의 가르침은 시대별, 학파별, 종파별 불전들로 전개·발전되었다. 대승불교가 시작되면서 교학과 수행 실천의 목적은 열반이 아니라 깨달음이 되었다. 왜냐하면 대승불교에서 보살은 자신의 열반을 뒤로 미루고 깨달음을 위해서 수행한다고 말하기 때문이다.

그런데 여러 시대, 여러 학파, 여러 종파의 다양한 불전들을 보면 깨달음의 개념, 깨달음을 위한 수행 단계, 그리고 그런 수행에 따라 변화하는 육신과 정신 등을 서로 다르게 설명한다. 이로부터 깨달음에 대한 학설은 시대와 학파와 종파에 따라 변화와 변용을 겪었음을 알 수 있다.

깨달음에 대해서는 그동안 국내외 여러 불교학자들에 의한 연구·발표가 있었지만, 지금까지의 연구에서는 시대와 학파와 종파에 따른 변화와 변용을 종합적으로 다룬 연구가 없었다. 이에 불교학연구회에서는 2017년 10월부터 12월까지 연속 3회에 걸쳐서 각 분야별 전공자를 선발하여 시대별, 학파별, 종파별 깨달음에 대한 발표와 논평, 그리고 1회에 걸쳐 종합 토론을 진행하였다.

3회에 걸쳐 진행된 불교학연구회의 학술대회는 "인도·중국·티벳 불교의 깨달음 논쟁"이라는 대주제로 3명의 기조 강연자, 10명의 세부 주제 발표자, 20명의 논평자, 그리고 10명의 사회자들이 참여하였는데, 특히 각 주제에 대해 전문적이고 심도 있는 발표 및 토론을 위하여 매회 발표자와 논평자들이 번갈아가면서 학술대회를 진행하였다.

기조 강연은 정승석 동국대 교수, 용성선원장 월암 스님, 이평래 충남대 명예교수가 해주었으며, 세부 주제 발표는 울산대 김준호, 중앙승가대 남수영, 동국대 조윤경, 한국외국어대 김한상, 금강대 김성철, 고려대 이병욱, 동국대 이필원, 금강대 차상엽, 동국대 석길암, 동국대 김호귀 교수 등이 맡아 주었다. 특히 세부 주제는 인도, 중국, 티벳, 초기불교, 중관학파, 유가행파, 삼론종, 천태, 화엄종, 선종에 이르기까지 지역, 학파, 종파를 폭넓게 다루고 있다.

본 학술대회에서 발표된 기조 강연과 세부 주제 발표들은 주제와 관련된 다양한 문헌들을 근거로 한 체계적이고 뛰어난 연구 논문들이다. 본 학회에서는 이 논문들이 인접 학문의 여러 학자들 및 승·재가의 여러 실천가들과 공유되기를 희망하면서 단행본으로 묶어 "깨달음 논쟁"이라는 제목을 붙여서 출판하게 되었다. 본서가 깨달음 연구 및 불교학의 연구 발전에 새로운 기폭제가 되어 다양한 후속 연구가 있기를 기원한다.

끝으로 "인도·중국·티벳 불교의 깨달음 논쟁"의 학술대회에서 옥고를 연구·발표해준 기조 강연 발표자, 세부 주제 발표자, 논평자, 사회자 여러분들께 머리 숙여 감사를 드린다. 또한 학술대회 기간 동안 도움을 준 본 학회의 총무이사 이종수 교수와 김종진 교수, 연구이사 남수영 교수, 총무간사 김현덕 박사에게도 감사드린다.

그리고 우리 불교학연구회가 연속 3회에 걸쳐 학술대회를 개최할 수 있도록 「2017년 학술대회개최 지원사업」 기금을 지원해준 한국연구재단에 깊은 감사의 인사를 드린다. 또한 학술대회에서 발표된 논문들을 단행본『깨달음 논쟁』으로 출판할 수 있도록 허락해준 운주사의 김시열 대표에게도 심심한 감사의 말씀을 드린다.

2018년 10월 초추初秋

불교학연구회 제10대 회장

최종남崔鍾男 삼가 씀

유가행파의 수행도와 깨달음 247

김성철 | 금강대학교 불교문화연구소 교수

티벳불교의 논리 전통과 명상 전통 285

차상엽 | 금강대학교 불교문화연구소 교수

석길암 | 동국대학교(경주) 불교학부 교수

김호귀 | 동국대학교 불교학술원 HK연구교수

인도 사상에서 깨달음의 유형

정승석 | 동국대학교 불교대학 교수

1. 깨달음의 필요충분조건

인도 사상에서 깨달음은 진리/진실을 깨닫는 활동이며, 지혜를 통해 얻는 동시에 지혜를 본질로 갖는 것이라는 인식이 통용되어 왔다. 다만 깨달음의 전제가 되는 논의는 흔히 수행론이나 지식론의 범주에서 이루어지기 마련이다 보니, 종종 지식과 지혜의 혼용에 대한 개념적 착오를 우려할 수 있다.

"지식이 있으면 앎이 있고, 앎이 있으면 지식이 있다."

이렇게 말하는 것은 일반적으로 통용되는 상식적 명제에 속한다. 그러나 인도 사상에서도 이런 명제가 통용되기는 하지만, 이렇게 표현된 명제는 인도 사상(이하 '인도철학')의 목적을 드러내는 데 그다지

도움이 되지 않는다. 그러므로 인도철학의 목적을 드러내기 위해서는 이 명제를 다음과 같이 바꾸어 표현하는 것이 적절하다.

"지혜가 있으면 깨달음이 있고, 깨달음이 있으면 지혜가 있다."

이 명제는 인도철학이 해탈을 지향한다는 사실을 전제로 한다. 인도철학에서 지향하는 해탈은 학파마다 추구하는 진리에 대한 깨달음으로 가능하다. 인도철학에서 깨달음의 필요충분조건으로서 지혜를 중시한 이유가 여기에 있다.

예시한 두 가지 명제에서 '지식'과 '지혜'를 의미하는 산스크리트로는 대체로 jñāna가 동일하게 사용된다. 그러나 해탈이 궁극적 목적인 경우의 지식(jñāna)은 일상의 경험적 지식에 그치지 않고, 고정관념의 장애가 없이 직관적인 동시에 객관적으로 알아차리는 지식이다. 그러므로 이 같은 지식을 특정하기 위해 우리는 jñāna를 흔히 지혜 또는 예지로 표현하길 선호한다. 물론 '깨달음의 지식'이라고 표현하더라도 우리는 그 '지식'을 맥락상 '지혜'라는 의미로 이해할 것이다.

인도철학에서는 대부분의 경우 '진실에 대한 지식'(=지혜)으로 해탈을 얻는다고 설한다. 이러한 철학은 해탈이라는 종교적 최고의 목적을 추구한다.[1] 이와 아울러 인도철학의 대표적 특징으로 지목되는 것은 세계와 자기(자아, Ātman)에 관한 진실(=진리)을 깨달음으로써 해탈이 성취된다는 신념이다. 이 신념을 좀 더 구체적으로 서술하면, "세계

---

1 村上眞完, 『印度哲學槪論』(京都: 平樂寺書店, 1991), p.20.
"철학이 지혜(知), 예지叡智, 특히 진리에 대한 지혜를 추구한다는 점은 인도철학의 빼어난 특색이라고 말할 수 있을 것이다. 인도철학은 그러한 지식 체계를 지향하는 예지의 학문이라고 말할 수 있다." 村上眞完, p.22.

와 자아의 본성이라는 진실에 대한 무지는 고통과 속박의 원인이므로, 그 진실에 대한 지혜가 없이는 고통과 속박으로부터의 해탈을 성취할 수 없다."[2]라고 말할 수 있다. 이 점에서 인도철학의 목적인 해탈이란 한마디로 말해서 '무지(=無明)로부터의 해방'을 가리킬 것이다.

인도철학이라고 말하면 주로 육파철학을 떠올리기 쉽지만 인도철학의 범주에서, 즉 인도 사상에서는 불교도 예외가 아니다. 불교의 경우에는 오히려 더욱 투철하게 해탈을 위한 깨달음의 길(道)을 모색했다. 불교는 단적으로 말하면 미혹을 전환하여 깨달음을 여는 '전미개오轉迷開悟 가르침'으로 불릴 수 있다. 여기서 깨달음은 해탈의 관건이다.

보리수 아래서 성취하여 정각正覺으로 불리는 석가모니의 깨달음은 이미 과거의 붓다들이 거쳤던 길이고, 그것은 또한 모든 사람에게 가능한 보편적 진리였다. 석가모니에 의하면, 보편적 진리를 깨닫는다는 것은 본래 진실한 자기를 실현하는 것이었기 때문에, 붓다란 그러한 자기를 실현한 사람을 가리킨다. 석가모니는 이러한 깨달음을 모든 사람이 현실적이고 즉시적이고 실증적인 것으로 체득해야 할 것이라고 가르쳤다.

이제 "인도철학에서 추구하는 깨달음이란 무엇인가?" 하는 문제의 답변은 깨달음의 대상에 대한 이해에 따라 달라진다고 말할 수밖에 없다. 예를 들어 자아(Ātman)로 불리는 자기는 동일할지라도, 이것을 각 학파에서 가르치는 대로 이해하는 것이 그 학파에서 말하는 깨달음이 된다. 그리고 이 깨달음의 대상이 곧 지혜(=지식)의 대상이다.

---

2 Satichandra Chatterjee, *An Introduction to Indian Philosophy* (7th ed.; Calcutta: Unversity of Calcutta, 1968), p.18.

이 경우의 지혜는 각 학파에서 진실 또는 진리로 설정한 깨달음의 필요충분조건이기 때문이다. 이 지혜를 얻는 것이 깨달음이며, 이 깨달음은 해탈을 보증한다.

그렇지만 깨달음이 해탈을 보증하기 위해서는 지혜를 연마하고 유지하는 노력, 즉 수행이 불가피하므로 깨달음의 문제는 수행도와의 불가분성도 고려해야 할 것이다. 더욱이 '깨달은 자'의 전형인 석가모니도 보통 사람들과 마찬가지로 고통을 피할 수는 없었듯이,[3] 지혜만으로 고통과 속박을 극복하지 못한다는 것은 엄연한 사실이다. 따라서 해탈을 추구하는 깨달음은 수행과 직결될 수밖에 없을 것이지만, 이하에서는 이에 관해 최소한의 약술에 그칠 것이다.

2. 정통 학파에서 추구하는 깨달음

인도의 모든 학파들은 제각기 자파의 방법을 통해 진리를 직접 깨달을 수 있다고 주장한다.[4] 그러나 인도 사상에서 깨달음은 해탈과 동일시될 만큼 직접적으로 설명하기 곤란한 추상적인 관념이다.[5] 더욱이 깨달음

---

3 中村 元, 『印度思想の諸問題』(東京: 春秋社, 1967), p.46 참조. 中村 元은 석가모니가 입멸을 앞두고 아난阿難에게 "자리를 깔아라. 나는 등(背)의 통증으로 앓고 있으니, 여기서 쉬고 싶다."(長阿含經 권2: "告阿難. 敷座, 吾患背痛, 欲於此止." T 1, p.15b)라고 부탁한 사실을 예로 들면서, "각자覺者에게마저도 고통이 존재한다고 말하는 것을 후세의 불교도는 이론적 사변으로 확인하기에 이르렀다."고 지적한다.

4 Satichandra Chatterjee, ibid., p.2.

5 힌두교 백과사전으로는, 근래에 출판되어 인용 지수가 높은 *Brill's Encyclopedia of Hinduism*에서는 깨달음(enlightenment)을 언급할 때마다 해탈(liberation) 항목

이 영적인 것인 동시에 신비적인 자아실현으로 이해될[6] 경우, 영적이고 신비적인 깨달음은 체험자의 언어로 표현될지라도 비체험자에게는 언어적 이해의 범위를 초월하기 일쑤이다.[7] 이 점에서 깨달음에 의한 해탈을 목적으로 추구하는 인도철학은 '깨달음의 신비주의'로 규정될 만하다.

이처럼 직접적 설명이나 이해가 곤란한 깨달음을 취급하기 위해서는 간접적이고 우회적인 접근을 대안으로 채택할 수 있다. 이러한 대안을 채택하는 데서는 두 가지 사항을 우선적으로 고려한다.

첫째, 인도철학의 학파들은 저마다 깨달아야 할 진리로서 절대적 원리를 상정하는데, 그 진리의 내용이 상이함은 물론이고 특히 그 진리의 유래에 대한 관점은 크게 양분되어 있다.

둘째, 절대적 원리와 관련하여 학파마다 천명하는 사색의 목적에는 깨달음의 성격이나 의미가 함축적으로 시사되어 있다.

첫째 사항의 경우, 인도철학의 학파들은 베다의 권위에 대한 신뢰의 여부에 따라 크게 정통과 비정통이라는 두 범주로 구분된다. 베다(Veda)의 권위에 의거한 진리를 상정하여 사색을 전개하는 육파철학

을 참조하라고 명시한다. 그러나 정작 그 '해탈' 항목에서는 '깨달음'이라는 말조차 전혀 언급하지 않는다. Cf. Knut A. Jacobsen ed., *Brill's Encyclopedia of Hinduism, Volume II*(Leiden & Boston: Brill, 2010), pp.788~792.

6 "spiritual enlightenment or mystical self-realization" Ibid., Volume Ⅲ(2011), p.532.

7 "신비가의 체험이 인간의 언어로 옮겨졌을 때, 그것은 이미 신비가가 아닌 사람의 비판을 초월한다." 辻直四郎, 『バガヴァド・ギ-タ-』(東京: 講談社, 1980), pp.368~369.

은 정통으로 간주되는 반면, 베다의 권위를 신뢰하지 않고 독자적인 진리를 추구하는 불교와 자이나교는 비정통으로 간주된다.[8]

깨달음의 유형을 한눈에 파악하는 데는 둘째 사항을 주목하는 것으로 실효를 거둘 수 있다. 특히 육파철학의 경우, 대부분의 학파는 sūtra(經)로 불리는 근본 문헌의 서두에서 사색의 목적을 천명하는데, 여기서는 지혜로써 깨달아야 할 대상을 제시한다. 그러므로 이 대상의 차이로써 깨달음의 유형을 간파할 수 있다.

1) 미망사와 베단타

미망사(Mīmāṃsa)와 베단파(Vedānta)는 베다 문화의 직접적인 계승자로 간주되어 온 만큼 정통 철학을 대변하는 학파이다. 미망사는 베다 성전의 제사부(祭事部, karma-kāṇḍa), 즉 Brāhmaṇa 문헌에서 취급하는 제식祭式에 관해 탐구하는 학문이고, 베단타는 베다 성전의 지식부(jñāna-kāṇḍa), 즉 우파니샤드에서 설하는 브라만(Brahman)에 관해 탐구하는 학문이다.

미망사 학파의 근본 문헌인 *Mīmāṃsā-sūtra*는 종교적 의무인 제식에 대한 지식의 근거, 주主가 되는 제식과 종속적 요소, 제주祭主가 되는 자격, 기본형 제식의 제요소를 파생형 제식에 적용하는 문제,

---

8 인도철학의 학파들을 흔히 유파(有派, āstika)와 무파(無派, nāstika)로 양분하지만, 이것이 반드시 타당하지는 않다. 有無의 구분에는 베다의 권위뿐만 아니라, 재생(=윤회)도 준거로 적용될 수 있기 때문이다. 재생을 믿는 자는 유파에 속하므로, 이 경우에는 불교와 자이나교도 유파로 분류될 수 있게 된다. Cf. Satichandra Chatterjee, ibid., p.5, n. 1.

이에 따른 수정 등을 취급한다. 이 학파에서는 이러한 주제들을 dharma 라는 하나의 관념으로 응축한다. 그래서 *Mīmāṃsā-sūtra*는 "이제 이로부터 dharma에 대한 탐구가 (개시된다.)"[9]라고 선언하는 것으로 철학의 목적이 dharma임을 명시[10]하고 나서, dharma의 내용을 낱낱이 교시한다.

이러한 미망사 철학의 개시 선언에서 dharma는 종교적 의무를 의미하며, 이 의무는 "고통보다 더 많은 즐거움을 낳는 것"[11]으로 해석된다. 그리고 이 dharma에 대한 탐구(jijñāsā, 欲知)란 축자적으로 풀이하면 알고자(깨닫고자) 하는 욕구를 의미한다. 여기서 깨달음의 대상으로 설정된 dharma, 즉 종교적 의무는 karma로도 표현되는 제식을 바르게 실행하는 것이다. 제식을 바르게 실행하기 위해서는 베다의 성전, 특히 Brāhmaṇa에서 제식을 서술하는 문장의 의미를 정확하게 해석하는 지식이 우선적으로 요구된다. 이에 따라 베다의 문장에

---

9 athāto dharma-jijñāsā// MS 1.1.1.

10 이 점은 미망사 학파의 거장인 Kumārila Bhaṭṭa의 *Ślokavārttika*에 수록된 Śabarasvāmin의 주석으로 확인된다.

"경문의 맨 처음에 '이제 이로부터 dharma에 대한 탐구가'라고 말한 이것은, dharma로 불리는 대상이 미망사의 목적임을 선언한 것이다." (athāto dharma-jijñāsā sūtrādyam idaṃ kṛtam/ dharmākhyaṃ viṣayaṃ vaktuṃ mīmāṃsāyāḥ prayojanam// ŚV 1.1.11.)

"참으로 그 모든 교전이나 행위의 어떠한 경우에든 목적이 언급되지 않는다면, 누가 그것(목적)을 이해할 것인가?" (sarvasyaiva hi śāstrasya karmaṇo vāpi kasyacit/ yāvat prayojanaṃ noktaṃ tāvat tat kena gṛhyate// ŚV 1.1.12.)

11 Benares College, *The Aphorisms of the Mīmānsā*, Part Ⅰ (Allahabad: Presbyterian Mission Press, 1851), p.5.

대한 바른 해석도 깨달음의 내용이 된다.

이처럼 미망사 철학에서 추구하는 깨달음의 일차적 대상은 제식이지만, 이 제식을 서술하는 베다의 문장으로까지 확장된다. 결국 미망사 철학에서 깨달음이란 베다 성전의 문장을 정확히 해석하는 능력으로, 제식 전반을 베다 성전의 의도대로 알게 되는 것이라고 말할 수 있다. 이러한 깨달음은 언어적 해석 능력으로 충족된다.

베단타 철학은 *Brahma-sūtra*에서 "이제 이로부터 브라만에 대한 탐구가 (개시된다.)"[12]라고 선언하는 경문으로부터 출발한다. 이는 우파니샤드의 중심 논제인 브라만이 깨달음의 대상임을 천명한 것이다.[13]

베단타에서 브라만은 우주의 근본 실체이자 우주에 편재하는 의식이다. 베단타 철학의 지론에 의하면, 깨달음은 추론적이거나 개념적이지 않은 영적인 직관으로 브라만이라는 순수의식과 자신의 본성을 합일하는 데서 이루어진다. 여기서 브라만을 깨닫는다는 것은 곧 범아일여梵

---

12 athāto brahmajijñāsā// BS 1.1.1.

13 예를 들어 *Śvetāśvatara-upaniṣad*는 다음과 같은 의문을 제기하는 것으로 시작한다.

"브라만에 대해 담론하는 자들은 이렇게 말한다. 무엇이 (세계의) 원인인가? (그것은) 브라만인가? 우리는 무엇으로부터 태어났고, 무엇으로 생존하며, 어디에 확립되어 있는가?" (brahma-vādino vadanti/ kiṃ kāraṇaṃ brahma, kutaḥ sma jātā, jīvāmaḥ kena, kva ca saṃpratiṣṭhāḥ/ ŚvetU 1.1.)

*Brahma-sūtra*의 첫째 경문은 브라만을 깨닫는 것으로 이러한 의문이 해소된다는 것을 시사한다.

我一如라는 해탈의 경지를 실현하는 것이 된다.

베단타 철학의 거장인 Śaṅkara는 위의 경문을 주석하면서 "브라만에 대한 지혜는 지복(=해탈)을 결과로 가지며, 다른 실천을 전제로 하지 않는다."[14]라고 설명했다. 이에 따르면 절대 원리로 상정된 브라만을 깨닫는 지혜만이 해탈의 수단이라고 이해할 수 있다.

그러나 베단타학파에서는 해탈의 수단에 대한 몇 가지 논의가 전개되었다. 해탈은 지혜만으로 충분하다는 입장이 있는가 하면, 제식과 같은 종교적 행위(karman)를 필요로 한다는 입장도 있다. 더 나아가 거의 맹목적으로 신에 헌신하는 믿음, 즉 성신(誠信, bhakti)이 필요하다는 가르침도 있다. 예컨대 유명한 *Bhagavad-gītā*에서 교시한 3종의 수행도, 즉 지혜의 길(jñāna-yoga), 행위의 길(karma-yoga), 성신의 길(bhakti-yoga)이 그 셋을 아우른다.

나중에 언급할 상키야(Sāṃkhya)학파, 그리고 베단타의 Śaṅkara 학파는 지혜만으로 해탈이 가능하다는 입장이지만, 베단타학파 내에서는 이에 관한 의견이 분분했다. Bhāskara는 해탈을 위해 지혜와 행위가 모두 필요하다고 주장했고, Rāmānuja와 Madhva는 성신에 따른 신의 은총(prasāda)에 의해 해탈이 가능하게 된다고 주장했다.

2) 니야야와 바이셰쉬카

인도철학의 논리학을 대변하는 니야야(Nyāya, 正理)학파의 경우, *Nyāya-sūtra*는 다음과 같이 시작한다.

---

14 niḥśreyasa-phalaṃ tu brahma-vijñānaṃ na cānuṣṭhānāntarāpekṣam/ *Brahma-sūtra-bhāṣya* 1.1.1.

> 인식수단(pramāṇa, 量), 인식대상(prameya, 所量), 의혹(saṃśaya), 동기/목적(prayojana), 실례(dṛṣtānta, 喩), 정설(siddhānta), 논증지(avayava, 支分), 음미/검증(tarka, 思擇), 결정/확정(nirṇaya), 바른 논의(vāda), 부당한 논쟁(jalpa), 논힐(vitaṇḍā), 유사한/그릇된 이유(hetvābhāsa, 似因), 궤변(chala), 부당한 답변(jāti), 패배의 사유(nigraha-sthāna)라는 (16가지의) 진리에 대한 지식을 통해 지복(=해탈)에 도달한다. (NS 1.1.1.)

여기서 열거한 것들은 니야야학파에서 학습 고찰해야 할 16가지의 논제이다. 그중 인식대상에는 자아나 심신의 존재 방식, 윤회전생이나 해탈 등과 같은 주제도 포함하여 대체로 바이셰쉬카(Vaiśeṣika, 勝論) 철학과 공통하는 존재론을 취급한다. 인식수단은 직접지각, 추론, 유비類比, 성언(聖言, śabda)이라는 4종이다. 나머지 논제는 모두 논리학적 고찰에 관한 것이다. 결국 이 학파에서는 인식론이나 논리학적 고찰 및 이에 의한 존재론에 관한 진리를 깨달음으로써 해탈이 달성된다고 주장하는 셈이다.

Nyāya 학파가 이처럼 주로 논리학적 깨달음을 해탈의 수단으로 중시하는데, 바이셰쉬카 학파는 이를 보완하여 실재에 관한 지식을 중시한다. 이 학파의 *Vaiśeṣika-sūtra*는 "이제 이로부터 우리는 dharma를 설명할 것이다."[15]라고 천명한 것으로 dharma가 깨달음의 대상임을 명시한다. 그러나 이 경우의 dharma는 번영과 성취의 원인이 되고[16] 마음을 정화하여 지혜로 인도하는 수단으로 간주되며,[17] 실재의

---

15 athāto dharmaṃ vyākhyāsyāmaḥ// VS 1.1.1.

구성 원리를 의미한다. 단적인 예로 *Vaiśeṣika-sūtra*를 주석한 Praśastapāda는 *Padārtha-dharma-saṃgraha*(句義法綱要)를 다음과 같은 서술로 시작한다.

> 유사성과 상이성을 통해 실체(dravya), 속성(guṇa), 운동(karman), 보편(sāmānya), 특수(viśeṣa), 내속/화합(samavāya)이라는 6범주(padārtha, 句義)에 대한 진실을 아는(깨닫는) 것은 지복(=해탈)의 원인이다.[18]

이 학파는 9종의 실체에는 24종의 속성과 5종의 운동이[19] 내속(화합)

---

16 "그 dharma로부터 번영과 지복의 성취가 유래한다." (yato 'bhyudaya-niḥśreyasa-siddhiḥ sa dharmaḥ// VS 1.1.2.)

17 "여기서 dharma는 마음을 정화하는 수단인 지혜로 인도하는 것이라고 이해해야 한다." Nandalal Sinha (trans.), *The Vaiśeṣika Sūtras of Kaṇāda*(Allahabad: The Pāṇini Office, 1923), p.5.

18 dravya-guṇa-karma-sāmānya-viśeṣa-samavāyānāṃ ṣaṇṇāṃ padārthānāṃ sādharmyavaidharmyābhyāṃ tattvajñānaṃ nihśreyasa-hetuḥ// PdhS, Text 1. Praśastapāda는 이 같은 설명으로 Vaiśeṣika-sūtra의 주석을 본격적으로 개시하지만, *Vaiśeṣika-sūtra*에서는 이와 동일한 내용을 넷째 구문으로 제시한다. "실체, 속성, 운동, 보편, 특수, 내속이라는 (6)범주의 유사성과 상이성을 통해 dharma를 구별함으로써 발생하는 진실을 앎(깨달음)으로써 지복이 (성취된다.)" (dharmaviśeṣa-prasūtāt dravya-guṇa-karma-sāmānya-viśeṣa-samavāyānāṃ padārthānāṃ sādharmya-vaidharmyābhyāṃ tattvajñānān niḥśreyasam// VS 1.1.4.)

19 9종의 실체: 지地, 수水, 화火, 풍風, 공空, 시간, 방위, 자아, 마음(意).
24종의 속성: 색色, 미味, 향香, 촉觸, 성聲, 수數, 양量, 별이성別異性, 결합, 분리, 원격성遠隔性, 근접성近接性, 무게, 유동성, 습윤성濕潤性, 지식, 낙樂, 고苦, 욕망,

해 있으며, 실체와 속성과 운동에는 보편(공통성/일반성)이, 실체에는 특수(차별)가 적용된다고 주장한다. 이 주장에 따르면 실재에 관한 진리를 이와 같이 깨달음으로써 해탈이 가능하다.

다만 Praśastapāda는 dharma의 내용을 위와 같이 제시하고 나서 곧바로 "그런데 그것(진실에 대한 지혜)은 신의 명령에 의해 현현된 dharma로부터 (발생한다.)"[20]고 설명하는 것으로, 깨달음의 원천은 결국 신(Īśvara)이라는 사실을 시사한다. 바이셰쉬카의 학설은 인도의 순수 자연철학을 대변한다고 평가받고 있지만, 깨달음 및 해탈과 관련해서는 종교적인 성향에서 일탈하지 않는다.

3) 상키야와 요가

상키야(Sāṃkhya) 철학의 근본 문헌인 *Sāṃkhya-kārikā*는 다음과 같은 게송으로 시작된다.

> 세 가지 고통의 압박 때문에 그것(고통)의 타파를 위한 원인에 대한 탐구가 있다. 만약 (고통을 타파하는 원인은) 이미 알려져 있어서 그것(탐구)은 무의미하다고 한다면, 그렇지가 않다. (왜냐하면 이미 알려져 있는 원인은) 확정적인 것도 궁극적인 것도 아니기 때문이다.[21]

험오, 노력, 공덕(善), 악덕(惡), 잠재적 형성력.
5종의 운동: 상승, 하강, 수축, 확장, 이동.

20 tac ceśvaracodanābhivyaktād dharmād eva// PdhS, Text 2.

21 duḥkha-trayābhighātāj jijñāsā tad-apaghātake hetau/ dṛṣṭe sāpārthā cen

여기서 말하는 '탐구' 역시 '깨닫고자 하는 욕구'를 의미하므로, 고통을 타파하는 원인이 상키야에서 추구하는 깨달음의 대상이라고 말할 수 있다. 그런데 여기서는 기존에 통용되어 온 지식을 거부하고 새로운 지혜를 제시할 것임을 예고하고 있다. 이후 전개된 학설에 의하면, 상키야는 25원리[22]를 세계의 진실로 간주하고 해탈은 이 진실에 대한 지혜, 즉 식별지(識別知, vivekakhyāti)로써 가능하다고 주장한다.

이 학파에서 해탈의 수단인 식별지는 자아에 상당하는 순수정신(puruṣa)과 물질적 근원인 원질(prakṛti)이 서로 다르다고 아는 지혜이다. 이 식별지로써 "나는 경험적 개체가 아니다. 원질의 세계 중 나에게 속한 것은 아무것도 없다. 나는 원질과는 다르다."[23]라는 깨달음을

---

naikāntātyantato'bhāvāt// SK 1.

22 상키야의 25원리

순수정신

근본원질 — 통각 — 아만
- 11감관
  - 의식
  - 5지각기관(눈, 귀, 코, 혀, 피부)
  - 5행위기관(성대, 손, 발, 항문, 생식기)
- 5미세요소(聲, 觸, 色, 味, 香) — 5조대요소(空, 風, 火, 水, 地)

23 "나는 (prakṛti를 비롯한 원리들이) 아니다. (원리들은) 나의 것이 아니다. 나는 (원리들 속에) 없다." (nāsmi na me nāham// SK 64.) 주석자들은 이것을 저마다 다양하게 설명한다. 여기서는 *Jayamaṅgalā*에서 제시한 설명을 채택했다. *Sāṃkhya-kārikā*의 이 게송은 Pāli 불전 중 Anattala-kkhaṇa-sutta(無我相經)의 다음과 같은 서술과 유사한 관념을 드러낸 것으로 유명하다.
"이것은 나의 (것이) 아니다, 나는 이것이 아니다, 이것은 나의 자아가 아니다'라고 이렇게 이것을 있는 그대로 바른 지혜로써 보아야 한다." (netam mama

성취할 때, 독존(kaivalya)으로 불리는 해탈이 이루어진다.

상키야에서 식별지라는 지혜를 계발하여 얻는 깨달음이란, 신체의 속성에 물들어 있는 자아는 순수정신이 아니라고 식별함으로써 본래의 순수한 자아로 복귀하는 것이다.

육파철학의 일파로서 요가철학은 *Yogasūtra*로부터 출발한다. *Yogasūtra*의 첫째 경문은 "이제 요가의 교시가 (시작된다.)"[24]이지만, 이것으로 깨달음의 대상이 '요가'라고 말할 수는 없다. 요가는 그 자체가 수행도로 천명된 것이기 때문이다. 더욱이 *Yogasūtra*의 주석(*Yogasūtra-bhāṣya*)에서 "요가는 삼매"[25]라고 요가를 간명하게 정의하듯이, 요가는 삼매를 깨달음으로 추구한다.

이에 따라 *Yogasūtra*는 "요가란 마음의 작용을 억제하는 것이다."[26]라는 요가의 정의를 제시하고 나서, 본격적으로 삼매를 설명하는 데 제1장 전체를 할애한다. 이러한 요가철학의 관점에서 깨달음의 대상은 '마음의 작용'이 될 것이다. 그리고 깨달음의 수단이 되는 지혜로는 상키야 철학에서 제시한 식별지를 채택한다.

요가철학에 의하면 마음의 작용을 억제함으로써 삼매를 성취할 수 있지만, 그 삼매는 억제의 정도에 따라 다양하다. 차제적 수행의

---

n'eso'ham asmi na me so attāti evam etaṃ yathābhūtaṃ sammāppaññāya daṭṭhabbaṃ)" SN, Vol.Ⅲ, p.68.

24 atha yogānuśāsanam// YS 1.1.

25 yogaḥ samādhiḥ/ YBh 1.1.

26 yogaścittavṛttinirodhaḥ// YS 1.2.

과정에서 식별지로 성취할 수 있는 최종의 삼매는 법운삼매(法雲三昧, dharmamegha-samādhi)로 불린다. 다만 법운삼매를 성취하는 데는 식별지와 더불어 '최고 수준의' 이욕(離欲, vairagya)이 우선적으로 요구된다. 법운삼매에 대한 이러한 인식은 수행론적 차원에서 특기할 만하다.

이욕은 불교의 경우에도 아함경의 도처에서 초선初禪의 필수조건으로 중시된다.[27] *Yogasūtra*에서는 이욕을 물질세계의 근본 요소에 대한 갈망조차 없는 최상의 것으로 규정한다.[28] 이 같은 최상의 이욕에 머무는 상태는 법운삼매로 간주된다. 이보다 낮은 단계의 삼매에도 당연히 이욕은 필수 요건이지만, 이런 경우의 이욕은 세속적 향락의 대상을 혐오하는 평범한 이욕에 속한다.

요가철학에서 채택한 상키야의 교의에 따르면, 평범한 이욕은 만족으로 끝나는 한시성을 갖는다. 이에 반해 비범한 최상의 이욕 상태에서는 세속적인 향락의 대상뿐만 아니라 천계, 초능력, 영적인 것들에 대한 집착으로부터도 자유로운 의식이 발생한다. 이 같은 단계는

---

27 대표적인 예를 들면 다음과 같다.

『중아함경』 권1의 「칠법품七法品」(대정장 1, p.422b), "거룩한 제자들은 '욕망에서 벗어나고(離欲)' 그릇되어 선하지 않은 법에서 벗어나, 각覺이 있고 관觀이 있으며, 벗어남에서 발생하는 기쁨과 즐거움이 있는 초선初禪을 체득하여 성취를 누린다." (聖弟子離欲, 離惡不善之法, 有覺有觀 離生喜樂, 得初禪成就遊.)

『중아함경』 권20의 「염신경念身經」(대정장 1, p.557b), "또한 비구는 '욕망에서 벗어나고(離欲)' 그릇되어 선하지 않은 법에서 벗어나, 마침내 제4선을 체득하여 성취를 누린다." (復次 比丘離欲 離惡不善之法 至得第四禪成就遊.)

28 "그것(이욕)은 순수정신의 지각력을 통해 (원질의 3)성분들에 대한 갈망으로부터 벗어나는 최상의 것이다." (tat paraṃ puruṣakhyāter guṇa-vaitṛṣṇyam// YS 1.16)

직관적 지혜로 감각 대상의 결점들을 충분히 깨달을 때 도래한다.[29]

3. 비정통 학파에서 추구하는 깨달음

1) 자이나교

자이나교의 개조는 Mahāvīra(大雄)로 통칭되고 있으나 본명은 Vardhamāna로 알려져 있으며, 초기 불전에서는 그를 Nigaṇṭha Nāthaputta로 일컫는다. 불교의 전설에서는 석가모니 이전에 과거 7불이 있었다고 전하듯이, 자이나교의 전설에서는 중흥자인 Mahāvīra 이전에 23명의 tīrthaṅkara(구제자)들이 교의를 전수했다고 한다. 또한 불교의 경우처럼 수많은 성전으로 교의가 전수되었던 자이나교에서는 단일한 근본 문헌을 설정하기 곤란하다. 그러므로 깨달음에 대한 자이나교의 관점은 교의의 요체에서 추출하는 것이 무난하다.

자이나교의 대표적인 학자인 Umāsvāti(6~7세기)는 *Tattvārtha-sūtra*(=*Tattvārthādhigama-sūtra*)를 교리 강요서로 저술하여 교의의 요체를 일목요연하게 정리했다. 그는 *Tattvārtha-sūtra*의 첫째 경문에서 해탈의 길을 '바른 신앙, 바른 지식, 바른 행위'라는 세 가지로 제시했다.[30] 흔히 '자이나의 삼보三寶'로 불리는 것은 바로 이 셋을 가리킨다.

---

29 Cf. Pulinbihari Chakravarti, *Origin and Development of the Sāṃkhya System of Thought* (2nd ed. New Delhi: Oriental Books Reprint Corporation, 1975), p.323.

30 "바른 믿음, 바른 지식, 바른 행위가 해탈의 길이다." (sayag-darśana-jñāna-cāritrāni mokṣamārgaḥ// TS 1.1)

바른 신앙은 7원리[31]를 이성적인 믿음으로 확신하는 것이다. 바른 지식은 경험적인 지식을 비롯하여 완전한 지식을 포함한 5종의 지식이다. 바른 행위는 대서계大誓戒로 불리는 5계를 준수하고 고행을 실천하는 것이다. 깨달음에 관한 자이나교의 관점은 5종의 지식에서 엿볼 수 있다.

지식은 영혼에 갖추어진 본성의 하나다. 지식은 본래 무한하지만 보통은 업 때문에 유한하고 불완전한 모습으로만 나타난다. 업이 완전히 소멸할 때에만 영혼은 완전지를 회복하여 전지자가 된다. 5종의 지식은 감관지(mati), 성전지(聖典知, śruti), 직관지(avadhi), 타심지(他心知, manaḥparyāya), 완전지(kevala)로 불린다.[32] Umāsvāti의 후속 설명에 따르면 감관지와 성전지는 간접지, 직관지와 타심지와 완전지는 직접지로 분류된다. 그러므로 깨달음의 지혜는 직접지의 계발을 통해 가능할 것이다.

간접지는 영혼이 감관이나 성전과 같은 다른 것들의 개입으로 습득하는 인식인 반면, 직접지는 다른 것들의 개입이 없이 직접적으로 습득하는 인식이다. 직접지의 최상인 완전지는 영혼의 순수 상태에서 발휘되는 무오류의 초감각적 인식이다. 이 같은 완전지는 사실상 깨달음 자체라고 말할 수 있다.

---

31 7원리는 영혼(jīva), 비영혼, (업 물질의) 유입流入, 속박, (유입의) 차단, (업의) 지멸, 해탈이다. 이 중에서 비영혼은 운동, 정지, 허공, 물질이라는 4요소를 포함한다. 이 4요소와 영혼은 존재의 '다섯 덩어리'(5塊)로 불린다. 구조상으로는 불교의 5온설과 유사하지만, 내용상으로는 반대의 양상이다.

32 mati-śrutāvadhi-manaḥparyāya-kevalāni jñānam// TS 1.9.

자이나교에서 추구하는 해탈은 완전지 상태의 영혼이 윤회가 없는 비세계(aloka)로 상승하여 영원한 안락을 누리는 것이다. 바로 여기서 깨달음은 수행론과 직결될 수밖에 없게 된다. 영혼에 유입된 업이 제거될수록 영혼 고유의 성질인 상승력은 제고되며, 이와 동시에 깨달음의 지혜도 완전지를 향해 진전하기 때문이다. 자이나교에서 수행은 영혼을 정화하는 노력이며, 영혼이 정화된 만큼 깨달음도 증진한다. 자이나교에서 고행주의를 채택하여 단식과 같은 고행을 유독 중시한 이유가 여기에 있다.

2) 불교

석가모니가 정각을 성취한 이후 각자(覺者, Buddha)로 불렸듯이, 깨달음은 불교의 궁극적 목적이다. 불전에서 다양한 수행도를 개진한 것도 깨달음을 체득하기 위함이다. 수행은 깨달음을 얻기 위한 지혜의 계발이며, 다양한 용어로 표현되는 이 지혜[33]는 깨달음의 동의어이기도 하다. 더욱이 대승불교에서는 붓다의 깨달음을 진여眞如, 법계法界, 법성法性, 불성佛性, 여래장如來藏 등으로도 표현했다. 이처럼 불교에서 깨달음은 다양한 수행론과 교학으로 추구되고 성찰되었다.

일찍이 깨달음의 의미로 가장 널리 통용된 개념은 보리(菩提, bodhi,

---

33 대표적인 예로 지혜(ⓟpaññā, ñāṇa ⓢprajñā, jñāna) 외에 명(明 ⓟvijjā ⓢvidyā), 정지(正知 ⓟsampajāna ⓢsamprajñāna), 변지(遍知 ⓟpariññā ⓢparijñā), 증지(證知 ⓟabhiññā ⓢabhijñā), 보리/각(菩提/覺 bodhi), 정각/등각(正覺/等覺 sambodhi) 등등. 이 밖에 정관(正觀 ⓟvipassanā ⓢvipaśyanā), 수관(隨觀 ⓟanupassanā ⓢanuvipaśyanā), 현관(現觀 abhisamaya)도 지혜의 활동이다.

覺)이다. 그러므로 우선 이 개념으로 불교의 깨달음에 대한 원론적인 이해를 구할 수 있을 것이다.

보리는 진리에 눈을 뜬 지혜로써 사물의 있는 그대로의 모습을 바르게 볼 수 있고, 마음의 어두움이 맑게 걷힌 상태를 표현하는 말이다. 석가모니는 이 보리를 얻어 역사상 오직 한 사람의 붓다가 되었던 인물로 간주된다. 그러나 붓다가 되기를 추구하는 수행자들도 저마다 보리를 얻을 수 있겠지만, 수행의 정도에 따라 그 보리의 수준에는 차이가 있을 수밖에 없다. 그래서 『대지도론』에서는 보리를 5종으로 구분하여 설명한다.

① 발심보리發心菩提: 붓다의 깨달음을 구하겠다고 결심한 자가 얻는 보리
② 복심보리伏心菩提: 거칠은 온갖 번뇌를 조복하여 수행하는 자가 얻는 보리
③ 명심보리明心菩提: 제불諸佛이 노니는 영역에 있지만 아직 자기 완성을 추구하는 자가 얻는 보리
④ 출도보리出到菩提: 미세한 온갖 번뇌를 멸하고 미혹의 세계를 떠나 부처의 경지에 도달한 자의 보리
⑤ 무상보리無上菩提: 번뇌의 습기를 단절하여 붓다와 같은 최상의 경지에 도달한 보리[34]

---

34 『大智度論』 권53(대정장 25, p.438a), "一者 名發心菩提, 於無量生死中發心 … 二者 名伏心菩提, 折諸煩惱 降伏其心 … 三者 名明心菩提, 觀三世諸法本末總相, 別相, 分別籌量, 得諸法實相 … 四者 名出到菩提 … 滅一切煩惱, 見一切十方諸

이처럼 불교에서 깨달음은 번뇌 제거의 수행 수준과 비례하여 심화해 간다. 그 단적인 예로 들 수 있는 것이 깨달음과 사향사과四向四果의 관계이다. 예를 들어 범부의 지위로부터 성자의 지위로 들어가는 견도見道의 예류향預流向은 초급의 깨달음을 얻은 수행자를 일컫는다. 또한 이 경우는 성자의 지위로부터 퇴전하지 않고 아라한의 깨달음에 이르는 것이 결정되어 있기 때문에 정정취正定聚로 불린다.

이 같은 깨달음을 얻는 방법에는 두 가지가 있다. 하나는 신심에 의한 수신행隨信行이다. 이는 3보와 성스런 계율에 대해 부동의 청정한 믿음을 확립하는 4불괴정不壞淨을 실천하는 것이다. 다른 하나는 4제 등의 교법을 통찰하여 법안法眼을 얻는 수법행隨法行이다. 예류향으로부터 아라한과까지 사향사과의 성자들은 초급의 깨달음을 심화해 가는 수행법으로서 수신행과 수법행 이외에 선정禪定을 추가한 세 가지를 채택한다. 석가모니도 아라한과를 깨달은 성자였기 때문에 초기불교로부터 부파불교에 걸쳐 최고의 깨달음은 아라한과였다.

한편 깨달음을 얻고자 하는 수행은 단기간에 그칠 수 없는 만큼, "깨달음이 어떻게 언제 발생하는가?"라는 문제가 쟁점으로 대두된다. 예를 들어 초급의 깨달음에 관해 예류향에서 4제의 도리를 무루지無漏智로써 통찰할 경우, 팔리 상좌부는 한 찰나의 마음으로 일시에 통찰한다는 돈현관頓現觀을 주장하고, 설일체유부는 16찰나의 마음으로 점차 통찰한다는 점현관漸現觀을 주장한다. 이처럼 깨달음을 얻는 데 필요한 시간과 수행 단계의 측면에서 일찍이 돈오頓悟와 점오漸悟의 구별이

佛, 得無生法忍 … 五者 名無上菩提, 坐道場, 斷煩惱習, 得阿耨多羅三藐三菩提."

고려되었다.

3) 깨달음의 유형과 불교적 의의

이상의 개관으로 깨달음의 유형을 정리해 보자면 크게 타력적인 것과 자력적인 것으로 구분할 수 있을 것 같다. 얼핏 보기로 정통 학파의 경우는 타력적 유형, 비정통 학파의 경우는 자력적 유형에 속할 듯하다. 그러나 정통 학파에서 상키야와 요가는 원칙적으로 자력의 깨달음을 추구하며, 특히 상키야는 철저한 자력주의를 지향한다.

인도 사상 전체에서 자력에 의한 깨달음을 추구하기로는 상키야가 첫째로 꼽힐 만하다. 깨달음의 자력주의를 지향하는 다음 순서로는 자이나교, 그 다음으로는 요가와 불교를 동렬로 열거할 수 있을 것이다. 이 경우의 불교는 대승의 타력 신앙을 포함하지만, 대승 이전의 불교를 고려한다면 상키야보다 앞서는 순서가 될 것이다.

정통 학파에서 타력의 지향성은 미망사, 베단타, 바이셰쉬카, 니야야의 순서로 열거할 수 있다. 다만 베단타의 경우, 자력의 지향성을 드러내는 일파가 있지만, 브라만에 신격도 부여하는 전반적 기조로 보면 베다의 제식주의에서 크게 일탈하지는 않는다.

불교는 자력에 의한 깨달음의 성취를 원론으로 표방하면서도 타력의 실효성도 고려하는 방향으로 조화를 도모했다.

불교에서는 깨달음의 최고 경지를 해탈이라거나 열반, 또는 이것들에 상당하는 동의어로 표현한다. 이 중 해탈과 열반이 가장 보편적인 표현이다. 해탈은 자유, 열반은 평등 혹은 평화의 의미를 지닌다. 자유는 문화적 가치, 평등은 종교적 가치에 속한다. 개인적인 자유와 사회적인 평등은 상반하는 듯하지만, 불교는 깨달음을 개인과 사회 속에 실현하길 추구했기 때문에 해탈과 열반이 깨달음의 경지를 표현하는 데 사용되었다. 이로써 불교는 자리自利에 치우치기 쉬운 자유의 폐단을 이타利他로 상쇄하여 자리와 이타가 함께 갖추어져 있는 깨달음을 추구한다. 그러므로 불교에서 가장 이상적인 깨달음은 자기의 성불과 일체중생의 성불이 동시에 완성되는 것이다.

선의 수행과 깨달음

월암 | 한산사 용성선원장

1. 깨달음으로 법칙을 삼는다(以悟爲則) – 증오證悟

달마는 깨달음과 실천행이 일치하는 것(解行相應)이 조사라고 정의하였다. 현재 한국 선문에서는 깨달음과 실천행이 일치하지 못하는 행태의 선이 유행하고 있다. 선禪이 앉아 있음(坐禪)으로 나타나되 앉아 있음에 매몰되지 않고 바라밀행으로 드러날 때 선禪은 행行과 하나된 선이 되며, 행은 선을 떠나지 않는 행이 된다. 이를 일러 선수행과 바라밀행이 하나되는 선행일치禪行一致라고 한다.

그러므로 선을 고요한 적정처(아란야)에 앉아 있는 좌선만으로 규정하지 않고, 전 생활영역에서 깨어 있되 바라밀행으로 열려 있는 온전한 삶 자체로 규정해야 한다. 오늘날 깨달음 지상주의에 매몰되어 오로지 좌선만 고집하는 선수행 풍토는 내외의 비판에 직면하고 있다. '오온굴택五蘊窟宅이 곧 선원'이라는 달마의 가르침이 무색할 정도로 선수행이 고요한 아란야(선방)에 갇혀 있는 현실에 대한 비판일 것이다.

선과 행이 하나되는 선수행은 앉아 있지만 앉아 있음을 떠나 있고, 대상과 늘 부딪히되 대상을 떠나 있으며, 사량 분별하되 사량 분별을 떠나 있다. 이와 같은 선수행을 대혜 선사는 『서장』에서 이렇게 말하고 있다.

> 선은 고요한 곳에 있지 않고, 시끄러운 곳에도 있지 않고, 날마다 객관 대상과 만나는 곳에도 있지 않고, 사량 분별하는 곳에도 있지 않다. 그러나 고요한 곳, 시끄러운 곳, 대상과 만나는 곳, 분별하는 곳을 떠나서 참구해서도 안 된다. 홀연히 지혜의 눈이 열리면 모름지기 이 모든 것이 집안일인 줄 알게 될 것이다.

선禪이 사량 분별하는 곳에 있지 않다는 말은 사량 분별의 알음알이로 깨달음을 삼아서는 안 된다는 것이며, 또한 사량 분별을 떠나지 않는 참구란 사량 분별이 공空함을 깨달아 공한 그 자리에서 잘 사량하고 분별하는 지혜로 드러나야 함을 말하는 것이다. 이때 분별의 알음알이가 공성空性임을 체득함으로써 무분별의 지혜로 드러남이 바로 깨달음이다. 무분별의 지혜가 없는 분별(이해)은 망념이요 무지요 번뇌이다. 분별 망념의 번뇌가 본래 공한 이치를 깨달음으로써 번뇌가 바로 보리가 되는 것이다. 그러므로 홀연히 지혜의 눈이 열리면 모든 분별과 무분별이 집안일(中道)로 드러난다고 말하는 것이다.

이와 같이 번뇌가 곧 보리요(煩惱卽菩提), 생사가 곧 열반이며(生死卽涅槃), 중생이 그대로 부처임(衆生卽諸佛)을 깨닫는 것이 선禪에서 말하는 깨달음이다. 이른바 "번뇌가 곧 보리"라는 말은 번뇌가 본래 연기공성緣起空性임을 깨달아야 보리가 된다는 말이다. 결코 분별 망념으로 이루어진 번뇌 그대로가 보리라는 말은 아니다.

분별 망념으로 이루어진 알음알이가 깨달음이 아니라, 분별 망념이 공空한 이치를 체득한 보리정념菩提正念이 깨달음이기 때문에, 부처님과 조사가 굳이 생각 이전 자리(心地)를 말하는 것이다. 생각 이전 자리란 생각 없음의 실체화가 아니라, 생각하되 생각하지 않는(念而不念) 무념無念, 즉 알음알이(이해)가 본래 공한 이치를 체득하여 지해 아닌 반야로 돌려씀이 깨달음이다.

만약 철저히 공함을 체득하지 못한 이해(알음알이)를 깨달음으로 삼게 되면 알음알이를 지혜로 여기게 되는 것이니, 마치 도둑을 자식으로 삼는 것과 같게 된다. 그래서 생각(이해)을 따라가면 중생이요, 생각을 돌이켜 반조하면(回光返照) 행자요, 생각을 생각 아닌 생각(無念)으로 돌이켜 쓰면 부처라고 말하는 것이다. 생각 아닌 생각, 즉 이해 아닌 이해는 분별로써의 생각(이해)이 아닌 무분별의 지혜가 되는 것이다. 즉 지해의 무명을 지혜의 광명으로 돌이키는 것이 수증의 방편이다. 따라서 조사가 이르기를 "신령한 광명이 어둡지 아니하여(神光不昧) 만고에 아름다우니(萬古徽猶). 이 문에 들어오면(入此門來) 알음알이(지해)를 두지 말라(莫存知解)."고 하는 것이다.

여기 지금 일어나고 있는 한 생각(一念)은 안(六根)에 있는 것도 아니요, 밖(六塵)에 있는 것도 아니며, 안과 밖이 만나는 데(六識)

있는 것도 아니다. 그러나 육근·육진·육식을 떠나서 한 생각이 일어나는 것도 아니다. 안도 공하고 밖도 공하고 안과 밖이 만나는 인식(이해) 자체도 공하기 때문에 생각이 생각 아닌 생각, 즉 지혜로 드러남을 내외명철內外明徹이라 하였다.

물론 선문에서는 깨달음에 해오解悟와 증오證悟가 있다고 말한다. 일반적으로 해오는 알음알이로 이해하는 깨달음을 말하고, 증오는 지혜로 체득한 깨달음을 말한다. 그런데 여기서 말하고 있는 해오조차도 중생의 사량 분별로서의 이해를 말하는 것이 아니다. 해오를 굳이 설명하면 발심하여 정견을 갖추고 수행을 통해 한번 가슴이 시원한 경지에 이르는 것을 말한다. 비유하자면 알음알이로 이해하는 수준은 사방을 분간할 수 없는 깜깜한 밤에 더듬거리며 길을 가는 국면이라면, 해오란 이때 벼락이 한번 쳐서 찰나지간에 사위가 밝아져 순간적으로 분간되어지는 상태를 말함이니, 이해와 해오 사이에도 이와 같은 간극이 있음을 분명히 하고 있다.

이러한 해오조차도 선문에서는 가차 없이 배척하고 실참실오實參實悟로 증득된 깨달음인 증오를 귀하게 여기는 마당에 어찌 연기법을 이해하는 정도를 가지고 깨달음으로 정의할 수 있겠는가. 구경의 진리와 상응한 깨달음이 진정한 깨달음이기 때문에 선문에서는 이해하는 알음알이가 아닌 "깨달음으로 법칙을 삼는 것(以悟爲則)"을 철칙으로 하는 것이다.

그래서 대혜 선사가 『서장』에서 말하기를 "확철대오廓徹大悟하면 가슴속 밝음이 백천 개 일월과 같아서 시방세계를 한 생각으로 밝게 통달하여 한 티끌도 분별심이 없을 것이니 비로소 구경과 상응하게 될 것이다."라고 하였다.

말이 끊어지고 분별이 끊어진 깨달음의 경지는 마치 번뇌 가운데 있되 번뇌를 떠남이며, 허공 가운데 있되 허공을 떠난 경계이다. 이것이 어찌 알음알이의 이해로써 체득할 수 있는 경지이겠는가. 물속에 있는 물고기는 물이 보이지 않고, 물을 떠나야 물이 보인다. 번뇌 속에서도 번뇌의 공성을 통달하면 번뇌를 떠나게 되고, 생각(이해)하면서도 생각의 본질을 보면 생각을 떠나게 된다. 이것이 번뇌와 보리가 둘이 아닌 깨달음의 경계이다.

조사선의 가르침은 중생이 본래부처(衆生本來成佛)임을 확신하는 바탕 위에서 존재의 실상을 참구하는 것이다. 간화선에서 화두 참구는 화두를 사유하는 것이 아니라, 화두 의심(의정)이라는 무규정(무분별)의 효용을 통해 일념의 공성(空性: 본래면목, 본래부처)을 체득하는 것이다. 그리고 선에서의 수행과 깨달음이란 중생이 본래 깨달아 있음(本覺)의 바탕 위에, 지금 현재 번뇌 망념에 덮여 못 깨달음(不覺)을 지양함으로써 새롭게 구현되는 생사해탈의 지평(始覺)을 열어가는 것을 말한다.

그러므로 깨달음은 깨닫지 못한 중생이 깨닫지 못한 모습(不覺: 衆生相)을 부여잡고 깨달음을 구하는 것이 아니기 때문에 '이루어야 하는 깨달음'이라고 따로 말해도 맞지 않다. 그러나 중생의 깨닫지 못한 번뇌 망념으로서의 알음알이(이해)를 그대로 깨달음이라 착각해서도 안 되기 때문에 '이루는 깨달음(始覺)'이 없다고 말해도 맞지 않게 되는 것이다. 이루어 가되 이루어 감의 상相마저 극복된 깨달음일 때 역사의 실천과 하나되는 보디사트바가 되는 것이다.

보살이 구현하는 깨달음은 깨달음을 통해 영적 신비를 체험하는 것도 아니며, 고통과 질곡의 현실을 떠난 적정의 삼매를 얻는 것도 아니다. 고통과 질곡의 현실이 공함을 체득하는 수행 자체가 존재와 세계의 실상을 밝히는 과정이며, 중생과 부처가 둘이 아님을 밝히는 역사해탈의 과정이다. 따라서 깨달음과 실천행은 하나이되 둘이요, 둘이되 하나의 장으로 드러나는 보디사트바의 바라밀행으로 구현되는 것이다.

2. 중도정견中道正見 – 견성성불見性成佛

선종에서는 대승불교의 중도사상을 계승하여 선의 실천적 중도행을 주장하고 있다. 이른바 자성청정自性淸淨, 본래면목本來面目, 주인공主人公, 일착자一着子, 한 물건(一物), 진아眞我 등의 선적 표현은 자칫 오해의 소지가 있는 말이기도 하다. 마치 번뇌 망념 너머에 실체로 존재하는 소소영령昭昭靈靈한 무엇을 찾는 것을 참선이라고 착각할 수 있기 때문이다. 그러나 여기서 말하는 진아란 말은 유아도 아니요 무아도 아닌, 중도의 아我에 갖다 붙인 거짓 이름으로 짐짓 참나라고 한 것뿐이다. 본래면목이나 주인공이라는 말 또한 존재의 실상實相을 나타내는 이름에 불과한 것으로서 중도를 달리 표현한 말이다. 선에서는 주로 마음과 법(경계)의 문제를 가지고 정견을 말하고 나아가 중도를 깨달을 것을 주문하고 있다. 달마 『오성론』에 다음과 같이 설하고 있다.

마음으로 법을 배우는 것은 곧 마음과 법을 함께 미혹한 것이요, 마음에 의하지 않고 법을 배우는 것은 곧 마음과 법을 함께 깨닫는 것이다. 대개 미혹이란 깨달음에 미혹한 것이요, 깨달음이란 미혹을 깨닫는 것이다. 바른 견해(正見)를 가진 사람은 마음이 공하여 실체가 없는 줄 알아서 깨달음과 미혹을 초월하여 미혹과 깨달음이 없으니, 이것을 일러 바른 깨달음(正解)이라 하고 바른 견해(正見)라 한다. ……

참되게 본다(眞見)는 것은 보지 않는 바가 없고 또한 보는 바가 없어서, 보는 것이 시방에 가득하여 일찍이 보는 것이 있지 않다. 어찌하여 그러한가? 보는 바가 없기 때문이며, 보되 보는 것이 없기 때문이며, 보되 보는 것이 아니기 때문에 범부가 보는 바는 모두 망상이라 한다. 만약 적멸하여 보는 것이 없으면 비로소 참되게 본다(眞見)라고 한다. 마음과 경계가 상대하여 그 가운데에 보는 것이 생기니, 만약 안으로 마음을 일으키지 않으면 곧 밖으로 경계가 생기지 않기 때문에 마음과 경계가 함께 청정(空)하면 참다운 견해(眞見)요, 이렇게 깨달을 때에 바른 견해(正見)라고 한다.

경계(色)는 스스로 경계가 아니라 마음(心)으로 말미암아 경계이며, 마음은 스스로 마음이 아니라 경계로 말미암아 마음이니, 마음과 경계의 두 가지 모습(二相)에 모두 실체가 없어 공하기에 생生해도 생함이 없고 멸滅해도 멸함이 없어 불생불멸不生不滅의 중도정견中道正見이 된다.

실로 보되 봄이 없고, 보지 않되 보지 않음도 없다. 따라서 봄이 없이 보는 것(無見而見)이 참되게 보는 것(眞見)이다. 아울러 있음(有)은 없음(無)에 대한 있음이요, 없음(無)은 있음(有)에 대한 없음이므로, 있되 인연으로 있기 때문에 없는 것이요, 없되 또한 있음으로 작용하기에 거짓 있음이다. 이렇게 보는 것을 참되게 보는 것(眞見)이라 하고 바르게 보는 것(正見)이라 하는 것이다. 선에서는 보는 것 없이 보는 것이 참되게 보는 것이다.

선종에서는 "직지인심直指人心, 견성성불見性成佛"을 종지로 한다. 달마 『혈맥론』에 말하기를, "만약 부처를 찾고자 한다면 반드시 바로 성품을 보라. 성품이 곧 부처이다. 만약 성품을 보지 못하면 종일토록 아득하여 밖을 향해서 치달아 구하더라도 부처는 원래 찾을 수 없다."라고 하였다.

또 거듭 주장하기를, "선禪이라는 한 글자는 범부와 성인이 능히 측량할 수 있는 것이 아니니, 본래의 성품을 바로 보는 것을 선이라 한다. 만약 본성을 보지 못하면 선이 아니니, 설사 천경과 만론을 설하더라도 성품을 보지 못하면 단지 범부요 불법이 아니다."라고 하였다. 즉 성품을 보는 것(見性)이 부처를 이루는 것(成佛)이기 때문에 견성이 곧 성불이고, 성불이 바로 견성이 되는 것이다. 혜능 선사 역시 『단경』에서 "본래 마음을 알지 못하면 법을 배워도 이익이 없으니, 마음을 알고 자기 성품을 보아야(識心見性) 바로 큰 뜻을 깨닫는다."라고 설하고 있다.

혜능 선사는 돈황본 『단경』의 게송에서 "불성은 항상 청정하다(佛性常淸淨)."라고 하였다. 여기서의 청정이란 공空을 대신하는 말인데, 중생의 번뇌가 본래 남이 없어(無生) 존재의 실상이 본래 공한(本空),

모습 아닌 모습을 항상 청정하다(常淸淨)고 표현한 것이다. 불성이 공(청정)한 줄 깨우치되 공한 상相을 부여잡고 거기에도 안주할 것이 없기 때문에 "한 법도 얻을 바가 없으며(無一法可得)", "본래 한 물건도 없다(本來無一物)."라고 말하는 것이다. 중도의 불성을 깨닫는 견성에 대해 『단경』은 이렇게 설하고 있다.

> 만약 자신의 성품을 깨달으면 보리열반도 세우지 않고 또한 해탈지견도 세우지 않으니, 한 법도 가히 얻을 것이 없어야 바야흐로 만 가지 법을 건립할 수 있게 된다. 만일 이 뜻을 알면 부처의 몸이라 이름하고, 또한 보리열반이라 이름하며, 해탈지견이라 이름한다. 성품을 본 사람(見性人)은 세워도 되고 세우지 않아도 되니, 오고 감이 자유로워 막힘 없고 걸림 없어서 작용에 응하여 따라 짓고 말에 응하여 따라 답하여, 널리 화신을 보이되 자신의 성품(自性)을 떠나지 않아서 곧 자재한 신통과 유희삼매遊戲三昧를 얻게 되니, 이것이 성품을 보는 것(見性)이다.

본래 한 물건도 없고, 한 법도 얻을 바가 없는 중도의 실상을 깨달은 사람은 번뇌의 오염에도 물들지 않고 보리의 청정에도 안주하지 않는다. 그러므로 번뇌의 생사에도 머물지 않고(無住生死), 불성의 열반에도 머물지 않는다(無住涅槃). 번뇌가 본래 공한 줄 알지 못하는 중생을 위해 '번뇌는 공하다'고 설하여 번뇌를 파하고 불성을 세우며, 불성이 청정한 상에 안주하는 이승二乘을 위해 불성마저 공함을 설하여 불성마저 파하고 번뇌로 돌아간다. 그래서 유마 거사는 번뇌가 곧 보리이고,

보리가 곧 번뇌라고 말하는 것이다.

이와 같이 번뇌의 생사도 세우지 않고 불성의 열반도 세우지 않으며, 언제 어디서나 걸림 없는 주체적인 자유를 살아가는 무위진인無位眞人이 바로 견성한 도인이다. 이런 사람은 언제 어디서나 주인이 되어(隨處作主) 서 있는 그 자리에서 진실한 삶(立處皆眞)을 살아간다.

혜능 선사는 『단경』에서 "오직 견성만을 말할 뿐 선정해탈은 논하지 않는다."라고 하였다. 여기서 말하는 견성이 존재의 실상을 체득하여 실상 그대로의 삶의 자유를 살아가는 일이라면, 선정해탈은 자기 안에 닫힌 선정을 통해 경험의 세계를 확장하거나 현 상태보다 높은 경지를 얻어가는 것을 말한다. 혜능 선사가 말한 견성법이 고통의 아픔 속에서 고통이 본래 공함을 보아 다시 고통의 틀을 벗어나는 깨어 있음이라면, 선정해탈은 고통의 질곡과 닦아서 얻음의 이원적 대립을 지양하지 못한 수행인 것이다. 그러므로 견성이 인간 존재의 공성을 깨달아 인간의 행위를 있음(有)과 없음(無)의 양극단에 갇히지 않는 창조적 자유로 전환해내는 것이라면, 선정해탈은 지양되지 못한 삶의 체험을 확대하거나 영적 심화에 불과한 것이기에 연기론적 실천이라 할 수 없다.

그러면 이른바 "성품을 본다(見性)"는 것에서 본다(見)의 의미를 혜능의 상족 신회 선사의 말을 빌려 다시 살펴보기로 하자.

> 보되 보는 바가 있으면 망상이며, 보는 바가 없으면 참되게 보는 것(眞見)이 된다. 즉 범부는 보는 대상이 있기 때문에 보는 모든 것이 망상이 되며, 견성인은 보는 주관과 보이는 대상이 적멸(공)하

여 보는 바가 없게 되니, 이것을 일러 참되게 본다고 말하는 것이다. 왜 그러한가? 보는 것 없이 본다는 것은 보는 것(見)과 보지 않는 것(不見)의 양극단을 함께 보지 않는 중도의 봄(中道見)이기 때문에, 참되게 보는 것이라고 말한다.

신회 선사는 있다고도 없다고도 말할 수 없는 중도견에 대해 "마치 거울이 형상을 대하지 않으면 끝내 형상을 볼 수 없는 것과 같이, 보는 물건이 없어야 참되게 보는 것(眞見)"이라고 말한다. 이 말의 뜻은 인식주관인 안이비설신의와 인식대상인 색성향미촉법이 대립된 인식작용으로서의 견을 떠난 것도 아니며, 떠나지 않는 것도 아닌 중도의 견이기 때문에 참된 견이라고 말하는 것이다.

신회 선사는 일찍이 북종의 선법을 '응심입정凝心入定 주심간정住心看淨, 기심외조起心外照, 섭심내증攝心內證'이라고 규정하였다. 여기서는 마음을 모으고(凝心), 마음을 머물고(住心), 마음을 일으키고(起心), 마음을 거두는(攝心) 인위적이고 차제적인 수행이므로 정혜등지가 이루어지지 못하게 된다고 하였다.

남종의 가르침은 덕이본 『단경』에서 보여주고 있듯이 "무주를 근본으로 삼고, 견見이 그대로 주인"이라고 하는 돈오적인 입장을 취하고 있다. 그런데 『신회어록』에는 견을 자성견自性見과 수연견隨緣見으로 설명하고 있다. 자성견은 대상이 없는 견으로서 돈오요 반야이며 무생의 견이라 할 수 있다. 따라서 신회는 "대승경론에는 허공에는 견이 없다고 했으며, 허공에는 반야가 없기에 결코 견이라고 말할 수가 없다." 하고, 나아가서 "중생에게는 반야가 있기에 가히 견이라고 이를 수가 있다."라고 하였다. 신회 선사는 『잡징의』에서 "보는 물건이 없어야, 이때에 즉卽한 견이 바로 참다운 견이다."라고 말한다. 이때의 견은 보는 대상이 없는 스스로 존재하는 무주의 견이므로 "상견常見"이라고 한다. "대상이 앞에 현존하여 있거나 혹은 없거나 관계없이, 거울의 비춤(照)은 항상 존재하는" 것이다. 그러므로 "이 거울의 밝음은 그 자체 성품으로서의 비춤이 있다. 만약 중생의 마음이 청정하다면 자연스럽게 지혜의 광명이 일체의 세계를 비출 것이다." 따라서 좌선을 정의하여 "생각이 일어나지 않음을 좌坐라 하고, 본래의 성품을 보는 것을 선禪"이라고 하였다.

수연견이란 대상에 대한 분별작용으로서의 견을 말한다. 어떤 사물을 볼 때 빛이 없으면 그 대상을 분명하게 볼 수가 없다. 이 경우 대상을 보지 못할 뿐이지, 견이 없다고는 말할 수 없다. 이것은 '자성견'은 존재하나, 대상에 감응하는 '수연견'은 작용하지 못한 것이다. 이와 같이 대상에 감응하는 견을 '수연견'이라고 하고 있다.

남종에서 견성성불이란 '견성이 그대로 성불'이란 의미로 인위적인 수행의 점차를 필요로 하지 않는다는 뜻을 함축하고 있다. 그러면 견성의 성性을 구체적으로 무엇이라 할 수 있는가. 신회는 자연지自然智요 무사지無師智라고 규정하고 있다. 종밀의 말을 빌리면 신회가 성性을 견見하는 구체적 수행방법으로 제시한 것이 바로 "생각이 일어나면 곧 깨닫고(念起卽覺), 깨달으면 곧 없다(覺之卽無)."라고 하는 명구이다. 여기서 각覺은 번뇌에 대한 견見의 의미로 해석된다. 신회는 『단어』와 『잡징의』에서 이렇게 말하고 있다.

만약 망妄이 일어남이 있으면 곧 깨달아라. 깨달음이 멸한 즉, 이것이 본성의 무주심無住心이다. 유와 무를 함께 보내고 경境과 지智를 함께 잊는다. 어떤 마음도 내지 않아서 그대로 자성의 보리이다.

모든 선지식이여, 배움의 자리에서 생각이 일어나거든 곧 단박에 깨달아 비추라(覺照). 그러면 일어난 마음이 곧 멸하고, 각조覺照 또한 자연 사라진다. 바로 이것이 무념無念이다. 무념이란 어떤 경계도 없다는 것이요, 경계가 있다면 무념에 상응하지 못한다. 그런 까닭에 모든 선지식이여, 여실한 '견見'이란 깊은 법계를 요달함이며, 이것이 곧 일행삼매一行三昧이다.

신회 선사가 주장하고 있는 견성의 과정을 두 단계로 나누어서 이해할 수가 있다. 첫 번째는 번뇌가 일어났을 때(妄起, 念起), 그것이 공함을 깨달아(卽覺, 卽便覺照) 번뇌가 본래 존재하지 않음(煩惱空寂)을 통찰하는 '즉견卽見'의 단계이다. 이때 번뇌는 곧장 즉견에 의해서 소멸한다. 두 번째 단계는 번뇌가 소멸됨으로써(起心卽滅), 그 대상을 향한 견 역시 스스로 소멸하는 '견멸見滅'의 단계이다(覺照自亡). 이렇게 되면 봄이 없는(不見) 그대로가 본성의 무주심이고, 무념이 된다. 그리하여 본성이나 무주에 계합하는 단계이다.

그의 수행론에서 '견'은 불견의 견(不見之見)이요, 닦음은 닦음이 없는 닦음(無修而修)이다. 만약 '성性'을 실체론적으로 이해하여 어떤 존재를 기술하는 대상언어로 간주하고, 또 견을 그 대상을 향한 '견'이라면 이것은 반야가 아닌 분별의 견에 떨어질 수 있다. 일단 번뇌가 소멸하면 자동적으로 불성과 번뇌의 '유무'에 대한 논의와 인식론적인 대립을 이루는 '경境과 지智'가 함께 사라진다. 이때 마음은 "한 물건도 얻을 수 없게" 된다. 그러면 무엇이 남는가? 그것은 바로 일상의 행위이고, 바람이 불고 새가 강물을 차고 오른다는 조사선이 된다. 이것은 분명하게 불성의 작용이고 활동이다.

신회는 또 『유마경』을 인용하여, '관觀'이 없음이 바로 '보리菩提'이고, '억념憶念'이 없는 이것이 자성의 공적심이라고 말한다. 여기서 '관(vipassana)'과 '억념(sati)'은 초기불교와 대승불교에서 말하는 중요한 수행법이다. 그러나 이것은 인위적인 내용에 불과하다. 이제 '멀리 떠나야 할(遠離)' 번뇌도 없고, 또한 집중하여 관찰할 어떤 대상도 없다(無一切境界). 다만 "자성의 공적을 '견見'한" 즉卽, 곧 "행위자와 행위와 대상은 본래 공적하니, 억지로 관觀을 일으키지 않는다." 이것이야말로 최상승의 수행법이라고 신회는 믿는다.[1]

신회 선사의 사상을 계승하고 있는 혜해 선사 또한 『돈오입도요문론』에서 이렇게 말하고 있다.

> 볼 수 없다는 것은 자성의 본바탕은 모양이 없어서 얻을 수 없는 까닭에 볼 수 없다고 하느니라. 그러나 보는 것을 얻을 수 없다는 것은 자성의 본체가 고요하고 맑아 오고감이 없지만 세상의 흐름을 여의지 않으니, 세상의 흐름이 흐르지 않게 하면 막힘이 없이 자재하게 되니, 이것이 곧 밝고 밝게 보는 것이다.

1 인경, 「견성에 관한 하택신회의 해명」(『보조사상』 18, 보조사상연구원, 2002) 참조.

아는 것이 없다는 것은 자성의 본바탕은 모양이 없어서 본래 (대상에 대한) 분별이 없음을 아는 것이 없다고 말한다. 알지 못할 것도 없다는 것은 분별이 없는 본바탕 가운데 항하의 모래와 같은 작용이 갖추어져 능히 일체를 분별하여 알지 못하는 일이 없으니, 이것을 알지 못함이 없다고 하는 것이다. 『반야경』의 게송에 말하기를, "반야는 앎이 없지만 알지 못하는 일이 없으며, 반야는 봄이 없으나 보지 못하는 일도 없다."라고 하였다.

인식주체인 육근과 인식대상인 육경이 모두 공空하여 분별이 없기에 봄도 없고 앎도 없다. 그러나 그 가운데 항사의 묘용이 갖추어져 봄이 없이 보고 앎이 없이 안다. 중도정견을 확립한 수행자는 일체 경계를 대하되 어지러움이 없이 늘 고요하다. 고요하되 일체 경계를 능동적으로 주체화하여 항상 불이중도행不二中道行으로 창조적 역사를 만들어가는 자이다.

『오성론』에서는 유무중도有無中道를 이렇게 설명하고 있다. "무엇을 일체 법의 있는 것도 아니요 없는 것도 아니다(非有非無)라고 하는가? 마음은 색이 아니기 때문에 있는 것도 아니다(非有)라고 하고, 항상 작용하면서 그치지 않기 때문에 없는 것도 아니다(非無)라고 한다. 또 움직이지만 늘 공적하기 때문에 있는 것도 아니요(非有), 공적하지만 항상 움직이기 때문에 없는 것도 아니다(非無)."

다시 말하면 없는 것이 곧 없는 것이 아니며, 있는 것이 곧 있는 것이 아니다. 있되 있음이 공하여 없음을 보고, 없되 없음마저 공하여(空亦空) 있음을 보니, 일체의 행동에도 움직임이 없다. 언제 어디서라도 한 물건도 없어(本來無一物) 얻을 것이 없다. 일체 법에 얻을 것이 없음을 바르게 깨닫는 것을 무득정관無得正觀이라 한다.

따라서 자성이 청정함은 마치 허공과 같고, 공空 또한 없는데 유有를 어찌 얻을 수 있겠는가. 유가 본래 유가 아닌데 사람이 스스로 유에 집착하는 것이며, 공이 본래 공이 아닌데 사람이 스스로 공에 집착하는 것이다. 또 일심이니 공과 유가 어디에 따로 있겠는가. 공이 있다 하면 이미 공이 아니고, 유가 있다 하면 이미 그 유는 그림자에 불과하다. 오직 일심이니 무소유라 무엇이 있다 할 것이 없다. 그러니 무엇이 없다 할 것 또한 없다. 유를 떠나고 공을 떠나면 청정해탈하고 무위무사(無爲無事: 함이 없고 일이 없음)하며, 무주무착(無住無着: 머묾 없고 집착 없음)한다. 적멸함 가운데 한 물건(一物)도 지음이 없는 것, 이것이 바로 보리의 도이다.

견성의 도道는 유무의 안(內)에 있지 않으며, 또한 유무의 밖(外)에도 있지 않다. 이와 같은 자는 곧 도에 든 사람이니 유를 무너뜨리지 않으며, 또한 무를 훼손하지도 않는다. 상법像法시대에 법을 주지케 하고자 단지 방편으로 시설한 것일 뿐이다. 이러한 까닭에 본체가 공하여 무상無相이니 유라 할 수 없고, 작용하여 끊어짐이 없으니 무라 할 수도 없다. 즉 공하되 항상 작용이 있고, 작용이 있되 항상 공이다. 공空과 용用이 비록 다르나 마음(心)에는 다른 것이 없다. 즉 진여의 성품은 청정하여 상주불멸常住不滅한다.

『능가사자기』「서문」에 거듭 설한다. "천하에 수도를 이해하지 못하는 것은 유와 무에 얽매어 그렇게 된 것이다. 유가 스스로 유가 아니니, 인연이 아직 일어나지 않았을 때는 유가 아니며, 무가 스스로 무가 아니니, 인연이 흩어진 후에야 무가 되는 까닭이다. 유가 만약 본래 유라면 유는 스스로 항상 유일 것이니, 인연을 기다린 후에야 유가 되지 않을 것이며, 무가 만약 본래 무라면 스스로 항상 무일 것이니, 어찌 인연이 다한 후에야 비로소 무일 것인가. 인연으로 생겨나 있으므로 유가 아니며, 진여 가운데는 스스로 유가 됨이 없다. 인연으로 없게 됨이라 무가 아니며, 청정심 가운데는 저 무가 없다. 유·무의 법은 망상의 상이거늘 어찌 성도聖道를 나타내기에 족할 것인가."

『능가사자기』「달마장」에 말하길, "허공 가운데 운무는 결국 허공을 오염시킬 수 없다. 그러나 능히 허공을 가리어 밝고 맑지 못하게는 할 수 있다. 『열반경』에 설하기를, (중생의 불성은) 안의 육입에 있지도 않고, 바깥의 육진에 있지도 않으며, 안과 바깥이 합한 까닭에 이름하여 중도中道라 한다."라고 하였다.

성품이란 안의 육근에도 있지 않고 밖의 육진에도 있지 않고 안과 밖이 합치는 데도 있지 않지만, 안과 밖이 합치는 것을 떠나 있지도 않기에 짐짓 안과 밖이 합침이 중도라고 말하는 것이다. 중도정견을 보는 것이 깨달음이다.

혜해 선사 또한 『돈오입도요문론』에서 "돈오(頓悟: 단박 깨달음)"에 대한 정의를 "단박(頓)이란 단박에 망념을 제거하고(頓除妄念), 깨달음(悟)이란 얻을 바 없음을 깨닫는 것(悟無所得)이다."라고 하였다. 즉 있음은 없음의 상대적 있음이요, 없음은 있음의 상대적 없음이다. 있음에 근거한 없음은 고정된 모습의 없음이 아니요, 없음에 근거한 있음은 고정된 실체로서의 있음이 아니다. 따라서 있음은 있음이 아닌 있음이요, 없음 또한 없음이 아닌 없음이다. 이렇게 있음과 없음

(有無)은 있음도 아니요 없음도 아니어서(非有非無), 한 법도 얻을 수 없다(無所得). 이것이 진공眞空이면서 묘유妙有인 중도정견이요, 무득정관이다.

성철 선사 역시 『백일법문』에서 마조 선사의 법문을 소개하면서 진공묘유의 중도법문을 설명하고 있다.

> 자성이 공했기 때문에 삼계가 유심이다. 삼계유심三界唯心이란 자성청정심을 말하는 것인데, 일체 만법이 공하여 쌍차쌍조雙遮雙照하며 진공이 묘유한 것인데 이것을 마음이라 하고 중도라 한다. 앞에서 선도 취하지 않고 깨끗하고 더러움의 양변을 버린 것을 마음이라 했다. 이것은 삼라만상이 모두 쌍차쌍조해서 차조가 동시(遮照同時)라는 말이다. 삼라만상이 일법소지인一法所之印으로 중도와 자성청정을 내놓고는 하나도 성립될 수 없는 것이다.

선종에서 설해지고 있는 모든 법문이 또한 중도의 체계에서 이루어지고 있다고 할 수 있다. 현사 선사가 말하기를, "바깥의 티끌 경계를 마주해서는 죽은 나무나 꺼진 재처럼 되었다가, 마음을 써야 할 때에 가서는 중도를 잃지 말아야 한다. 거울이 모든 물체를 비추지만 스스로 빛을 잃지 않고, 새가 공중을 날면서도 하늘 바탕을 더럽히지 않는 것과 같이 하라."고 하였다. 이른바 "거울이 물체를 비추되 빛을 잃지 않는 것"과 "새가 공중을 날되 하늘 바탕을 더럽히지 않는 것"은 비추되(照) 공적하고(寂), 공적(寂)하되 비추는(照) 중도의 자성청정심을 가리키는 말이다.

정견이란 모든 언어문자의 개념적인 틀을 벗어나 반야에 의한 직관과 통찰로 중도정관中道正觀을 수립하여 자아와 세계에 대한 진정견해眞正見解를 갖추는 것이다.

3. 몽자재법문夢自在法門

간화의 종장 대혜 선사가 말하기를, "부처는 중생의 약이니, 중생에게 병이 있으면 이 약을 쓴다. 중생에게 병이 없는데도 이 약을 쓰면 도리어 병이 되는데, 어떤 병보다도 더 심한 병이 된다."라고 하였다. 그래서 응병여약應病與藥이란 말이 생겨나고, 수기방편隨機方便이란 말이 회자된다. 약은 병을 치유하기 위한 약이지 약을 위한 약은 아니며, 방편은 법문에 들어가기 위한 방편이지 방편을 위한 방편이 아니다. 약과 방편은 깨달음을 위한 수단이기 때문에 깨달음을 얻고 나면 방편과 약은 버려야 한다.

선문의 공부삼단工夫三段과 대혜 선사의 공부과정을 통해 깨달음에 들기 위한 문제제기와 방편시설을 어떻게 구사하였는지 살펴보자. 먼저 현재 우리의 선문에 널리 회자되고 있는 공부삼단의 방편에 대해 알아보기로 하자. 성철 선사는 『화두하는 법』에서 이렇게 말하고 있다.

그래 공부란 것은, (겉으로) 공부하는 체하여 묵언하고, 장좌불와를 하고 뭐를 하고 해도, 속을 보면 동정일여도 안 되거든. 뭘 알았다고 한 사람 더러 봤지만 몽중에도 되는 사람이 참 드물다 그 말이여. 하지만 아무래도 우리가 선방 밥을 먹으려면 몽중일여는 되어야 선방 밥도 먹을 수 있는 것이지, 그러기 전엔 무엇을 가지고 공부라 할 거고? 아무리 가사를 입고 앉았다 해도 속으로는 아무것도 아니면 수좌라 할 수 없거든? 그러니 동정일여·몽중일여·숙면일여가 공부의 표준이 되어야 한다 이 말이야. 이게 내가 만든 법이 아니고, 우리 불법·선가의 근본 생명이 되어 내려오는 것이야. 이렇게 된 뒤에야 이제 화두에 대한 얘기를 해야 돼.

여기서 설하고 있는 동정일여, 몽중일여, 숙면일여를 공부삼단이라고 한다. 화두공부를 함에 있어서 이 세 단계의 과정을 거쳐야 견성오도에 이를 수 있다고 주장한다. 문제는 이 말씀을 방편으로 활용하지 못하고 실법實法으로 믿는 데 있다.

성철 선사의 방편에 의거하면, 동정일여라고 하는 것은 말 그대로 고요하게 앉아 있을 때뿐만 아니라 얘기하고 밥 먹고 분주하게 움직일 때에도 화두가 틈이 없이 여일한 경계를 말하는 것이다. 한 걸음 더 나아가 몽중일여란 꿈 가운데서도 여일하게 공부를 지어가야 한다는 것이며, 숙면일여란 다른 말로 오매일여라고도 표현하는데, 잠이 깊이 들었을 때에도 여일하며, 아울러 깨어 있을 때에나 잠잘 때에도 화두가 여일한 것을 말하고 있다. 이렇게 삼단의 과정을 거쳐 숙면일여 혹은 오매일여를 통과하여 아리야식의 미세망념까지 제거해야 깨치는 것이라고 주장하고 있는 것이다.

이와 같은 방편을 통해 분별 망념을 여의고 깨달음이 현전된다고 한다. 이 방편의 낙처는 어디에 있는가? 성철 선사는 이른바 공부삼단의 방법이 불법과 선가의 근본 생명으로 계승되어지는 공부의 표준이라고 말하고 있다. 이러한 공부삼단의 연원을 추구해보면 먼저 태고 선사와 나옹 선사를 만나게 된다. 『태고록』과 『나옹록』을 차례로 살펴보자.

> 만일 하루에 한 번도 틈이 없는 줄 알았거든 더욱 정신을 바짝 차려서 늘 점검하되 날마다 틈이 없게 해야 합니다. 만일 사흘 동안 법대로 끊어지는 틈이 없어, 움직이거나 고요할 때에도 한결같고(動靜一如), 말하거나 침묵할 때에도 한결같아(語默一如) 화두가 항상 앞에 나타나 있되, 급히 흐르는 여울 속의 달빛 같아서 부딪쳐도 흩어지지 않아 자나 깨나 한결같으면(寤寐一如) 크게 깨칠 때가 가까워진 것입니다.

> 언제나 끊이지 않고 들어 고요하거나 시끄러운 가운데에서도 공안이 앞에 나타나며, 자나 깨나 그 화두가 분명하여 들지 않아도 저절로 의심이 되어 마치 급히 흐르는 여울 속의 달과 같아서, 부딪쳐도 흩어지지 않고 움직여도 잃지 않을 것입니다. 진실로 그런 경지에 이르면 세월을 기다리지 않아도 갑자기 한 번 온몸에 땀이 흐르게 되리니, 그때는 잠자코 스스로 머리를 끄떡일 것입니다.

태고와 나옹 두 분 똑같이 동정일여와 오매일여를 시설하고 있다.

이른바 "급히 흐르는 여울 속의 달빛 같아서 부딪쳐도 흩어지지 않는" 공부에 이르게 되면 깨달음의 세월을 기다리지 않아도 된다고 하는 법문을 동일하게 설하고 있음을 볼 수 있다. 이 말은 동정 간에 화두가 현전하고 오매에도 화두가 여일하면 깨달음이 가깝다는 것이다. 깨닫고 나서야 방편이 방편이었음을 알게 된다. 따라서 진실로 방편의 문으로 들어가기 위해서는 방편을 분별로 이해하려고 하지 말고 곧장 깨달음에 들어가야 한다. 그런데 태고와 나옹 두 선사의 이러한 공부의 방편은 『몽산법어』에 영향을 받은 바가 크다.

오래 오래 공부가 한결같이 익어 가면 바야흐로 힘을 들게 된다. 공부 지어감이 마음을 쓰지 않아도 저절로 화두가 앞에 드러날 때가 되면 경계와 몸과 마음이 모두 이전과 같지 않게 되어, 꿈속에서도 또한 화두를 기억할 수 있게 될 것이니, 이와 같은 때에 큰 깨달음이 가까워질 것이다.

공부를 해가면서 처음부터 끝까지 고요함(靜)과 깨끗함(淨)의 두 글자를 떠나지 말아야 한다. 고요함이 지극하면 곧 깨달음이 있고, 깨끗함이 지극하면 마음의 빛을 통달할 것이다. 기운이 엄숙하고 바람이 맑으며 움직이고 고요함의 경계가 마치 가을 하늘과 비슷할 때가 첫 번째의 정절(程節: 과정의 마디)이니, 바로 이때를 타고 나아가야 한다. 마치 맑은 가을 들판의 물과 같고, 오래된 사당 속의 향로와 같이 고요한 가운데 또렷하게 깨어 있어 마음이 움직이지 않을 때에, 또한 인간에게 환상과 같은 몸이 있는 줄도 알지 못하고, 오로지 화두만이 보아 끊어짐이 없이 이어져야 한다. 여기에 이르러 번뇌가 사라지려 하고 마음의 빛이 드러나려 한다면 이것이 두 번째 정절이다. 이때에 만약 느끼고 아는 마음을 낸다면 곧 순일한 묘함이 끊어질 것이니 큰 손해이다. 이런 허물이 없다면 움직이거나 고요할 때나 한결같고, 자나 깨나 또렷또렷하여, 화두가 앞에 드러나는 것이 마치 물에 비친 달빛이 세차게 흐르는 물결 속에서도 활발하게 드러나 부딪혀도 흩어지지 않고 쓸어버려도 잃어버리지 않는 때와 같으면 안으로 고요하여 흔들림이 없고 밖으로 감각에 움직이지 않는다. 이것이 세 번째 정절이니, 의심덩어리가 타파되고 바른 눈이 열릴 때가 가까워졌다.

이와 같이 공부삼단工夫三段은 몽산 화상의 법문에서 유래되어 태고, 나옹을 거쳐 우리나라에 전승되었다. 몽산은 공부의 과정을 세 단계로 나누어 설명하고 있는데, 첫 번째 단계는 동정이 여일한 경계이며, 두 번째 단계는 고요한 가운데 또렷하여 번뇌가 사라지고 마음의 빛이 드러나려 하는 때이며, 세 번째 단계는 자나 깨나 화두가 여일한 경지이다.

여기서 중요한 단서는 애써 억지로 화두를 참구하지 않아도 저절로 자연스럽게 앞에 나타난다는 점이다. 저절로 의심된다는 것은 유위의 공부가 아니다. 의심으로 인해 분별의식이 없는 무위의 경지일 뿐이다.

만약 인위적으로 억지로 화두를 부여잡고 염화두念話頭, 송화두頌話頭로써 고요한 때나 움직이는 때나, 꿈속에서나 꿈 밖에서나, 깨어 있을 때나 잠잘 때나 의식적으로 화두를 기억하는 것으로 동정일여,

몽중일여, 오매일여의 공부를 지어가고 있다면 이는 병으로써 약을 삼는 것이 된다. 이러한 자연의 화두(自然話頭) 참구법은 『선요』의 고봉 선사에게도 두드러지게 강조되고 있음을 볼 수 있다.

> 설암 화상을 시봉하며 천녕사로 가는 도중에 화상께서 다그쳐 물었다. 하루 종일 떠들썩하게 살 때 주인공이 되느냐? 답하길, 주인공이 됩니다. 다시 물었다. 잠잘 때 꿈속에서 주인공이 되느냐? 답하길, 주인공이 됩니다. 다시 물었다. 잠이 들어 꿈도 없고 생각도 없고 보는 것도 없고 듣는 것도 없을 때에 주인공은 어디에 있느냐? 여기에 이르자 바로 대답할 말이 없고 펼칠 도리도 없었다. 설암 화상이 다시 부촉하여 말하기를, 오늘부터 너는 불법을 배울 필요가 없으며, 또한 옛날과 오늘을 따져보지도 말아라. 다만 배고프면 밥 먹고 피곤하면 잠자되, 잠에서 깨어나자마자 다시 정신을 가다듬어 의심하여라. '내가 잠을 자면 주인공은 필경 어디에 안신입명安身立命하는가?'

설암 화상이 고봉에게 제시한 공부는 첫째, 일상의 시끄러움 가운데서도 주인공이 되느냐? 둘째, 잠잘 때 꿈속에서도 주인공이 되느냐? 셋째, 잠이 깊이 들어 아무 생각이 없을 때에도 주인공이 되느냐?라고 하는 것이다. 주인공이 된다는 것은 경계에 끄달리지 않는 주체적인 삶을 살아가고 있다는 뜻이며, 분별 망념에 휘둘리지 않고 화두가 여일하다는 의미이다.

이것은 다름 아닌 동정일여, 몽중일여, 숙면일여라는 방편의 장벽을 말하는 것이다. 일체의 사량 분별 의식을 오매일여라는 벽에 부딪히게 하여 일시에 소탕시키는 강렬한 방편의 덫을 놓고 있는 것이다. 깨어 있을 때에는 주인공이 되는데 잠이 깊이 들어서는 주인공이 되지 못한다는 이원적 분별을 벗어나기 위해 "잠을 잘 때 주인공이 어디에 편히 쉬는가?"를 의심하여 참구케 하여, 깨어 있음과 잠들어 있음이 모두 공空하여 둘이 아닌 불이중도不二中道에 들게 하는 것이다. 『선요』에는 이렇게 말하고 있다.

> 하루는 암자에서 잠을 자다가 깨어나서 바로 이 일을 의심하고 있는데, 홀연히 함께 자던 도반이 밀쳐낸 목침이 땅에 떨어지는 소리에 불현듯 의심 덩어리가 타파되면서 마치 그물 속에서 뛰쳐나온 듯하였다. 이전에 의심했던 부처님과 조사의 난해한 공안과 옛날과 지금의 차별된 인연들을 상기해보니, 흡사 사주泗州에서 대성大聖을 보는 것과 같았다. 멀리 떠나온 나그네가 고향으로 돌아가니, 원래 다만 옛날 그 사람이어서 옛날의 행동을 고치지 않았다. 이로부터 나라가 안정되고 천하가 태평해졌다.

중생의 입장에서는 부처와 중생이 둘이지만, 부처의 눈으로 보면 중생과 부처는 둘이 아니다. 깨닫기 전에는 깨어 있음과 잠들어 있음이 둘이지만, 깨닫고 나면 깨어 있음과 잠들어 있음이 둘이 아니다. 문제는 깨닫기 전에는 이러한 것들이 모두 현실적 고민이요, 실체적 현상으로 다가온다는 것이다. 이러한 현실적 고민과 실체적 현상을 방편의 화두의심을 통해 그 실체 없음을 요달하여 본래부처로 살아가게 하는 것이다. 그래서 고봉 선사도 고향에 돌아와서 보니 옛날 그대로의 사람이라고 말하는 것이다. 이러한 문제의식과 화두의 의정은 대혜 선사에 있어서도 같은 유형으로 설해지고 있다. 『대혜연보』를 들여다 보자.

다시 어느 날 담당 선사가 물었다. '종고 상좌(杲上座)! 나의 여기의 선禪을 너는 일시에 이해하여, 너에게 설법을 시켜도 설법을 할 수 있고, 너에게 염고拈古·송고頌古·소참小參·보설普說을 시켜도 너는 모두 할 수 있다. 오직 그렇지 않은 한 가지 일이 있으니, 너는 알겠는가?' 대혜가 말했다. '무슨 일인지 저는 모르겠습니다.' 담당 선사가 말하기를 '흠! 네가 부족한 것은 하나의 이해에 있는데, 너는 이 한 가지를 이해하지 못하고 있다. 내가 방장 안에서 너와 더불어 말할 때는 곧 선禪이 있다가도 방장을 나오자마자 곧 없어져 버리고, 깨어서 생각할 때에는 곧 선이 있다가도 잠이 들자마자 곧 없어져버린다. 만약 이와 같다면 어떻게 생사와 맞설 수 있겠는가?'라고 하였다. 대혜가 말했다. '바로 제가 의심하던 바입니다.'

『대혜어록』에 또한 이렇게 소개하고 있다.

종고가 다시 말하였다. '제가 아직 잠이 들기 전에는 부처님이 찬탄하신 것에 의지하여 행하고 부처님이 나무라신 것은 감히 범하지 않았습니다. 이전에 스승들께 의지한 것과 스스로 공부하여 얻은 작은 것들을 또렷하게 깨어 있을 때에는 모두 마음대로 수용할 수 있습니다. 그러나 침상에서 잠이 들락 말락 할 때에 이미 주재主宰하지 못하고, 꿈에 황금이나 보물을 보면 꿈속에서 기뻐함이 한량없고 꿈에 사람이 칼이나 몽둥이로 핍박하거나 여러 가지 나쁜 경계를 만나면 두려워 어쩔 줄 모릅니다. 스스로 생각해보면 이 몸은 오히려 그대로인데 다만 잠이 들면 이미 주재할 수 없는데, 하물며 지수화풍이 제각기 흩어지며 여러 고통이 맹렬히 다가올 때에 휘둘리지 않을 수 있겠습니까? 여기에 이르면 비로소 마음이 황망해집니다.' 원오 선사께서는 또한 말씀하시기를 '네가 말하는 허다한 망상들이 끊어질 때를 기다려 너는 스스로 깨어 있을 때와 잠을 잘 때가 늘 하나(寤寐恒一)인 곳에 이르게 될 것이다.'라고 하였다. 처음 이 말을 들었을 때는 믿지 않고 매양 말하였습니다. '내가 스스로 돌이켜 보면 깨어 있음과 잠들어 있음이 분명히 둘인데, 어떻게 감히 입을 크게 벌려 선禪을 말하겠는가? 반드시 부처님께서 말씀하신 깨어 있음과 잠들어 있음이 늘 하나라는 말이 망령된 말이라면 나의 이 병을 꼭 없앨 필요가 없겠지만, 부처님 말씀이 과연 사람을 속이지 않는다면 이것은 곧 내 스스로가 아직 깨닫지 못한 것이다. 후에 원오 선사께서 '모든 부처님이 나신 곳에 훈풍이 남쪽으로부터 불어온다.'라고 하시는 말씀을 듣고서 홀연히 가슴에 걸려 있던 물건이 내려갔습니다. 비로소 부처님께서 설하신 바가 진실된 말이며, 있는 그대로의 말이며, 속이지 않는 말이며, 망령되지 않는 말이며, 사람을 속이지 않는 진정으로 큰 자비로서 몸을 가루로 만들어 목숨을 버리더라도 갚을 수 없음을 알았습니다.

이른바 고요한 경계에서는 선이 있는데 움직이는 경계에서는 선이 없다고 하는 것은 동정動靜에 여일하지 못함이며, 깨어 있을 때는 선이 있다가도 잠이 들어 버리면 선이 없다는 것은 오매寤寐에 여일하지 못함을 지적하고 있는 것이다. 그리고 「향시랑에게 보낸 편지」의 내용 역시 몽중일여와 오매일여를 거론하여 문제 삼고 있는 것이다. 다시 말하면 잠이 들거나 꿈속에서도 주재할 수 없는데 장차 죽음을 맞이하여 지수화풍이 제각기 흩어질 때를 당하여서는 어떻게 대적할 것인가라는 문제의식으로 고민하고 있었던 것이다.

일체 경계에 수연자재隨緣自在하여 여여한 생활을 유지하는 것이 참선인의 자세이다. 즉 어떤 경계에도 부림을 당하지 않고 주체적인 삶으로 여일하게 살아가는 것이 당당한 수행자의 풍모이다. 고요한 경계와 움직이는 경계, 깨어 있을 때의 경계와 잠들었을 때의 경계 등 경계마다 활발발하지 못한 것이 당시 대혜 스님의 실질적인 고민이자, 모든 수행자들의 문제의식이기도 하다.

이것으로 미루어 볼 때 대혜 선사 당시에 선수행의 주된 과제로 널리 유행되고 있는 문제가 이른바 공부삼단으로 불리는 동정일여, 몽중일여, 오매일여였음을 알 수 있다. 문제는 문제 그 자체에 해답이 있다. 스승은 이 해답을 얻게 하기 위해 역으로 문제를 방편으로 제시하게 된다. 이후 원오 선사를 만나 이 문제를 해결하고 있음을 볼 수 있다. 『대혜어록』에는 원오 선사를 친견하여 단련을 받고 깨달음을 얻는 기연을 이렇게 서술하고 있다.

"어떤 스님이 운문 선사에게 묻기를 '어떤 것이 모든 부처님이 나신 곳입니까?'라고 하였다. 운문은 말하길 '동산이 물위로 간다(東山水上行).'라고 하였다. 만약 천녕(원오)이라면 그렇게 말하지 않는다. 어떤 것이 모든 부처님이 나신 곳인가? 훈풍이 남쪽에서 불어오니 전각이 조금 시원하구나." 여기에 이르자 홀연히 앞뒤의 생각이 끊어졌다. 비유하자면 한 타래 엉킨 실 뭉치를 칼로써 한 번에 모두 잘라버린 것과 같았다. 그 당시 온몸에 땀이 흘렀다. 그러나 한 생각도 일어나지 않고 도리어 맑고 텅 빈 자리에 앉아 있었다.

하루는 입실入室하여 방장에 들어갔는데 노화상(원오)께서 말씀하셨다. 그대가 이런 경지에 이른 것도 쉬운 일이 아니지만, 죽어서 살아나지 못해서 안타깝구나. 언구言句를 의심하지 않는 것이 큰 병이다. 들어보지도 못했느냐? 낭떠러지에 매달려 손을 뿌리쳐 스스로 수긍하여 받아들여 죽었다가 다시 살아난다면 그대를 속일 수 없을 것이다. 반드시 이런 도리가 있음을 믿어야 한다. 나는 혼자 말했다. 나는 다만 지금 얻은 곳에 의지하여 편하게 살아갈 뿐, 다시 깨닫지는 못하고 있구나.

노화상께서는 도리어 나로 하여금 택목당에 거처하게 하시고, 시자의 일은 시키지 않으셨다. 매일 사대부들과 같이 서너 차례 입실하였는데, 다만 '있다는 구절(有句)과 없다는 구절(無句)이 마치 등나무 덩굴이 나무에 기대어 있는 것과 같다.'는 말을 꺼내어 질문하였다. 내가 입을 열어 무슨 말을 하려고 하면 곧 '아니다.'라고 말씀하셨다. 이와 같이 반년이나 오직 참구하게 되었다. 하루는 여러 관원들과 함께 방장실에서 저녁을 먹을 때에 나는 단지 젓가락을 손에 쥐고 있을 뿐 밥 먹는 것을 잊고 있었다. 노화상께서 말씀하셨다. '이놈은 황양목선黃楊木禪을 참구하더니 도리어 움츠러들어 버렸구나.' 나는 하나의 비유를 들어 말하였다. '스님! 이 도리는 마치 개가 뜨거운 기름 솥을 보고 있는 것과 같아서 핥고 싶어도 핥을 수가 없고, 버리고 싶어도 버릴 수가 없습니다.' 노화상께서 이르시길 '그대의 비유는 매우 좋구나. 다만 이것이 곧 금강권이요, 율극봉이니라.'

하루는 노화상께 여쭈었다. '스님께서 오조(법연) 스님 문하에 계실 당시에 일찍이 이 이야기를 물은 적이 있다고 들었습니다. 오조 스님께서는 어떻게 대답하셨는지 모르겠습니다.' 스님께서는 말씀하시지 않으려 하셨다. 내가 말씀드렸다. '스님 당시에 혼자서 질문하신 것이 아니고 대중들 앞에서 질문하셨을 것인데, 지금 다시 말씀하신다고 무슨 거리낄 일이 있겠습니까?' 노화상께서 이에 말씀하셨다. '내가 묻기를, 있다는 구절과 없다는 구절이 마치 등나무 덩굴이 나무에 기댄 것과 같을 때에는 어떻습니까?'라고 하니, 조사께서 말씀하시기를 '묘사하려고 해도 묘사할 수 없고, 그리려고 해도 그릴 수가 없다.'라고 하였다. 내가 다시 물었다. '홀연히 나무가 넘어져 등나무가 말라 죽을 때에는 어떠합니까?' 조사께서 말씀하셨다. '서로 뒤따른다.' 나(대혜)는 그 말을 듣자마자 깨닫고는 말했다. '제가 깨달았습니다.' 노화상께서 말씀하셨다. '다만 그대가 공안을 투과하지 못했을까봐 걱정이다.' 내가 말씀드렸다. '스님께서 말씀해 보십시오.' 노화상께서는 연달아 일련의 어려운 공안을 말씀하셨는데, 나는 두 번 세 번 끊어버리고 마치 태평하여 일 없는 때에 길을 가는 것처럼 다시는 지체되고 막힘이 없었다. 노화상께서 말씀하셨다. '내가 너를 속일 수 없다는 것을 이제야 비로소 알겠구나.'

대혜는 원오 선사에게 입실하여 "훈풍이 남쪽에서 불어오니 전각이 조금 시원하구나."라는 상당법어를 듣고 "홀연히 앞뒤의 생각이 끊어져" 맑고 텅 빈 본래면목의 자리에 앉을 수가 있었다. 그리고 앞에서 언급한 깨어 있음과 잠들어 있음이 둘인 경계에서 고민하다가 이 법문을 듣고 홀연히 가슴에 걸려 있던 물건이 내려가고 오매항일의 도리를 깨달았다고 말하고 있다.

「향시랑 답서」에서 밝히기를, "가슴에 걸려 있던 것이 없어지고 나서야, 비로소 꿈꿀 때가 바로 깨어 있는 때이며 깨어 있는 때가 바로 꿈꾸는 때라는 것을 알았으며, 부처님께서 말씀하신 깨어 있을 때와 잠잘 때가 늘 하나라는 것을 비로소 스스로 알게 되었습니다. 이러한 도리는 집어내어 남에게 보여줄 수도 없고, 남에게 말해줄 수도 없습니다. 마치 꿈속의 경계와 같아서 취할 수도 없고 버릴 수도 없습니다."라고 하였다. 이것은 몽각일여夢覺一如, 오매일여寤寐一如의 문제가 해결되었음을 말하고 있는 것이다.

다시 말하면 깨어 있음과 잠자고 있음이 늘 하나라는 것을 깨달았다는 것은, 분별 망념에서는 오寤와 매寐가 두 가지 상相이었지만 분별 망념이 일어나기 이전의 본래 마음에는 오寤의 상相도 공空이요, 매寐의 상도 공하여 둘이 아닌 무상실상無相實相임을 스스로 체득했다는 말이다. 즉 분별 망념에 빠져 있을 때에는 깨어 있는 마음의 상相과 잠자는 마음의 상을 이원화하여 분별하지만, 분별 망념을 벗어나면 일체 마음의 상은 그림자에 불과하여 실체가 없는 무상無相인 것이다. 무상이 곧 실상實相이다.

본래 마음에는 상相이 없는데 어디에 깨어 있을 때의 마음의 상(心相)이 있고, 잠잘 때의 마음의 상이 따로 있을 수 있겠는가. 대혜가 깨달았다는 것은, 깨어 있을 때는 주재하는데 잠들어 있을 때는 어째서 주재하지 못하느냐고 하는 이원二元적 망념이 사라져버렸다는 것이지, 잠이 깊이 들었을 때도 깨어 있을 때처럼 주인공 노릇 하게 되었다는 것이 아니다. 깨어 있음도 없고 잠들어 있음도 없으며, 꿈속도 없고 꿈 밖도 없음을 깨달은 것이다. 그러므로 대혜는 "지인至人은 꿈이 없다고 말하는데, 여기서 '없다'는 말은 '있다 없다'의 '없다'가 아니라, 꿈과 꿈 아님이 하나일 뿐이라는 말"이라고 말하면서 아래와 같이 설하고 있다. 『서장』에 설하였다.

> 도리어 세간을 살펴보면 오히려 꿈속의 일과 같습니다. 교 가운데 본래 분명한 글이 있습니다. "오직 꿈일 뿐이니 곧 전체가 망상이다. 중생은 뒤바뀌어 매일 대하는 눈앞의 경계를 실답게 여기고, 모든 것이 꿈인 것을 전혀 알지 못한다." 아울러 그 가운데서 다시 허망하게 분별하여 망상심이 생각에 얽매인 의식이 어지럽게 일어나는 것을 참된 꿈으로 여기고 있으니, 이것이 바로 꿈속에서 꿈을 말하는 것이며 뒤바뀐 가운데 다시 뒤바뀐 것임을 도무지 모르는 것입니다.

대혜 선사는 꿈과 꿈 아님이 모두 환상임을 깨달아, 모든 꿈이 그대로 진실이며 모든 진실이 그대로 꿈이어서 취할 수도 버릴 수도 없는 도리를 깨달아 "몽자재법문(夢自在法門: 꿈에 자재한 법문)"을 성취하게 하여 중생의 삿된 선정을 파하고 성불의 선정으로 들어가게 가르치고 있는 것이다.

한 생각도 일어나지 않는 맑고 텅 빈 자리에는 꿈도 없고 꿈 아님도 없으며, 깨어 있는 마음도 없고 잠들어 있는 마음도 없다. 앞의 마음도 뒤의 마음도 모두 끊어진, 마음 없는 마음인 무분별의 중도실상中道實相일 뿐이다. 온 우주 삼라만상이 있는 것도 아니요 없는 것도 아닌 불이중도不二中道인 것이다.

그래서 스승인 원오 선사가 말한 "네가 말하는 허다한 망상들이 끊어질 때를 기다려 너는 스스로 깨어 있을 때와 잠잘 때가 늘 하나인 곳에 이르게 될 것이다."라고 한 말을 이해하게 된 것이다. 이러한 깨달음은 오로지 스스로의 참구를 통한 체득의 경지이기 때문에 마치 꿈속의 경계와 같아서 취할 수도 없고 버릴 수도 없어서 다른 사람에게 보여줄 수도 없고, 말해줄 수도 없는 것이다.

위에서 언급하였듯이 대혜 선사가 깨달음은 얻었으나 아직 온전한 경지를 이루지 못하고 "한 생각도 일어나지 않고 도리어 맑고 텅 빈 자리에 앉아서" 고요한 경지에 머물러 편안하게 살아갈 뿐 해탈자재하지 못한 것이 오히려 문제가 되었던 것이다. 그러므로 원오 선사가 "이런 경지에 이른 것도 쉬운 일은 아니지만, 죽어서 살아나지 못해서 안타깝다."라고 지적하며, 이것을 구경의 깨달음으로 인정하지 않고 조사의 언구를 의심하게 한 것이다. 죽어서 다시 살아나는 것을 사중득활死中得活, 혹은 절후재소絶後再甦라고 한다.

이것을 실천적인 언어로 표현하여 "백 척의 장대 끝에서 한 걸음 더 나아가라(百尺竿頭進一步)." 하고, 천 길 절벽에서 손을 뿌리치라는 의미로 현애살수懸崖撒手라 한다. 번뇌가 공한 줄 깨달아 공적한 선정에 앉아있으나 활발발한 지혜를 자재하게 활용하지 못하고 있는 반쪽 공부를 죽어서 살아나지 못한 경계라고 하는 것이다. 옛 선사가 말하기를 "깎아지른 절벽에서 손을 뿌리치듯 더 나아가 깨달아보려 해야 하니, 죽은 자리에서 다시 살아나야 자기를 속이지 않는 깨달음이니라."라고 하였다.

맑고 텅 빈 경지에 머물러서 한 걸음 더 나아가지 못하고 있는 안타까운 제자를 위해 원오 선사는 이른바 "있다는 구절(有句)과 없다는 구절(無句)이 마치 등나무 덩굴이 나무에 기대어 있을 때에는 어떠한가?"라는 공안을 참구케 하고 있다. 그리고 결국 대혜는 "있다는 구절과 없다는 구절이 의지한 등나무가 무너지면 어떠한가?"라는 언구 아래 깨달음을 얻고 있다. 그야말로 말 아래 바로 깨닫는 언하변오言下便悟가 이루어지는 찰나이다.

그러나 여기서 주목해야 할 것은 대혜 선사가 말 아래 바로 깨달았다고는 하지만, 그 이전에 이미 많은 시간에 걸쳐 조사의 언구言句, 즉 화두를 의심하는 참구가 그 바탕에 깔려 있었다는 사실이다. 화두를 의심하는 공부가 무르익은 상태에서 스승의 한마디 지시에 의해 그 꼭지가 열리고 있는 것이다. 대혜가 자신이 화두를 참구한 체험을 바탕으로 화두에 의정을 일으키게 하는 간화선을 집대성하고 있음을 알 수 있는 대목이다. 즉 간화선의 본질이 화두 참구이며, 화두 참구의 본질은 의심임을 말해주고 있는 것이다.

그런데 문제는 항상 역으로 발상하는 데서 해결의 실마리가 생기게 마련이다. 스승 원오 선사는 제자의 문제의식을 도리어 선교방편으로 활용하여 일체의 사량 분별을 끊어내는 장벽으로 대치했던 것이다. 달마가 말한 "도에 들어가기 위해서는 밖으로 모든 반연을 쉬고, 안으로 헐떡거림을 없애서, 그 분별하는 마음을 장벽과 같이 해야 한다."고 한 것이 여기에 해당되는 말이다.

여기서 문제의식(분별) 자체가 도리어 방편(장벽)이 되어 문제의식을 부셔버린 것인데, 오히려 방편 자체에 속아 거기에 눌러 앉아 수행한다고 하는 사람들이 문제가 되는 것이다. 병을 도리어 약으로 활용하여 병이 낫는 것을 보고, 어리석은 사람이 약을 잘못 사용해 도리어 병을 만들고 있는 격이 된 것이 현재 선문의 문제로 지적되고 있는 것이다. 즉 방편의 말을 진실의 경계로 잘못 이해한 병통이다.

화두공부를 하는 사람들이 화두를 참구함에 있어서, 화두의심이 동정일여의 경지를 통과하고, 몽중일여의 경지를 통과하여, 마지막으로 오매일여의 경지를 통과해서 대무심의 해탈경지에 도달해야 한다는 말을 듣고, 이것이 문제의식이자 곧 선교방편임을 알아야 하는 것이다. 그럼에도 불구하고 항상 의식적으로 화두를 붙잡고 기억하여 동정, 몽중, 오매에 해당하는 경지가 따로 있다는 경지론으로 이해하여 차제적 수정주의修定主義로 착각하는 자가 있다면 눈 푸른 간화행자라 할 수 없다.

이것은 대단히 위험한 수행의 접근이다. 화두할 때 화두의 일념은 일어난 바도 없고 일어나지 않음도 없다. 일어난 바가 없기 때문에 닦아 나아갈 경지도 없으며, 일어나지 않음도 없기 때문에 닦지 않을 경지도 또한 없다. 도는 닦을 것도 없고(道不用修), 또한 닦되 닦음 없이 닦는(無修之修) 것이다.

그래서 회양이 "닦아 증득함이 없지는 않지만 오염시켜서는 안 된다."라고 하는 무오염수無汚染修를 말하고 있는 것이다. 이와 같은 입장에서 보면, 동정을 세우되 세운 바가 없으며, 오매를 파하되 파한 바도 없다. 세우고 파함에 자재함이 화두일념의 경계이다. 이러한 불이중도의 입장에서 순일하게 화두를 지어가는 것이 불이선인 것이다.

꿈을 깬 명안종사가 꿈과 생시가 하나인 경계를 이른바 "몽자재법문"이라고 하였듯이 육조의 상족 영가와 본정 두 선사 또한 몽각일여의 경지를 이렇게 노래하고 있다.

『증도가』에서 "무명의 실다운 성품이 곧 불성이요(無明實性卽佛性), 허깨비 같은 공한 몸이 곧 법신이다(幻化空身卽法身)."라고 설하고, 더 나아가 "여래의 경지를 단박에 깨달으니(頓覺了如來禪), 육도만행이 본체 가운데 두렷하다(六度萬行體中圓). 꿈속에서는 밝고 밝아 육도가 있더니(夢裏明明有六趣), 꿈 깬 뒤에는 비고 비어 대천세계도 없더라(覺後空空無大千)."고 하였다.

어떤 사람이 본정 선사에게 묻기를, "이 몸이 어디서 왔다가 죽은 뒤에는 어디로 돌아갑니까?" 대답하기를, "어떤 사람이 꿈을 꿀 때엔 그 꿈이 어디서 왔다가 잠을 깬 뒤에는 어디로 가는가?" "꿈속에서는 실로 없다 할 수 없고, 꿈을 깬 뒤에는 실로 있다 할 수 없으니, 비록 있고 없음이 있으나 가고 오는 바는 없습니다." "나의 이 몸도 꿈과 같다." 선사는 거듭 게송으로 말했다. 삶을 꿈속같이 보나니(始生如在

夢), 꿈속에서는 실로 어지러우나(夢裏實是), 홀연히 깨고 보면 만사는 없어져(忽覺萬事休), 도리어 잠들기 전과 같다(還同睡時悟).

선정과 지혜를 균등하게 닦는 입장에서 보면, 일체의 분별심이 공적한 것 자체가 선정이며, 공적한 가운데 신령스러운 지혜가 드러나기 때문에 일체 분별이 무분별의 지혜로 살아나게 된다. 따라서 선정 그대로가 지혜이며, 지혜 그대로가 선정이 되는 참구가 이루어져야 불이법문不二法門에 합당한 수행이 되는 것이다.

다시 말하면 이뭣고? 하는 현전일념이 이미 공한 줄 알기에 이뭣고? 그대로가 선정 그 자체로서 이뭣고가 되며, 공한 가운데 이뭣고의 한 생각을 짓는 바 없이 지어가는 그 자체가 그대로 지혜로 현진되는 것이다. 따라서 이뭣고의 화두일념이 그대로 성성적적惺惺寂寂으로 정혜쌍수定慧雙修가 되기 때문에, 이뭣고 하는 최초 일념이 비록 온전한 무분별의 일념이 못되고 번뇌에 물든 일념이라 하더라도, 공적영지空寂靈知의 일념이므로 구경의 깨달음을 여읜 일념이 아니라, 이미 아뇩다라삼먁삼보리에 첫발을 내딛고 있는 일념이 되는 것이다.

동정과 몽중, 그리고 오매에도 늘 깨어 있는 주재자를 세우고 단계적 수정修定의 경지를 차례로 통과하고 나서야 무심의 경지에 계합한다고 이해하면 돈오법문과 연기중도에 어긋나게 되는 것이다. 단순하게 이해하면 오로지 화두 참구에 몰입하여 저절로 의정이 돈발하여 동정, 몽중, 오매 그 어디에도 걸림 없이 한결같이 이어지게 되면, 오히려 동정, 몽중, 오매라는 이원적 분별 망념은 저절로 사라지고 본래면목이 드러나게 되는 것이다. 이것이 문제를 방편으로 돌려쓰는 자재법문이다.

그렇지 않아도 선종에서 말하고 있는 한 물건, 본래면목, 주인공 등으로 표현된 실체적 언어표현과 맞물려 자나 깨나 소소영령(昭昭靈靈: 밝고 신령함)한 불생불멸의 주재자를 찾는 것으로 선을 삼는 병폐가 문제로 지적되고 있는 것이다. 이러한 관점에서 "이뭣고?"를 오매일여의 경지를 투과하여 얻어지는 영원한 진아(眞我: 아트만)와 합일되는 도구로 참구한다면 연기적 중도법문과는 거리가 먼 상견常見에 떨어진 외도의 수행이 되는 것이다. 즉 화두 참구가 내 안의 신령한 빛을 찾는 따위의 힌두교의 브라흐만적 명상과는 질적으로 다름에 유의해야 한다.

그러므로 육조의 제자 남양혜충 선사가 말하기를 "요즈음 남방의 불법이 크게 변해버렸다. 그들은 사대육신四大六身 속에 신령한 성품이 들어 있어 불생불멸한다고 한다. 또 이 사대가 파괴되더라도 이 성품은 파괴되지 않는다고들 한다. 그러나 이러한 견해는 인도의 외도外道들과 같은 것이다."라고 하였다. 다시 말하면 육신 안에 불생불멸하고 소소영령한 주인공이 있어 주재한다고 말하는 이는 외도의 견해라는 것이다. 종문에서는 현사사비 선사에 의해 "소소영령한 주인공"에 대한 법문이 상세하게 설해져 그 의미를 말해주고 있다.

다시 한 가지로 소소영령하여 신령스럽게 아는 바탕인 지혜의 성품이 있어서 볼 수도 있고 들을 수도 있으며, 오온의 몸속에서 주재하는 자(주인)를 짓는다고 말하니, 이렇게 선지식이 되면 사람을 크게 속이는 것이다. 내가 이제 그대들에게 묻노니, "그대들이 만약에 소소영령함이 바로 너의 진실이라고 인정한다면 왜 잠잘 때에는 소소영령함을 이루지 못하는가. 만약 잠잘 때 소소영령하지 않다면 왜 또 소소영령할 때가 있는가. 그대들은 알겠는가? 이것은 도적(소소영령한 것)을 잘못 알아 아들이라 여긴 것이니, 이는 생사의 근본이요, 망상이 만들어낸 인연의 기운이다. 내가 그대들에게 말하겠다. 그대들은 소소영령함은 다만 앞의 경계인 빛깔·소리·냄새 등의 법으로 인해 분별함이 있어서 바로 이것을 소소영령이라 말한 것이다. 그러므로 만약 앞의 경계가 없으면 그대들의 이 소소영령함은 거북 털, 토끼 뿔과 같은 것이다.

지금 우리의 목전에서 밝고 신령스레 아는 작용은 인식주체(六根)에 있는 것도 아니고, 인식대상(六境)에 있는 것도 아니고, 이 둘이 합쳐진 인식작용(六識)에 있는 것도 아니다. 그러므로 "안에 있는 것도 아니고 밖에 있는 것도 아니며 그 중간에 있는 것도 아니다."라고 말하는 것이다. 그러나 밝고 신령스럽게 알 때 알려지는 바 경계는 곧 밝게 아는 활동 자체로 주어지니, 능히 아는 자를 떠나서도 그 밝음은 없고, 알려지는 바를 떠나서도 그 밝음은 없으며, 밝은 작용 자체를 버리고도 그 밝음은 없다. 즉 신령스러운 앎은 보고 듣고 느끼고 아는 것에 속해 있는 것도 아니고 떠나 있는 것도 아니다.

그래서 현사 선사는 말한다. 이 소소영령한 앎은 저 육진의 경계가 있음으로 해서 비로소 경계를 밝게 아는 앎이 된 것이니, 색성향色聲香 등의 경계가 없으면 이는 마치 거북 털, 토끼 뿔과 같다. 이와 같이 신령하게 앎 자체가 좇아온 바가 없는데, 소소영령하게 아는 주재자를 세운다면 이는 있되 있음 아닌 의근意根을 실로 있는 실체로 세우는

망상이다.[2]

그러므로 도적을 자식으로 오인하는 것이라고 말하는 것이다. 깨어 있을 때는 주재가 되지만 잠이 들어 버리면 주재하지 못한다고 생각하는 것은, 인식주체와 인식대상 및 인식활동이 공空하여 주재하는 바 없이 주재하는 본래 마음에서 보면, 깨어 있을 때의 마음과 잠들어 있을 때의 마음이 둘이 아님을 알지 못하는 데서 오는 망상이다. 오염된 분별의식 속에서는 깨어 있는 마음을 세워서 분별함으로 해서 다시 잠들어 있을 때의 마음도 세워야 하는 것으로 착각하고 있는 것이다. 마음이 공적하여 공적한 바탕에 신령스럽게 아는 지혜가 있으나, 이렇게 아는 지혜는 아는 바 없이 아는 지혜이므로 따로 주재자를 세우지 않는다.

이와 같은 맥락에서 이뭣고? 화두를 보고 듣고 느끼고 아는 소소영령한 실체를 찾는 것으로 오인한다면 이 또한 도적을 부처로 잘못 아는 격이 되어 버린다. 그래서 용성 스님은 『수심정로』에서 "이뭣고?"의 참구가 "혹 소소영령한 놈이 무엇인가?"라는 실체적 물음으로 잘못 이해되어진 것에 대해 크게 경책하고 있다.

> 육근문의 머리에 아는 빛과 그림자의 식이 경계를 좇아 감각하는 대로 이것이 무엇인고? 하며, 또 뜻뿌리(意根)에 분별하는 그림자 식을 가지고 이것이 무엇인고? 하며, 또 생각으로 염念이 일어나는 뿌리를 들여다보며 이것이 무엇인고? 하며 찾으니 이것으로부터 병이 많이 난다. 이런 사람은 공한 병이 아니면 맑은 병이며, 그렇지

2 鶴潭 평석, 『현사사비선사어록』(큰수레, 2006), p.46.

아니하면 소소영령한 것을 지키는 병이 허다하다. 이와 같은 것으로 어찌 무상대도를 증득하겠는가? 천칠백 화두에 그 참구하는 법은 통틀어서 하나이니 어찌 다름이 있겠는가? 시심마是甚麼는 한 물건을 알지 못하여 참구하는 것이다.

존재의 참모습인 한 물건은 견문각지에 속해 있는 것도 아니고, 견문각지를 떠나 있는 것도 아니어서 부즉불리不卽不離한 중도실상이다. 따라서 이 한 물건에 대한 이뭣고?는 중도정관에 바탕을 둔, 있는 것도 아니요 없는 것도 아닌 존재의 실상(본래면목)에 복귀하는 참구가 되어야 한다. 그래서 이뭣고의 화두는 일체 분별을 여읜 무분별로서의 의심이므로 오寤와 매寐가 본래 없는 자리에서 한결같이 참구하는 것이다. "그렇다면 '깨어 있음과 잠듦이 늘 한결같음'은 어떤 뜻인가. 이 물음의 해답은 '깨어 있음의 밝음과 잠듦의 어두움이 어디서 오는가'를 물어 밝음과 어두움에 모두 얻을 것이 없음을 사무칠 때 물음의 자기전환이 자기해답을 줄 것이다."[3]

그러나 오와 매가 본래 없는 자리에서 참구한다고 하지만, 중생은 오랜 습기로 항상 그래 왔던 것처럼 오와 매가 둘인 분별 망념에 떨어지기 때문에 화두 참구를 통해 일체 경계에 여여한 의심을 지어가야 한다. 의심이 독로하여 의단이 타파되면 동動과 정靜, 몽夢과 각覺, 오寤와 매寐가 불이한 경계가 저절로 드러난다. 불이중도에 입각하여 화두 참구가 동정에 일여하다 하고, 몽중에도 일여하다 하고, 오매에도 일여하다고 말하는 것이다.

---

3 위의 책, p.48.

이런 의미로 공부삼단이라 말하거나, 혹은 오매일여를 통과해야 견성성불한다고 말해도 전혀 비연기론적 차제적 수증론에 떨어지지 않게 되는 것이다. 그렇다고 공부삼단에 해당되는 경지가 각각 따로 있다고 이해해서는 안 된다. 그리고 말로만 밥 먹는 이야기를 한다고 배가 불러지는 것은 아니듯이, 참구 없이 말로만 오매항일寤寐恒一을 떠든다고 오매항일이 되는 것은 결코 아니다.

아난아, 저 선남자는 삼매를 닦아서 상음想陰이 다 소멸된 자이다. 이 사람은 평상시에 꿈(夢)과 생각(想)이 소멸되어 자나 깨나 늘 한결같다. 깨달음은 밝고 텅 비고 고요하여 마치 맑은 하늘과 같아서, 다시는 거친 경계의 그림자가 없다. 세간의 모든 산하대지를 보면 마치 거울에 밝게 비친 듯하여, 다가와도 달라붙지 않고 지나가도 흔적이 없다. 헛되이 받아들이고 비추고 반응하는 묵은 습기가 전혀 없고, 오직 하나의 정밀한 참됨이 있을 뿐인데, 생겨나고 사라지는 뿌리가 원래 이것으로부터 나타난다.

『능엄경』의 이 말씀은 오매항일의 깨달음이 마치 거울이 일체의 만상을 맑고 밝게 비추지만, 정작 스스로는 집착과 흔적이 없는 공적영지의 경지임을 설하고 있다. 보되 보는 집착이 없고, 비추되 비추는 흔적이 없으며, 생멸하되 생멸하는 모습이 없어 일체의 분별 망상을 여읜 무상실상을 오매항일로 표현하고 있다. 이것은 깨어 있음의 밝음과 잠들어 있음의 어둠이 함께 소멸한 불이법문不二法門일 뿐이다.

그런데 여기서 한 가지 점검하고 넘어가야 할 것은 한 물건, 주인공에 대한 물음인 이뭣고? 화두의 지시대명사 "이것"에 대한 대상의 문제이다. 즉 많은 부분 이뭣고? 화두 참구의 대상인 이것, 예를 들어 대혜의 "생각하는 이것이 무엇인가?"라든가, 임제의 "눈앞에 법을 설하고 듣는 이것이 무엇인가?"라든가, 보조의 "보고 듣고 느끼고 아는 이것이 무엇인가?"라든가, 혹은 "시체를 끌고 다니는 이것이 무엇인가?"라든가, 혹은 "손가락 움직이는 이것이 무엇인가?" 등에서 알 수 있듯이 어법상으로는 분명히 이것이 지시하고 있는 대상으로서 누구(무엇)라는 것이 전제되고 있는 것이다. 다시 말하면 행위를 하는 주체로서의 나를 전제하고 묻게 되면 물음 그 자체가 이미 연기, 무아에 위배되고 있다. 그렇다면 이러한 물음의 화두는 원천적으로 중도의 교설에 어긋남으로 해서 무의미한 것이 되어 버린다.

그러나 한편으로 이 물음의 화두가 유효한 이유는 중생은 여전히 자아가 존재한다는 강력한 동일시, 무의식적인 믿음을 가진다는 사실에 있다.[4] 아무리 무아를 설하고 중도의 법문을 들어도 무의식적 강박관념으로 내가 있다(有我)고 느끼고 있는 사람에게는 이 물음이 효력을 발생할 수도 있다는 것이다. 왜냐하면 무아無我에 바탕을 두지 않고 출발했다 하더라도 자아에의 집착 혹은 소멸에 대한 강력한 애착과 공포에서 오는 몰입(화두집중)으로 인해서 일체의 정념情念이 떨어지고 오직 화두일념만이 현전된다면, 어느 순간에 자아의 관념이 무너짐과 동시에 화두는 타파되고 불이중도의 진리를 온전히 깨닫게 되는 것이다.

---

4 인경, 『쟁점으로 살펴보는 간화선』(명상상담연구원, 2011), p.77.

『대승기신론』에서의 깨달음

이평래 | 충남대학교 명예교수

1. 들어가는 글

1990년 인디아 뉴델리 자와 하르 랄 네루 대학교(Jawa Har Lal Nehru University, New Delhi, India)로 파견 근무를 하러 갔다. 인디아에 첫발을 디딘 것이다. 그렇게 눈으로 직접 확인하고 싶던 와라나씨 갠지스강을 보러 갔다. 강둑을 따라 걷다 문득 힌두교의 쌈니야씬(遍歷遊行者)을 목격했다. 맨바닥에 거적만 깔고 누더기 옷을 걸친 채 평온하게 인생의 최후를 기다린다. 죽음을 예기한 그는 생·로·병·사를 인간의 실존으로 받아들이고, 그와 같은 현상을 거스르지 않고 평온하게 맞는 모습인 것 같다. 지나가는 사람들이 가끔 동전을 몇 닢씩 놓고 간다.

그가 숨을 거두면 누군가가 동전을 거두고, 다비장으로 시신을 옮겨 화장을 해서, 자유로운 영혼의 길을 걷도록 재로 변한 육신을 갠지스강에 뿌린다. 수천 년 동안 인디아의 역사 속에서 형성된 삶의 자취를 본 것이다. 모든 것을 성成·주住·괴壞·공空이란 순환의 세계관으로 보는 그들에겐 아주 자연스러운 현상으로 인식되어 있다. 네 것 내 것이 따로 없이 주거니 받거니 하는 종교생활 속에서 형성된 순환의 원리로 수용하는 것이 아닐까.

인디아에서 출발한 종교들은 인간의 마음을 주체로 삼아 수행을 한다. 누구나 마음을 잘 갈고 닦으면 진리와 합일合一/계합契合할 수 있다고 믿는다. 이것을 해탈(mokṣa)이라고 한다. 현존하는 불교, 힌두교, 자이나교 모두가 이런 점에서는 공통이다. 진리와 합일하려면 어떻게 해야 하는가? Tapas 또는 Yoga를 닦는다. 내용이나 형식에 조금씩 차이는 있어도 그 근원은 따빠쓰나 요가인 것이다.

샤끼야무니 붓다로부터 비롯된 불교도 이와 같은 인디아의 종교문화를 토대로 형성된 독창적이고 창의적인 종교라고 볼 수 있다. 샤끼야무니 붓다는 신의 존재를 부정하고 인간 스스로가 인간을 구제하는 인간 중심의 종교를 창시한 것이다.[1] 불교는 신을 믿지 않는, 깨달음의 종교라고 하는 이유이다. 샤끼야무니 붓다의 가르침을 편집한 경전은 깨달음을 열어 안락과 평화를 얻을 수 있도록 하려는 지침서인 것이다.

---

1 佐佐木閑, 『犀の角たち』, 日本 大藏出版, 2006, p.163.
佐佐木閑 교수는, "불교는 과학처럼 신이 없는 세계에서 인간이라고 하는 존재만을 의지처로 삼아, 사람들이 납득할 수 있는 정신적 세계관을 확립하기 위하여 태어난 종교이다."라고 서술한다.

2,600년의 불교 역사 속에서 형성된 많은 불전들이 모두 그러한 것이므로, 어느 한 가지 경전만을 가지고 깨달음을 논의할 수 없는 복합성을 함유하고 있다. 다만 경전이 성립한 시기와 장소에 따라서, 또는 다른 종교와의 논쟁이나 불교 안에서의 학파의 특성에 따라서 여러 가지 방법론을 서술한 것은 사실이나, 그러한 모든 것들의 초점이 깨달음으로 모인다는 점에서는 이의가 없다.

샤끼야무니 붓다의 가르침을 담은 경전은, 한결같이 깨달음이란 무엇이며, 왜 깨달아야 하며, 어떻게 하면 깨달음을 성취할 수 있는가를 제시하는 처방전이라고 볼 수 있다. 인류사회의 행복과 평화를 실현하려는 불교의 역사는 2,600년 이상의 역사를 가지고 있기 때문에 수행의 방법도 다양할 수밖에 없다. 더 나아가 인디아의 문화와 종교적 배경을 생각하면, 그 깊고 오묘한 다양한 수행법들을 함께 음미하는 것이 불교의 수행체계를 이해하는 데 도움이 될 것으로 보인다.

다만 그 많은 수행법을 모두 다 석명釋明하는 것은 지면의 제약이 따르기 때문에, 여래장사상을 간명하고 명료하게 압축 정리한 『대승기신론』을 중심으로 깨달음에 관한 문제를 함께 담론하려고 한다.

2. 모든 것은 왜 진여법신인가?

한마음(ekacitta, 一心)을 진여법신이라 선창宣暢하고 논리를 전개하는 것이 『대승기신론』의 중축을 형성하고 있다. 일심의 본바탕을 진여법신으로 보지 않으면, 마조도일의 스승인 남악회양의 기와를 숫돌에

가는 비유[2]나 기독교처럼 원죄로 인간을 묶어버리면, 불교에서는 깨달음으로 가는 길이 막혀버릴 것이다. 『대승기신론』은 먼저 한마음을 '마음 그대로의 진실한 모습'과 '마음이 인연에 따라서 여러 가지로 전개하고 있는 현상적인 모습'[3]의 두 갈래로 열어 근본사상을 제시한다. 그리고 이어서 이것을 근거로 하여 「마음의 있는 그대로의 진실한 모습을 관찰하는 부문(心眞如門)」과 「마음이 인연에 따라서 여러 가지로 전개하고 있는 현상적인 모습을 관찰하는 부문(心生滅門)」이란 대단원을 만들어 그 사상을 아주 일관성 있게 논리적이고 체계적으로 서술하고 있다.[4]

아슈와고샤(Aśvaghoṣa, 馬鳴)는, 진여법신을 인간의 본바탕으로 보기 때문에, 먼저 그것이 얼마나 성스럽고 위대한 것인가를 명확하게

---

2 『景德傳燈錄』(대정장 51, p.240c20), "問曰. 大德坐禪圖什麽. 一曰. 圖作佛. 師乃取一塼. 於彼庵前石上磨. 一曰. 師作什麽. 師曰. 磨作鏡. 一曰. 磨塼豈得成鏡耶. 坐禪豈得成佛耶. 一曰. 如何卽是. 師曰. 如牛駕車不行. 打車卽是. 打牛卽是. 一無對."

3 이평래, 『대승기신론강설』, 민족사, 2016, p.90.
"마음 그대로의 진실한 모습(心眞如相)은 마하야나(Mahāyāna, 大乘)의 본체를 바로 드러내며(卽示), 마음의 현상적인 모습(心生因緣滅相)은 마하야나(Mahāyāna, 大乘) 스스로의 본체, 스스로의 특질 그리고 스스로의 작용을 잘 드러낼 수 있기(能示) 때문이다."

4 柏木弘雄, 「心眞如と心生滅」, 『佛教學』 第9·10號, 日本: 佛教學硏究會, 1980, p.229.
柏木弘雄 교수는, 「마음의 있는 그대로의 진실한 모습을 관찰하는 부문(心眞如門)」과 「마음이 인연에 따라서 여러 가지로 전개하고 있는 현상적인 모습을 관찰하는 부문(心生滅門)」을 전개하는 이유는, 체대·상대·용대의 3대에 관한 것을 교리적으로 논증하여 납득시키기 위한 것이라고 주장하고 있다.

천명하는 것을 잊지 않고 있다. 그러므로 체體·상相·용用 삼대三大[5]의 기치旗幟를 내걸고, 그에 대하여 명료하게 서술하고 있다. 대승(중생심=일심=진여)의 성스럽고 위대함을 예찬함으로서 대승이 대승인 까닭이 자연스럽게 드러나기 때문이다. 아울러 이것을 통하여 일심의 성격과 깨달음의 본질이 무엇인가도 파악할 수 있다.

한마음이 왜 성스럽고 위대한가? 체·상·용 삼대는 그에 관한 화답이라고 볼 수 있다. 첫째, 체대體大, 진여의 본바탕인 몸체가 성스럽고 위대하다. 그 까닭은 이러하다. 세간에서의 현상이나 출세간에서의 진리가 모두 진여이며, 깨달은 붓다나 깨닫지 못한 중생이나 모두 평등이고[6], 탐·진·치 삼독三毒으로 말미암아 줄거나 깨달음으로 말미암아 늘거나 하는 것이 아니다. 진여법신의 본바탕인 몸체는, 번뇌와는 인연을 끊어버린, 그래서 100% 지혜와 자비 그 자체인 깨달음의 법계이므로 시간과 공간을 초월한 진리의 영역이다.

진리는 보편이므로 범부든 붓다든 한결같이 진여를 본성으로 한다. 이것은 생사윤회를 벗어난 절대이고 초월자이기 때문에, 「마음의 있는 그대로의 진실한 모습을 관찰하는 부문(心眞如門)」에서는 몸체만을 논의하고, 특질(相)·작용(用)에 관해서는 논하지 않는다. 이 진여는 인위의 범부이든 과위의 붓다이든 다르지 않기 때문에 평등이

---

5 이평래, 『대승기신론강설』, 민족사, 2016, p.97.

6 梶山雄一·上山春平, 『空の論理』, 日本: 角川書店, 1997, p.162.
梶山雄一 교수는, "미혹한 인간도 깨달은 여래도 본성으로는 모두 똑같이 空性이다. 이 세간과 구별되고, 이 세간을 벗어난 곳에서 여래를 찾으려고 하는 것은 헛일이다."라고 서술하고 있다. 범부와 여래는 이런 점에서 평등하다.

며 늘거나 줄거나 하는 것이 아니다. 말하자면 중생심의 본바탕인 진여는, 인위인 범부의 세계에서도 줄어들지 않으며, 과위인 여래의 법계에서도 불어나는 것이 아니다.

둘째, 상대相大, 진여의 특질·특성인 상相이 성스럽고 위대하다. 체體가 이理라면 상相은 지智를 의미하며, 지혜의 알맹이는 대자대비이므로, 대자대비는 중생을 행복하고 평화롭게 하는 힘이다. 그러므로 중생과의 연결고리를 설정하기 위해서는 여래장이 필수적으로 요청되는 것이다. 아울러 또한 *Śrīmālādevī-siṃha-nāda-sūtra*(승만경勝鬘經)로부터 이어받은 위대한 사상을 반영한 것이라고도 볼 수 있다. 중생을 구제하기 위해서는 헤아릴 수 없이 많은 공덕을 갖추고 있는 여래장이어야 한다는 불교사상사적인 흐름을 반영한 것이라고 보기 때문이다.[7] 여래의 지혜·자비와 같은 법신의 덕성을 갖추고 있으므로, 끊임없이 중생을 미혹과 망상으로부터 벗어나게 하려는 대비를 베풀 수 있는 힘을 드러내는 것이다.

셋째, 용대用大, 여래의 중생을 제도하려는 모든 공덕의 작용이 성스럽고 위대하다. 왜냐하면 『대승기신론』은 체대와 상대를 하나로 융합시켜 이지불이理智不二인 여래의 법신으로 삼기 때문에, 용대는 여래가 중생의 세간으로 들어와서 미혹한 중생을 구제하는 보신과 응신의 작용을 드러내는 것을 가리킨다. 여래의 작용이기 때문에, 그로부터 모든 세간과 출세간에서의 선의 원인과 선의 결과를 생겨나게 하는 자비를 베풀고 있음을 말하는 것이다.

---

7 『勝鬘師子吼一乘大方便方廣經』(대정장 12, p.221c16), "世尊, 空如來藏, 若離若脫若異, 一切煩惱藏. 世尊, 不空如來藏, 過於恒沙不離不脫不異不思議佛法."

3. 진여란 무엇인가?

『대승기신론』의 구성을 보면 「마음이 인연에 따라서 여러 가지로 전개하고 있는 현상적인 모습을 관찰하는 부문(心生滅門)」보다 「마음의 있는 그대로의 진실한 모습을 관찰하는 부문(心眞如門)」을 먼저 논술하고 있다. 그 까닭이 무엇일까? 유일한 법계에 관한 깨달음의 진실을 중생에게 알려주려는 의지의 반영이다. 이것은 아슈와고샤의 깊은 명상수행 끝에 나온 창의적 발상이다. 먼저 붓다의 가르침을 진심으로 믿고 명상수행에 정진하여 얻은 법열을 논리적·조직적으로 서술한 신행록信行錄을 중생에게 회향하는 것이 아닐까! 깨달음의 세계, 지혜의 눈에 비친 진여, 완성된 지혜, 진여법신 당체와의 계합/합일, 불가사의한 공덕, 우주의 실상 등을 보이는 대로 담담하게 기술한 것이다. 또한 아슈와고샤 스스로가 「왜 논문을 쓰는가?(인연분)」에서 제일 먼저 다음과 같이 밝히고 있는 것에 주목할 필요가 있다.

> "전체적인 까닭을 말하자면, 모든 사람들이 인생에 있어서의 괴로움에서 벗어나서, 깨달음의 공덕으로 가장 큰 즐거움을 얻게 하기 위함이요, 아슈와고샤 자신이 세속적인 명예와 이익을 얻고 존경을 받으려는 것이 아니다."[8]

아슈와고샤가 스스로 밝히고 있는 것처럼, 중생으로 하여금 괴로움에서 벗어나서 깨달음의 공덕으로 가장 큰 즐거움(大樂)을 함께 누리려

8 이평래, 『대승기신론강설』, 민족사, 2016, p.69.

는 발원이며, 불교 수행을 하는 모든 사람에게 제시하는 이정표라고 볼 수도 있다. 모든 중생이 다 진여법신이라고 제창함으로서, 낙천적·주체적·긍정적·적극적·능동적 존재임을 인식시키려는 의취를 엿볼 수 있다. 이로 인하여 그들은 불교 수행에 대한 자긍심과 자신감이 충만하게 되어 정진에 정진을 거듭할 수 있는 계기를 만들 것이다.

「마음의 있는 그대로의 진실한 모습을 관찰하는 부문(心眞如門)」은 제일의제와 속제에서의 제일의제와 같은 맥락으로 볼 수 있으며, 탐·진·치의 삼독을 말끔하게 소멸시켜 버리고 나타난 정신세계를 심진여라고 언표하고, 상대를 초월한 절대의 세계이므로 평등이며 일미라고 말한다.

『대승기신론』의 중핵은 일심사상이다. 일심의 극치인 「마음의 있는 그대로의 진실한 모습을 관찰하는 부문(心眞如門)」에서는 그것을 어떻게 해석하고 있는가? '진여, 어떻게 말로 형용할 수 있으랴!(離言眞如)'와 '진여, 그래도 말로 형용할 수밖에!(依言眞如)'의 둘로 나누어서 그 내용을 밝히고 있다.

진리가 언어도단言語道斷·이언절려離言絶慮인 것임은 틀림없다. 왜냐하면 명상수행이 깊어지면 하나하나의 대상이 사라지고, 언어가 끊어지며, 의식이 사라진 다음에 더욱 명료하게 남은 진실은, 그러한 상태에서는 마음까지도 작용하지 않는데, 하물며 어찌 문자로 표현할 수 있겠는가! 마음의 대상이 사라질 때에는 언어의 대상도 사라지기 때문에 그럴 수밖에 없는 것이다. 그것이 진리의 속성인 것이다.

진여眞如의 원어는 tathatā[9]이며 tathā라고 하는 부사로부터 이루어진 추상명사이다. '있는 그대로의 진실'이라는 뜻이며, 법장은 이것을

"체體와 관련되는 것이며 상相과는 관련을 끊은 것이다."[10]라고 정의하고 있다. 진여의 체體는 있지만, 상相(特質, 特性)을 서술할 수 없다는 것으로 풀이한 것이다. 마음의 영원한 모습을 보면, 마음의 선악·생멸·변화 등의 분별성은 모두 사라지고, 평등한 실재만을 얻을 수 있으며, 이와 같은 일미一味의 실재가 진여이다.

원효는 일심一心을 진여와 여래장의 입장으로 해석하면서, 『10권능가경』을 인용하여 다음과 같이 논증하고 있다.

> "적멸(praśama, 寂滅)은 일심一心이라 부르며, 일심은 여래장(tathāgatagarbha, 如來藏)이라 부른다."[11]

원효는 전자의 입장을 진여로 해석하고, 후자의 입장을 여래장으로 해석한다. 적멸(praśama, 寂滅)은 니르와나를 성취한 것을 가리키므로 가장 순수하고 청정한 일심이며, 진여이고, 법신이다. 진여는 연기의 세계가 아니므로, 존재하는 모든 것은 생겨나는 일도 없고 소멸하는 일도 없이 본래 적정(니르와나)이며, 오로지 가장 맑고 순수한 자성청

---

9 〔SED〕p.433c tathatā tathā indeclinable so, thus, in that manner, also, true tathatā f. true state of things, true nature, 眞如, 如, 如如.

10 『大乘起信論義記』(대정장 44, p.251b26), "約體絶相."

11 『十卷楞伽經, The Laṅkāvatāra sūtra』(대정장 16, p.519a), "寂滅者名爲一心. 一心者名爲如來藏."/ "praśamam iti eka-agrasya-etad adhivacanam// (25) tathāgata-garbha sva-pratyāma-ārya-jñāna-gocarasya-etat praveśaḫ// (26)" (常盤義伸著, 『ランカ-に入る』－梵文入楞伽經の全譯と研究－, p.138, 花園大學國際禪學研究所, 1994).

정심뿐이기 때문이다.

여래장[12]도, 그 본성으로 보면 진여이지만, 중생과의 관계를 전제로 하는 것이므로, 무명과의 관계를 고려하지 않을 수 없는 것이다.[13] 이렇게 볼 때 중생의 마음은 본성으로는 청정이지만, 끊임없이 변화하

---

12 〔SED〕p.433c tathāgatagarbha / tathā+gata+garbha

tathā ind. so, thus, in that manner, also, true, 그와 같이, 如

tathatā f. true state of things, true nature, 眞如, 如, 如如.

√gam to go, to come, to die, to cause to understand, 가다, 오다

gata gone, gone away, come 去, 來

tathāgata being in such a state or condition, of such a quality or nature; he who comes and goes in the same way 〔as the Buddhas who preceded him〕, Gautama Buddha

〔SED〕p.371b garbha

√grah=√grabh=√gṛbh=√gṛh to grasp, seize, take(by the hand); to arrest, 붙잡다, 움켜쥐다

〔SED〕p.349b garbha m. the womb; the inside; a child, 胎, 子宮, 藏, 애기보, 胎兒. 자궁의 속성은 열 달 동안 태아를 키우는 것을 본질로 하기 때문에 胎兒라고도 번역한다.

tathāgatagarbha direction how to attain to the inconceivable subject of the tathāgata's qualities and knowledge, 如來藏, 거룩한 붓다의 마음자리.

여래장이란, 진여가 미혹한 세계에 갇혀 있을 때, 여래장이라고 부른다. 진여가 바뀌어 미혹한 세계의 사물이 될 때에는, 그 본성인 여래의 덕성이 번뇌와 망상에 뒤덮이게 된다는 점에서 여래장이라고 한다. 또 미혹한 세계의 진여는 그 덕성이 숨겨져 있을지라도 아주 없어진 것이 아니고 중생이 여래의 德性을 含藏하고 있으므로 여래장이라고 한다.

13 『勝鬘師子吼一乘大方便方廣經』(대정장 12, p.221c10), "여래의 법신이 번뇌장을 벗어나지 못하는 것을 여래장이라고 부른다(世尊, 如是如來法身, 不離煩惱藏, 名如來藏)."

는 현상적인 측면도 있음을 말해주고 있다.

진여는 깨달음의 세계이며, 법신으로서의 마음의 불변하는 특질을 나타낸 것이다. 원효는 이와 같은 진여에 관한 핵심을 다음과 같이 서술한다.

> "「마음의 있는 그대로의 진실한 모습을 관찰하는 부문(心眞如門)」은 더러운 것과 깨끗한 것의 공통된 특성이며, 공통된 특성 밖에 염법과 정법이 따로 없으므로 통틀어서 더러운 것과 깨끗한 것의 모든 존재를 포섭할 수 있다."[14]

「마음의 있는 그대로의 진실한 모습을 관찰하는 부문(心眞如門)」은 염법染法과 정법淨法이 공통된 모습이다. 그 까닭은 무엇일까? 진여는 진리이며, 진리는 보편이므로 우주의 어느 것에나 미치지 않는 것이 없기 때문이다. 진여는, 염법과 정법이 함께 있으므로 더러운 것과 깨끗한 것을 가리지 않고 모두 포섭하는 것이다. 모든 존재는 연기로 말미암아 형성된 것이므로 생성하고 소멸하는 것을 피할 수 없다. 이와 같은 변화는 우리가 짓는 karma를 따라서 범凡·성聖/염染·정淨의 어느 것으로든 드러나는 것이 실상이다.[15] 모든 존재, 즉 현상계의

14 『大乘起信論別記』(대정장 44, p.227b16), "眞如門. 是諸法通相. 通相外無別諸法. 諸法皆爲通相所攝."

15 『숫따 니빠따 Sutta·nipāta』, "날 때부터 비천한 사람으로 태어나는 것이 아니며, 날 때부터 브라흐마나로 태어나는 것도 아니다. 그의 까르마에 따라서 비천한 사람도 되고, 브라흐마나도 된다.(136)"

본질이며 법칙이기 때문이다.

이와 같은 관점으로 보면 존재하는 모든 것은 평등이며, 존재자는 저마다 스스로의 가치성을 지니고 있는 것이다. 모든 존재하는 현상이 없으면 정법淨法이라는 진실을 드러낼 수 있는 길이 없다. 그러므로 염법과 정법은 공통이고 평등이라는 논리이며, 「마음의 있는 그대로의 진실한 모습을 관찰하는 부문(心眞如門)」은 원리의 관점에서 탐구한 것이라고 이해해야 한다. 원효는 『대승기신론별기』에서 비유를 들어, 그것을 아주 명료하게 다음과 같이 서술하고 있다.

> "마치 미진(Aṇu, 微塵)이 모든 질그릇의 공통된 특성인 것과 같다. 공통된 특성 밖에 따로 질그릇이 있는 것이 아니다. 질그릇이 모두 미진에 포섭되는 것과 같이, 「마음의 있는 그대로의 진실한 모습을 관찰하는 부문(心眞如門)」도 또한 이와 같다."[16]

원효의 진여의 특성에 관한 해석은 명료하다. 예를 들면 모든 질그릇은 모양이야 어떠하든 모두 미진으로 만든다는 관점으로 보면, 그 본성에 있어서는 같은 성품이라는 것이다. 또 예를 하나 더 들면 오뉴월 땡감이나 동지섣달 홍시감이나 모두 감이기 때문에 본성으로는 같은 것이다. 다만 같은 감이지만 전자는 몹시 떫고 후자는 몹시 달다. 이와 같이 떫고 단 것은 현상적으로 다르기 때문이다. 떫은 땡감 없이는 홍시를 맛볼 수 없다.

---

16 『大乘起信論別記』(대정장 44, p.227b16), "如微塵是法, 器通諸相. 諸相外無別瓦器. 瓦器皆爲微塵所攝. 眞如門亦如是."

염법과 정법도 존재 그 자체로 보면 보편하는 우주의 진리인 진여를 본성으로 하기 때문에, 본성으로 볼 때는 평등하다는 논리이다. 범부도 성인도 인간이라는 관점으로 보면, 본성으로는 모두 같지만, 현상의 관점으로 보면 다르다.

이와 마찬가지로 「마음의 있는 그대로의 진실한 모습을 관찰하는 부문(心眞如門)」은 본성을 중심으로 하는 관점이기 때문에, 이법理法은 포섭하지만 사법事法은 포섭하지 않으며, 「마음이 인연에 따라서 여러 가지로 전개하고 있는 현상적인 모습을 관찰하는 부문(心生滅門)」은 현상을 중심으로 보는 관점이기 때문에, 사법은 포섭하지만 이법은 포섭하는 것이 아니라고 한다. 원효는 그에 대하여 다음과 같이 서술하고 있다.

> "「마음의 있는 그대로의 진실한 모습을 관찰하는 부문(心眞如門)」 가운데에서는 이법理法은 포섭하지만 사상事象은 포섭하지 않는다. 「마음이 인연에 따라서 여러 가지로 전개하고 있는 현상적인 모습을 관찰하는 부문(心生滅門)」 가운데에서는 사상은 포섭하지만 이법은 포섭하지 않는다."[17]

「마음의 있는 그대로의 진실한 모습을 관찰하는 부문(心眞如門)」은 본성을 나타내는 진리·이치·원리를 의미하므로 이법理法만을 포섭한다는 것이다. 이법은 불변의 진리를 의미하며, 그대로 진리이므로

---

17 『大乘起信論別記』(대정장 44, p.227b25), "眞如門中, 攝理而不攝事. 生滅門中, 攝事而不攝理."

모든 망상을 소멸시킨 것을 특성으로 하여 스스로를 나타낼 뿐이다. 그렇지만 이법은 현상과 전혀 관계가 없는 이법이 아니라, 현상의 이법이기 때문에 서로 떨어질 수 없는 관계라는 것도 잊어서는 안 된다. 따라서 「마음의 있는 그대로의 진실한 모습을 관찰하는 부문(心眞如門)」은 모든 존재의 이치理致를 말하는 것이므로, 그런 의미에서 보면 「마음의 있는 그대로의 진실한 모습을 관찰하는 부문(心眞如門)」도 존재하는 모든 것을 포섭한다고 말할 수 있다.

「마음이 인연에 따라서 여러 가지로 전개하고 있는 현상적인 모습을 관찰하는 부문(心生滅門)」은 생성하고 소멸하는 현상의 세계에 관한 것을 지칭하는 것이므로 사법事法을 포섭한다고 보는 것이다. 그렇지만 생성하고 소멸하는 현상계도 이법을 벗어난 것이 아니라, 이법에 따라서 그렇게 존재하고 작용하는 것이므로, 이법과의 관계를 배제하고서는 생각할 수 없는 것이다. 이와 같은 논리를 근거로 하면 존재하는 모든 것은, 스스로 이법理法에 내포되어 있음을 알 수 있다.

다만 이와 같이 해석할 때, 두 문이 모두 이理·사事를 포섭하는 것을 의미하므로, 두 문에서의 이·사의 같음(同)·다름(異)에 관한 문제가 제기되는 것이다. 원효는 이에 대하여 「마음의 있는 그대로의 진실한 모습을 관찰하는 부문(心眞如門)」에서의 이理와 「마음이 인연에 따라서 여러 가지로 전개하고 있는 현상적인 모습을 관찰하는 부문(心生滅門)」에서의 이理와는 동일한 것이 아니라고 다음과 같이 서술하고 있다.

"「마음의 있는 그대로의 진실한 모습을 관찰하는 부문(心眞如門)」

가운데에서 말하는 이법理法은, 진여를 말할 수는 있을지라도 또한 얻을 수 없다고 하지만, 그렇다고 또한 무無는 아니다. 붓다님이 계시거나 그렇지 않거나, 본성(svabhāva, 性)과 현상(lakṣaṇa, 相)은 상주이며, 변이가 있는 것이 아니고, 파괴할 수 있는 것이 아니다. 이 「마음의 있는 그대로의 진실한 모습을 관찰하는 부문(心眞如門)」 가운데에서는 거짓으로 진여·실제 등의 이름을 붙인 것인데, 이것은 대품계통大品系統의 모든 쁘라갸경(prajñā Sūtra, 般若經)에서 말씀하는 것과 같다. 「마음이 인연에 따라서 여러 가지로 전개하고 있는 현상적인 모습을 관찰하는 부문(心生滅門)」 가운데에 포섭되는 이법은, 이법의 체體가 생성하고 소멸하는 모습을 벗어났다고는 하지만, 그렇다고 상주의 본성을 지키지는 못한다. 무명無明의 연을 따라서 생사에 유전하면서, 실로 더럽게 물이 든다고 하여도 자성은 청정이다. 이 「마음이 인연에 따라서 여러 가지로 전개하고 있는 현상적인 모습을 관찰하는 부문(心生滅門)」 가운데에서는 거짓으로 불성·본각 등의 이름을 붙인 것인데, 이것은 『니르와나경(Nirvāṇa Sūtra, 涅槃經)』·『화엄경』 등에서 말씀하는 것과 같다."[18]

「마음의 있는 그대로의 진실한 모습을 관찰하는 부문(心眞如門)」에서의 이법과 「마음이 인연에 따라서 여러 가지로 전개하고 있는 현상적

18 『大乘起信論別記』(대정장 44, p.227c22), "眞如門中, 所說理者, 雖曰眞如, 亦不可得, 亦非無. 有佛無佛, 性相常住, 無有變異, 不可破壞. 於此門中, 假立眞如實際等名, 如大品等諸般若經所說. 生滅門內, 所攝理者, 雖復理體離生滅相, 而亦不守常住之性, 隨無明緣, 流轉生死. 雖實爲所染, 而自性淸淨. 於此門中, 假立佛性本覺等名, 如涅槃華嚴經等所說."

인 모습을 관찰하는 부문(心生滅門)」에서의 이법이 어떤 관점에서 같고 또 어떤 관점에서 다른가를 해석한 것이다. 이를 통하여 인간의 본성을 드러내고 있는 마음의 두 측면을 볼 수 있는 것이다. 첫째는 진여를 중심으로 하는 「마음의 있는 그대로의 진실한 모습을 관찰하는 부문(心眞如門)」의 입장이며, 둘째는 여래장을 중심으로 하는 「마음이 인연에 따라서 여러 가지로 전개하고 있는 현상적인 모습을 관찰하는 부문(心生滅門)」의 입장이다.

진여는 법신이고, 마음의 본바탕이며, 그것은 불가득이고, 상주이며, 파괴할 수 있는 것이 아니다. 이것은 '물物 그 자체'·'물物의 그 본성'·'물物이 물이게 하는 본성'이다. 그것은 붓다가 계시거나 그렇지 않거나 관계없이, "법으로서 확정되어 있으며, 확립되어 있는 것이다."[19] 원효는, 「마음의 있는 그대로의 진실한 모습을 관찰하는 부문(心眞如門)」에서의 이법은 바로 진리성인 것을 드러내어 불교의 근본정신을 잘 살고 있는 것이다.

「마음이 인연에 따라서 여러 가지로 전개하고 있는 현상적인 모습을 관찰하는 부문(心生滅門)」에서의 이법理法은 중생계와 관계를 맺는 여래장의 입장이므로 무명과의 관계를 함께 논의해야 할 문제인 것이다. 사람은 변화하고 있는 것이며, 무명에 염오되어서 생사에 유전한다. 그것은 그 자성을 지키지 못하기 때문이다. 여기에서 원효의 여래장 연기설의 관점을 엿볼 수 있다.

『대승기신론』에서의 진여는 마음의 진여(心眞如)이다. 백목홍웅柏

19 增谷文雄, 『佛教概論』, 日本: 筑摩書房, 1965, p.14.

木弘雄 교수는, 『섭대승론』에서의 진여는 '법의 진여'를 강조한 것임에 대하여, 『대승기신론』에서의 진여는 '마음의 진여'를 중시하는 것이라고 서술하고 있다.[20] 사람의 사람다운 본성을 한마음, 진여, 법신, 여래장, 자성청정심, 깨달음이라고 규정하고 있는 『대승기신론』에서는 '마음 그대로의 진실한 모습(心眞如相)'과 '마음이 인연에 따라서 여러 가지로 전개하고 있는 현상적인 모습(心生滅因緣相)'이라고 하는 두 관점으로 논술하고 있다.[21]

그렇지만 수행에 전심전력으로 정진하여 알라야식을 해체하고 구경각을 성취하면 드디어 망심이나 망념은 소멸되고, 무념無念·이념離念·이심離心이 현성한 우리의 본바탕 진여법신이 드러난다. 이것을 『대승기신론』에서는 「마음이 인연에 따라서 여러 가지로 전개하고 있는 현상적인 모습을 관찰하는 부문(心生滅門)」의 알라야식이 해체되면 「마음의 있는 그대로의 진실한 모습을 관찰하는 부문(心眞如門)」으로 곧바로 들어간다(卽入)고 논술한다.

> "「마음이 인연에 따라서 여러 가지로 전개하고 있는 현상적인 모습을 관찰하는 부문(心生滅門)」으로부터 「마음의 있는 그대로의 진실한 모습을 관찰하는 부문(心眞如門)」으로 곧바로 들어가는 우리의 주체적인 태도를 밝힌다."[22]

---

20 柏木弘雄, 「大乘起信論における法と義」, 『平川彰博士還暦記念論集; 佛教における法の研究』, 日本: 春秋社, 1975.

21 柏木弘雄, 「心眞如と心生滅」, 『佛教學』 第九·十特集號, 日本: 佛教學研究會, 1980 참조.

4. 말로 형용할 수 없는 진여에 대하여

진여는 제일의제第一義諦로서 언어를 넘어선 초월성·절대성의 유일한 법계이며, 「마음의 있는 그대로의 진실한 모습을 관찰하는 부문(心眞如門)」이 의지하는 본바탕이고, 일심 그 자체이다. 이것은 마음의 본성이기 때문에, 평등이고 무차별이며, 과거·미래·현재의 3세世를 벗어난 불생불멸이다. 허망분별이 없는 마음은 청정이고, 진실이며, 절상絶相인 것이므로 언어로 드러낼 수 있는 세계가 아니다. 범부가 인식하고 있는 세계는 아(自我)·법(世界), 피·차, 성性·상相, 너·나 등의 주관과 객관으로 분열된 현상이다.

이와 같이 주·객으로 분열된 유위·속제에서의 언표는 언어의 유희에 지나지 않는 것이지만, 또한 언어를 빌리지 않으면 진여라는 것을 다른 사람에게 인식하게 할 길이 없으므로, 그것을 빌려서 진여라고 표현할 수밖에 없는 것이 또한 현실이다. 이것을 『대승기신론』 가운데에서는 "말(正語)을 빌려 말(妄語)을 논파한다."라고 논술하고,[23] 원효는, "소리(眞言)로써 소리(妄言)를 멈추게 한다."고 해석한다.[24] 진여는 초월성·절대성인 것이므로, 언어로는 표현할 수 없는 것이지만, 방편으로서 그것을 빌리지 않을 수 없으며, 집착의 대상이 아님을 요지해야 한다. 나가르주나도 언어의 세계를 허구라고 전제하고, 진실로 있는 것은, 인간의 언어에 의한 이해 이전의 '발가숭이의 현실' 그것 하나뿐이

---

22 이평래, 『대승기신론강설』, 민족사, 2016, p.418.

23 이평래, 『대승기신론강설』, 민족사, 2016, p.117.

24 『起信論疏』(대정장 44, p.207b27), "猶如以聲止聲也."

라고 한다.[25] 그 현실은 언어에 의해서는 포착할 수 없는 것이며, 언어의 허구인 희론을 부정함으로서, 거꾸로 그것이 최고의 진실인 것을 드러낸다는 논리이다.

5. 말을 빌릴 수밖에 없는 진여에 대하여

『대승기신론』이 언어를 빌려서 드러내는 공·불공의 진여사상은, 『슈리말라데위씽하나다경(Śrīmālādevī-siṃha-nāda-sūtra, 勝鬘師子吼一乘大方便方廣經)』「공의은복진실장空義隱覆眞實章」에서의 공·불공의 여래장사상을 이어받은 것이 확실하다.

> "세존이시여, 여래장이 공성을 나타내는 데에는, 다음 두 가지가 있나이다. 세존이시여, 공여래장은, 본디 법신과 관계가 없으며 깨달음의 지혜와도 분리된 모든 번뇌가 없나이다. 말하자면 공(śūnyaṃ, 0%)이옵니다. 세존이시여, 불공여래장은, 법신과 밀착·불가분이며, 깨달음의 지혜와 분리할 수 없는 바의, 갠지스강의 모래알처럼 헤아릴 수 없이 많은, 불가사의한 거룩한 붓다의 덕성을 본디 갖추고 있나이다. 말하자면 불공(aśūnyaṃ, 100%)이옵니다."[26]

---

25 梶山雄一·上山春平, 『空の論理』, 日本: 角川書店, 1997, p.154.

26 『勝鬘師子吼一乘大方便方廣經』(대정장 12, p.221c16), "世尊, 有二種如來藏空智. 世尊, 空如來藏. 若離若脫若異, 一切煩惱藏. 世尊, 不空如來藏, 過於恒沙不離不脫不異不思議佛法."

진여는 진리이며, 모든 존재의 실상實相이고, 법성이므로 언어를 여읜 것이며, 또한 언어로 표현할 수 있는 것도 아니다. 그렇지만 현실적으로는 우리의 생활은 80% 이상이 언어로 이루어지므로 언어를 쓰지 않을 수 없다. 그래서 진여도 언설을 빌려서 나타낼 수밖에 없는 것이 또한 우리의 현실이다. 이와 같이 언어로 진여를 드러내려고 하는 것이 공(空, śūnytā)과 불공(不空, aśūnytā)이다. 백목홍웅柏木弘雄 교수는, "니르와나와 생사, 여래장과 객진번뇌와의 관계로 보면, 이것을 공과 불공을 빌려서 나타내는 것이 가능하다는 근거를 제시하고 있다."고 서술한다.[27]

이것을 언어로 나타내는 것은, 가명·가설(假名·假說, prajñapti·upacāra)의 입장으로서, 세속제인 언어를 빌려서 서술할 수밖에 없는 것이다. 나가르주나(Nāgārjuna, 150~250, 龍樹)도 『중론』에서 이와 같은 까닭을 다음과 같이 논술하고 있다.

> "두 가지 진리(二諦)에 의하여 모든 붓다의 말씀은 이루어진다.
> 세간에 관한 이해를 위한 진리(世俗諦)와 최고의 진실에 관한 진리(第一義諦)이다.
> 이 두 가지 진리의 구별을 모르는 사람은 붓다의 가르침에 있어서의 심오한 진실을 알지 못한다.
> 언어습관에 의하지 않으면 최고의 진실에 관한 진리(第一義諦)를 말할 수 없다. 최고의 진실에 관한 진리(第一義諦)를 따르지 아니

---

27 柏木弘雄, 「心眞如と心生滅」, 『佛教學』 第九·十特集號, 日本: 佛教學硏究會, 1980.

하고서는 니르와나(nirvāṇa, 涅槃)를 깨달을 수 없다."[28]

세속제인 언어를 빌리지 않고서는 제일의제에 관한 참뜻을 전할 수 없기 때문에, 언어를 빌려서 제일의제를 따르게 함으로서 비로소 니르와나를 깨달을 수 있음을 말하고 있는 것이다.

첫째, 공진여란 무엇인가? 심진여는 탐·진·치 삼독의 번뇌가 0%(śūnyaṃ, 空)라는 의미이다. 깊은 수행 끝에 탐·진·치 삼독을 모두 소멸시켜, 구경각을 성취한 우리의 가장 맑고 깨끗한 한마음을 공空(śūnyaṃ, 0%)이라고 논술하는 것이다. 심진여는 불지佛智이기 때문에, 그곳에는 번뇌는 0%이며, 맑고 깨끗한 마음뿐이므로 자성청정심[29]이라고도 부른다. 여기에서는 공(śūnyaṃ, 0%)이란 번뇌의 공(śūnyaṃ, 0%)임을 깊이 인식하는 것이 중요하다.

둘째, 불공진여란 무엇인가? 심진여는 지혜와 자비가 100%인 법신이라는 의미이다. 불공(aśūnyaṃ, 不空)은 지혜와 자비가 100%인 것을 말하고 있다. 이것을 종교적으로 해석하면 번뇌를 벗어버린 그 자리에는 청정·불변의 공덕이 충만하다는 논리로 귀결된다. 진여는 진리 그 자체이므로 번뇌가 있을 수 없기 때문에 탐·진·치는 0%이며, 지혜와 자비가 100%라는 논리이다. 그러므로 상(常, nitya)·낙(樂, sukha)·아(我, ātman)·정(淨, śubha), 네 가지 덕(四德)[30]의 논리를

---

28 『中論』(대정장 24, p.32c16), "諸佛依二諦 爲衆生說法 一以世俗諦 二第一義諦(8) 若人不能知 分別於二諦 則於深佛法 不知眞實義(9) 若不依俗諦 不得第一義 不得第一義 則不得涅槃(10)."

29 이평래, 『新羅佛教如來藏思想研究』, 민족사, 1996, p.202.

빌려, 불변의 수승한 특질을 갖추고 있는 진여를 예찬하는 것이다.

진여를 번뇌와 성공덕, 악과 선의 상대적 개념으로 대비시켜 진여가 참으로 진여인 것을 나타내려고 하는 것이다. 그러므로 '진여, 그래도 말로 형용할 수밖에!(依言眞如)'도 상대적인 가설일 수밖에 없다. 그렇지만 무엇인가를 빌리지 않고서는 진여의 수승한 점을 드러낼 수 없기 때문이다. "말을 빌려 말을 떨쳐버린다."는 것은 어디까지나 방편일 뿐이며, '진여, 그래도 말로 형용할 수밖에!(依言眞如)'의 설명에 있어서도 그와 같은 의취를 잃지 않고 있다는 것이다.

6. 알라야식은 왜 해체되어야 하는가?

「마음의 있는 그대로의 진실한 모습을 관찰하는 부문(心眞如門)」은 시간을 초월한 깨달은 일심을 중심으로 하기 때문에, 일심의 체體·본질·본성에 관한 것을 논의한다. 생멸生滅·거래去來하는 현상은 영원한

---

30 원효 지음·이평래 옮김, 『열반종요』, 동국대학교출판부, 2017, p.122.
상(常, nitya)·낙(樂, sukha)·아(我, ātman)·정(淨, śubha); 초기불교와 부파불교에서는 깨달음을 얻기 위한 수행의 방법으로 四念處(=四念住=四念處觀)를 닦는다. 곧 色身은 不淨하며, 受는 苦이고, 心은 無常이며, 法은 無我라고 觀想한다. 여기에서 不淨·苦·無常·無我는 正義로써 끊지 않으면 안 되는 것을 말하는 것이므로, 常·樂·我·淨을 주장하는 것이 전도인 것처럼 보일지도 모른다. 그렇지만 『대반열반경』이나 『대승기신론』에서의 常·樂·我·淨이란 말을 빌려 법신을 예찬하고 있을 뿐이다. 법신은 진리이므로, 생겨나거나 소멸하는 것이 아니기 때문에, 인간이 말로 할 수 있는 예찬을 아무리 하더라도 걸림이 없는 것이다. 그러므로 상(常, nitya)·낙(樂, sukha)·아(我, ātman)·정(淨, śubha)이란 말을 빌려 법신을 예찬하더라도 초기불교에서의 사념처를 거스르는 것이 아니다.

진실 앞에서는 소멸되고, 진리의 실상만을 보기 때문이다. 예를 들면 범부의 마음에는 현재 번뇌가 있지만, 만일 그가 보디쌋뜨와의 수행을 멈추지 않고 꾸준히 닦으면 드디어는 소멸하여 번뇌는 0%가 된다. 그리고 또 범부의 마음에는 마음의 청정한 본성은 감추어져 드러나지 않지만, 언젠가는 그것이 드러나게 된다. 이와 같이 영원한 진실 앞에서 마음을 관조하는 것이 일심의 체體를 관조하는 것이다.

이와는 반대로 「마음이 인연에 따라서 여러 가지로 전개하고 있는 현상적인 모습을 관찰하는 부문(心生滅門)」은 일심의 상相(性·相에서의 相)·변화·현상·윤회에 관한 것을 논의한다. 생멸이란 시간의 세계이며, 끊임없이 변화하고 있다. 이러한 현상은 본성으로는 순수한 마음이지만 번뇌의 영향을 받고 있음을 드러내는 것이다. 붓다의 마음은, 번뇌는 0%이고, 지혜와 자비가 100%이므로, 중생을 교화하여 깨달음을 향한 길을 닦도록 끊임없이 자비를 베풀고 있다.[31]

그렇지만 중생을 구제하는 작용을 할 때, 중생의 번뇌와 서로 관계를 맺을 수밖에 없는 상황을 인식해야 한다. 그러한 상황에서 붓다는 스스로는 시간을 초월하면서도, 시간의 세계와 관계를 맺게 되는 것이다. 예를 들면 도둑을 잡으려면 도둑의 소굴에 들어가야 하는 것과 같다. 그와는 반대로 범부의 자성청정심은 번뇌와 결합하여 있으므로, 그 마음은 생성하고 소멸하는 진망화합식인 것이다. 이와

---

31 이평래, 『대승기신론강설』, 민족사, 2016, p.214.
"붓다가 중생을 구제하는 불가사의한 작용을 말하는 것이므로 부사의업상을 가리키는 것이다. 부사의업상은 붓다의 후득지이고, 본각의 지혜가 중생에게 작용하는 붓다의 이타행이며, 보신·응신을 가리킨다."

같은 범부의 마음은 끄샤나 끄샤나(kṣaṇa, 刹那) 분별작용을 쉬지 않는 망념인 상태이다.

인간은 과거나 미래에 한 발자국도 내디딜 수 없으며 현재에 살고 있다. 무슨 일을 하든, 그것을 할 때는 현재이다. 우리는 시간에 매어 사는 현재와 시간을 부리면서 사는 현재, 두 가지 의미의 현재를 상정할 수 있다. 전자의 현재는 과거와 미래와의 관계 위에 성립하는 현재로서, 이것은 1끄샤나밖에 안 되는 것이다. 현재라고 생각하는 순간 벌써 과거가 되어버린 현재이다. 후자의 현재는 언제나 지금 있는 현재이며, 움직이지 않는 현재이다. 전자는 망념이 만들어내는 현재이며, 윤회를 반복하는 미망의 시간이다. 후자는 늘 그 자리의 현재로서 생겨나는 것도 아니고 소멸하는 것도 아닌 마음에 자리를 잡은 영원한 세계이다. 생겨나기도 하고 소멸하기도 하는 대상을 집착하지 않으면, 시간에 얽매이지 않고, 영원한 현재에서 살 수 있다.

붓다는 일심의 삶이기 때문에 본디 시간이 없고, 그것을 초월한 세계에서 마음이 살고 있다. 붓다가 중생을 구제하려고 중생에게 시혜를 하더라도, 그 시혜는 인위적인 것이 아니라, 저절로 이루어지는 것이므로, 그것은 시간을 벗어난 무애자재인 것이다, 그러나 그 시혜를 받고 있는 중생의 눈으로 보면, 붓다도 마치 시간의 세계에서 사는 것처럼 보일 것이다. 이것은 붓다가 지혜를 바탕으로 펼치는, 중생을 구제하려는 선교방편인 것을 모르기 때문이다.

생성하고 소멸하는 마음에서 시간의 세계는 만들어지며, 마음의 생성하고 소멸하는 변화를 중심으로 하여, 심진여가 어떻게 존재하는가를 탐구하기 위하여 「마음이 인연에 따라서 여러 가지로 전개하고 있는 현상적인 모습을 관찰하는 부문(心生滅門)」을 가설하는 것이다. 「마음이 인연에 따라서 여러 가지로 전개하고 있는 현상적인 모습을 관찰하는 부문(心生滅門)」의 관점은, 마음이 끊임없이 변화하여 머무는 일이 없는 것으로 보므로, 마음의 체體를 중심으로 논의할 수 없다. 마음의 상相을 중심으로 논리를 펴는 것은, 말하자면 성性·상相에서의 상相으로 인간의 마음을 파악하려고 하는 것이다. 또는 「마음의 있는 그대로의 진실한 모습을 관찰하는 부문(心眞如門)」이 마음의 총상(大總相)을 드러내는 것이라면,[32] 「마음이 인연에 따라서 여러 가지로 전개하고 있는 현상적인 모습을 관찰하는 부문(心生滅門)」은 마음의 별상別相을 드러내는 것이다.[33]

시간 속에 있으면서도 시간을 초월한 것이 진여이므로, 알라야식에서 각의覺義를 논의할 수 있는 근거이긴 하지만, 절대적인 진여는 시간과 결합하지 않는 것이다. 한마음/진여는 심진여의 한길의 세계여서, 체가 없는 무명은 진여에 발을 붙일 수 없다. 실체가 없는(śūnyam, 0%) 무명은 구경각을 성취하면 알라야식이 해체되어 소실하기 때문에, 그에 바탕을 두고 일어나고 있는 모든 어리석은 마음의 상속도 차단되며, 붓다의 법신이 드러나는 것이다.[34]

---

32 『大乘起信論』(대정장 32, p.576a08), "心眞如者, 卽是一法界, 大總相, 法門體."

33 『大乘起信論』(대정장 32, p.575c24), "是心生滅因緣相, 能示摩訶衍, 自體相用故." 自體相用에서의 自는 體相用에 모두 걸리는 것이므로, 自體, 自相, 自用이라고 읽어야 한다. 自는 하나하나의 중생의 개체를 가리키므로 「마음이 인연에 따라서 여러 가지로 전개하고 있는 현상적인 모습을 관찰하는 부문(心生滅門)」은 別相이라는 것이다.

34 『大乘起信論』(대정장 32, p.576c07), "智淨相者, 謂依法力熏習, 如實修行, 滿足方

7. 선종의 초석으로서의 『대승기신론』에 대해

인간은 도대체 어떻게 생겨난 존재일까? 보편적인 학설을 빌려서 간단하게 서술하면, 현재와 같은 인간으로 존재하게 된 것은 10만 년도 되지 않는다. 태양의 나이는 약 138억 년, 지구나 달의 나이는 약 46억 년이라고 한다. 이것을 근거로 하면 138억 년 전에는 태양도 없었고[35] 46억 년 전에는 지구나 달도 없었다. 불교에서는 우주(Cosmos)를 성成(vivarta-kalpa, 成劫)·주住(sthiti-kalpa, 住劫)·괴壞(saṃvarta-kalpa, 壞劫)·공空(saṃvarta-sthāyin-kalpa, 空劫)의 반복적인 순환논리로 보기 때문에, 이제까지 없던 우주가 비로소 생겨난 것이 아니라 우주 자체는 존재의 방식을 꾸준히 바꿔가면서 늘 있는 것으로 본다. 그러므로 천문학자들은 46억 년 뒤에는 지구나 달도 사라질 것이고, 138억 년 뒤에는 태양도 사라질 것이라고 예측한다.

이에 비하면 현대 인류와 아주 비슷한 동물이 동부 아프리카의 오스트랄로피테쿠스에 출현한 것을 약 250만 년 전으로 보고 있으므로[36] 인류의 역사는 그렇게 긴 것도 아니다. 인류학자들은 오늘날과 같은 인류의 출현을 약 7만 년 전으로 기술하고 있다.[37] 그런 인류가 이렇게 장족의 발전을 할 수 있었던 것은 무엇보다도 뇌가 커서

便故, 破和合識相, 滅相續心相, 顯現法身, 智淳淨故."

35 Yuval Noah Harari 지음, 조현욱 옮김, 『사피엔스Sapiens / 호모 사피엔스 / 슬기로운 사람』, 김영사, 2016, p.18.

36 위의 책, p.23.

37 위의 책, p.19.

(1,200~1,400cm^3) 사유할 수 있고,[38] 직립으로 보행을 할 수 있으며, 두 손으로 도구를 만들어 쓸 수 있기 때문이라고 한다. 이와 같은 인류는 계속적으로 진화하여 불을 이용할 줄 알아 화식火食을 할 수 있게 되고,[39] 더 나아가 그것을 이용하여 문화를 창조한 것이라고 볼 수 있다.

그들은 처음에 자연을 의지하여 살았기 때문에 자연의 힘을 숭배의 대상으로 삼은 것이다. 소위 종교의 시작인 것으로 볼 수 있는데, 인지가 더욱 발전함에 따라서 자연 현상을 숭배하는 것에서 벗어나, 인간이 인간 자신을 성찰하기에 이른 것이다.

특히 이와 같은 종교가 가장 먼저 출현한 곳이 인디아이다. 인간을 중심으로 하는 종교의 출현은 인간의 정신세계를 고도로 계발하여 자신을 발견하는 길을 찾은 것이다. 나는 누구인가? 인간은 어디서 왔는가? 인간은 무엇을 찾는가? 인간은 어떻게 살아야 하는가?

그와 같은 질문을 자기 자신에게 던지고, 그에 대한 답을 스스로 찾는 구도의 길을 걷는 종교인 브라흐만교가 BCE 1,500년경부터 인디아의 숲에서 발원한다. 그 결과 고행과 요가를 닦는 수행자들이 수없이 많이 출현한 것이다. 종교문화의 환경이 이와 같이 형성된 BCE 6C 무렵에 고따마 씻다르타(Gotama Siddhārtha)가 출현하여 불교를 창시한다. 불교는 사성계급을 부정하고 자유와 평등의 깃발을 내걸고, 인디아의 국경을 넘어 동남서북으로 뻗어나간다.

인디아로부터 불교가 중국에 처음 전래된 것은 BCE 2년,[40] 한국에

---

38 위의 책, p.26.

39 위의 책, p.32.

처음 전래된 것은 372년,[41] 일본에 처음 공전公傳된 것은 538년[42]이라 한다. 불교가 한·중·일 동양 3국의 공통의 종교로 된 것도 이와 맥락을 같이 하며, 오늘날까지 그 전통을 이어오고 있다.

인디아에서의 대승불교는 중관파(Mādhyamika, 中觀派)와 요가행파(Yogacāra, 瑜伽行派) 밖에 없지만, 중국은 불교가 전래되기 이전에 벌써 한자를 중심으로 하는 노장사상이나 유가사상이 형성되어 있었기 때문에, 불교를 실천적으로 신행하는 한편 교학적으로 연구하는 풍토가 형성된다. 그러한 결과 여러 학파가 형성되어 교상판석敎相判釋을 내세우고 서로 우열을 주장하는 쟁론이 왕성하게 전개된다.

그러나 한편에서는 이러한 경향은 달은 못보고, 달을 가리키는 손가락만 보는 것이라고 비판하고, 새로운 실천불교운동을 벌인다. 바로 선종이 그것이다. 그 전에도 참선수행을 하지 않은 것은 아니지만, 그들은 불립문자不立文字 교외별전敎外別傳, 직지인심直指人心 견성성불見性成佛의 기치를 내걸고 오로지 참선에만 전념한 것이다.

『능가아발다라보경(4권)』을 중심으로 출발한 보디다르마(Bodhidharma, 菩提達磨)의 선종은, 그것이 사조四祖 쌍봉雙峯 도신(道信, 580~651)[43]까지는 이어진 것으로 보인다.[44] 왜냐하면 쌍봉 도신의

---

40 吳德新著, 주호찬 옮김, 『한 권으로 읽는 불교』, 웅진씽크빅, 2008, p.23.

41 김영태, 『한국불교사』, 경서원, 1997, p.21.

42 石田瑞麿, 『日本佛教史』, 日本: 岩波書店, 1997, p.13.

43 印順著, 伊吹敦譯, 『中國禪宗史』, 日本: 山喜房佛書林, 1997, p.47.
四祖 道信(580~651)은 기주蘄州의 黃梅(現在 湖北省 黃梅縣)에서 서북쪽으로 30여리 떨어진 雙峯山에서 수행하고, 五祖 弘忍(602~675)은 黃梅의 북쪽으로 25리 떨어진 빙묘산憑墓山에서 수행을 하였는데, 憑墓山은 雙峯山의 동쪽에 있었기

저술인 『입도안심요방편문入道安心要方便門』에는, "나의 가르침은, 『능가아발다라보경』의 제불심제일諸佛心第一[45]을 근본으로 하고 또 『문수사리소설마하반야바라밀경』의 일행삼매一行三昧[46]를 근본으로 한다. 붓다를 염하는 마음이 붓다이며, 망념이야말로 범부"라고 서술하고 있기 때문이다.[47]

이와 같이 선종은 『능가아발다라보경』을 중심으로 하여 출발하였지만, 동산東山 홍인(弘忍, 602~675)의 법문이 세상에 널리 퍼짐에 따라 『금강반야바라밀경』과 『대승기신론』으로 대체된 것이다. 그런 관점으로 보면 혜능이 『능가아발다라보경』을 『금강반야바라밀경』으로 대체했다는 신회(神會, 670~762)의 주장은 역사적 사실이 아니다.[48] 『육조단경』의 중요한 곳에서 "마하반야바라밀의 법을 말씀하다."라는 글은 『문수사리소설마하반야바라밀경』의 말씀이지 『금강반야바라밀경』의 말씀이 아님에도 불구하고, 신회가 『남종정시비론』에서 마하반야를 금강반야로 바꿔버린 것이다.[49]

꾸마라지와(Kumarājīva, 鳩摩羅什, 344~413)가 한역한 『금강반야바라밀경』을 수선자修禪者들이 중시하게 된 까닭은, 문장이 수려할

때문에 東山이라고도 부른다. 이와 같은 지연으로 雙峯 道信, 東山 弘忍이라고 부르는 것이다.

44 印順著, 伊吹敦譯, 위의 책, p.17.

45 『楞伽阿跋多羅寶經』(대정장 16-481c02), "諸佛心第一."

46 『文殊師利所說摩訶般若波羅蜜經』(대정장 8-731a24), "復有一行三昧."

47 印順著, 伊吹敦譯, 위의 책, p.62.

48 印順著, 伊吹敦譯, 『中國禪宗史』, 日本: 山喜房佛書林, 1997, p.200.

49 印順著, 伊吹敦譯, 위의 책, p.201.

뿐 아니라, 분량이 너무 길지도 않고 알맞은 데다, 최상승무상最上乘無相의 법문에 아주 잘 계합하며, 수지의 공덕에 대한 찬탄이 강렬하고, 또한 수지하기가 쉬웠기 때문인 것으로 본다. 결과적으로 불교계에서 『금강반야바라밀경』이 반야경을 대표하는 경전으로 유포되었기 때문에, 남종이든 북종이든 모두 시류에 따라 『금강반야바라밀경』을 중시하게 된 것으로 볼 수 있다.

아울러 『능가아발다라보경』의 제불심제일諸佛心第一과 『문수사리소설마하반야바라밀경』의 일행一行삼매를 하나로 묶어 융섭融攝/통섭通攝/회통會通할 수 있는 『대승기신론』의 등장은 선종의 이론적 기반을 확고하게 다지는 데 있어서 핵심적인 역할을 하였다. 한마음(eka-citta, 一心)을 대본大本으로 하여 진여법신을 선창宣暢하고 있는 『대승기신론』은, 인간은 물론 우주 자체를 통째로 진여법신으로 규정한다.

북종 신수(神秀, ?~706)는 「마음이 인연에 따라서 여러 가지로 전개하고 있는 현상적인 모습을 관찰하는 부문(心生滅門)」을 바탕으로 하여 시각始覺에서 구경각究竟覺으로 향상向上하는 관점을 취하는 데 대하여, 남종 혜능(638~713)은 「마음이 인연에 따라서 여러 가지로 전개하고 있는 현상적인 모습을 관찰하는 부문(心生滅門)」의 본각本覺(心性本淨)에 의거하여 「마음의 있는 그대로의 진실한 모습을 관찰하는 부문(心眞如門)」으로 곧바로 직접 들어가는 관점을 취하는 차이점을 볼 수는 있으나, 모두 『대승기신론』을 중심으로 그들의 선리禪理를 체계화하고 있다는 점에서는 공통이다. 또한 무념無念[50]·이념離念[51]·이심離心[52]·일행一行삼매·진여眞如삼매·지관止觀·염불念佛 등 선수행禪修行[53]의 요체를 체계적으로 잘 제시하고 있기 때문에, 선종의 초석으로써 필요·충분조건을 모두 갖추고 있는 것으로 보인다.

"「마음이 인연에 따라서 여러 가지로 전개하고 있는 현상적인 모습을

---

50 『大乘起信論』
能觀無念者. 則爲向佛智故.(대정장 32-576b27)
無有初相可知. 而言知初相者. 卽謂無念.(대정장 32-576b27)
若得無念者. 則知心相生住異滅. 以無念等故. 而實無有始覺之異.(대정장 32-576c01)
所謂心性常無念. 故名爲不變.(대정장 32-577c05)
復次顯示從生滅門, 卽入眞如門. 所謂推求五陰色之與心. 六塵境界畢竟無念.(대정장 32-579c20)
若能觀察知心無念. 卽得隨順入眞如門故(대정장 32-579c24)

51 『大乘起信論』
若離於念, 名爲得入(대정장 32-576a22)
亦無有相可取. 以離念境界, 唯證相應故.(대정장 32-576b06)
所言覺義者. 謂心體離念. 離念相者, 等虛空界, 無所不遍.(대정장 32-576b12)
以遠離微細念故. 得見心性. 心卽常住, 名究竟覺.(대정장 32-576b25)
相續未曾離念故. 說無始無明.(대정장 32-576c01)
假以言說引導衆生. 其旨趣者皆爲離念. 歸於眞如.(대정장 32-580b12)

52 『大乘起信論』 "離心則無六塵境界."(대정장 32-577b17)

53 柳田聖山·梅原猛, 『無の探求』, 日本: 角川書店, 1997, p.125.
柳田聖山 교수는, "『大乘起信論』이 실제적인 수행의 방법으로 들고 있는 것은 止觀과 念佛 두 가지이다. 특히 止의 수행으로서 좌선을 권장하며, 오래도록 이것을 닦아 잘 성숙하면, 바로 진여삼매에 들어갈 수 있다. 이 진여삼매에 의하여 비로소 근원적인 유일한 진리인 法界一相을 관하며, 모든 붓다의 법신과 衆生身과의 평등함을 깨달을 수 있다. 이것을 一行삼매라고 부른다. 근원적으로 유일한 것이라고 하는 것은 반듯이 prajñā pāramitā와 상응하는 一行을 가리키는 것이다."라고 서술하고 있다.

관찰하는 부문(心生滅門)」에서 「마음의 있는 그대로의 진실한 모습을 관찰하는 부문(心眞如門)」으로 곧바로 들어간다(卽入)"[54]는 것은, 드디어 구경각을 이루어 알라야식이 해체되면 자성청정심이 드러나며, 번뇌애(kleṣa-āvaraṇa, 煩惱碍)·지애(jñeya-āvaraṇa, 智碍)는 0%이고 지혜·자비가 100%인 한마음이 현현하는 깨달음·돈오頓悟·원돈성불圓頓成佛의 현성인 것이다.

8. 나오는 글

'나는 누구인가'를 묻는 자기 관조/성찰로부터 출발하는 종교는 인디아에서 비롯된다. 그들은 Tapas나 Yoga를 닦아 깨달음을 얻어 수행의 목표를 성취한다. 인디아에서 발원한 불교, 자이나교, 힌두교는 모두 이와 같은 점에서는 명제가 공통이다. 2,600여 년의 불교 역사 속에서 형성된 많은 불전들은 모두 깨달음에 관한 초월성을 서술하여 민중에게 행복과 평화를 안겨주고, 또한 그것을 얻기 위한 수행의 방법을 제시하고 있다. 『대승기신론』도 그 가운데의 하나이다.

『대승기신론』은 한마음(ekacitta, 一心)을 진여법신이라 선창宣暢하고, 한마음의 성스럽고 위대함을 체대體大·상대相大·용대用大의 세 가지로 예찬하고 있다. 한마음을 「마음의 있는 그대로의 진실한 모습을 관찰하는 부문(心眞如門)」과 「마음이 인연에 따라서 여러 가지로 전개

54 『大乘起信論』(대정장 32, p.579c20), "復次, 顯示從生滅門, 卽入眞如門. 所謂推求五陰, 色之與心. 六塵境界, 畢竟無念. 以心無形相, 十方求之, 終不可得."

하고 있는 현상적인 모습을 관찰하는 부문(心生滅門)」의 두 문을 열어, 그 성스럽고 위대함을 논증하는 구조로 짜여 있다.

「마음의 있는 그대로의 진실한 모습을 관찰하는 부문(心眞如門)」은 탐·진·치 삼독을 말끔하게 소멸시켜 버린 순수정신이며, 상대를 초월한 절대의 세계이고, 평등·일미이다. 이는 진리를 몸으로 삼고 있는 붓다의 세계이며, 진여법신이므로 실제로는 언어로 표현할 수 있는 길이 없다. 그렇지만 중생을 깨우치기 위해서는 정어正語를 빌려서 망어妄語를 논파하지 않을 수 없는 것이다. 공진여와 불공진여를 도입하는 것도 언어의 표현을 백분 활용하려는 의지로 볼 수 있다. 전자는 번뇌가 0%이고, 후자는 지혜와 자비가 100%인 것을 가리키는 것이며, 진공묘유眞空妙有라는 선어禪語도 이로부터 유래한 것이다.

「마음이 인연에 따라서 여러 가지로 전개하고 있는 현상적인 모습을 관찰하는 부문(心生滅門)」은 생성하고 소멸하는 시간/변화의 세계이다. 여기에서는 알라야식을 중심으로 논리를 전개하며, 구경각을 성취하여 진망화합식인 알라야식을 해체하는 것이 깨달음이다.

『대승기신론』은 한마음(ekacitta, 一心)·진여眞如·여래장如來藏·무념無念·이념離念·이심離心·일행一行삼매·진여眞如삼매·지관止觀·시각始覺·본각本覺·공空·불공不空·삼신설三身說·염불念佛 등 선수행의 요체를 체계적으로 잘 제시하고 있기 때문에 선종의 초석이라고 볼 수도 있다.

해오解悟와 증오證悟

김준호 | 울산대학교 인문과학연구소 연구교수

'깨달음'의 팔리어 원어인 보디(bodhi)의 뜻은 빠알리어 사전에 따르면 '최고의 앎(supreme knowledge)', '이해(enlightenment)', '부처에 의해 달성된 앎(the knowledge possessed by Buddha)' 등으로[1] 풀이된다. 이에 따르면, 깨달음은 '앎/이해'를 기반으로 하고 있다는 점을 하나의 사실로서 확인할 수 있게 된다. 그런데 좀 더 생각해보면, 이와 같은 사전의 정의는 일상적인 또는 세속적인 의미의 '앎/이해'와 구별되는 깨달음의 의미를 드러내고자 '최고의', '부처에 의해 달성된'이라는 수식어가 붙어 있는 차이에 지나지 않는다는 문제가 나타난다. 이를 '부처가 이룩한 최고의 앎/이해'라는 말로 조합해보아도 깨달음은 여전히 앎/이해라는 영역에 기초하고 있음을 부정할 수는 없을 것이다.

1 *Pali-English Dictionary* (Rhys Davids & William Stede, PTS, 1986, p.491).

따라서 부처가 성취한 깨달음을 논의할 경우, '이해에 의거한 깨달음의 측면/영역'을 먼저 설정할 필요가 생긴다.

1. 앎과 깨달음

초기불전에서 '앎과 깨달음'의 관계를 살펴볼 수 있는 말로는 보기(dassana), 견해(diṭṭhi), 이치에 따라 생각을 전개함(yoniso manasikāro, 여리작의如理作意), 제대로 알다(pajānāti), 온전한 앎(sampajāna), 지혜(paññā/ñāṇa), 보다/관찰하다(passati/paccavekkhati) 등이 해당될 것이다. 또한 생각이나 사유를 의미하는 일련의 용어들이(paṭisañcikkhati/cinti/vittaka/vicāra) 나타나는 문맥에도 주의를 기울일 필요가 있을 것이다. '앎과 깨달음'의 내용과 성격은 이 용어들이 등장하는 경문에서, 지견(智見, ñāṇa-dassana)에 의거하여 자신을 향상시켜가는 변화의 과정을 거쳐 깨달음/해탈/열반에 이르는 지점을 적절하게 포착하는 만큼 드러날 것으로 보인다.

'앎과 깨달음'의 동일과 차이에 대해 말할 경우, 이해와 깨달음의 상호 관련성에 대한 시선이 핵심이 된다. 이해라는 단어에도 두 가지 말이 붙어 있다. '(어떤 것에 내재되어 있는) 특정한 결/무늬/양식/양상/법칙성(理)'과 '(특정한 것/사실/사건/상황/양상/의미와 가치 등을) 풀이/설명/앎(解)'이다. '이해理解'를 이렇게 풀어내는 것이[2] 적절

2 이를테면 이해의 뜻을 '사리事理를 분별하여 앎' 또는 '(말이나 글의 뜻을) 깨쳐 앎'으로 정의하거나(『동아 새국어사전』, 1990), 조금 더 풀어서 '진리나 이치를 터득하여 훤히 안다' 또는 '모르고 있던 사실을 안다'로 정의하는(『동아 새국어사전』,

하다면, '이해'라는 말을 쓰는 순간 '앎(解)'과 '앎의 내용(理)' 둘이 동시에 거론되는 셈이다.

깨달음의 뜻을 사전적 정의로 풀어보든 해오에서 이해(解)의 뜻을 또 그렇게 풀어보든, 두 경우에서 빠뜨릴 수 없는 핵심어가 바로 '앎'이라는 것은 부정하기 어렵다. 그렇기 때문에 깨달음에서 논의의 초점을 '앎'으로 맞추는 것이 기본적인 접근방법이 될 것이다. 그러므로 깨달음의 정의를 '이해를 통해 성취하는 깨달음'으로 표현할 수 있다면 해결해야 할 논의거리는 불교에서 말하는 '앎의 의미와 내용', '앎의 수준과 능력'이 무엇인지를 밝히는 데 있다고 할 수 있다. 달리 표현하면 '앎과 깨달음의 사이'를 드러내는 것이 논의의 핵심으로 보인다. 따라서 이 '사이'의 뜻에 내재된 의미를 몇 가지 단계를 거쳐 검토하면서 논의의 초점을 분명히 할 필요가 있겠다.

먼저, 앎과 깨달음 사이에는 수준 차이가 있다고 전제해보자. 이는 불교적인 관점에서 볼 때 '앎과 깨달음은 동일하지 않다'를[3] 생각해보는 일에 해당한다. 앞서 빠알리어 사전에 서술된 '최고의 앎'이라는 정의도 '최고의'란 수식어를 덧붙임으로써 '앎과 깨달음의 사이'에 존재하는 간격을 메우려는 하나의 해석일 뿐이라고 생각할 여지가 있다. 하나의 의미를 간단하면서도 명확한 언어로 담아내야 하는 사전의 특성상 '최고의'라는 수식어를 채택한 사정을 감안할 수 있겠지만, 이것만으로는 '앎과 깨달음의 사이'를 설명하는 데 충분한 언어를 확보했다고

2004) 용례에 토대하여 이렇게 풀어낼 수 있다.

3 최근 현응의 "깨달음은 이해다."라는 주장은 이에 대한 고민에서 비롯한 것으로 보인다.

생각되지 않는다.

'훤히, 제대로, 있는 그대로, 잘, 꿰뚫어, 완전한, 온전한'이라는 수식어를 덧붙이는 경우는[4] 어떨까? 결론부터 말하면 이렇게 하더라도 사정은 크게 나아지지 않을 것으로 보인다. 왜냐하면 그럴듯한 수식어를 덧붙이면 언어적으로는 수준의 차이가 생기겠지만, 그 언어라는 그릇에 담겨 있는 내용물을 확인하고 싶은 사람들에게 그대로 전해지는 것은 아니기 때문이다. 언어에 담겨 있는 눈에 보이지 않는 내용물의 파악에는 늘 그것을 보려는 이에 따라 각각의 해석이 생겨나고, 의미/가치 있음의 영역은 또 그만큼 제각각 존재할 것이기 때문이다. 따라서 그렇게 말할 수 있는 근거를 먼저 공유할 필요가 있다.

그렇다면 깨달음을 '(12)연기, 사성제, 오온, 십이처 등을 아는 것'이라고 정의해보면 어떨까? 실제로 이 서술은 "고타마는 무엇을 깨달아 붓다가 되었는가?"라는 질문에 대한 답변 중의 하나이다.[5]

---

4 '알다(jānāti)'를 의미하는 단어들에 'pa-, pari-, vi-, ā-, abhi-' 등의 접두어를 결합시켜 향상되어가는 변화과정을 표현하거나 향상의 결과로 주어지는 어떤 경지를 표현하려는 경전의 글귀들도 바로 이러한 간격을 메우려는 의도로 읽힌다. 이러한 문제의식은 '보다(dassati, passati)' 계열의 단어에도 적용될 수 있다.

5 이를테면 사제설四諦說을 깨달았다는 설과 십이인연十二因緣을 깨달음으로써 붓다가 되었다는 설 그리고 사선四禪·삼명三明을 통해 깨달았다는 설(平川彰, 『인도불교의 역사 上』, 이호근 역, 민족사, 1989, pp.45~46)로 정리하거나, 사제와 십이연기와 같은 이법理法의 체달體達에 의했다는 것, 삼십칠보리분법三十七菩提分法에 포함시킬 수 있는 도행道行의 수습修習에 의했다는 것, 오온五蘊, 십이처十二處, 사대四大 혹은 수受와 같은 물질적·정신적 현상의 올바른 관찰에 의해 성도했다는 연구 등에서 확인할 수 있다. (金龍煥, 「원시불교에 있어서 法思想의 전개」, 『人文論叢』 제37집, 부산대출판부, 1988, pp.158~159.)

이처럼 깨달음의 내용을 연기緣起 및 사성제四聖諦, 오온/십이처를 아는 것이라고 주장하는 것은 초기불교의 깨달음을 해오解悟적 측면에서 규정하는 것이라고 할 수 있다. 이와 달리 사선四禪·삼명三明 또는 삼십칠보리분법三十七菩提分法의 수행을 성취한 결과 도달하게 되는 어떤 특정한 경지로 깨달음을 파악하는 경우는 증오證悟적 입장을 취하는 태도로 볼 수 있을 것이다.

연기 및 사성제, 오온/십이처를 아는 것이 깨달음이라는 주장에는 깨달음의 이지적 측면을 중시하는 관점이 내장되어 있는데, 이 주장에 의거하여 앎과 깨달음의 사이를 말할 수 있으려면 연기, 사성제, 오온, 십이처가 각각 무엇이고, 또 이들을 어떻게 알아야 제대로 아는 것인지가 논증되어야 하는 선결과제를 떠안게 된다. 게다가 충분히 논증되었다고 하더라도 '깨달음, 체달體達, 올바른 관찰' 등의 서술을 '안다'라는 말로 등치해도 좋은가의 문제도 여전히 남아 있다는 점에서 앎과 깨달음 사이를 설명해주는 충분한 해법이라고 볼 수 없게 된다. 따라서 깨달음에 대해 논의할 때에는 이해의 영역과 닦음/체험의 영역으로 나눌 필요가 있다.

2. '이해에 의거한 깨달음(解悟)'과 '닦음/체험에 의거한 깨달음(證悟)'의 길

'이해에 의거한 깨달음(解悟)'에는 이해라는 특성이 있고, '닦음/체험에 의거한 깨달음(證悟)'의 길에는 특별한 체험의 영역을 필수로 하고 있다고 전제할 수 있을 것이다. 그렇다면 '이해에 의거한 깨달음(解悟)'

에는 부처의 가르침을 논리적으로 이해하는 과정이 내장되어 있다는 측면에서 교敎에 해당하고, '닦음/체험에 의거한 깨달음(證悟)'은 특정의 명상수행과 그 결과로 얻어지는 체험이 포함되어 있다는 측면에서 선禪에 배당할 수 있을 것이다.

이를테면 팔정도에서 '바르고 적절하며 온전한 견해(正見)'와 '바르고 적절하며 온전한 사유(正思惟)'는 해오에 해당하고, '바르고 적절하고 온전하도록 노력하여 나아감(正精進)', '바르고 적절하며 온전하게 주의력을 일으킴(正念)', '바르고 적절하며 온전하게 집중된 마음상태(正定)'는 증오에 해당한다고 보자. 이 전제가 타당하다면, 팔정도를 구성하는 각 요소가 순서 그대로 기초에서 시작하여 완성으로 이어지는 직선형의 구조가 아니라 서로 맞물리고 보완하는 원형의 융합구조라는 점을 인정하는 한 '이해에 의거한 깨달음(解悟)'과 '닦음/체험에 의거한 깨달음(證悟)' 사이에는 처음부터 선후관계나 비교우위관계를 설정할 수는 없을 것이다. 그렇다면 이 둘 중에서 어느 쪽이 중요하다고 보아야 할까? 『앙굿따라 니까야』「쭌다(Cunda)」경에서 이에 대한 실마리를 가늠할 수 있다.

"도반들이여, 여기 법에 열중하는(dhammayogā) 비구들은 선을 닦는(jhāyī) 비구들을 비난합니다. 이들은 '우리는 선을 닦는 자들이다. 우리는 선정하는 자들이다.'라고 생각하고 있다. 그러면 '이들은 도대체 무엇을 선정하고, 도대체 어떻게 선정하는가?'라고. 이 경우에는 법에 열중하는 비구들도 기쁘지 않고, 선정하는 비구들도 기쁘지 않습니다. 그러면 이것은 많은 사람의 이익을 위하고 많은 사람의 행복을 위하고 신과 인간의 이상과 이익과 행복을 위하여 도 닦는 것이 아닙니다.

도반들이여, 여기 선을 닦는 비구들은 법에 열중하는 비구들을 비난합니다. 이들은 '우리는 법에 열중하는 자들이다. 우리는 법에 열중하는 자들이다.'라고 생각하면서 경솔하고 거들먹거리고 촐랑대고 수다스럽고 산만하게 말하고 '마음챙김을 놓아버리고(muṭṭhassati)' 분명하게 알아차림이 없고(asampajānā) 집중되지 못하며(asamāhitā) 마음이 산란하고 감각기능이 제어되어 있지 않다. 그러면 '이들은 도대체 무슨 법에 열중하고, 도대체 무엇을 위해서 법에 열중하고, 도대체 어떻게 법에 열중하는가?'라고. 이 경우에는 선정하는 비구들도 기쁘지 않고, 법에 열중하는 비구들도 기쁘지 않습니다. 그러면 이것은 많은 사람의 이익을 위하고 많은 사람의 행복을 위하고 신과 인간의 이상과 이익과 행복을 위하여 도 닦는 것이 아닙니다."[6]

마하쭌다 존자의 설법으로 등장하고 있는 이 경문을 보면, 교법의 의미를 파악하는 데 열중하는 있는 수행자 그룹과 선정을 닦는 수행자 그룹 사이에서 서로가 자신들의 방법이 옳다고 주장하면서 상대의 노선을 비난하고 있는 장면이 나온다. '이해에 의거한 깨달음'의 입장에서 있는 수행자들이 상대편을 비판하는 요점은 '선정을 닦는 길이, 도대체 무엇을 어떻게 한다는 말인가?'로 보충하여 드러낼 수 있을 것이다. 이 비난 속에는 선을 닦는 그룹에서 자신들의 수행 길에는

6 A6: 46, AN.Ⅲ, pp.355~356.

'특별한 체험'이 있다고 하지만 도대체 논리적으로 알 수가 없다는 점을 주장한 것으로 생각된다. '닦음/체험에 의거한 깨달음'의 입장에서 있는 수행자들은 상대편들에게서 발견되는 행동거지와 마음상태가 평온과는 거리가 멀다는 점을 들어 수행 길이 아니라고 비난하고 있다고 정리할 수 있을 것이다.

이 경전의 글에서 상대방의 수행 길을 비난하는 이유를 검토해보면, 이른바 교敎/선禪, 돈頓/점漸, 해오解悟/증오證悟가 대립구도를 형성할 때 나타나는 상대방의 주장을 비판하는 논거라는 점을 알 수 있다. 이는 합리주의자들과 신비주의자들의 대립에서 느끼는 평행선의 연원을 확인하는 지점이기도 하다. 그런데 인용한 경문에 이어지는 서술에서는 대립을 지양하고 소통해야 할 필요성을 다음과 같이 제시한다.

> "불사(不死, amataṃ)의 경지(dhātuṃ)를 몸으로 체득하여 머무는 이러한 경이로운 인간들은 세상에서 얻기 힘들기 때문입니다. … 심오한 뜻을 지닌 글귀를(gambhīraṃ atthapadaṃ) 지혜로써 꿰뚫어 보는 이러한 경이로운 인간들은 세상에서 얻기 힘들기 때문입니다."

이에 따르면, '불사의 경지'로 표현된 '초인적인 마음의 능력'을 갖추었다는 측면에서 '닦음/체험에 의거한 깨달음(證悟)'의 길을 존중해야 하며, 핵심을 짚어내기 어려운 교의敎義의 의미를 밝혀주는 탁월한 이해능력의 확보라는 측면에서 '이해에 의거한 깨달음(解悟)'의 길을 존중하고 있어서 상호존중 및 소통의 필요성을 지향하고 있는 태도를 만날 수 있게 된다. 그러나 한편으로는 "(교가敎家들이) 너무 가볍다."

거나 "(선가禪家들은) 아무것도 모른다."는 날선 비판 대신에, "(선가禪家들이 체험한 경지가) 무척 경이롭다."거나 "(교가敎家들의 해석능력이) 매우 뛰어나다."는 존중의 정신을 강조하는 설법은 매우 이상적이라는 인상을 지우기도 어렵다. 실제의 현장에서는 그러한 상호존중 및 화해의 모습을 기대하기 어려운 것이 사실에 가까울 것이기 때문이다. 오히려 선禪과 교敎, 혹은 증오證悟와 해오解悟 중에서 어느 한쪽의 입장에 서서 다른 쪽의 입장과 차별을 지으려는 태도가 보통이며, 대개의 경우 그러한 차별의 모습은 인용문에 나타나듯이 일방적인 무시/배제의 모습으로 나타나기 쉬울 것이다.

인용문에서 주목해야 하는 곳은 특별한 경지에 도달한 체험의 영역과 경문의 의미를 꿰뚫어보는 이해의 영역이 차이로써 존중되고 있는 부분이라고 본다. '특별한 경지에 도달한 체험의 영역'이 증오證悟의 측면이고, '경문의 의미를 꿰뚫어보는 이해의 영역'이 해오解悟의 성격에 속하는 것임은 분명하게 드러나고 있기 때문에 체험의 의미와 경문의 의미를 밝혀내는 노력만큼 깨달음의 의미를 설명할 수 있게 된다고 말할 수 있게 된다. 따라서 체험의 영역이든 이해의 영역이든 그러한 특정의 체험과 이해가 특별할 수밖에 없는 이유를 제시할 과제가 양쪽에게 모두 부여되어 있는 것이다. 기존의 통념에 얽매이지 않고, 교학의 용어로 교학을 치장하려는 태도에 안주하지 않고 현재의 언어/일상의 언어로 깨달음의 의미를 풀어보려는 시도[7]에 주목할 필요

7 이에 대해서는 "모르던 사실을 궁리 끝에 알게 되는 것으로 기존의 낡은 생각을 깨뜨리는 과정이 수반되며 … 새로운 차원으로의 정신적 도약이 있어야 한다."라고 지적한 임승택의 설명(『붓다와 명상』, p.99)이나, "앎을 규정하는 인식틀 자체를

가 있는 이유가 여기에 있는 것이다.

박태원의 의견에서 하나의 실마리를 얻는다. 그에 따르면, 일상어로써 깨달음의 의미를 온전하게 풀어내려는 시도는 '청년 싯닷타가 붓다가 될 수 있었던 조건들에 관한 탐구'를 검토함으로써 시작될 수 있다고 한다. 붓다의 네 가지 성공요인이라는 부제가 붙어 있는 이 글에서는 고타마의 수행과정을 종교화된 시선으로만 바라볼 경우의 문제점을 먼저 지적하고 있다. 곧 붓다라는 특별한 초인의 전설만을 강조하여, 깨달음이라는 사건을 저 너머의 세계에 존재하는 것으로 여기게 되면 우리의 실존과는 접속하기가 불가능해진다는 것이다. 그렇기 때문에 우리의 관심은 고타마 싯닷타의 어떤 선택과 성취가 붓다로의 변환을 가능하게 했는가에 집중될 수밖에 없다는 점을[8] 강조하고 있다.

그의 관점에 따르면, 고타마 싯닷타가 붓다가 될 수 있었던 첫 번째 성공요인은 '이해/언어와 탈脫이해/탈脫언어의 차이 및 관계에 대한 개안'이다. 이해/언어가 해오의 영역이고, 탈이해/탈언어는 증오의 영역에 해당시킬 수 있을 것인데, 이 두 영역을 관통하고 있는 핵심어는 '언어'이다. 곧, 언어에 토대한 인간의 인지능력이[9] 자신의

아는 것/인식틀에의 매임을 벗어나는 앎 … 장애 밖의 시선으로 장애를 발견/장애 내용을 확인하여 장애를 제거"라는 한자경의 설정(『깨달음, 궁극인가 과정인가』 「서문」, pp.19~22), 그리고 "개인적/사회적 삶의 오염과 상처들이 치유해야 할 문제들이라면, 그 문제들을 불교적으로 치유하는 해법을 확보하여 그 해법의 효력만큼 문제를 풀어낸 것이 깨달음이다."(박태원, 「깨달음 담론이 갖추어야 할 조건들」, 『불교평론』 제66호, p.160) 등이 참고가 된다.

8 박태원, 「고타마 싯닷타는 어떻게 붓다가 되었나?」, 『철학논총』 제88집 제2호(새한철학회, 2017), pp.89~90 참조.

바깥을 향하여 전개되는 과정, 곧 욕망을 성취하기 위한 이해능력/사유능력 확보의 길에서 '언어'는 중심을 이루고 있는 것이다. 그렇기 때문에 이때의 언어는 바로 앎/이해/사유/해오/교教의 영역에 해당하는 핵심어라고 말할 수 있다.

언어는 개념적 사유를 확대재생산하며 자신의 바깥에 있는 세계를 자기 방식대로 이해하는 체계를 구축하는 데 기여하지만, 한편으로는 이와 같은 욕망의 무한증폭의 길이 경쟁/폭력/배제의 가치를 따르게 함으로써 인간의 행복을 근원적으로 장애하고 있다는 진단에도 기여할 수 있다. 이른바 언어에 토대한 인간의 사유능력은 배타적 욕망충족의 길과 공존적 욕망극복의 길 중에서 하나를 자발적으로 선택할 수 있는 것이다.

3. '이해에 의거한 깨달음(解悟)'의 한계와 그 너머

초기불교의 가르침 중에서 해오의 영역에 해당하는 것은 사성제가 제공하는 관점에 먼저 주목할 필요가 있을 것이다. 일상에서 경험하는 '불안/불만족/문젯거리(苦)'가 '발생하는 원인과 조건들(集)'을 찾아내어 '온전한 해결(滅)'을 '가능케 하는 방법의 확보와 실행(道)'이라는 발상에서 해오의 의미 한 자락을 추가할 수 있기 때문이다. 즉 멸도滅道를 '문제해결능력의 길'이라고 명명하면, 고집苦集은 '상황판단능력'으

9 박태원은 이를 '언어인간'으로 표현하고 있다. - 박태원, 위의 논문, pp.93~96 참조.

로 부를 수 있으므로, 일상에서 경험하는 대상으로부터 발생하는 문제 상황을 제대로 판단할 수 있는 능력은 앎/이해가 해오와 연결되는 지점에 해당되는 것이다. 문제해결능력에는 팔정도의 등장에 따라 해오와 증오의 영역이 겹쳐 있지만, 상황판단능력은 문제점으로 드러나는 원인과 조건을 알고 이해한다는 해오의 특성을 추출할 수 있게 된다. 물론 여기에는 다시 '특정한 사실/사건/상황을 발생시킨 조건'(연기緣起)에 대한 이해가 수반되어야 할 것이다. 우리가 일상에서 경험하는 대상에서 문제점이 발생할 경우 상황판단능력과 문제해결능력을 적절하게 가동시키는 길, 해오의 의미와 위상은 여기에서 우선 찾아볼 수 있을 것이다.

다시 앞의 논의로 돌아가자. 언어에 토대한 인간의 사유능력을 욕망의 무한증폭의 길을 가는 데 쓰느냐 아니면 배타적 욕망증폭을 위한 몸부림에서 자발적으로 풀려나는 길을 가는 데 쓰느냐 하는 것은 두 갈래 사유의 길이라고 부를 수 있을 것이다.

『맛지마 니까야』 제19경의 제목이 바로 『두 갈래 사유의 경(Dvedhāvitakkasutta)』이다. 이 경에서 붓다는 과거에 자신의 수행과정이라고 하면서 제자들에게 설법하는 방식으로 시작된다. 이 회고 장면에서 붓다는 '감각적 욕망에 대한 사유(kāmavitakka)'[10]가 나와 남을 해치고, 지혜를 억누르며, 열반을 멀리하게 한다는 것을 성찰했던 경험을

---

10 경문에 따르면, 두 갈래 사유의 내용에 해당하는 것은 감각적 욕망에 대한 사유(kāmavitakka), 분노에 대한 사유(byāpādavitakka), 폭력에 대한 사유(vihiṃsāvitakka) 세 가지이다. 본문의 논술에서는 편의상 감각적 욕망에 대한 사유(kāmavitakka) 하나만을 들었다. - MN. Ⅰ,pp.114~115 참조.

강조한다. 이와 같은 사유가 문제를 일으키는 과정을 성찰하는 길을 통해 정반대의 길, 즉 "내가 하루 밤낮이라도 그러한 것을 사유하고(anuvitakkeyyaṁ) 숙고하면(anuvicāreyyaṁ), 이를 원인으로 두려움이 없어지는 것을 본다."[11]라는 서술이 등장한다. 이 두 갈래의 사유가 제시하는 메시지는 사유능력을 감각적 욕망을 추구하는 길을 선택할 경우 발생하는 문제점에 대한 분명한 인식[12]이 중요하다는 것이다. 바로 해오의 영역과 맞물리는 지점인 것이다.

두 갈래의 길 중에서 하나를 선택한다는 것은 이해능력/사유능력을 한쪽으로 발휘한다는 것인데, 그것이 유익함의 결과를 가져오기 때문이라는 이유를 넘어서는 또 다른 근거를 찾을 수는 없을까?

관점觀點이란 말에서 하나의 시사점을 얻는다. '(보기는) 보되, (한) 점을 볼 뿐'이라는 뜻에 감추어진 무게가 가볍지 않기 때문이다. 또는 '(하나의) 초점을 (통해) 본다.'는 말로 풀어보아도 여전히 무게가 느껴진다. 하나의 선도 아니고, 면도 아니고, 게다가 입체적으로 본다는 선언은 더더욱 아니기 때문이다. 따라서 어떤 사실이나 문제에 대해 특정한 관점을 제시한다는 것은 자신에게 보이는 하나의 점을 펼쳐보는 일에 불과하다. 또는 이런 기준으로 보니까 잘 보이더라는 하나의 기술이나 경험을 터득한 것에 지나지 않는다는 선언이 되기도 한다.

시선視線이란 말에서 또 하나의 면모를 발견하게 된다. '(보기는) 보되, (하나의) 선을 볼 뿐'이라는 뜻에서 동일한 맥락이 드러나기

---

11 MN. Ⅰ, p.116; 『중아함경』 제102 「念經」(大正藏 권1, p.589b).

12 교학의 용어에 대입하면 사성제의 집제에 해당할 것이다.

때문이다. 여기서 '선'은 '방향'으로 바꾸어도 무방할 것이다. 왼쪽이든 오른쪽이든 위쪽이든 아래쪽이든 사람들이 무언가를 보았다고 말할 때면, 하나의 선으로 연결된 특정한 방향성에 가치를 두어보았다는 말로 바꿀 수 있다는 뜻이다. 따라서 시선이 바뀌었다는 것은 전혀 다른 방향을 가리키고 있다는 말과 같은 주장이 된다. 그러므로 하나의 시선은 하나의 방향성을 또렷이 보여준다. 거꾸로 말하면 특정한 하나의 시선은 하나의 방향성만 제시할 뿐이라는 숨은 전제도 따라오게 된다.

관점과 시선이란 의미에서 유추되는 이해능력의 허점을 곰곰이 생각해보면, 『디가 니까야』의 제1 『범망경(梵網經, Brahmajāla)』에서 왜 '그물'이라는 표현까지 써가며 견해의 한계와 위험성을 그토록 지적하고 있는지를 수긍하게 된다. 곧 앎/이해는 관점과 시선의 형태로 감각대상을 보고 알기 때문에 '대상을 인지하고, 판단하여, 해석하는 일련의 인식과정'은 '온전함의 결핍'이라는 한계를 떠안고 있다는 점을 지적할 수밖에 없는 것이다.

앎/이해에 내재된 한계가 일면성에 있다면, 앎/이해의 폭과 깊이를 더하여 양면성 또는 다면성의 길로 확장시켜서 이 한계를 극복할 수 있을까? 사람에 따라 대상의 성격에 따라 충분할 경우도 있겠지만, 만약 지금/여기 눈앞에 나타난 대상이 복잡성과 변화무쌍함을 내장하고 있다면 앎/이해의 능력은 다시 무력함의 나락으로 떨어지게 될지도 모른다. 『범망경』이 지적하고 있듯, 물고기의 자유로운 삶은 그물의 종류에 따라 제한되기도 하고, 보장되기도 하기 때문이다.

『범망경』의 전체 주체는 62견의 문제점을 드러내는 것, 그래서 정견正見의 중요성을 강조하는 것으로 보이겠지만 서술의 순서를 따라 가면서 그 구조를 분석해보면 이 경전에서 제시하려는 뜻은 단순하지가 않다. 곧 다른 종교인이 삼보를 비방했을 때 적대감/분노/싫어하는 마음을 내고 있는 상황이 발생한다면 첫 번째로 드러나는 문제는 감정에 휩싸인 마음상태 때문에 그들이 말하고 있는 내용을 제대로 파악하지 못하게 되는 상황이 일어난다고 지적하고 있기 때문이다.[13] '사실을 사실대로 이해함'을 놓치는 지점을 강조하고 있는 것, 이 경전 서술의 첫 번째 핵심은 여기에 있다고 말할 수 있다.

다음으로 이어지는 서술의 핵심어는 '여래를 사실 그대로 바르게 말하는 자라고 할 수 있는 그 법들은 무엇인가'에 있다. 여기에는 '보기 힘들고, 깨닫기 힘들고, 사유의 영역을 넘어서 있고'[14] 등의 주목할 만한 수식어가 덧붙여져 있고, 이 경전의 전체 주제로 알려져 있는 62견의 문제점 분석은 이어지는 서술에서 등장한다. 부처의 법과 차별되는 지점을 드러내기 위함으로 보인다. 마지막 서술 단계에 이르러서는 이와 같은 62견의 문제점이 감각접촉을 조건으로 발생하기 때문에, 이 '여섯 가지 감각접촉의 일어남과 사라짐과 달콤함과 위험과 벗어남을 있는 그대로 꿰뚫어 아는 것'이야말로 이 모든 견해들의 문제점을 넘어서는 것이라는 점을 강조하면서 경전의 서술이 마무

---

13 경전의 서술에서 잘 드러나듯이, 다른 종교인이 삼보를 찬탄하는 경우에도 마음이 고양되어 다른 종교인이 찬탄하는 이유를 제대로 파악하지 못하는 문제점이 발생한다는 점에서 동일한 논지로 적용할 수 있다.

14 DN. Ⅰ, p.12 "Atthi bhikkhave aññ' eva dhammā gambhīrā duddasā duranubodhā santā paṇītā atakkāvacara nipuṇā paṇḍita-vedanīyā …"

리된다. 여기에서 드러나는 부처의 메시지는 '사실을 사실 그대로 보는 능력'이라고 말할 수 있다. 다시 말하면 이해/사유의 능력을 온전하게 가동하여 '어디까지나 현실 속에서 발생한 경험현상을 실제 그대로 이해/사유하여 현실의 문제점을 직시하고 그것을 해결함'을 말하고 있는 것이다.

『범망경』에 서술된 '여섯 가지 감각접촉의 일어남과 사라짐과 달콤함과 위험과 벗어남을 있는 그대로 꿰뚫어 아는 것'[15]이라는 표현에 담겨 있는 뜻을 새겨보면 해오의 의미를 파악하는 데 시사해주는 바가 있다고 생각된다. 곧, 앎/이해에 내재된 한계에는 정서적 장애의 측면이 있음을 가리키고 있기 때문이다. 또한 이 구절은 계율戒律, 삼매三昧, 숙명통宿命通 등을 닦아 이미 특정의 경지를 체험한 여타의 수행자들에 대해 서술하는 장면 다음에 나오는 데 주목할 필요가 있다. 왜냐하면 여래의 깨달음이 특정의 경지를 체득한 여타의 수행자와 어떤 점에서 차별되는가를 설명하는 대목에서 나타나고 있기 때문이다.

이에 따르면, 지적 장애가 관점과 시선이라는 일면성에 제한된 것이라면 양면성 및 다면성의 확보 노력으로 어느 정도 그 한계를 넘어설 수 있겠지만, 느낌에서 발생하는 감정/정서/충동은 또 하나의 무기력을 경험하게 만든다는 측면에서 강조되고 있음을 알 수 있다. 느낌의 발생과 소멸을 그대로 아는 것과 그 느낌을 조건으로 생겨나는 '맛, 재난, 벗어남' 등은 앎/이해/판단의 능력이 발휘되는 속도를 능가

---

15 DN. Ⅰ, p.17 "… vedanānaṃ samudayañ ca atthagamañ ca assādañ ca ādīnavañ ca nissaraṇañ ca yathā-bhūtaṃ viditvā …"

하는 순간발생의 속성이 매우 강렬하여 제대로 제어하기가 매우 어려운 속성을 지닌 것으로 비쳐진다.

관점과 시선으로 대상의 변화무쌍한 조건에 일일이 대처하기 어렵듯이, 특정한 감각대상에서 발생하는 감정의 굴곡은 매우 커서 그것이 발생하는 조건과 경로를 제대로 파악하기 어렵게 만들기 때문이다. 따라서 선정체험으로써 마음이 이와 같은 감정의 굴곡을 감당할 수 있는 또 하나의 능력을 확보하는 길이 필요하게 된다. 바로 증오證悟가 요청되는 영역이다. 니까야에서 선정 수행에 앞서 '감각기관의 수호'나 '싫어하여 벗어나는 능력(nibbida, 염리厭離)'을 강조하는 이유가 여기에서 비롯된다고 볼 수 있다.

참고문헌

Dīgha Nikāya vol.1, 2, 3, London, Pali Text Society, 1966~1976.

Majjhima Nikāya vol.1, 2, 3, London, Pali Text Society, 1974~1979.

Aṅguttara Nikāya vol.1, 2, 3, 4, 5, London, Pali Text Society, 1958~1976.

Pali-English Dictionary (Rhys Davids & William Stede, PTS. 1986).

각묵 스님 역, 『디가 니까야: 길게 설하신 경(長部)』 권1~권3, 울산: 초기불전연구원, 2006.

대림 스림 역, 『앙굿따라 니까야: 숫자별로 모은 경』 권1~권6, 울산: 초기불전연구원, 2006~2007.

전재성 역, 『맛지마 니까야』, 권 1~5, 서울: 한국 빠알리어성전협회, 2003.

이기문 감수, 『동아 새국어사전』, 서울: 동아출판사/두산동아, 1990/2014.

『깨달음, 궁극인가 과정인가』, 서울: 운주사, 2014.

『불교평론』 통권66호, 서울: 불교평론, 2016년 여름 제18권 제2호.

김용환, 「원시불교에 있어서 法思想의 전개」, 『人文論叢』 제37집, 부산: 부산대학교, 1988.

박태원, 「고타마 싯닷타는 어떻게 붓다가 되었나?」, 『철학논총』 제88집 제2권, 경산: 새한철학회, 2017.

임승택, 『붓다와 명상』, 서울: 민족사, 2011.

平川彰 저, 이호근 역, 『인도불교의 역사上』, 서울: 민족사, 1989.

재가자의 깨달음

- 깨달음의 세 가지 특성들과 관련하여 -

김한상 | 한국외국어대학교 HK연구교수

1. 들어가는 말

불교 공동체인 사부대중은 비구와 비구니의 출가자와 우바새와 우바이의 재가자로 구성되어 있다. 편력 수행자 왓차곳따(Vacchagotta)가 붓다에게 밝힌 대로,[1] 사부대중은 모두 깨달음을 궁극적 목적으로 삼고 있다. 다만 출가자는 지름길을 통하여 깨달음으로 신속하게

1 MN.I, p.493, "Seyyathā pi bho Gotama Gaṅgā nadī samuddaninnā samuddapoṇā samuddapabbhārā samuddaṁ āhacca tiṭṭhati. evam-evāyaṁ bhoto Gotamassa parisā sagahaṭṭhapabbajitā nibbānaninnā nibbānapoṇā nibbānapabbhārā nibbānaṁ āhacca tiṭṭhati."; 『雜阿含經』 卷34(대정장 2, 247a15-18), "婆蹉白佛. 如天大雨. 水流隨下. 瞿曇法. 律亦復如是. 比丘. 比丘尼. 優婆塞. 優婆夷. 若男. 若女. 悉皆隨流. 向於涅槃. 浚輸涅槃."

나아가며 재가자는 돌아가는 길을 통하여 깨달음으로 서서히 나아간다는 점에서만 차이가 있을 따름이다. 『디가 니까야(Dīgha-nikāya)』의 「마하빠리닙바나 숫따(Mahāparinibbāna-sutta)」에 따르면, 붓다는 자신이 확립한 사부대중의 각 구성원들이 입지가 굳고 수행이 되고 출중할(vyattā vinītā visāradā) 때까지는 열반에 들지 않을 것이라고 선언한다.[2] 이 구절은 출가자와 재가자로 구성된 사부대중의 존재가 불교[3]의 확장과 번영에서 필수적이며 사부대중은 모두 깨달음이라는 하나의 목표를 공유한다는 점을 암시한다.

그렇다면 불교에서 말하는 깨달음이란 무엇일까? 불교의 궁극적 목표가 깨달음이라는 데에는 아무도 이의를 제기하지 않지만 정작 깨달음이 무엇이고, 그것이 해탈(解脫, vimutti/vimokkha)과 열반(涅槃, nibbāna)과는 어떻게 다른지에 대해서 자신 있게 대답할 수 있는 사람은 그리 많지 않을 것이다. 냐나포니카 테라(Nyanaponika Thera, 1901~1994)가 말한 대로, 개념들과 용어들의 정립은 현실적이고 효과적인 사고와 행동의 필수적 근간이다.[4] 이는 학문의 영역에서도 마찬가

2 DN. II, p.104.

3 특별한 언급이 없는 한 본 논문에서의 불교는 '초기불교(Early Buddhism)'를 말한다. 초기불교는, 문헌적으로 남전의 4부 니까야와 『쿳다까 니까야(Khuddaka-Nikāya)』의 일부, 「빠리와라(Parivāra)」를 제외한 『위나야 삐따까(Vinaya-piṭaka)』 전부, 그리고 북전의 한역 아함경阿含經과 광율廣律에 의거한 불교이다. 연대적으로 초기불교는 붓다 당시부터 서력 초기까지의 불교로 정의할 수 있다. 필자는 그 기준점인 붓다의 반열반(般涅槃, pari-nibbāna)이 기원전 400년에서 350년 사이에 일어났다고 추정한다.

4 Nyanaponika Thera, *Abhidhamma Studies: Buddhist Explorations of Conscious-*

지이다. 그러므로 우리는 먼저 깨달음에 대한 정의부터 살펴보지 않으면 안 된다.

깨달음은 고따마 붓다(Gotama Buddha)의 개인적 체험에 그 기원을 두고 있다. 고타마 싯닷타(Gotama Siddhatta)는 아삿타 나무(assattha-rukkha) 밑에 앉아서 깨달은 사람, 즉 '붓다(Buddha)'가 되었고 그 뒤로 그 나무는 '깨달음의 나무'인 보리수(bodhi-rukkha)로 불리게 된다. 빨리 성전에서 깨달음은 다양한 용어들로 표현된다.[5] 그러한 용어들 가운데 가장 대표적인 용어가 보디(bodhi)[6]이다. (앞으로는 명확한 의미 전달을 위하여 '깨달음'과 '보디'라는 용어들을 함께 사용하기로 한다.) 빨리 성전에서는 그 변형으로서 삼보디(sambodhi)라는 용어도 사용되고,[7] 빳쩨까 붓다(pacceka-Buddha)와 아라한(arahant)의 깨달음과 구별되는 붓다의 깨달음을 가리키기 위해서 아비삼보디(abhi-sambodhi)[8]와 삼마삼보디(sammā-sambodhi)[9]라는 용어들도 사

---

ness & Time (Boston: Wisdom Publications, 2015), pp.4~5.; 냐나포니카 테라, 김한상 옮김, 『아비담마 연구: 마음과 시간에 대한 불교적 탐구』(씨아이알, 2016), p.8.

5 깨달음을 나타내는 다양한 용어들 각각에 대한 상세한 설명은 다음을 참조하라. 임승택, 「초기불교 경전에 나타난 돈頓과 점漸」, 『불교학연구』 제32호(불교학연구회, 2012), pp.90~98.

6 보디(bodhi)는 √budh(to awaken, to know)에서 파생된 여성명사이다. 중국에서는 菩提라고 음역되거나 覺이나 道 등으로 의역되었고, 영어권에서는 enlightenment와 awakening으로 번역된다.

7 예컨대, SN.I, p.181.; MN.I, pp.17, 163.; Sn.693, 696게.

8 Ja.I, p.14.

9 DN.Ⅱ, p.83.; SN.I, p.68.; Vin.I, p.11.

용되고, 위없이 바르고 원만한 깨달음이란 뜻의 아눗따라삼마삼보디(anuttara-sammā-sambodhi)라는 용어도 사용된다.

불교 공동체를 구성하는 사부대중이 깨달음을 최종 목표로 한다는 점은 분명하지만 우바새와 우바이로 구성된 재가자의 깨달음에 대해서는 여러 견해들이 제시되어 왔다. 그런데 그러한 견해들 대부분이 재가자가 깨달음을 얻을 수 없다거나 재가자의 종교적 목표는 깨달음이 아니라 좋은 재생이라는 잘못된 상정에 기반에 두고 있다.

예를 들어보자. 독일의 막스 웨버(Max Weber, 1864~1920)는 재가자가 깨달음에 도달하기를 간절히 바라는 출가자를 후원하는 것을 유일한 목적으로 존재한다고 말한다.[10] 벨기에의 라 발레 뿌생(La Vallée Poussin, 1869~1938)은 재가자가 아무리 믿음이 깊고 보시를 잘하고 계를 잘 지키고 격주마다 포살(布薩, upavāsa)의 금욕과 절제를 실천하더라도 깨달음에 이를 수 없다고 잘라 말한다.[11] 벨기에의 에띠엔 라모뜨(Étienne Lamotte, 1903~1983)도 재가자의 이상은 출가자의 이상보다 낮으며 재가자는 신들의 세계나 인간의 세계에 좋은 조건으로 재생하기를 소망하기 때문에 그곳으로 인도하는 길은 깨달음에 이르는 팔정도(八正道, ariyo-aṭṭhaṅgiko-maggo)가 아니라 신들로 하여금 이 세상을 떠나 각자의 천상세계에 다시 태어날 수 있게 해준

---

10 Max Weber, *Religion of India: The Sociology of Hinduism and Buddhism* (Illinois: The Free Press, 1960), p.214.

11 La Vallée Poussin, Louis de. *The Way to Nirvāṇa: Six Lectures on Ancient Buddhism as a Discipline of Salvation* (Delhi: Sri Satguru Publications, 1987), pp.150~151.

공덕(puñña)의 실천이라고 말한다.[12] 마찬가지 관점에서 스리랑카의 프레마시리(P. D. Premasiri)도 재가자가 팔정도를 완벽하게 계발할 수만 있다면 깨달음을 얻을 수 있지만 재가자의 삶과 이에 따르는 책임감들은 더 높은 정신적 삶의 요구 조건들을 충족하는 데 장애가 된다고 말한다.[13] 스리랑카의 위타나츠치(C. Witanachchi)는 재가자의 이상은 완전한 깨달음이 아니라 죽고서 좋은 재생을 얻는 것이라고 말한다.[14] 영국의 리처드 곰브리치(Richard Gombrich)는 붓다는 재가자가 깨달음을 얻을 가능성이 없다고 보았을 것이며, 이생에서 열반을 얻은 어떠한 재가자도 없다고 명시적으로 말하지는 않았으나 그렇게 암시하고 있다고 주장한다.[15] 그래서 그는 모든 사람이 동일한 종교적 목표를 공유한다는 프로테스탄트의 상정이 불교에는 전적으로 적용되지 않는다고 말한다.[16]

본 연구는 이러한 종전의 시각에 근원적 의문을 제기하면서 깨달음의 세 가지 특성들인 보편성, 다면성, 순차성을 통해서 재가자의 깨달음의 문제를 재조명해보려는 시도이다.

---

12 Lamotte, Étienne. *History of Indian Buddhism: From the Origins to the Śaka era* (tr. by Sara Webb-Boin) (Louvain-Paris: Peeters Press, 1988), p.67.

13 Premasiri, P.D. "Ethics" in *Encyclopaedia of Buddhism* V (Colombo: The Government of Sri Lanka, 1990), p.162.

14 Witanachchi, C. "Upāsaka, Upāsikā" in *Encyclopaedia of Buddhism* VIII (Colombo: The Government of Sri Lanka, 1990), p.432.

15 Gombrich, R. *Theravāda Buddhism: A Social History from Ancient Benares to Modern Colombo* (London & New York: Routledge, 2006), p.75.

16 Ibid., p.76.

2. 깨달음의 세 가지 특성들

1) 보편성

깨달음의 보편성은 붓다와 제자 간의 깨달음에는 본질적으로 어떠한 차이도 없다는 점에서 분명하게 드러난다. 붓다는 사르나트(Sarnath)의 사슴동산(Migadāya)으로 가는 길에 만난 우빠까(Upaka)라는 아지와까(ājivaka)에게 루의 소멸(āsavakkhaya)을 이룬 사람이라면 누구나 자신과 같은 승리자(jina)라고 선언하였다.[17]

『위나야 삐따까(Vinaya-piṭaka)』의 「마하왁가(Māha-vagga)」에서 붓다는 깨달음을 얻은 직후 사슴동산에서 중도(中道, majjhima-paṭi-padā)의 설법을 통해서 다섯 비구들(Pañca-vaggiya)[18]을 아라한의 경지로 인도한 뒤에 "이제 이 세상에는 여섯 명의 아라한이 있다."고 선언하였다.[19] 이는 이 세상에 붓다 자신을 포함하여 모두 여섯 명의 아라한이 존재하게 되었다는 말로서 깨달음에 있어서 붓다와 아라한은 동격임을 나타낸다. 붓다도 모든 번뇌를 제거했다는 점에서 아라한이라고 불린다.[20]

이와 같이 붓다와 제자 간의 깨달음에는 본질적으로 어떠한 차이도

---

17 Vin.I, p.8.; MN.I, p.171, "mādisā ve jinā honti ye pattā āsavakkhayaṃ, jitā me pāpakā dhammā tasmāham Upaka jino ti."

18 이 용어는 불특정한 다섯 명의 비구를 뜻하는 명사가 아니라 붓다의 첫 출가제자가 된 꼰단냐(Koṇḍañña)를 위시한 특정한 다섯 비구를 뜻하는 고유명사이다.

19 Vin.I, p.14, "tena kho pana samayena cha loke arahanto honti."

20 그래서 여래 10호 가운데 하나가 아라한이다.

없다.[21] 다만 붓다는 처음으로 깨달음에 이르는 길을 밟은 선구자이자 열반이라는 도시로 가는 옛길(purānam añjasaṃ)을 발견한 사람이고 아라한은 붓다가 밟은 동일한 길을 따라서 동일한 경지를 얻는 차이만 있을 뿐이다.[22]

깨달음의 보편성은 깨달음이 여실지견(如實知見, yathābhūta-ñāṇa-dassana)과 관련되어 있다는 사실에서도 잘 드러난다. 『상윳따 니까야(Saṃyutta-Nikāya)』의 「담마짝까빠왓따나 숫따(Dhammacakkapa-

21 다만 후대 빨리 문헌인 『우빠사까자나랑까라(Upāsakajanālaṅkāra)』는 깨달음(bodhi)을 삼마삼보디(sammā-sambodhi), 빳쩨까보디(pacceka-bodhi), 사왁까보디(sāvaka-bodhi)의 세 가지로 구분하고 있다. (Upās. pp.202~203) 이러한 구분법의 기원은 상대적으로 후기의 빨리 성전인 『쿳다까빠타(Khuddakapāṭha)』의 「니딕깐다 숫따(Nidhikkaṇḍa-sutta)」에서 제자의 바라밀(sāvaka-pāramī), 빳쩨까의 깨달음(pacceka-bodhi), 붓다의 경지(buddha-bhūmi)라는 세 가지 명칭에서 비롯된 것으로 보인다. (Khp. p.7) 그리고 『디가 니까야(Dīgha-Nikāya)』에 대한 주석서에서는 지혜(ñāṇa)가 제자의 바라밀의 지혜(sāvaka-pāramī-ñāṇa), 빳쩨까붓다의 지혜(pacceka-buddha-ñāṇa), 일체지자의 지혜(sabbaṇṇuta-ñāṇa)의 세 가지로 구분되기도 한다. (Sv.I, p.100) 그러나 이러한 분류법은 초기불교의 텍스트들에는 찾아볼 수 없다.

22 SN.II, p.105; SN.V, p.160 f; MN.III, p.8. 이 점은 『테라가타(Theragāthā)』에서 아라한이 붓다를 따라서 깨달음을 얻는 사람들이란 뜻인 '붓다누붓다(buddhānu-buddhā)'로 묘사되는 것에서도 증명된다. (Th. p.111) 물론 처음부터 붓다는 이미 제자들과는 차별되는 특출한 존재라는 점이 부각되고 있었다. 예컨대 붓다에게는 4무애해의 지혜(catu-paṭisambhidā-ñāṇa), 모든 것을 아는 지혜(sa-bbaññūta-ñāṇa), 10력(十力, dasa-balāni), 4무외(四無畏, cattāri-vesārajjāni/ca-tu-vesārajja)와 같이 제자들에게는 없는 특출한 정신적 능력이 있는 것으로 묘사되고 있다. (eg. SN.II, p.27) 그러나 이는 붓다만의 특출한 정신적 능력을 말함이지 붓다의 깨달음과 제자의 깨달음이 본질적으로 다르다는 의미는 아니다.

vattana-sutta)」에서 붓다는 다섯 비구들에게 사성제(四聖諦, cattāri-ariya-saccāni)에 대한 여실지견이 12가지 양상으로 완벽하게 되었으므로 신들과 마라들과 범천들을 포함한 세계에 자신의 깨달음을 자신있게 선포하였다고 말했다.[23] 붓다는 전에 들어보지 못한 법들에서 눈(cakkhu)이 생기고 앎(ñāṇa)이 생기고 지혜(paññā)가 생기고 명지(vijjā)가 생기고 빛(āloka)이 생겼다[24]고 밝히면서 12가지 양상 각각에서 동일한 일련의 용어들로서 여실지견을 묘사하고 있다.

『맛지마 니까야(Majjhima-Nikāya)』의 「마하삿짜까 숫따(Mahāsaccaka-sutta)」에 따르면, 깨달음을 이루던 날 밤에 붓다는 번뇌의 일어남과 소멸, 그리고 소멸에 이르는 길을 있는 그대로 꿰뚫어 알았다고 말한다.[25] 『맛지마 니까야』의 「쭐라삿짜까 숫따(Cūḷasaccaka-sutta)」에서 붓다는 악기웨사나(Aggivessana)에게 자신의 제자는 오온(五蘊, pañcakkhandha) 각각을 무아(無我, anattā)라고 있는 그대로 바른 지혜로 보아서 취착 없이 해탈한다고 말한다.[26] 『디가 니까야(Dīgha-Nikā-

---

23 SN.V, p.423, "Yato ca kho me, bhikkhave, imesu catūsu ariyasaccesu evaṃ tiparivaṭṭaṃ dvādasākāraṃ yathābhūtaṃ ñāṇa-dassanaṃ suvisuddhaṃ ahosi, athāhaṃ, bhikkhave, sadeva·ke loke samāra·ke sabrahmake sassamaṇa-brāhmaṇiyā pajāya sadevamanussāya anuttaraṃ sammāsambodhiṃ abhisambuddho paccaññāsiṃ. Ñāṇañca pana me dassanaṃ udapādi: akuppā me vimutti, ayamantimā jāti, natthidāni punabbhavo ti."

24 Vin. I, p.11.; SN.V, pp.178~179, p.258, p.422, p.424, p.425, "pubbe ananussutesu dhammesu cakkhum udapādi, ñāṇam udapādi, paññā udapādi, vijjā udapādi, āloko udapādi."

25 MN.I, p.249.

26 MN.I, pp.234~235, "Idh' Aggivessana bhikkhu yaṃ kiñci rūpaṃ (yā kāci

ya)』의 「브라흐마잘라 숫따(Brahmajāla-sutta)」는 붓다가 느낌들의 일어남, 사라짐, 위험, 벗어남을 있는 그대로 분명하게 앎으로써 궁극적 깨달음을 얻었다고 기록하고 있다.[27] 니까야의 다른 경들도 붓다가 다양한 영역들에 대해 있는 그대로 알게 되었을 때(yathābhūtaṃ abhaññāsiṃ) 궁극적 깨달음에 이르렀음을 선언하였다고 기록하고 있다.[28] 뿐만 아니라 빨리 성전에서 깨달은 사람은 "올바른 지혜로 있는 그대로 보는(yathabhūtaṁ sammappaññāya passato)"[29]이라고 표현된다. 이처럼 깨달음은 여실지견과 관련되어 있다.

그렇다면 깨달음은 구체적으로 어떤 것일까? 이에 대해서는 학자들에 의해서 구구한 견해들이 제시되어 왔다.[30] 하지만 남방의 테라와다

---

vedanā, yā kāci saññā, ye keci saṅkhārā, yaṃ kiñci viññāṇaṃ) atītānāgatapaccuppannaṃ, ajjhattaṃ vā bahiddhā vā, olārikaṃ vā sukhumaṃ vā, hīnaṃ vā paṇītaṃ vā, yaṃ dūre santike vā, sabbaṃ rūpaṃ (pe viññāṇaṃ): n' etaṃ mama, n' eso 'ham asmi, na meso attā ti evaṃ etaṃ yathābhūtaṃ sammappaññāya disvā anuppādā vimutto hoti." 『雜阿含經』 卷5(대정장 2, 36c15-22), "佛告火種居士. 我爲諸弟子說諸所有色. 若過去. 若未來. 若現在. 若內. 若外. 若麤. 若細. 若好. 若醜. 若遠. 若近. 彼一切如實觀察非我. 非異我. 不相在. 受. 想. 行. 識亦復如是. 彼學必見跡不斷壞. 堪任成就. 厭離知見. 守甘露門. 雖非一切悉得究竟. 且向涅槃. 如是弟子從我教法. 得離疑惑."

27 DN.I, p.17, "vedanānaṃ samudayañ ca atthagamañ ca assādañ ca ādinavañ ca nissaraṇañ ca yathā-bhūtaṃ viditvā anupādā vimutto, bhikkhave, Tathāgato."

28 예컨대 SN.Ⅱ, pp.170, 172.; SN.Ⅲ, pp.28, 29.; SN.Ⅳ, pp.7~10, 206.; SN.V, p.204.; AN.I, p.259. 여실지견에 대해서는 Anālayo (2007: 791~797) 참조.

29 SN.Ⅱ, p.17.; Ⅲ, p.135.

30 자칫하면 본 논문의 주제로부터 벗어날 수가 있기 때문에 필자는 이에 대한

불교는 그것이 사성제와 관련된 지혜와 봄(ñāṇa-dassana)의 증득이라는 입장이다.[31] 이는 붓다고사(Buddhaghosa)의 설명[32]에 입각한 것이지만 초기불교의 텍스트들에서도 이를 뒷받침하는 설명이 보이지 않는 것은 아니다. 『상윳따 니까야』의 「담마짝까빠왓따나 숫따(Dhammacakkapavattana-sutta)」에 따르면, 보디는 사성제와 관련된 지혜의 증득을 뜻한다.[33] 『맛지마 니까야』의 「바야베라와 숫따(Bhayabherava-sutta)」,[34] 「드웨다위딱까 숫따(Dvedhāvitakka-sutta)」,[35] 「마하삿짜

자세한 논의는 하지 않는다. 깨달음의 본질에 대한 다양한 학설에 대해서는 다음을 참고하라. 임승택, 「초기 경전에 나타나는 궁극 목표에 대한 고찰」, 『불교학연구』 제19호(불교학연구회, 2008), pp.49~80.

31 예컨대 냐나틸로카는 깨달음을 '번뇌에 의한 잠이나 혼수상태로부터 깨어나는 것'과 '사성제를 이해하는 것'으로 정의한다. (Nyanatiloka 2004: 41)

32 붓다고사는 『앗타살리니(Atthasālinī)』에서 이렇게 말한다. "깨닫는다(bujjhatī)는 것은 번뇌의 상속(kilesa-santāna)이라는 잠으로부터 일어선다, 혹은 성스러운 진리들(ariya-saccāni)을 꿰뚫는다, 혹은 열반을 실현한다는 것이다." (As. pp.217~218.) 이와 유사한 설명이 붓다고사의 다른 주석서에서도 보인다. "혹은 그는 마음챙김(sati) 등의 일곱 가지 법들의 조화 때문에 깨닫고 번뇌의 잠(kilesa-niddā)에서 깨어나거나 진리들(saccāni)을 통찰한다, 그러므로 그 법의 조화로움(dhamma-sāmaggī)이 깨달음이다." (Ps.I, p.289.)

33 SN.V, p.423, "Yato ca kho me bhikkhave imesu catusu ariyasaccesu evaṃ tiparivaṭṭaṃ dvādasākāraṃ yathābhūtaṃ ñāṇadassanaṃ suvisuddhaṃ ahosi, athāhaṃ bhikkhave sadevake loke samārake sabrahmake sassamaṇabrāhmaṇiyā pajāya sadevamanussāya anuttaraṃ sammāsambodhiṃ abhisambuddho ti. paccaññāsiṃ, ñāṇañca pana me dassanaṃ udapādi akuppā me cetovimutti. ayam antimā jāti natthidāni punabbhavo ti."

34 MN.I, pp.22~23.

35 MN.I, p.117.

까 숫따(Mahāsaccaka-sutta)」,[36] 그리고 『앙굿따라 니까야(Aṅguttara-Nikāya)』[37]에서도 사성제의 통찰을 통해서 누진통(漏盡通, āsavānaṃkhaya-ñāṇa)을 완성해서 깨닫는 것으로 나타나고 있다. 그래서 깨달음이란 사물·현상들을 있는 그대로 앎으로써 궁극적 지혜(aññā)나 구원의 지혜(knowledge of salvation)[38]를 성취한 상태를 가리킨다고 정의할 수 있다. 이러한 정의는 우리의 논의에서 중요한 의미를 가진다. 왜냐하면 그것은 깨달음이 헌신(bhakti)이나 신의 은총에 달린 것이 아니라 사물·현상들을 있는 그대로(yathā-bhūtaṃ) 보는 바에 달려 있기 때문에 사부대중 모두에게 개방되어 있다는 점을 뜻하기 때문이다.[39]

사부대중 모두에게 개방되어 있다는 점은, 당연한 말이 되겠지만, 깨달음에 이르는 길이 출가자에게만 열려 있는 것이 아니라 재가자에게도 열려 있음을 뜻한다. 물론 깨달음에 이르는 길이 지름길인지 돌아가는 길인지는 별개 문제이다. 요컨대 깨달음의 보편성은 붓다와 제자들 간의 깨달음에는 본질적으로 차이가 없다는 점과 깨달음이 사물·현상들을 있는 그대로 앎으로써 궁극적 지혜나 구원의 지혜를 성취한 상태이라는 점에서 분명하게 드러난다.

---

36 MN.I, pp.248~249.

37 AN.IV, pp.117~118.

38 Jayatilleke, K.N. *Early Buddhist Theory of Knowledge* (London: George Allen and Unwin Ltd., 1963), p.432, 466.

39 Heinz Bechert & Richard Gombrich, eds., *The World of Buddhism: Buddhist Monks and Nuns in Society and Culture* (London: Thames & Hudson, 2007), p.11.

이 밖에도 깨달음의 보편성을 뒷받침하는 문구는 빨리 성전 곳곳에서 발견된다. 『상윳따 니까야(Saṁyutta-Nikāya)』의 「기라나 숫따(Gilāna-sutta)」에서 붓다는 다음과 같이 말한다.

만일 그가 말하기를 '저는 범천의 세상으로부터 마음을 거두어들여서 자기 존재의 소멸에 마음을 확고히 하였습니다.'라고 한다 치자. 마하나마여, 그러면 이와 같이 마음이 해탈한 우바새와 마음이 해탈한 지 백년이 되는 비구 사이에는, 즉 이 해탈과 저 해탈 사이에는 어떠한 차이점도 없다고 나는 말한다.[40]

『맛지마 니까야』의 「수바 숫따(Subha-sutta)」에서 붓다는 수바 또데야뿟따(Subha Todeyyaputta)에게 다음과 같이 말한다.

브라만 학도여, 이것에 대해 나는 분석해서 말하지 한쪽으로 치우쳐서 말하지 않는다. 브라만 학도여, 나는 재가자이건 출가자이건 그들의 그릇된 수행(micchā-paṭipatti)을 칭송하지 않는다. 브라만

---

40 SN.V, p.410, "So ce evam vadeyya Brahmalokā me cittaṃ vuṭṭhi-taṃ sakkāya nirodhe cittam upasaṃharāmīti. evaṃ vuttassa kho Mahānāma upāsakassa āsavā vimutta-cittena bhikkhunā na ki ci nānākaraṇaṃ vadāmi yad idam vimuttiyā vimuttinti."; 『雜阿含經』 卷15 (대정장 2, 298b5-12), "若言已捨顧念天欲. 顧念有身勝欲. 歎善隨喜. 當復教言. 如是. 難提. 彼聖弟子先後次第教誡. 教授. 令得不起. 涅槃. 猶如比丘百歲壽命. 解脫涅槃." 雖處衆緣務 亦能獲得法 能具念力者 由能專定故 唯有明智人 逮證於涅槃." 한역본에서는 마하나마(Mahānāma)가 '難提'로 나타난다.

학도여, 재가자이건 출가자이건 그릇되게 수행하는 자는 그릇된 수행으로 인해 옳은 방법인 선법을 성취하지 못한다. 브라만 학도여, 나는 재가자이건 출가자이건 그들의 바른 수행(sammā-paṭipatti)을 칭송한다. 브라만 학도여, 재가자이건 출가자이건 바르게 수행하는 자는 바른 수행으로 인해 옳은 방법인 선법을 성취한다.[41]

『상윳따 니까야』의 「빠띠빠다 숫따(Paṭipadā-sutta)」에서도 붓다는 무엇이 그릇된 수행이고 무엇이 바른 수행인지에 대해 좀 더 구체적으로 설명한다.

비구들이여, 재가자이건 출가자이건 나는 바르게 수행하는 자를 칭찬한다. 비구들이여, 출가자이건 재가자이건 바르게 수행하면 바른 수행으로 인해 그는 올바르고 선한 법을 얻는다. 비구들이여,

---

41 MN.II, p.197, "Vibhajjavādo kho ahamettha, māṇava; nāhamettha ekaṃsavādo. Gihissa vāhaṃ, māṇava, pabbajitassa vā micchāpaṭipattiṃ na vaṇṇemi. Gihī vā hi, māṇava, pabbajito vā micchāpaṭipanno micchāpaṭipattādhikaraṇahetu na ārādhako hoti ñāyaṃ dhammaṃ kusalaṃ. Gihissa vāhaṃ, māṇava, pabbajitassa vā sammāpaṭipattiṃ vaṇṇemi. Gihī vā hi, māṇava, pabbajito vā sammāpaṭipanno sammāpaṭipattādhikaraṇahetu ārādhako hoti ñāyaṃ dhammaṃ kusalanti."; 『中阿含經』 卷38 (대정장 1, 667a24-b4), "佛言. 摩納. 若有在家及出家學道行邪行者. 我不稱彼. 所以者何. 若有在家及出家學道行邪行者. 不得善解. 不知如法. 是故. 摩納. 若有在家及出家學道行邪行者. 我不稱彼. 摩納. 若有在家及出家學道行正行者. 我稱說彼. 所以者何. 若有在家及出家學道行正行者. 必得善解. 則知如法. 是故. 摩納. 若有在家及出家學道行正行者. 我稱說彼. 摩納. 我如是說. 說此二法. 如是分別. 如是顯示."

그러면 무엇이 바른 수행(sammā-paṭipadā)인가? 그것은 바른 견해(sammā-diṭṭhi) (중략) 바른 삼매(sammā-samādhi)이다. 비구들이여, 이를 일러 바른 수행이라고 한다. 비구들이여, 재가자이건 출가자이건 나는 이처럼 바르게 수행하는 자를 칭찬한다. 비구들이여, 재가자이건 출가자이건 이처럼 바르게 수행하면 바른 수행으로 인해 그는 올바르고 선한 법을 얻는다.[42]

이와 같이 붓다는 팔정도가 바른 수행이며, 재가자이건 출가자이건 팔정도를 따른다면 올바르고 선한 법을 얻을 수 있다고 말한다. 이

---

42 SN.V, pp.18~19, "Gihino vāhaṃ, bhikkhave, pabbajitassa vā sammāpaṭipadaṃ vaṇṇemi. Gihi vā, bhikkhave, pabbajito vā sammāpaṭipanno sammāpaṭipattādhikaraṇahetu ārādhako hoti ñāyaṃ dhammaṃ kusalaṃ. Katamā ca, bhikkhave, sammāpaṭipadā? Seyyathidaṃ－sammādiṭṭhi … pe … sammāsamādhi. Ayaṃ vuccati, bhikkhave, sammāpaṭipadā. Gihino vāhaṃ, bhikkhave, pabbajitassa vā sammāpaṭipadaṃ vaṇṇemi. Gihi vā, bhikkhave, pabbajito vā sammāpaṭipanno sammā - paṭipattādhika - raṇa - hetu ārādhako hoti ñāyaṃ dhammaṃ kusalan"ti.;『雜阿含經』卷33(대정장 2, 198c18-25), "若在家. 出家而起正事. 我所讚歎. 所以者何. 起正事者. 則樂正法. 善於正法. 何等爲正事. 謂正見. 乃至正定. 爾時. 世尊即說偈言. 在家及出家 而起邪事者 彼則終不樂 無上之正法 在家及出家 而起正事者 彼則常心樂 無上之正法." 상응하는 한역경은 김준호 선생님이 알려준 것이다. 이에 감사드린다. 이 경문은『밀린다빤하(Milindapañha)』에서 '진퇴양난의 질문(meṇḍaka-pañha)'들 가운데 하나로 나타나고 있다. 즉 밀린다 왕은 나가세나(Nāgasena)에게 이 경문을 인용하면서 만일 재가자로서 올바르고 선한 법을 성취한다면 재가자와 출가자의 차이점이 무엇이며, 고행은 효과가 없고 출가는 이익이 없게 되므로 출가의 의의가 없는 것이 아니냐고 질문하고 있다. (Mil. pp.242~243)

말은 재가자도 팔정도를 올바로 닦는다면 출가자와 마찬가지로 최종적인 깨달음에 이를 수 있다는 사상을 담고 있다. 그러한 재가자는 치장을 하였더라도 브라만, 사문, 비구와 다를 바가 없다고 붓다는 말한다.[43] 방금 언급한 성전의 기술들은 모두 붓다가 출가자와 재가자 사이에 깨달음에는 아무런 차이가 없으며 재가자라도 법대로(dhammena) 수행한다면 출가자와 동등하게 최종적인 깨달음에 이를 수 있다고 생각하였음을 말해준다. 이는 초기불교의 텍스트에 드물게 나타나는 재가 아라한에 의해서도 증명된다.[44]

따라서 초기불교에서 재가자의 정신적 성취를 아라한과 이하로

---

43 Dhp.142게, "Alaṅkaro ce pi samaṃ cateyya santo danto niyato brahmacārī sabbesu bhūtesu nidhāya dāṇḍaṃ so brāhmaṇo so samaṇo sa bhikkhu."; 『法句經』 卷上(대정장 4, 565b20-21), "自嚴以修法, 滅損受淨行, 杖不加群生, 是沙門道人." 참고로 『별역잡아함경別譯雜阿含經』에도 "반드시 다른 이를 따라 걸식한다고 비구라는 이름을 얻는 것은 아니다. 비록 재가의 법을 갖추고 있어도, 범행에 대해서 바르게 닦고, 복과와 악보를 모두 끊고 상에 대해 집착함이 없으며, 모든 번뇌를 마르게 하면, 이것을 비구의 법이라고 이름한다.(不必從他乞 得名爲比丘 雖具在家法 正修於梵行 福果及惡報 俱斷無相著 乾竭諸有結 是名比丘法)" 라는 내용이 나온다. 〔『別譯雜阿含經』 卷上(대정장 2, 466b13-16)〕 이 경문은 재가자도 선악을 모두 끊고 모든 상에 집착하지 않고, 번뇌를 제거하면 정신적으로 비구와 다를 바 없다는 관점을 제시하고 있다고 생각된다. 이러한 『별역잡아함경』의 정보는 이필원 선생님이 제공해주셨다. 이에 감사드린다.

44 필자는 선행 연구에서 빨리 성전과 주석서 문헌들을 통틀어서 모두 10명의 재가 아라한이 나타나고 있음을 밝힌 바가 있다.(김한상 2014: 191) 여기에 출가하기 위해 삭발식이 거행되는 동안 아라한과를 얻은 마하 아릿타(Mahā-Ariṭṭha)라는 재상이 이끄는 55명의 형제들을 포함시킨다면 그 수치는 더욱 늘어난다. (Mhv. xvi. 10-11게)

낮춰서 설정할 이유는 전혀 없으며, 붓다가 재가자는 깨달음을 얻지 못한다고 보았다거나, 재가자의 종교적 목표가 출가자와는 다르다는 일부 학자들의 주장은 성전적 입장, 즉 초기불교적 입장과는 거리가 있다는 점을 분명하게 알 수 있다. 그러므로 필자는 피터 매스필드(Peter Masefield)가 말한 대로, 출가자와 재가자로 구성된 사부대중의 사회적 구분은 정신적 구분이 아니라는 결론에 도달한다.[45]

2) 다면성

깨달음의 다면성은 깨달음이 7각지(七覺支, satta-bojjhaṅga)[46]와 37조도품(三十七助道品, sattatiṃsa bodhi-pakkhiyā-dhammā)[47]으로 구성되

---

45 Masefield, Peter. *Divine Revelation in Pāli Buddhism* (Colombo: The Sri Lanka Institute of Traditional Studies, 1986), p.12.

46 봇장가(bojjhaṅga)는 깨달음을 뜻하는 보디(bodhi)와 구성요소를 뜻하는 앙가(aṅga)의 복합어이므로 그것은 글자 그대로 '깨달음을 구성하는 성분'을 뜻한다. 구체적으로 각 요소들을 지칭할 때는 삼봇장가(sambojjhaṅga)라는 용어로 나타난다. 7각지(七覺支, satta-bojjhaṅga)는 ① 마음챙김의 깨달음의 요소(念覺支, sati-sambojjhaṅga), ② 법을 검토하는 깨달음의 요소(擇法覺支, dhammavicaya-sambojjhaṅga), ③ 정진의 깨달음의 요소(精進覺支, viriya-sambojjhaṅga), ④ 희열의 깨달음의 요소(喜覺支, pīti-sambojjhaṅga), ⑤ 편안함의 깨달음의 요소(輕安覺支, passaddhi-sambojjhaṅga), ⑥ 집중의 깨달음의 요소(定覺支, samādhi-sambojjhaṅga), ⑦ 평온의 깨달음의 요소(捨覺支, upekkhā-sambojjhaṅga)의 일곱 가지이다.

47 37조도품(三十七助道品, sattatiṃsa bodhipakkhiyā-dhammā)은 7각지(七覺支, satta-bojjhaṅga)를 포괄하는 상위 개념이다. 37조도품은 전통적으로 4념처(四念處, cattāro-satipaṭṭhānā), 4정근(四正勤, cattāro-sammappadhānā), 4신족(四神足, cattāro-iddhipādā), 5근(五根, pañca-indriyāni), 5력(五力, pañca-balāni), 7각지(七覺支,

어 있다는 점에서 잘 드러난다. 붓다는 『상윳따 니까야』에서 7각지가 순서대로 발생하며,[48] 깨달음으로 인도하는 요소들이라고 정의한다.[49] 그래서 7각지가 완전히 계발되고 무르익으면 출세간도의 지혜(lokuttara-magga-ñāṇa)를 얻고서 깨달음을 성취하게 된다.[50] 이러한 7각지를 포괄하는 상위 개념이 바로 일곱 조들로 구성된 37조도품이다. 비록 붓다가 일곱 조들을 37조도품이라는 용어를 사용하지 않고 단순히 "법들을 최상의 지혜(abhiññā)로 알아서 그대들에게 설했나니…"[51] 라고 말하였지만 부파불교의 보다 체계적이고 학문적인 전통에서는 이들을 37조도품이라고 부르게 된다. 37조도품의 원어인 보디빡키야 담마(bodhipakkhiyā-dhammā)에서 보디빡키야는 bodhi(覺, 깨달음)와 pakkhiya(편이나 날개를 뜻하는 pakkha의 형용사)로 분해되기 때문에 글자 그대로 '깨달음 쪽에 속하는 것'이란 뜻이다. 『상윳따 니까야』의 「아상카따 숫따(Asaṅkhata-sutta)」에서 37조도품은 무위에 이르는 길(asaṅkhatagāmī maggo)로 간주되며, 무위(無爲, asaṅkhata)는 다시

---

satta-bojjhaṅgā), 팔정도(八正道, ariyo-aṭṭhaṅgiko-maggo)와 같은 일곱 조들로 분류된다. 37조도품에 대한 상세한 논의는 다음을 참고하라. Gethin, Rupert. *The Buddhist Path to Awakening* (Oxford: Oneworld, 2001), pp.289~298.

48 SN.V, pp.67~70.

49 SN.V, p.72, "Bodhāya saṃvattantī ti kho bhikkhu tasmā bojjhangā ti vuccantī ti."

50 Ledi Sayādaw, *The Requisites of Enlightenment: Bodhipakkhiya Dīpanī* (Kandy: BPS, 2007), p.47.

51 MN.II, p.238, p.245, "Tasmātiha, bhikkhave, ye vo maya dhammā abhiññā desitā."

탐욕의 멸진(rāgakkhayo), 성냄의 멸진(dosakkhayo), 어리석음의 멸진(mohakkhayo)으로 정의되고 있다.[52] 이와 같이 37조도품은 아직 깨달음을 이루지 못한 제자들이 깨달음을 실현하도록 도와주는 법들이다.[53]

깨달음의 다면성은 깨달음의 단계적 과정이 수행자가 10가지 족쇄(dasa-saṃyojanāni)를 얼마나 많이 풀어내었는가와 연결되어 설명되는 점에서도 분명하게 드러난다. 그것이 바로 사쌍팔배(四雙八輩, cattāri purisayugāni aṭṭha purisapuggalā) 또는 사향사과(四向四果, cattāro paṭipannā cattāro phalā)이다.[54] 다소 후대의 텍스트인 『쭐라닛데사(Cūla-Niddesa)』는 보디를 네 가지 도에서의 지혜(catūsu maggesu ñāṇa)로 설명하고 있는 점[55]도 깨달음이 종교적 삶의 최종 결과일 뿐만 아니라 거기에 이르는 다면적 과정임을 말해준다.[56]

---

52 SN.IV, pp.362~368.

53 대림스님·각묵스님 옮김, 『아비담마 길라잡이 2』(초기불전연구원, 2017), p.134.

54 사쌍 또는 사향은 수다원(須陀洹, sotāpatti), 사다함(斯多含, sakadāgāmin), 아나함(阿那含, anāgāmin), 아라한(阿羅漢, arahant)을 말하고, 팔배는 이들을 각각 도(道, magga)와 과(果, phala)로 나눈 것이다. 초기불교의 텍스트들에서는 사향사과를 더 세분화한 분류법이나 다른 용어들로 표현된 분류법들도 나타난다. 즉 7가지, 10가지, 12가지 분류법이 그것이다. 하지만 자칫하면 본 논의의 주제로부터 벗어날 염려가 있어서 더 이상의 상세한 논의는 생략한다.

55 Nidd. p.456, "Kathaṃ Bhagavā eko anuttaraṃ sammāsambodhiṃ abhi-sambuddho ti eko? Bodhi vuccati catūsu maggesu ñāṇaṃ paññā paññindriyaṃ paññābalaṃ dhammavicayasamboj-jhaṅgo vīmaṃsā vipassanā sammādiṭṭhi."

56 빨리 주석서의 전통은 깨달음을 뜻하는 보디(bodhi)를 크게 ① 나무(rukkha)로서의 보디, ② 도(magga)로서의 보디, ③ 모든 것을 아는 지혜(sabbaññuta-ñāṇa)로서

이러한 모든 것은 깨달음을 열반(涅槃, nibbanā)이나 해탈(解脫, vimutti/vimokha)과 같이 수행의 결과를 뜻하는 용어들과 대개 혼용하는 것이 학계의 일반적 관행이지만 의미적으로는 이들과 구분할 필요가 있음을 말해준다. 이와 관련하여 미국의 로버트 기멜로(Robert Gimello)는 다음과 같이 말한다.

다수의 부분들로 이루어진 일련의 과정으로서 보디가 갖는 매우 다중적이고 복합적인 특성은, 깨달음이란 그 수단과 단절된 목적이거나 수행과 분리된 실현이 명백히 아니며, 오히려 수행의 총합과 완성이라는 사실을 강조하도록 한다. 이러한 사실은 종종 불교에서 실현과 수행의 통일의 주장이나 수행은 실현에 필수적이라고 다양하게 정형화된 주장을 통해서 명쾌하게 인정된다.[57]

스리랑카의 조티야 디라세케라(Jotiya Dhirasekera, 1921~2010)[58]도 이 점을 팔정도의 바른 견해와 결부시켜 매우 설득력 있게 설명하고 있다.

그럼에도 불구하고 깨달음은 해탈을 생기게 하는(sammā ñāṇassa

의 보디, ④열반(nibbāna)으로서의 보디의 네 가지로 구분하고 있다. (Ps.I, p.54; Spk.II, pp.153~154 등)

57 Gimello, Robert M. "Bodhi" in *Encyclopedia of Buddhism*, ed. R.E. Buswell, Jr., (New York: Macmillan, 2004), p.51.

58 그는 나중에 출가하여 담마위하리(Dhammavihārī)라는 법명으로 불렸다.

sammā vimutti pahoti) 불교의 종교적 삶의 최종 결과만은 아니다. 깨달음은 그러한 최종 결과에 이르게 하는 과정에서도 드러난다. (DN. II, p.217.) 불교의 중도(中道, majjhimā-paṭipadā), 즉 팔정도(八正道, ariyo-aṭṭhaṅgiko-maggo)는 사실 다른 이로부터 듣는 것(parato shoso)과 지혜로운 주의(yoniso manasikāro)의 도움을 모두 받아 (MN.I, p.294, "parato ca ghoso yoniso ca manasikāro.") 계발되고 숙달되어야 하는 깨달음의 견해를 의미하는 바른 견해(sammā-diṭṭhi)로부터 출발한다.[59]

이와 같이 보디는 불교 수행의 궁극적 목표라는 점에서 해탈과 열반과 동의어이기는 하지만, 그것은 거기에 이르는 과정까지도 포함하고 있기 때문에 수행의 최종 결과만을 나타내는 해탈과 열반과는 구분되어야 한다. 이렇게 깨달음을 넓게 해석해야만 우리의 논의가 좀 더 넓은 반석 위에서 진행될 수 있다. 안타깝게도 리처드 곰브리치는 이 점을 간과함으로써 재가자가 깨달음에 이룰 수 없다고 보았다.

붓다는 재가자가 깨달음을 얻을 수 있다고 생각하였을까? 아마도 그렇지 않았을 것이다. 붓다는 정신적 진보를 네 단계로 측정하였다. '수다원'이라 불리는 첫 단계에서 사람은 많아봐야 일곱 생만 더 살고 인간보다 더 낮은 세계에는 절대로 다시 태어나지 않는다. (먼저, 업에 대한 붓다의 견해를 받아들인 대부분의 사람들은 이

59 Dhirasekera, Jotiya. "Enlightenment" in *Encyclopaedia of Buddhism* V (Colombo: The Government of Sri Lanka, 1990), p.80.

단계를 얻었다고 주장되었다.) 두 번째 단계에서 '사다함'은 지구상에서 한 번만 더 삶을 마주하면 되었다. '아나함'은 이 세계에 더 이상 태어나지 않고 높은 범천에 태어난다. 여기서 그들은 열반의 성취가 보증되었다. 깨달음은 네 번째이자 마지막 단계였다.[60]

3) 순차성

앞서 보았듯이, 깨달음은 종교적 삶의 최종 목표일 뿐만 아니라 그 과정이기도 하다. 그러므로 그것은 직관의 갑작스러운 행위에 의해서가 아니라 순차적인 공부(anupubba-sikkhā)와 순차적인 실천(anupubba-kiriyā)과 순차적인 수행(anupubba-paṭipadā)의 최종 단계로서만 얻어질 수밖에 없다. 주지하듯이, 붓다는 가르침을 설할 때 상대방의 이해력에 맞추어 가면서 처음은 쉬운 가르침으로부터 서서히 궁극적 가르침으로 이끌었다. 이것이 바로 '순차적인 공부(anupubba-sikkhā)'이다. 이와 같은 깨달음의 순차성은 빨리 성전에서 되풀이되는 주제이다.[61]

깨달음의 순차성은 깨달음에 이르는 구체적 실천 방법인 팔정도가 계(戒, sīla)·정(定, samādhi)·혜(慧, paññā)의 삼학(三學, tisso sikkhā)으로 세분되는 데서도 잘 드러난다. 『앙굿따라 니까야』에서 붓다는 삼학을 닦는 비구의 의무를 작물을 재배하는 농부의 의무에 비유하고 있다. 마치 농부가 곧바로 농작물이 자라게 할 신통이나 위력이 없듯이 삼학을 닦는 비구도 곧바로 깨달음을 얻게 할 신통이나 위력이 없다.

---

60 Gombrich, R. *op.cit.*, p.75.

61 MN.I, p.479.; MN.III, pp.2~4.; AN.I, p.162.

그러나 그러한 비구에게는 삼학을 완수하여 깨달음을 얻는 바른 시기가 있다.[62]

이와 같이 필자가 깨달음이 단박에 이루어지지 않고 순차적으로 얻어진다는 점을 다소 장황하게 설명한 이유는 이러한 원리가 재가자의 종교 생활에도 그대로 적용된다는 점을 말하기 위해서이다. 위에 서술한 것은 전문적인 출가자의 수행이다. 전문적인 출가자는 이와 같은 엄밀한 수행을 충분히 실천할 수 있지만, 생업에 종사하며 처자식을 돌보는 재가자에게는 그와 같은 수행이 고대 인도에서는 실제적으로 거의 불가능하였을 것이다.[63] 전문적인 출가자도 깨달음이 단박에 이루어지지 않고 순차적인 과정을 거쳐서 이루어진다면 가정과 사회의 갖가지 의무들에 속박되어 있는 재가자도 그러할 것이라는 점은 더더욱 말할 필요도 없을 것이다. 그래서 붓다는 그러한 상황을 감안하여 주로 재가자에게는 차제설법(次第說法, anupubbī-kathā)을 베풀었다. 그 내용과 형식은 시론(施論, dāna-kathā), 계론(戒論, sīla-kathā), 생천론(生天論, sagga-kathā)을 순차적으로 설함으로써 듣는 이의 마음을 부드럽게 한 다음에 붓다들 최고의(buddhānaṃ sāmukkaṃsikā) 괴로움과 일어남과 소멸과 도라는 사성제를 드러내어 법의 눈(dhamma-cakkhu)을 얻게 하는 것이다. 그리고 이 설법을 들은 사람은

---

62 AN.I, p.239 f.

63 리처드 곰브리치는 고대 인도에서 불교 승려들의 주요 구원론적 행위는 명상이었으며, 세상을 등지는 것은 명백히 실제적인 필요였다고 말한다. 그리고 명상은 평화와 사생활을 필요로 하지만, 전통적 인도의 사회적 환경에서는 가능하지 않다고 말한다. (Gombrich 2006: 75)

모두 불교에 귀의하는 것으로 종결된다. 다음은 『맛지마 니까야』의 「우빨리 숫따(Upāli-sutta)」에 나오는 차제설법의 정형구이다.

> 그러자 세존은 우빨리 거사에게 차제설법을 가르쳤다. 보시 이야기, 계 이야기, 천상 이야기, 감각적 욕망들의 재난과 타락과 번뇌, 출리의 공덕을 밝혔다. 세존은 우빨리 거사의 마음이 준비되고 마음이 부드러워지고 마음의 장애가 없어지고 마음이 고무되고 마음에 깨끗한 믿음이 생겼음을 알았을 때 붓다들 특유의 괴로움과 일어남과 소멸과 도라는 법의 가르침을 드러내었다.[64]

일반적으로 차제설법은 정신적 성향과 물리적 환경이 출가자보다 못한 재가자들을 단계적으로 깨달음으로 이끌어주기 위한 붓다의 교화방법론이다. 그러한 의미에서 그것은 순차적인 공부와 순차적인 실천과 순차적인 수행의 재가자 버전이라고 말할 수 있다. 여기서 우리가 주목해야 할 점은 두 가지이다. 하나는 차제설법의 무게가 시론, 계론, 생천론에 있는 것이 아니라 그 다음에 나오는 감각적 욕망들의 재난과 타락과 번뇌, 출리의 공덕에 있다는 것이며, 또 하나는 차제설법이 맨 마지막에 사성제를 드러내기 위해서 설법을 듣는 사람

---

64 MN.I, p.379, "Atha kho Bhagavā Upālissa gahapatissa ānupubbikathaṃ kathesi, seyyathīdaṃ dānakathaṃ sīlakathaṃ saggakathaṃ kāmānaṃ ādīnavaṃ okāraṃ saṅkilesaṃ, nekkhamme ānisaṃsaṃ pakāsesi. Yadā bhagavā aññāsi upāliṃ gahapatiṃ kallacittaṃ muducittaṃ vinīvaraṇacittaṃ udaggacittaṃ pasannacittaṃ, atha yā buddhānaṃ sāmukkaṃsikā dhammadesanā taṃ pakāsesi -dukkhaṃ, samudayaṃ, nirodhaṃ, maggaṃ."

의 마음을 준비시키는 법문이라는 점이다. 그러므로 차제설법의 목적은 재가자들로 하여금 단지 천상세계에 태어나도록 인도하는 것이 아니다. 안타깝게도 많은 학자들은 이 점을 간과하고서 재가자의 정신적 목표를 공덕을 쌓아서 내생에 천상이나 더 낳은 곳에 태어나는 것으로 한정하고 말았다. 예컨대 벨기에의 에띠엔 라모뜨(Étienne Lamotte, 1903~1983)는 다음과 같이 말한다.

> 우바새(upāsaka)가 추구하는 이상은 비구(bhikṣu)의 이상보다 낮다. 비구는 열반(nirvāṇa)을 목표로 삼는다. 그리고 열반에 도달하기 위해 주황색 가사를 입고, 계(śīla)·정(samādhi)·혜(prajñā)가 핵심을 이루는 팔정도(ārya aṣṭāṅgikamārga)를 닦는다. 비구는 이웃에 대해 걱정하지 않고, 자신의 청정과 구원을 위해 적극적으로 노력한다. 그러나 우바새는 천상을 갈망하고 신들의 세계나 인간의 세계에 좋은 조건으로 재생하기를 소망한다. 그곳으로 인도하는 길은 열반에 이르는 팔정도가 아니라 신들(devatā)로 하여금 이 세상을 떠나 각자의 천상에 다시 태어날 수 있게 해준 공덕의 실천이다.[65]

필자는 이렇게 출가자와 재가자의 이상을 둘로 구분하는 설명이 성전적 입장, 즉 초기불교의 입장으로부터 멀리 벗어나 있다는 점을 말하고 싶다. 붓다 당시에 모든 재가자에게 차제설법이 필요한 것은 아니었으며 소수의 재가자들은 사성제와 같은 고차원의 교리를 필요로

---

65 Lamotte, Étienne. op.cit., p.67.

했다. 이와 마찬가지로 붓다 당시의 모든 출가자들이 사성제와 같은 고차원의 교리를 완전히 이해한 것은 아니며 소수의 출가자는 공덕을 쌓고 천상에 태어나기를 희구했다.

예컨대 교단의 가장 큰 후원자들 가운데 한 명이었던 아나타삔디까(Anāthapiṇḍika)가 임종에 이르자 사리뿟따(Sāriputta)가 아난다(Ānanda)와 함께 그를 찾아갔다. 그리고 6내처(六內處, cha-ajjhattikāyatana)와 6외처(六外處, cha-bāhirāyatana)에 대하여 감동적인 법문을 설했다. 설법이 끝나자 아나타삔디까는 울음을 터뜨리면서 자신은 이제까지 이와 같은 심오한 법문을 처음 들어보았다고 말했다. 그러자 사리뿟따는 이러한 법문은 재가자에게는 설해지지 않고 오직 출가자에게만 설해진다고 말했다. 그러자 아나타삔디까는 법의 완전한 가르침이 재가자에게도 베풀어지도록 요구했다. 왜냐하면 법을 듣지 못하면 타락할 재가자도 있을 것이고, 법을 듣고서 그 법을 이해할 재가자도 있을 것이기 때문이었다.[66]

『맛지마 니까야』의 「다난자니 숫따(Dhānañjāni-sutta)」에 나오는 이야기도 마찬가지 관점에서 이해할 수 있다. 어느 때 임종에 이른 브라만 다난자니(Dhānañjāni)를 사리뿟따가 방문했다. 브라만들은 범천의 세계(brahma-loka)를 동경하고 있다고 생각한 사리뿟따는 그에게 깨달음의 길을 가르쳐주지 않고 범천의 세계에 이르도록 4범주(四

---

66 MN.III, p.261, "Tena hi, bhante Sāriputta, gihīnaṃ odātavasanānaṃ evarūpī dhammī kathā paṭibhātu. Santi hi, bhante Sāriputta, kulaputtā apparajakkhajātikā, assavantā dhammassa parihāyanti, bhavissanti dhammassa aññātāro ti."

梵住, cattāro brahmavihāra)만을 가르쳤다. 사리뿟따가 돌아왔을 때 붓다는 사리뿟따가 브라만 다난자니를 낮은 범천의 세상에 머물게 한 뒤 그에 대해 아직 할 일이 더 있음에도 불구하고 자리에서 일어나 떠났다고 힐책하였다.[67] 이러한 두 사례들은 정신적으로 뛰어난 재가자에게는 단계적 설법, 즉 차제설법이 아니라 곧바로 사성제와 같은 심오한 철학적 가르침이 설해져야 할 필요성이 있음을 말해준다.

3. 나가는 말

불교인들의 궁극적 목적은 하늘에 태어나거나 세속적 복락을 누리는 것이 아니라 깨달음을 얻는 것이다. 그럼에도 불구하고 세상을 버린 출가자만이 깨달음을 이룰 수 있고, 세상의 온갖 잡무와 유혹에 부대끼며 살아가는 재가자의 종교적 목표는 깨달음이 아니라 공덕을 쌓아 좋은 재생을 얻는 것이라는 인식이 불교학계에 통용되어 왔다. 이러한 인식은 명백히 붓다의 가르침과 상충된다. 붓다는 마치 큰 바다가 한 가지 맛, 즉 짠맛(loṇa-rasa)만 가지고 있듯이, 자신의 가르침도 오직 한 가지 맛(eka-rasa), 즉 해탈의 맛(vimutti-rasa)만을 가지고 있다고 말하였으며,[68] "예나 지금이나 괴로움을 천명하고 괴로움의 소멸을 천명한다."[69]라고도 말하였다. 이는 붓다가 가르침을 펼친

67 MN.II, p.184 ff.

68 Ud. p.56, "Seyyathā pi bhikkhave mahāsamuddo ekaraso loṇaraso, evam eva kho bhikkhave ayaṃ dhammo ekaraso vimuttiraso."

69 MN.I, p.140, "Pubbe cāhaṃ bhikkhave etarahi ca dukkhañ c'eva paññāpemi,

동기가 어떠한 것이었는지를 잘 말해준다. 그 동기란 바로 『디가 니까야』의 「마하빠리닙바나 숫따(Mahāparinibbāna-sutta)」에 나오듯이,[70] 사부대중이 깨달음을 이루도록 하는 것이었다.

비록 사부대중은 출가와 재가라는 사회적 구분에 의해서 나누어지지만 모두 깨달음이라는 공동의 목표를 지향한다. 그러한 점에서 사부대중은 깨달음의 성취 단계에 따라서 나눈 구분이 아니다! 물론 가정생활과 사회적 의무에 얽매인 재가자는 출가자만큼 불교를 완벽하기 이해하고 실천할 수 없기 때문에 붓다는 재가자들에게 주로 차제설법을 가르친 것은 의심할 수 없는 사실이다. 재가자의 율(gihi-vinaya)[71]이라 불리는 『디가 니까야』의 「시갈로와다 숫따(Sigālovāda-sutta)」와 같은 경들이 그 전형적인 예이다. 그러나 이 차제설법도 결국은 깨달음의 성취를 목표로 한다는 점을 유념해야 한다. 만약 그렇지 않았다면 차제설법은 브라만교의 생천론과의 절충이나 타협에 지나지 않을 것이며, 불교는 유사한 도덕을 설하는 세상의 다른 윤리적 가르침들과 어떠한 차별성도 없게 될 것이다. 그러므로 재가자의 역할을 단지 출가자에게 음식, 가사, 거처 등과 같은 물질을 후원하는 것에만 국한한다거나 재가자의 이상이 단지 공덕을 지어 천상에 태어나는 것에 지나지 않는다고 보는 시각은 잘못이다. 거시적으로 보면, 출가자에 대한 물질적 후원과 공덕을 쌓는 행위들도 깨달음에 이르기 위한 순차적 단계들 가운데 하나이다.

---

dukkhassa ca nirodhaṃ."

70 DN.II, p.104.

71 DN.III, pp.180~193.

깨달음에 있어서 출가자는 지름길을 통하여 깨달음으로 신속하게 나아가며 재가자는 돌아가는 길을 통하여 깨달음으로 서서히 나아간다는 점에서만 양자의 차이가 있을 뿐이다. 어떠한 경우든, 깨달음에 이르는 길인 팔정도는 출가자와 재가자를 막론하고 모두에게 열려 있다. 비록 가정과 사회의 의무에 얽매여 있는 재가자라도 자신이 처한 환경과 상황에 맞게 최대한의 노력을 다한다면 비록 이생은 아닐지라도 완전한 깨달음으로 가는 길은 앞당겨질 것이다. 『숫따니빠따(Suttanipāta)』의 「마하망갈라 숫따(Mahāmangala-sutta)」에서 붓다는 바른 서원(sammā-paṇidhi)을 지니는 것이 인생의 더없는 축복(maṅgala-muttamaṃ) 가운데 하나라고 설하고 있다.[72] 이와 마찬가지로 재가자가 이번 생에서 자신이 이룰 수 있는 깨달음의 단계가 어디까지인지를 스스로 명확히 인식하는 것은 정신적 향상의 동기를 부여받아서 바른 서원을 세우는 측면에서도 매우 중요하다고 생각된다.

72 Sn.260게, "Patirūpadesavāso ca pubbe ca katapuññatā Attasammāpaṇīdhi ca etaṃ maṅgalamuttamaṃ."

참고문헌

1. 원전(약호)

- 빨리 문헌은 영국 PTS본의 권 번호와 페이지를 기재하였다.
- 빨리 문헌의 약호는 V. Trenckner. *A Critical Pāli Dictionary* (Copenhagen: Royal Danish Academy of Sciences and Letters, 1924-)의 Epiloegomena에 따랐다.
- 한역 불전은 일본 『대정신수대장경大正新脩大藏經(대정장)』에 의거해서 그 권 번호와 페이지를 기재하였다.

DN. Dīgha-Nikāya. 3 Vols., PTS.

Dhp. Dhammapada, PTS.

Dhp-a. Dhammapada-aṭṭhakathā. 3 Vols., PTS.

Ja. Jātaka. 6 Vols., PTS.

Khp. Khuddakapāṭha, PTS.

Mhv. Mahāvaṃsa, PTS.

Mil. Milindapañha, PTS.

MN. Majjhima-Nikāya. 3 Vols., PTS.

Mp. Manorathapūraṇī, 5 Vols., PTS.

Nidd. Niddesa, PTS.

Ps. Papañcasūdanī. 4 Vols., PTS.

SN. Saṃyutta-Nikāya. 5 Vols., PTS.

Sn. Suttanipāta, PTS.

Spk. Saratthappakāsinī. 3 Vols., PTS.

Sv. Sumaṅgalavilāsinī. 3 Vols., PTS.

Th. Theragāthā, PTS.

Ud. Udāna, PTS.

Ud-a. Udāna-aṭṭhakathā = Paramattha-Dīpanī, PTS.

Upās. Upāsakajanālaṅkāra, PTS.

Vin. Vinaya-piṭaka, PTS.

『中阿含經』(대정장 1)

『雜阿含經』(대정장 2)

『別譯雜阿含經』(대정장 2)

『法句經』(대정장 4)

2. 단행본

Gethin, Rupert. *The Buddhist Path to Awakening*, Oxford: Oneworld, 2001.

Gombrich, R. *Theravāda Buddhism: A Social History from Ancient Benares to Modern Colombo*, London & New York: Routledge, 2006.

Heinz Bechert & Richard Gombrich ed. T*he World of Buddhism: Buddhist Monks and Nuns in Society and Culture,* London: Thames & Hudson, 2007.

La Vallée Poussin, Louis de. *The Way to Nirvāṇa: Six Lectures on Ancient Buddhism as a Discipline of Salvation*, Delhi: Sri Satguru Publications, 1987.

Lamotte, Étienne. *History of Indian Buddhism: From the Origins to the Śaka era* (tr. by Sara Webb-Boin), Louvain-Paris: Peeters Press, 1988.

Ledi Sayādaw, *The Requisites of Enlightenment: Bodhipakkhiya Dīpanī*, Kandy: BPS, 2007.

Masefield, Peter. *Divine Revelation in Pāli Buddhism*, Colombo: The Sri Lanka Institute of Traditional Studies, 1986.

Nyanaponika Thera. *Abhidhamma Studies: Buddhist Explorations of Consciousness & Time*, Boston: Wisdom Publications, 2015.

Nyanatiloka. *Buddhist Dictionary: Manual of Buddhist Terms and Doctrines*, Kandy: BPS, 2004.

Rhys Davids, T. W. and Stede, W. ed. *Pāli-English Dictionary*, London: PTS, 1921~1925.

Jayatilleke, K.N. *Early Buddhist Theory of Knowledge*, London: George Allen and Unwin Ltd., 1963.

Weber, Max. *Religion of India: The Sociology of Hinduism and Buddhism*, Illinois: The Free Press, 1960.

냐나포니카 테라, 김한상 옮김, 『아비담마 연구: 마음과 시간에 대한 불교적 탐구』, 씨아이알, 2016.

대림스님·각묵스님 옮김, 『아비담마 길라잡이2』, 초기불전연구원, 2017.

3. 논문

Anālayo, "Yathābhūtañāṇadassana" in *Encyclopaedia of Buddhism* VIII, Colombo: The Government of Sri Lanka, 2007, pp.791~797.

Dhirasekera, Jotiya. "Enlightenment" in *Encyclopaedia of Buddhism* V, Colombo: The Government of Sri Lanka, 1990, pp.80~81.

Gimello, Robert M. "Bodhi" in *Encyclopedia of Buddhism*, ed. R.E. Buswell, Jr., New York: Macmillan, 2004, pp.50~53.

Premasiri, P.D. "Ethics" in *Encyclopaedia of Buddhism* V, Colombo: The Government of Sri Lanka, 1990, pp.144~165.

Witanachchi, C. "Upāsaka, Upāsikā" in *Encyclopaedia of Buddhism* VIII, Colombo: The Government of Sri Lanka, 1990, pp.431~435.

김한상, 「테라와다 불교의 재가 아라한 연구: 까따왓투와 밀린다빤하에 기록된 논쟁들을 중심으로」, 『불교학연구』 제41호, 불교학연구회, 2014, pp.168~196.

임승택, 「초기 경전에 나타나는 궁극 목표에 대한 고찰」, 『불교학연구』 제19호, 불교학연구회, 2008, pp.49~80.

_____, 「초기불교 경전에 나타난 돈頓과 점漸」, 『불교학연구』 제32호, 불교학연구회, 2012, pp.83~129.

초기불교 문헌에 나타나는 깨달음

- 니까야를 중심으로 -

이필원 | 동국대학교(경주) 파라미타컬리지 교수

1. 이끄는 말

빨리 문헌 속에 나타나는 깨달음의 표현은 다양하다. 일반적으로 보디(bodhi), 삼보디(sambodhi), 아눗따라삼마삼보디(anuttara-sammā-sambodhi)가 이에 해당하는 가장 적확한 단어로 제시될 수 있다. 그 외에도 위뭇띠냐나(vimuttiñāṇa) 등이 있다.

bodhi는 보통 "붓다가 소유한 앎, 최고의 또는 무한한 앎, 전지",[1] "(최고의) 앎, 깨달음, 붓다가 소유한 앎"[2]이라고 정의된다. 냐냐띨로까 마하테라(Nyanatiloka Mahathera)는 "깨달음, 계몽, 뛰어난 앎" 이외

1 *Pali-Dictionary*, Vipassana Research Institute, bodhi s.v.

2 PTSD, bodhi s.v.

에 "번뇌로 인한 멍한 상태에서 깨어난 것"[3]으로도 설명한다. 이러한 사전적 정의를 토대로 bodhi란 말을 이해하면 '좁게는 붓다의 지혜 혹은 앎으로, 넓게는 번뇌의 속박으로부터 벗어난 깨어 있음'이라고 말할 수 있을 것 같다.

깨달음의 정의에 대해서는 이미 선행연구들을 통해 많은 부분이 해명되었고, 제시되었다.[4] 그래서 이 글에서는 논의의 주제인 '깨달음의 다원적 양상'을 어떻게 이해하고, 접근해야 하는지를 먼저 짚어보고자 한다. 먼저 국어사전의 정의에서 '다원적'이란 의미는 "사물을 형성하는 근원이 많은. 또는 그런 것."으로 정의된다. 따라서 깨달음의 다원적 양상이란 ①'깨달음에 도달하는 다양한 양상' 혹은 ②'깨달음을 나타내는 다양한 양상'의 두 가지 의미로 해석될 수 있을 것 같다. 경전을 보면, 사성제, 칠각지, 사념처, 오근, 오력 등의 다양한 수행법이 제시되어 있기에 ①의 내용은 충분히 이야기될 수 있을 것이다. ②는 깨달음을 표현하는 방식이 다양할 수 있다는 측면에서 이해될 수 있다. 깨달음에 대한 붓다의 기본 입장은 한 맛(ekarassa)이다. 따라서 깨달음을 나타내는 표현은 다양할 수 있지만, 깨달음의 내용이 다를 수는 없다. 그리고 단계적 관점에서 본다면 궁극적 깨달음과 그 깨달음에 이르는 과정에서의 깨달음을 말할 수 있을 것이다. 굳이 표현한다면, 증오와 해오의 측면일 것이다. 해오는 과정으로서의 깨달

---

3 *Buddhist Dictionary* by Nyanatiloka Mahathera, bodhi s.v.

4 본 '깨달음의 논쟁'에서 김준호, 김한상 교수의 논문과 정준영 교수의 논문(「초기불교의 깨달음 이해」, 『깨달음, 궁극인가 과정인가』, 운주사, 2015)에서 자세히 다루고 있다. 따라서 이 글에서 이를 다시 언급할 필요는 없을 것 같다.

음을, 증오는 궁극적인 깨달음을 의미하는 것으로 이해한다면 깨달음의 다원적 양상을 논하는 데는 무리가 없을 것이다.

그런데 깨달음을 논할 때, '깨달음(bodhi)'이라는 용어만을 대상으로 하면, 그 범위가 너무 좁아진다. 해탈, 열반, 불사, 번뇌의 완전한 소멸, 삼명의 획득, 재생이 없다는 선언 등이 포함되어야 한다. 그럴 때, 깨달음의 다양한 양상을 살펴볼 수 있을 것이다.

이러한 관점에서 이 글에서는 궁극적 깨달음과 그것에 이르는 과정을 나누어 기술하고, 깨달음을 성취하는 구체적인 방법론은 무엇인지에 대한 내용을 다룰 것이다. 이를 위해 사과설에서 말하는 각 단계별 깨달음의 내용은 무엇인지를 고찰하고자 한다. 그리고 니까야 가운데서는 주로 운문 경전을 중심으로 해서 깨달음에 대한 내용을 분류해 보고자 한다. 특히 『테라가타』와 『테리가타』에 나타나는 깨달음에 관련된 기술 들을 분석하고, 『상윳따 니까야』의 제1권인 「사가타왁가」의 내용을 분석해 보고자 한다.

필자가 『테라가타』와 『테리가타』에 주목하는 이유는 간단하다. 깨달음이란 현장성이 중요하다. 그리고 깨달음은 개인에게 일어나는 극적인 내적 변화이다. 그렇기에 깨달음을 경험한 수행자의 자기고백을 주목하는 것은 매우 의미 있는 일이라고 생각한다.

2. 유학과 무학의 깨달음

유학(sekkha, 有學)은 말 그대로 배우는 과정에 있는 학인을 말한다. 즉 수행의 완성, 깨달음을 향해 나아가는 자인 것이다. 이에 반해 무학(asekha, 無學)은 더 이상 배워야 할 바가 없는, 수행이 완성되어 깨달음을 성취한 자를 말한다. 초기불교의 성자의 계위를 이에 배대해서 보면, 예류, 일래, 불환은 유학에 해당하고 아라한은 무학에 해당한다.

그런데 이들 성자의 위位는 어떤 깨달음을 얻었는가에 대한 내용보다는 번뇌를 얼마만큼 지멸止滅했는가에 따라 결정된다. 이때 번뇌를 10결(十結, dasasaṃyojanāni)이라고 한다. 삼요자나(saṃyojana)는 족쇄, 속박이란 의미로 번뇌를 의미하는 또 다른 표현이다. 이들 번뇌와 성자의 계위를 논의의 편의를 위해 우선 간단하게 표로 정리해 본다.

〔표1. 10결의 내용 및 성자의 계위〕

번뇌		제거 상태	성자
오하분결五下分結 pañcimāni orambhāgiyāni saṃyojāni	유신견(sakkāya-diṭṭhi, 有身見)	완전제거	예류
	의심(vicikicchā, 疑)		
	계금취견(sīlabbata-parāmāsa, 戒禁取見)		
	욕탐(kāma-chanda, 欲貪)	욕탐과 분노가 엷어지면	일래
	분노(byāpāda, 瞋恚)	욕탐과 분노를 제거하면	불환
오상분결五上分結 pañcimāni uddhambhāgiyāni saṃyojāni	색탐(rūpa-rāga, 色貪)	완전제거	아라한
	무색탐(arūpa-rāga, 無色貪)		
	만(māna, 慢)		

	도거(uddhacca, 掉擧)		
	무명(avijjā, 無明)		

이상의 표를 통해, 이른바 삼결(유신견, 의심, 계금취견)을 끊으면 예류성자(sotāpanna, 진리의 흐름에 든 자)가 되고, 욕탐과 분노를 엷게 하면 일래성자(sakadāgāmi)가 된다.[5] 이 욕탐과 분노를 완전히 제거하면 불환자(anāgāmī)가 된다. 불환자는 욕계에 대한 욕망을 없앴기에 욕계에는 다시 돌아오지 않는 자란 의미이다. 아라한은 색계와 무색계에 대한 탐욕을 모두 버렸기에 삼계를 벗어난 존재, 즉 윤회의 속박을 완전히 끊어버린 존재가 되는 것이다. 그런데 이것이 가능하기 위해서는 무명이란 번뇌가 또한 완전히 제거되어야 한다. 그럼, 무명이란 무엇을 의미하는지 알아보자.

SN. Ⅲ, 아윗자숫따(avijjāsutta)에는 무엇이 무명인시에 대한 물음에 대해 붓다의 답변이 기술되어 있다. 붓다는 오온 각각의 발생과 소멸에 대해 분명히 알지 못하고 소멸로 이끄는 방법에 대해 알지 못하는 것을 무명이라고 정의하고 있다.[6] 이는 SN. Ⅲ, 케마까숫따(Khemaka-sutta)[7]의 내용과 비교해 보면 이해가 쉽다. 케마까 존자가 중병이 들어 있을 때 닷사까라는 존자를 통해 장로스님들과의 대화가 기록되어 있다. 케마까 존자는 오온에 대해서 그 어느 것에 대해서도 '나'

5 SN. V, p.357에는 삼결을 끊고, 탐·진·치를 엷게 하면(rāga-dosa-mohānaṃ tanuttā) 일래자가 된다고 기술하고 있다.

6 SN. Ⅲ, p.162ff.

7 SN. Ⅲ, p.128ff.

혹은 '나의 것'이라고 여기지는 않지만, 번뇌를 부순 아라한은 아니라고 말한다. 케마까 존자는 부연설명하면서, "나는 오취온과 관련해서 '나'라는 것을 뿌리 뽑지는 못했지만, 오취온과 관련해서 어느 것 하나라도 '나'라고 여기지는 않습니다."라고 말한다. 즉 이는 무아를 완전히 체득했느냐 그렇지 않느냐의 문제로 요약된다. 그래서 존자는 "어떤 성제자는 오하분별을 끊었다고 해도, 오취온 가운데 미세하게 발견되는 '나'라는 자만, '나'라는 욕망, '나'라는 경향을 아직 끊지 못한 자가 있다."라고 말한다.

한편 SN. V, 두띠야다라나숫따(Dutiyadhāraṇasutta)에서는 무엇이 무명인가에 대해 붓다는 사성제에 대해 알지 못하는 것을 무명이라고 정의하고 있다.[8]

SN. IV, 아윗자빠하나숫따(Avijjāpahānasutta)에서는 6근, 6경, 6식을 각각 무상하다고 알고 보면 무명이 제거되고 명지가 일어난다고 설명된다.[9]

SN. V, Avijjāsutta에서는 무명이 무엇인가에 대한 질문에 사리뿟따 존자는 4성제를 알지 못하는 것이 무명이라는 내용이 나온다. 아울러 사리뿟따 존자는 8정도가 무명을 버리는 방법이라고 제시하고 있다.[10]

또한 무명을 제거하는 방식으로 AN. I, 발라왁가(Bālavagga)에서는 사마타를 수행하면 마음이 닦아지고, 마음을 닦으면 탐욕이 버려지고(rāgo so pahīyati), 위빠사나를 수행하면, 지혜가 닦아지고, 지혜가

8 SN. V, p.429.

9 SN. IV, p.30.

10 SN. IV. p.256.

닦아지면 무명이 버려진다(avijjā sāpahīyati)는 내용이 나온다. 즉 무명을 버리는 방법으로 위빠사나가 제시되고 있는 것이다.

무명은 다른 말로 어리석음이라고도 한다.[11] 따라서 아라한이 되기 위해서는 어리석음인 무명을 밝혀 명지(vijjā)로 전환시켜야 하는 것이 관건이 된다. 이상의 내용을 표로 정리해 보면 다음과 같다.

〔표2. 무명의 내용 및 제거 방법〕

무명의 내용	무명의 제거 방법
오온의 발생과 소멸을 알지 못하는 것	• 자아관념의 완전한 해체 • 사성제에 대한 바른 앎 • 팔정도의 수행 • 위빠사나의 수행을 통한 지혜의 계발 • 무상관의 수행
무아를 체득하지 못하는 것	
사성제를 알지 못하는 것	
6근, 6경, 6식을 무상하다고 알지 못하는 것	

이상의 논의를 바탕으로 유학과 무학의 깨달음에 대해 논의해 보자.

1) 유학의 깨달음

우선 유학의 첫 번째 단계인 예류과위를 설명하는 여러 문장들 가운데, 깨달음이란 단어가 나오는 문장의 예를 살펴보기로 한다.

3결의 소멸로부터, 예류가 되어, ① 악취에 떨어지지 않는 자가

---

11 AN.I, Sāḷhasutta, p.193에는 '어리석음(moho)이 있는가'라는 질문에, 무명이 그 의미라는 설명이 나온다.(avijjhāti kho ahaṃ, sāḷhā, etamatthaṃ vadāmi)

> 되고, ②결정된 자가 되고, ③최고의 깨달음을 목적으로 하는 자가 된다.(DN.Ⅲ, p.132; MN.I, p.226; SN.Ⅴ, p.357, AN.Ⅳ, p.12 등)

결정된 자(niyato)란 법(dhamma) 혹은 도(magga)의 방법에 의해 결정된 자란 의미이다.[12] 법, 혹은 도란 붓다의 가르침, 구체적인 수행법을 의미하는 것으로 이해할 수 있다. 붓다의 가르침 혹은 구체적인 수행법을 통해 얻는 것은 결국 열반이기에, 이를 폭넓게 이해하면 열반의 성취가 결정된 자를 의미한다고도 해석해 볼 수 있을 것이다. 최고의 깨달음(sambodhi)을 목적으로 하는 자란 말 그대로 궁극적 깨달음의 성취를 목적으로 한다는 의미이다. 이러한 문장을 통해 예류자의 깨달음은 궁극에 이르지 못한 과정에 놓인 깨달음임을 알 수 있다. 과정의 깨달음이란 믿음의 성취로 설명이 될 수 있을 것 같다. 예류를 설명하는 다양한 방식 가운데, 4예류지(sotāpattiyaṅga)가 있다. 4예류지는 두 가지 패턴으로 설명이 되는데, 그중 하나를 보면 다음과 같다.

> 성제자는 붓다에 대해 무너지지 않는 믿음을 구족한다. … 진리에 대해 무너지지 않는 믿음을 구족한다. … 상가에 대해 무너지지

12 Niyatoti dhammaniyāmena niyato. 제6차결집본 Saṃyutta Nikāya, Mahāvagga-aṭṭhakathā, p.82에서 나온다.(https://www.sariputta.com/asset/pdf/tipitaka/473/Mahavagga-atthakatha_1.pdf)Niyatoti magganiyāmena niyato. (http://www.buddism.ru:4000/?index=70938&field=12&ocrData=read&ln=eng)

않는 믿음을 구족한다. … 성자에 의해 칭찬되는 계를 구족한다. … 이들 4예류지를 구족한다. … 지옥·축생·아귀의 소멸로부터 예류가 되어, 악취에 떨어지지 않는 자가 되고, 결정된 자가 되고, 최고의 깨달음을 목적으로 하는 자가 된다.(SN. Ⅱ, pp.69~70; SN. Ⅴ, p.343 등)

4예류지는 무너지지 않는 믿음(不壞의 믿음, aveccapasāda)과 계의 구족(sīlehi samannāgato)을 특징으로 한다. 이것이 바로 예류자의 깨달음이라고 할 수 있다. 이 두 경의 내용을 비교해서 표로 제시하면 다음과 같다.

〔표3. 삼결과 4불괴정의 관계〕

삼결의 대치	
삼결	믿음(네 가지 불괴의 믿음)
의심	붓다에 대한 무너지지 않는 믿음
유신견	붓다의 가르침에 대한 무너지지 않는 믿음
계금취견	상가에 대한 무너지지 않는 믿음 계의 구족

그래서 예류자의 깨달음은 불법승 삼보에 대한 믿음의 성취라고 정리해 볼 수 있겠다. 이는 믿음을 통하지 않고는 깨달음의 길로 나아갈 수 없음의 또 다른 표현이라고 이해할 수 있을 것이다.[13]

13 예류의 깨달음인 믿음은 단순한 믿음과는 다르다. 일단 예류는 '견을 성취한 자(diṭṭhisampanno)'이기에 어떤 것을 영원한 것, 혹은 실체인 것으로 받아들이는

다음으로 일래를 살펴보자. 일래를 표현하는 정형적인 표현은 "삼결(三結)을 끊고 탐·진·치를 엷게 하여 일래자가 되었다. 그는 오직 한 번만(sakideva)이 세상에 돌아오고 나서, 고통의 마지막을 만들 것이다."[14]이다. 일래자가 예류자와 다른 점은 탐·진·치를 엷게 했다는 점뿐이다. 따라서 일래자의 깨달음은 예류자의 깨달음과 동일한 믿음의 성취로 이해할 수 있을 것이다.

다음으로 유학의 마지막인 불환자를 살펴보자. 불환자의 특징은 두 가지로 요약될 수 있다. 경전의 내용을 먼저 소개해본다.

> 비구들이여, 욕망의 대상의 속박으로부터 떠나고, 존재의 속박에 의해 묶인 자는 돌아오지 않는(불환) 자가 되고, 이 상태에 돌아오지 않는다.(It. p.95)

> '이것이 고통이고, 이것이 고통의 발생이다.'라는 것이 한 가지 관찰이다. '이것이 고통의 소멸이고, 이것이 고통의 소멸에 이르는 길이다.'라는 것이 두 가지 관찰이다. 비구들이여, 이러한 두 종(의 관찰법을) 바르고, 게으르지 않고, 열심히, 전념해서 머무는 비구에게 있어서는 두 가지의 과보 가운데, 어느 하나의 과보가 기대된다. 현세에 있을 때 최고의 지혜(를 증득하)든가, 혹은 집착의 남음이 있으면 돌아오지 않는 자가 되는 것이다.(Sn. p.140)

것은 불가능하고, 원인과 원인에 의해 발생한 현상들을 잘 이해하는 자(sudiṭṭho)로 설명된다.(AN.Ⅲ, p.439) 따라서 맹목적인 믿음과는 구별되어야 한다.

14 SN.V, p.357.

> 해탈한 7명의 비구들이 무번천(avihā, 無煩天)에 태어났다. 탐욕과 분노를 완전히 끊은 그들은 (욕계의) 세상에 대한 집착을 건넜다.(SN.I, p.35)

욕망의 대상의 속박을 떠나는 것은 욕계를 벗어났다는 의미이고, 존재의 속박에 묶였다는 것은 색계 이상의 하늘나라에 재생하는 것을 의미한다. 그 다음 Sn.의 내용에서 말하는 '집착의 남음이 있다'는 것은 '자아에 대한 집착'을 의미한다.[15] 그런데 여기에서 중요한 것은 바로 사성제에 대한 바른 관찰이란 점이다. 그리고 번뇌의 관점에서는 오하분결을 끊은 존재이다. 오하분결의 핵심은 '욕계의 탐욕과 분노를 끊었다'는 데에 있다. 마지막으로 불환자를 설명하면서, '해탈한(vimuttā)'이란 단어를 사용하고 있다는 것이다.

이상의 내용을 통해 불환자는 미세한 자아에 대한 집착을 지녔지만, 욕계에 대한 탐욕과 분노로부터 해탈한 존재임을 알 수 있다. 예류와 일래자를 설명할 때, 해탈이란 용어가 사용되지 않았지만, 불환자에게 해탈이란 용어가 사용된 것은 주요한 번뇌인 욕탐과 분노를 끊었기 때문으로 이해된다. 따라서 불환자의 깨달음은 욕탐과 분노로부터의 해탈이라고 말할 수 있다.[16]

---

15 SN.Ⅲ. Khemakasutta의 내용을 참조하라.

16 "논쟁의 가담자들은 합리적인 논변을 통해 자신의 주장을 정당화했지만 그 이면에 자리하는 탐욕과 분노를 간과하고 있었다. 이 점을 간파했던 붓다는 진리 추구의 여정에서 심리적·정서적 안정(mental stability)을 매우 중요하게 생각했다. 마음의 번뇌를 가라앉힌 연후라야 비로소 실재를 있는 그대로 파악할 수 있다고 본 것이다."(임승택, 「심리적 세계의 이해」, 『마음과 철학』, 서울대학교출판

2) 무학의 깨달음

무학(asekha, 無學)은 말 그대로, 더 이상 닦아야 할 것이 없는, 수행의 완성을 의미한다. 수행의 완성은 오상분결이란 번뇌의 단절로 성취된다. 10결의 특징을 먼저 분석해 보면, 무학의 깨달음이 갖는 특징을 대체적으로 이해해 볼 수 있을 것 같다.

〔표4. 번뇌의 분류〕

<table>
<tr><td rowspan="5">오하분결</td><td>유신견(sakkāya-diṭṭhi, 有身見)</td><td rowspan="3">견해</td><td rowspan="3">바른 견해의 성취</td></tr>
<tr><td>의심(vicikicchā, 疑)</td></tr>
<tr><td>계금취견(sīlabbata-parāmāsa, 戒禁取見)</td></tr>
<tr><td>분노(byāpāda, 瞋恚)</td><td>분노</td><td rowspan="7">미세한 자아 관념의 제거 및 탐·진·치의 제거</td></tr>
<tr><td>욕탐(kāma-chanda, 欲貪)</td><td rowspan="3">탐욕</td></tr>
<tr><td rowspan="5">오상분결</td><td>색탐(rūpa-rāga, 色貪)</td></tr>
<tr><td>무색탐(arūpa-rāga, 無色貪)</td></tr>
<tr><td>만(māna, 慢)</td><td rowspan="2">자아와 관련[17]</td></tr>
<tr><td>도거(uddhacca, 掉擧)</td></tr>
<tr><td>무명(avijjā, 無明)</td><td>무명</td></tr>
</table>

문화원, 2015, p.4) 다소 맥락은 다를 수 있지만 불환자의 깨달음은 자신을 괴롭히던 욕망과 분노라는 정서적 불건전함으로부터의 해탈에 대한 자각이라고 할 수 있다.

17 Sn.799게송에서는 만을 자신을 남과 비교하는 것으로 명시하고 있다. 그리고 그 종류는 sama(동등함), hīna(열등함), visesin(뛰어남)의 세 가지이다. 그 외에 Sn.842, 855, 860, 918 등에서도 확인된다. SN.I, p.14에는 "교만을 버린 자에게는 속박은 존재하지 않는다."라는 내용이 나온다. 이는 만慢이 자아관념이라는

위의 표에서 알 수 있듯이, 무학은 미세한 자아관념을 이루는 만과 도거, 욕탐과 색탐과 무색탐을 완전히 제거한 자이며, 무명을 밝혀 알아야 할 바를 모두 안 자라고 할 수 있다. 그래서 무학인 아라한과를 성취한 수행자는 재생의 파괴와 완전한 해탈을 선언하게 된다.

> 태어남은 파괴되었고, 범행은 완성되었으며, 해야 할 바는 마쳤으며, 더 이상 이러한 상태로 이끌리지 않는다.[18]

> 번뇌를 멸하고, 이미 수행을 완성하고, 해야 할 바를 마쳤으며, 무거운 짐을 내려놓고, 자신의 목적을 달성하고, 헤맴의 생존의 속박을 끊어, 완전지에 의해 해탈되었다.[19]

> 나에게는 지智와 견見이 생겼다. 나의 마음의 해탈은 부동이고, 이것은 최후의 태어남이며, 이제 재생은 없다.[20]

속박을 일으키는 것임을 암시한다. 한편 AN.I, p.281에는 아누룻다 존자와 사리뿟따 존자 사이의 대화가 기록되어 있다. 이 경전에서 자만과 도거는 궁극적인 깨달음을 방해하는 것으로 설명되고 있다.

18 Vin.I, pp.14, 35, 184; DN.I, pp.84, 177, 203; SN.I, p.140; II, pp.51, 82, 95 등

19 DN.Ⅲ, pp.83, 97, 133; MN.I, pp.4, 5, 235; SN.I, p.171; Ⅲ, pp.161, 193; AN.I, p.144; Ⅲ, pp.359, 376 등.

20 SN.Ⅱ, pp.171, 172; Ⅲ, pp.28, 29; Ⅳ, pp.8, 9 10; V, pp.204, 423; AN.I, p.259 등.

나의 해탈은 부동이고, 이것은 최후의 태어남이고, 이제 재생은 없다.[21]

깨달음이란 용어는 사용하고 있지 않지만, 위의 용례는 깨달음에 대한 또 다른 표현들이다. 결국 깨달음의 또 다른 표현이란, 태어남의 파괴, 범행의 완성, 해야 할 바를 마침, 번뇌의 소멸, 완전지에 의한 해탈, 부동의 심해탈[22], 재생의 없음 등이라고 할 수 있다.[23] 그리고 (표 4)에서 보듯이, 아라한의 깨달음은 무명의 소멸을 특징으로 한다고 볼 수 있다. 아날라요는 "깨달음은 지혜의 개발을 통한 무지(avijjā)의 소멸을 필요로 한다[24]고 하여, 무지의 소멸을 깨달음으로 정의하고 있다. 따라서 아라한의 깨달음은 무아의 체득과 번뇌를 완전히 소멸한 것에 대한 직접적인 앎[25]으로 정의할 수 있을 것 같다.

---

21 MN.I, p.167; Ⅲ, p.162 등.

22 SN. I, p.120. Godhikasutta에서는 일시적인 마음의 해탈에 대한 내용이 나온다. "그때 존자 고디까는 … 일시적인 마음의 해탈을(cetovimuttiṃ) 얻었다(phusi). 그때 존자 고디까는 그 일시적인 마음의 해탈로부터 물러났다.(cetovimuttiyā parihāyi)." 이는 명백히 심해탈에는 일시적인 심해탈과 부동의 심해탈이 있음을 보여준다. 그리고 아라한의 깨달음은 부동의 심해탈만이 해당됨을 알 수 있다.

23 정준영은 "초기불교의 깨달음은 열반의 상태와 동등한 위치를 차지하고 있었다." (정준영, 앞의 책, p.90)고 말하고 있는데, 열반 이외에도 다양한 표현들로 깨달음을 표현하고 있음을 알 수 있다.

24 아날라요 스님 저, 이필원·강향숙·류현정 공역, 『Satipaṭṭhāna - 깨달음에 이르는 알아차림 명상수행』(명상상담연구원, 2014), p.186.

25 vimuttasmiṃ vimuttam iti ñāṇam hoti[(온갖 번뇌로부터) 해탈했을 때, '(자신이) 해탈했다'라는 智가 있다.]에 대한 표현이다. 이 내용은 니까야 여기저기에서

3. 운문경전에 나타난 깨달음[26]

1) Theragāthā, Therīgāthā에 나타난 깨달음의 순간들

『테라가타』와 『테리가타』는 잘 알려진 바와 같이, 거의 대부분 붓다의 직제자들이 읊은 깨달음의 노래들이다. 그런 만큼 깨달음에 대한 직접적 표현들을 현장성 있게 접할 수 있는 귀중한 문헌이라고 할 수 있다. 본 장에서는 필자의 관점에서 게송들 가운데 깨달음과 직접적 관련이 깊다고 생각된 게송들을 살펴보고, 내용상 몇 가지로 분류해 보았다.

(1) 윤회의 파괴와 재생의 단절

게송들마다 다소간의 차이가 있긴 하지만, 윤회가 파괴되었고 따라서 재생하지 않는다는 선언의 게송이 있다. 이들 게송을 소개하고, 게송에서 무엇을 통해 윤회를 파괴하게 되었는지를 살펴보는 것은 깨달음을 살펴보는 중요한 하나의 단서가 될 수 있을 것이다.

흔히 볼 수 있는 표현 가운데 하나이기도 하다.(MN.I, p.38; AN.I, p.167; DN.I, p.84, SN.Ⅱ, p.95 등)

26 荒牧典俊(「SN MārasaṃyuttaIの成立について」,『印度學仏教學研究』第48号, 1982, p.3)와 並川孝儀(『ゴータマ・ブッダ考』, 東京, 大藏出版. 2005, p.10)의 연구에 따르면 불교 문헌은 크게 3층으로 나눌 수 있다고 한다. 제1층은 『숫따니빠따』 가운데 제4장과 제5장이 해당되며, 제2층은 『상윳따 니카야』의 제1장인 데와따삼유따(Devatāsaṃyutta)와 제4장인 마라삼윳따(Mārasaṃyutta), 그리고 『담마빠다』의 땅하왁가(Taṇhāvagga)와 브라흐마나왁가(Brāhmaṇavagga)이며, 제3층은 테라가타(Theragāthā)와 테리가타(Therīgāthā)가 해당된다고 한다.

〔에까담마사와니야테라(Ekadhammasavanīyatthera)〕

모든 번뇌들은 타버렸고, 일체의 존재들은 제거되었네. 생의 윤회는 완전히 파괴되었고, 이제 다시 재생은 존재하지 않는다네.(Thera-g. 67G)

〔사미띠굿따테라(Samitiguttatthera)〕

이전의 다른 생에서 나에 의해 행해진 악(행), 그것을 지금 여기에서 경험해야 하리. (하지만) 또 다른 (재생의) 일은 알려지지 않는다네.(Thera-g. 81G)[27]

〔빠윗타테라(Paviṭṭhatthera)〕

온[28]들은 있는 그대로 보여졌고, 일체의 존재들은 소멸되었네. 생의 윤회는 완전히 파괴되었고, 이제 다시 재생은 존재하지 않는다네.(Thera-g. 67G)

〔사미닷타테라(Sāmidatthatthera)〕

오온은 완전히 이해되었고(pariññātā), 잘려진 뿌리가 확립되었네. 생의 윤회는 완전히 파괴되었고, 이제 다시 재생은 존재하지 않는다네.(Thera-g. 90G)

---

27 'vatthu aññaṃ na vijjatīti tassa kammassa vipaccanokāso añño khandhappabando natthi…'라고 주석서에서는 설명되고 있다. 즉 "그의 행위의 이숙의 기회, 그리고 다른 (오)온의 연속은 없다."는 의미이다. 결국 현생에서 재생으로 연결될 업을 짓지 않아, 재생하지 않는다는 것을 의미한다.

28 tattha khandhāti pañcupādānakkhandhā….

〔나디까사빠테라(Nadīkassapattehra)〕
견해의 정글을 뛰어다니면서, 집착 때문에 현혹되었네.
무지한 자, 어리석은 자(aviddasu)는 부정한 것을 청정한 것으로 생각했다네(maññisaṃ).(342G)
나에 의해서 삿된 견해가 버려지고, 모든 존재의 상태들은 파괴되었으니. 나는 공양할 만한 불에 헌신할 것이네. 나는 여래를 경배하리.(343G)
나에 의해서 모든 어리석음(mohā)이 제거되었고, 모든 존재에 대한 갈애가 파괴되었다네.
태어남의 윤회가 완전히 파괴되었고, 더 이상 재생은 존재하지 않으리.(344G)

위 다섯 개의 게송 가운데 에카담마사와니야 장로와 나디까삿빠 장로는 번뇌의 제거 및 파괴를 통해 윤회의 파괴 및 재생의 단절이 이루어졌음을 선언하고 있다. 빠위따 장로와 사미닷타 장로는 오온에 대한 완전한 이해를 통해 윤회의 파괴와 재생이 단절되었음을 선언한다. 이는 오온의 가르침을 통해 무아를 체득했음을 보여준다. 사미띠굿따 장로는 과거의 업을 현재 모두 수용하고, 새로운 업을 짓지 않음으로써 재생의 단절을 선언하고 있다. 이는 단순하게 업의 기계적 수용을 의미하는 것은 아니다. 업의 수용을 통해 업을 제거하는 것은 자이나교의 입장이라고 볼 수 있다. 붓다의 가르침은 지혜의 개발을 통한 깨달음의 성취에 있다고 볼 수 있다. 그 표현이 '재생은 존재하지 않는다'는 형식으로 나타났다고 이해할 수 있을 것이다.[29]

(2) 번뇌의 소멸에 대한 선언

또 다른 패턴은 모든 번뇌의 소멸을 통해 평온, 열반을 성취했음을 선언하는 게송들이다.[30]

〔락키따테라(Rakkhitatthera)〕
나의 모든 탐욕(sabbo rāgo)은 포기되었고, 모든 성냄은 뿌리 뽑혔고, 나의 모든 어리석음은 사라졌다네. 나는 (번뇌의 불이) 꺼졌으며, 평온해졌다네.(Thera-g. 79G)

〔빠라빠리야테라(Pārāpariyatthera)〕
여섯 접촉의 기관들을(chaphassāyatane) 버리고서, (감각의) 문이 수호되고, 잘 제어되었고, 죄의 뿌리를 제거하고서, 나에 의해서 모든 번뇌의 소멸(āsavakkhayo)이 성취되었네.(Thera-g. 116G)

〔이시닷따테라(Isidattatthera)〕
오온은 완전히 이해되었고(pariññātā), 잘려진 뿌리가 확립되었네. 고통의 소멸이 획득되었고, 나에 의해 모든 번뇌의 소멸이 성취되었네.(Thera-g. 120G)

---

29 이와 관련한 경문은 AN.Ⅳ, p382가 있다. 자세한 내용은 아날라요 스님, 앞의 책, p.186 각주 59를 참조하라.

30 정준영의 다음의 언급은 주목할 만하다. "결과적으로 초기불교 안에서는 해탈의 의미가 가장 다양하게 나타났고 깨달음, 그리고 열반의 순으로 그 의미가 명료해졌다. 초기불교에서 설명하는 깨달음은 열반을 의미하고 있었다. 따라서 깨달음은 번뇌의 완전한 소멸인 열반을 의미한다."(정준영, 앞의 책, p.94)

〔웃따라테라(Uttaratthera)〕

나에 의해 (오)온들이 완전히 이해되었고, 갈애는 나에 의해 완전히 제거되었다네, 나의 (칠)각지들은 수행되었고, 나에 의해 모든 번뇌의 소멸이 성취되었네.(Thera-g. 161G)

〔미가시라테라(Migasiratthera)〕

정등각자의 가르침 속에 나는 출가한 이래, 나는 해탈하면서 위로 올라갔고, 욕계를 초월했네. 범천이 보고 있는 동안, 거기에서(tato) 나의 마음은 해탈되었네. 모든 족쇄(saṃyojana)의 소멸로부터, '나의 해탈은 부동이다(akuppā me vimutti)'라고 (알았네).(Thera-g. 181~182G)

장로들이 번뇌를 소멸한 방식은 조금씩 다르다. 먼저 락키따 장로는 탐·진·치의 소멸을 통해 번뇌의 완전한 절멸을 선언하고 있고, 빠라빠리야 장로는 육근의 제어를 통해 죄의 근원을 제거하여 번뇌의 완전한 소멸이 성취되었음을 선언한다. 이시닷따 장로는 오온을 완전히 이해함을 통해 고통의 소멸을 획득하고 모든 번뇌가 소멸되었음을 선언하고 있다.[31] 웃따라 장로는 오온의 완전한 이해를 통해 갈애를 제거하고, 칠각지의 수행을 통해 모든 번뇌를 소멸시켰음을 말하고 있다. 번뇌를 제거하는 방식은 육근의 제어, 오온에 대한 완전한 앎, 칠각지의 수행을 언급해 볼 수 있겠다.

---

31 번뇌의 소멸은 161G 등도 참조하라.

(3) 삼명의 획득과 붓다의 가르침의 실현

삼명은 천안, 숙명, 누진을 말한다. 여기서 강조점은 번뇌의 소멸인 누진에 있을 것이다. 그리고 붓다의 가르침이 실현되었다는 것은 깨달음에 대한 또 다른 표현으로 보아도 무방할 것이다.

〔나가사마라테라(Nāgasamālatthera)〕
나는 탁발을 위해 (도시로) 들어갔네. 가면서 (화려하게) 장식된 좋은 옷을 (입은) 그(무희)를 보았네. 마치 던져진 죽음의 올가미를 (보는 것)처럼.(Thera-g. 268G)

그로부터 나에게 작의(manasīkaro)가 올바르게 일어났다네. 재난(이라는 생각)이 명백해졌네. 혐오(의 마음이) 확립되었다네.(Thera-g. 269G)

그로부터 나의 마음은 해탈되었네. 보라, 가르침의 훌륭한 진리성을(dhammasudhammataṃ). (나에게) 삼명이 획득되었고, 붓다의 가르침은 실현되었네.(Thera-g. 270G)[32]

---

32 Meghiyatthera의 66G에서도 '삼명을 얻고, 부처님의 가르침이 실현되었다.'는 게송이 나온다. Dhammasavatthera의 107G과 120세에 출가한 그의 부친의 108G에서도 '삼명을 얻고, 부처님의 가르침이 실현되었다.'는 선언이 이루어진다. vacchagottatthera의 112G, Yasatthera의 117G도 동일하다. Paccyatthera 224cd. 뒤이어 나오는 바구(Bhagu) 존자의 273~274G, Candanatthera의 301~302G, Rājadattatthera의 318~319G, Sappadāsatthera의 409~410G, Sundarasamudda-tthera의 464~465G도 동일하다.

〔라훌라테라(Rāhulatthera)〕
나의 모든 루(漏, 번뇌)들은 절멸되었고, 재생(punabbhavo)은 존재하지 않는다네. 나는 존경받을 만한 자(arahā), 공양받을 만한 자, 삼명(을 갖춘) 자, 불사를 본 자라네.(Thera-g. 296G)

〔멧띠까테리(Mettikātherī)〕
대의(saṅghāṭi)를 내려놓고서, 그리고 발우를 엎어놓고서 나는 바위 위에 앉았네. 그때 나의 마음은 해탈되었네. 삼명이 획득되었고, 붓다의 가르침은 실현되었네.[33](Therī-g. 30G)

라훌라 존자의 경우 삼명의 획득만 언급되어 있지만, 전체적인 맥락에서는 동일하다고 볼 수 있다. 불사는 대표적으로 궁극적인 깨달음을 나타내는 표현이기도 하다. AN의 다음의 내용은 불사가 궁극적인 깨달음임을 분명히 보여주고 있다.

아누룻다여, 그대는 '나는 세상에서 청정하여 인간을 뛰어넘는 하늘눈으로 천의 세계를 봅니다.'라고 했는데, 그것은 자만입니다. 아누룻다여, 그대는 '나는 힘써 정진하기 때문에 퇴전하지 않고, 사띠를 확립하여 잃어버리지 않으며, 몸은 평안하여 격정이 없고, 마음은 집중되어 통일되어 있습니다.'라고 했는데 그것은 흥분입니다. 아누룻다여, 그대는 '그래서 나는 집착없이 번뇌에서 마음을 해탈하였습니다.'라고 했는데 그것은 회한입니다. 존자 아누룻다

33 Aḍḍhakāsitherī, 26G도 동일하다.

께서는 이러한 세 가지 생각을 버리고 이러한 세 가지 생각에 정신활동을 기울이지 말고, 불사의 세계(amatāya dhātuyā)로 마음을 집중하십시오.[34]

(4) 깨달음에 이르는 방법

〔쏘나코리위사테라(Soṇakoḷivisatthera)〕
갈애의 소멸에 열중하는 자, 마음이 어리석지 않은 자는 (12)처의 발생을 보고서, 완전하게 마음이 해탈되었네.(sammā cittaṃ vimuccati) (641G)

〔마하까사빠테라(Mahākassapatthera)〕
위대한 성자(mahāmuni), 위대한 지자(mahāñāṇī)께서는 사념처를 목(gīvā)으로 가진 자이며, 믿음을 손으로 가진 자이며, 지혜(paññā)를 머리로 가진 자이네. 그는 늘 평안하다네.(1090G)

〔마하빠자빠띠고따미테리(Mahāpajāpatigotamītherī)〕
"(나는) 모든 고통을 꿰뚫어 알았고(pariññātaṃ), 원인인 갈애를 부수어버렸다네.(visositā)
여덟 갈래의 길(팔정도, aṭṭhaṅgiko maggo)이 수행되었고, 나에 의해 (갈애의) 소멸이 체득되었네.(nirodho phusito)"(Therī-g. 158G)[35]

---

34 AN. I, p.281. 전재성 역, 『앙굿따라 니까야』 3(한국빠알리성전협회, 2007), p.358.

소나꼴리위사 장로는 12처의 관을 통해 온전한 심해탈을 성취했고, 마하까사빠 장로는 사념처와 믿음과 지혜로 붓다를 묘사하고 있다. 이는 곧 사념처, 믿음, 지혜가 깨달음으로 나아가는 해탈도임을 명시하는 것으로 이해된다. 마하빠자빠띠고따미 장로니의 경우는 사성제와 팔정도를 통해 갈애를 소멸시켰음을 노래하고 있다. 짜라테리(Cālātherī)와 우빠짤라테리(Upacālātherī) 역시 사성제와 팔정도의 가르침을 듣고 삼명을 획득하고, 붓다의 가르침이 실현되었음을 선언하게 된다.[36]

그 외에 젠따테리(Jentātherī)는 7각지를 열반으로 이끄는 방법(maggā nibbainapattiyā)이라고 읊고 있다. 그리고 이 방법을 붓다의 가르침대로 닦아서 최후신(antimoyaṃ samussayo)을 성취했음을 붓다에게 사뢰는 장면이 나온다.[37] 웃따마테리(Uttamātherī)는 5온, 12처, 18계의 가르침을 듣고 커다란 어둠(tamokhandha)을 깨뜨렸다는 게송을 읊는다.[38]

---

35 위자야테리(Vijayātherī)는 사성제, 오력, (칠)각지, 팔정도를 최고의 목적에 도달하기 위한(uttamatthassa pattiyā) 방법으로 제시하고 있다.(171G) 끼사고따미테리(Kisāgotamītherī) 역시 사성제와 팔정도를 말한다.(215G) 순다리테리(Sundarītherī)(321G)의 게송에서도 바라문인 수자타(Sujāta)가 사성제의 가르침을 듣고 3일 만에 삼명을 성취했음을 말하고 있다.

36 Therī-g. 186~187G; 193~194G. 사만냐까니테라(Sāmaññakānitthera)도 "불사의 획득을 위해 바르고 올곧은 성스러운 여덟 가지 길(팔정도)을 닦는 사람은" (Thera-g. 35cd)이라고 해서, 팔정도가 불사를 획득하는 방법임을 명시하고 있다.

37 Therī-g. 22G; 45G

38 Therī-g. 44G; 69G; 103G; 170G

이상의 내용을 보면, 5온, 12, 18계의 가르침이 해탈도임이 명백해진다. 이들 법체계들은 분명 무아의 체득과 관련된 가르침들이다. 따라서 오온 등을 분명하게 인식하고 이해하는 것은 대단히 중요한 일이다. 그래서 아날라요는 "오온을 충분히 이해하지 못하고 그로부터 떠나지 못하면, 고통으로부터의 완전한 자유는 불가능하다."[39]라고 말한다.

(5) 깨달음의 기연성

기연機緣이란 깨달음의 인연이라고 이해할 수 있는데, 우리가 보기에는 우연한 기회에 예기치 않게 깨달음이 찾아오는 그러한 것을 의미한다고 할 수 있다. 예를 들면 임제 선사와 정定 상좌의 이야기를 들 수 있다. 임제 선사를 찾은 정 상좌가 '무엇이 불법의 대의입니까?'라고 물었다. 그러자 선사가 상좌를 멱살을 잡고 손으로 뺨을 한 대 후려치고는 바로 밀쳐버렸다. 정 상좌가 멍하니 서 있자, 곁에 있던 한 스님이 말했다. '정 상좌, 선사께 왜 절을 올리지 않는가?' 정 상좌가 임제 선사께 절을 하려는 그 순간 크게 깨달았다.[40] 이와 같은 일화는 선불교 전통에서는 매우 흔하다. 바로 이러한 기연성과 관련된 게송이 『테라가

---

39 아날라요 스님 저, 앞의 책, p.222. 아날라요는 이 책에서 오온에 관한 평정/무관심은 직접적으로 깨달음으로 이끈다고 하며, 오온의 참된 본성에 대한 통찰력으로 깨달음에 이른 다양한 경증을 제시하고 있다. 예를 들면, MN.III 20에는 오온의 가르침을 통해 60명의 비구들이 완전한 깨달음을 성취했고, SN.III 68에는 붓다의 초전법륜을 통해 다섯 비구가 깨닫는데, 이때 오온무아의 가르침이 설해졌음을 언급하고 있다. 그리고 Th 87, 90, 120, 161, 369, 440 등의 게송을 소개하고 있다.

40 원오극근, 정성본 역해, 『벽암록』(한국선문화연구원, 2006), p.201.

타』와 『테리가타』에서도 적지 않다.

〔위따소까테라(Vītasokatthera)〕

'나는 나의 머리를 깎을 것이다.'라고 (생각하였다). 이발사가 다가 왔다.

그래서 거울을 들고서, 나는 (나의) 몸을 살펴보았다.

몸이 헛되게 보였다. (그 순간) 어둠과 무지가 사라졌다. 모든 옷들이 잘렸고, 더 이상 재생은 존재하지 않는다.(Thera-g. 169G)[41]

〔우사바테라(Usabhatthera)〕

코끼리 등에서 내리자, 그때 나는 염리심(saṃvegaṃ, 厭離心)을 얻었다.

우쭐하던 나는 그때 고요해졌고, 나에 의해 온갖 번뇌의 소멸(āsavakkhayo)이 획득되었다.(Thera-g. 198cd)

코끼리 목에 앉은 채 탁발을 하러 마을로 들어갔다가, 코끼리에서 내리자 문득 깨닫게 된 것이다.

〔수망갈라마따테리(Sumaṅgalamātātherī)〕

'치익 치익' 하는 (김 빠지는 소리를 듣고) 나는 탐욕과 성냄을 완전히 버렸네.

저 나무 밑에 가서, '아, 행복하구나.'라고 나는 행복한 선정에

41 sabbe coḷā samucchinnā에서 옷의 의미인 coḷā는 번뇌를 의미한다. coḷā viyāti vā "coḷā"ti laddhanāmā kilesā samucchinnā.

들었네.(24G)

〔멧띠까테리(Mettikātherī)〕

대의(saṅghāṭi)를 내려놓고서, 그리고 발우를 엎어놓고서 나는 바위 위에 앉았네. 그때 나의 마음은 해탈되었네. 삼명이 획득되었고, 붓다의 가르침은 실현되었네.(Therī-g. 30G)

위따소까 장로는 몸의 무상함을 느끼는 순간 깨닫고, 우사바 장로는 코끼리를 타고 탁발을 하러 마을에 들어갔다가, 코끼리에서 내리는 순간 깨닫는다. 그리고 수망갈라마따 장로니는 김 빠지는 소리를 듣고는 깨달았다.[42] 멧띠까 장로니는 바위에 걸터앉으면서 깨닫게 된다.

이러한 깨달음이 기연성은 수행이 무르익을 때로 익은 수행자에게 나타나는 일종의 돈오적 순간이라고 할 수 있겠다. 물론 모든 깨달음을 성취한 수행자는 이러한 경험을 할 것으로 생각된다. 그것은 앞서 살펴본 무학의 깨달음의 선언으로도 이해될 수 있을 것이다. '모든 짐을 내려놓았다', '나의 마음은 부동의 해탈을 얻었다', '붓다의 가르침은 실현되었다' 등의 표현도 사실은 깨달음의 기연성을 나타내는 표현들일 것이다.

---

42 성적 욕망에 대한 욕구 때문에 괴로워하던(kāmarāgena aṭṭitā) Sīhātherī는 7년(satta vassāni)이나 헤매다가, 자살하기 위해 나무에 목을 매는 순간(pakkhipiṃ pāsaṃ gīvāyaṃ) 해탈을 성취한다.(Therī-g. 77~81G)

2) SN. I, Sagāthāvagga의 내용

「사가타왁가(Sagāthāvagga)」는 『상윳따니까야』 제1권으로, 게송만을 주로 모은 경전이다. 『테라가타』와 『테리가타』와는 달리 악마 마라와의 대화나 코살라의 빠세나디 왕과의 대화 등을 통해 붓다의 가르침이나 깨달음에 대한 내용이 기술되어 있다. 이 가운데 먼저 깨달음이란 단어를 직접적으로 사용하고 있는 경문부터 살펴보자.

(1) 믿음의 중요성

> 가르침들이 잘 이해되고, 다른 가르침들에 기울지 않는 자들, 그들은 바르게 깨닫고(sambuddhā) 완전하게 이해하고서(sammadaññā), 험난한 길에서(visame) 평탄하게 거닌다네.(caranti)[43]

위 경문에서 주목되는 것은 바르게 깨닫기 위해서는 다른 이교의 가르침에 기울지 말고, 붓다의 가르침을 잘 이해해야 함을 언급하고 있다는 점이다. 이는 사실 믿음이 깨달음의 중요한 요소임을 간접적으로 밝히고 있다고도 이해할 수 있는 대목이다. 같은 의미로 이해될 수 있는 경문도 있다.

> 그대들에게 불사의 문(amatassa dvārā)이 열렸으니(apārutā), 귀를 지닌 자들은 (낡은) 믿음을 버려라.[44]

---

43 SN. I, p.4

44 SN. I, p.137.

붓다가 범천 사함빠띠에게 선언하신 내용으로, 여기서 불사의 문은 해탈의 문, 깨달음의 문이라고 할 수 있다. 그리고 (낡은) 믿음을 버리라는 것은 '다른 가르침에 기울지 말라'는 것과 같은 맥락에서 이해될 수 있겠다. 결국 믿음의 성취를 통해서만 불사의 문에 들어설 수 있음을 강조하고 있는 것으로 이해된다.

(2) 깨달음의 방법과 번뇌의 소멸

> 아난다여, 여기에서 비구는 멀리 떠남에 의지하고(vivekanissitaṃ) 욕망의 떠남에 의지하고(virāganissitaṃ), 소멸에 의지하고(nirodhanissitaṃ), 포기로 향하는(vossaggapariṇāmiṃ) 올바른 견해(正見)를 닦는다.[45]

이후 올바른 사유(sammasaṅkhappaṃ), 올바른 말(sammāācaṃ), 올바른 행위(sammākammantaṃ), 올바른 생활(sammāājīvaṃ), 올바른 정진(sammāvāyāmaṃ), 올바른 알아차림(sammāsatiṃ), 올바른 집중(sammāsamādhiṃ)에 대한 내용이 동일한 방식을 기술되고 있다. 여기에서 팔정도는 명백하게 원리, 이욕, 소멸, 포기를 통해 해탈을 성취하는 방법으로 제시되고 있다.

> 깨달음에 이르는 길인 계행과 삼매와 지혜를 닦아서, 나는 최상의 청정을 획득했다.(SN. I, p.103.)

---

45 SN. I, p.88.

이 게송은 붓다가 악마 빠삐만에게 말씀하신 내용이다. 이 게송을 통해 깨달음의 수단은 삼학임을 볼 수 있다. 또 다른 곳에서는 계정혜 삼학을 갖추고, 사띠를 확립하고, 선정을 즐기는 자는 일체의 슬픔을 떠나고 버려서 모든 번뇌를 끊고 최후의 몸(antimadeha)을 얻는다는 내용이 나온다.[46] 결국 궁극적 깨달음을 얻는 방식은 삼학과 사띠와 선정의 수행임을 알 수 있다.

> 욕망(jālinī)과 갈망(visattikā)과 갈애(taṅhā)가 없는 자는 어디에도 이끌리지 않는다네.
> 모든 집착(upadhi)을 부수었기에 깨달은 자(buddho)는 잠잔다네.[47]

여기에서 깨달은 자란 욕망과 갈망, 갈애가 없으며, 모든 집착을 부순 자, 즉 번뇌가 소멸된 자가 깨달은 자임을 알 수 있다.

4. 결론

이상 초기 경전에 나타난 깨달음의 다원적 양상에 대해 필자 나름의 관점에서 살펴보았다. 먼저 사과설을 중심으로 깨달음의 내용을 고찰하였다. 예류, 일래, 불환, 아라한의 성자계위는 10결의 번뇌와 각각 상응하는 바, 이를 토대로 각 성인의 깨달음이 무엇인지를 그 특징을

---

46 SN. I, p.52, nadanasutta.

47 SN. I, p.107.

정리해 보고자 했다. 결과 예류와 일래의 깨달음은 '믿음의 성취'를 특징으로 하고, 불환은 믿음의 성취를 기반으로 한 욕탐과 분노의 부정적 정서로부터의 해탈을 깨달음으로 정리하였다. 그리고 마지막으로 아라한은 자아관념을 완전히 제거하고, 무명을 밝혀 완전지를 통해 해탈한 자이며, 완전한 번뇌의 소멸을 통해 태어남을 파괴한 자이다. 따라서 무아의 체득과 번뇌의 완전한 소멸에 대한 앎으로 깨달음을 정리해 보았다.

다음으로 3장에서는 운문경전 가운데 『테라가타』와 『테리가타』 그리고 「사가타왁가(Sagāthāvagga)」에 나타나는 깨달음에 대한 내용을 몇 가지 범주로 나누어 고찰해 보았다. 우선 『테라가타』와 『테리가타』는 깨달음의 선언 혹은 표현을 3가지로 정리했고, 깨달음을 획득한 방법과 기연성을 특징으로 기술해 보았다.

깨달음의 선언	깨달음의 방법	특징
윤회의 파괴와 재생의 단절에 대한 선언	• 5온, 12처, 18계의 가르침 • 칠각지 • 사성제와 팔정도 • 사념처 • 믿음과 지혜	기연성
번뇌의 소멸에 대한 선언		
삼명의 획득과 붓다의 가르침이 실현되었다는 선언		

「Sagāthāvagga」의 경우는 믿음의 중요성과 번뇌의 소멸, 불사를 깨달음의 중요 요소 및 선언의 내용으로 정리했다. 그리고 깨달음에 이르는 구체적인 방법으로는 삼학이 강조되고 있고, 사띠와 선정에

대한 내용이 붓다의 육성을 통해 제시되고 있음을 보았다. 용례가 하나뿐이 제시되지 않아 아쉽지만, 의미는 작지 않다고 생각된다.

결론적으로 초기불교 문헌, 특히 니까야 속에서 발견되는 깨달음의 양상은 과정으로서의 깨달음은 믿음을 그 특징으로 하고, 궁극적 깨달음은 번뇌의 소멸과 재생의 단절 및 태어남의 파괴로 정리될 수 있을 것 같다.

그런데 여기에서 우리는 한 가지 질문, 즉 '깨달은 다음에 무엇을 할 것인가?'라는 질문을 던져야만 할 것이다. 사실 이 문제는 깨달음만큼이나 중요한 문제이다. 이 문제에 대해 본문에서는 다루지 않았지만, 마지막으로 간단하게 언급하고자 한다. 이 문제에 대한 해답은 '전도 선언'에서 찾을 수 있을 것이다. 전도 선언의 핵심은 '많은 사람들의 이익을 위하여, 많은 사람들의 행복을 위하여, 세상 사람들(에 대한) 연민(의 마음을) 갖고서, (그들의) 이익을 위하여, 천신과 사람들의 이익과 행복을 위하여'[48]에 있다고 생각된다. 결국 붓다가 깨달음을 성취한 60명의 제자들에게 당부하신 이 말씀이 깨달은 다음에 무엇을 할 것인가에 대한 답이 될 것이다. 만약 이것이 간과된다면, 그 깨달음은 궁극적 깨달음이라 할 수 없을 것이다.

---

48 Vin.I, p.21.

참고문헌

원전

AN Aṅguttara Nikāya, PTS

DN Dīgha Nikāya, PTS

MN Majjhima Nikāya, PTS

SN Saṃyutta Nikāya, PTS

Sn Suttanipāta, PTS

Thg Theragāthā, PTS

Thī Therīgāthā, PTS

Vin Vinayapiṭaka, PTS

국내 논문 및 저서

임승택, 「심리적 세계의 이해」, 『마음과 철학』, 서울대학교출판문화원, 2015.

아날라요 스님 저, 『마음과 철학』, 서울대학교출판문화원, 2015.

원오극근, 정성본 역해, 『벽암록』, 한국선문화연구원, 2006.

전재성 역, 『앙굿따라 니까야』 3, 한국빠알리성전협회, 2007.

정준영, 「초기불교의 깨달음 이해」, 『깨달음, 궁극인가 과정인가』, 운주사, 2015.

아날라요 스님 저, 이필원·강향숙·류현정 공역, 『*Satipaṭṭḥāna*-깨달음에 이르는 알아차림 명상수행』, 명상상담연구원, 2014.

외국 논문

荒牧典俊, 「*SN Mārasaṃyutta*Iの成立について」, 『印度學仏教學研究』 第48号, 1982.

並川孝儀, 『ゴータマ·ブッダ考』, 東京, 大藏出版, 2005.

인터넷 검색

https://www.sariputta.com/asset/pdf/tipitaka/473/Mahavagga-atthakatha_1.pdf
http://www.buddism.ru:4000/?index=70938&field=12&ocrData=read&ln=eng

사전

Pali-Dictionary, Vipassana Research Institute

PTSD *Pāli-English Dictioanry*, PTS

Buddhist Dictioanry by Nyanatiloka Mahathera

이상 사전은 https://palidictionary.appspot.com을 통해서 검색함.

중관학파에서 무상정등각의 성취[1]

남수영 | 중앙승가대학교 불교학부 외래교수

1. 본 논문의 목적 및 깨달음과 열반에 대한 오해들

불교의 궁극 목적은 깨달음과 열반이지만 여러 불교 학파들은 깨달음과 열반을 서로 다르게 해석하였다. 그러므로 여러 불교 학파들의 다양한 깨달음 해석을 올바르게 이해하려면 그들 각자의 사상적인 맥락 속에서 그것을 고찰해야 할 필요가 있다.

본 논문은 그런 필요에 따라 『근본중송』, 『보행왕정론』, 『입중론』, 『(대품)마하반야바라밀경』, 『대지도론』 등[2] 용수(龍樹, Nagārjuna,

1 본 논문은 『불교학연구』 제55호에 게재하였던 것을 일반 독자들을 위하여 수정한 것이다.

2 『(대품)마하반야바라밀경』(=『이만오천송반야경』)과 『대지도론』은 중관학파의 논

150~250경)[3]와 월칭(月稱, Candrakīrti, 600~650경)의 저술 및 반야계통의 경론을 중심으로 해서 중관학파에서 설하는 무상정등각의

서라고 말하기 힘들기 때문에 그 문헌들을 근거로 하여 중관학파의 깨달음 해석을 고찰하는 연구 방법에 대해 의문이 제기된다. 그러나 『(대품)마하반야바라밀경』의 공사상과 용수의 중관사상이 다르다고 생각하기는 힘들다.

중관사상이란 일체법이 비유비무의 중도라고 관하고 일체법이 비유비무의 중도라고 주장하는 사상을 말한다. 중관사상은 불타의 중도설에서 그 뿌리가 발견되며, 용수에 의해 정착되었다. 용수의 중관사상은 『(소품)마하반야바라밀다경』(=『팔천송반야경』)의 공사상을 불타의 연기설과 중도설로 해명한 것이다. 즉 『(소품)마하반야바라밀다경』에서 설하는 법공설은 불타의 연기설에 근거해서 설해진 것이고, 그것은 '법무설法無說'의 의미가 아니라 『가전연경』에서 설해진 것처럼 여러 법의 중도(中道=비유비무)를 설한 것이라는 것이다.

『(대품)마하반야바라밀경』은 『(소품)마하반야바라밀다경』을 증광한 것으로서, 그 둘의 사상적 차별성은 크지 않다. 여기서 중관사상과 『(대품)마하반야바라밀경』의 근친성을 알 수 있으며, 다시 그로부터 『대지도론』과 중관사상의 근친성도 확인할 수 있다. 왜냐하면 『대지도론』은 『(대품)마하반야바라밀경』에 대한 주석서이고, 『(소품)마하반야바라밀다경』과 『(대품)마하반야바라밀경』을 모두 번역한 구마라집(鳩摩羅什, 344~423)은 중관학파의 주요 논서인 『중론』, 『백론』, 『십이문론』을 번역하여, 용수의 중관사상에 정통해 있었다고 생각되기 때문이다. 그런 점에서 논자는 『(대품)마하반야바라밀경』과 『대지도론』이 인도 중관학파의 논서가 아니라고 해도 중관사상의 해명을 위해 중요한 문헌이라고 생각하는 것이다.

3 용수 당시에 중관학파라는 명칭은 사용되지 않았으며, 유식학파에 대립의식을 가지고 중관학파라는 명칭을 처음으로 사용한 사람은 청변(淸辯, Bhāviveka, Bhavya, 490~570경)이기 때문에, '과연 용수를 중관학파라고 말하는 것이 올바른 것인가?'라는 의문이 제기된다.

중관학파라는 명칭의 사용 시점을 기준으로 한다면, 용수를 중관학파라고 말할 수 없을지도 모른다. 그러나 논자는 중관사상이 용수로부터 시작되었다는 사실 및 청변과 월칭 등 중관학파의 논사들이 모두 용수를 자신들의 스승으로 간주하였다는 점에 주목하여 용수를 중관학파의 개조라고 서술하였다.

성취를 고찰하기 위한 것이다.

그러나 여러 국내 학자들의 선행 연구를 살펴보면 깨달음과 열반에 대한 여러 가지 오해들이 발견되므로, 본론에 들어가기 전에 우선 그와 같은 오해들에 대해서 살펴보도록 한다. 다음은 2004년 3월과 2011년 3월 『불교평론』에 게재된 논문들로부터 발췌한 인용문들이다.

①조성택; 요컨대 깨달음의 경험은 하나이겠지만, 그 경험을 설명하는 개념에는 한 집단의 독특한 종교적 가치관이 반영되어 있다는 점을 이해하는 것이 중요하다.[4]

②김나미; 우리 불교가 불음佛音의 핵심을 놓치고 있다고 보는 것은 깨달음으로 인해 수단과 목적이 전도된 채 수행의 핀트가 잘못 맞춰져 있기 때문이다. 이것은 수단과 목적으로서의 깨달음과 열반의 자리가 뒤바뀐 혼란에서 오는 문제이다.[5]

③홍사성; 우리는 그 동안 깨달음이 곧 열반이라고 생각해 왔다. '보리즉열반'이라는 발상의 근저에는 보리를 통해 열반을 성취하기 때문이라는 점이 작용했다. 그러나 여기에는 함정이 있다. 깨달음 자체를 불교의 궁극적 목적으로 설정하면서 온갖 오해가 생기게 된 것이다. 무엇보다 깨달음에 대한 지독한 환상, 깨닫기만 하면 축지법도 쓰고 은산철벽도 뚫고 나갈 것으로 믿어버리는 것이 그 대표적인 오해이다.[6]

---

4 조성택(2004), 「깨달음의 불교에서 행복의 불교로」, p.57.

5 김나미(2011), 「깨달음과 열반의 상관관계」, p.198.

6 홍사성(2004), 「깨달음이 불교의 목적인가」 p.17.

④조성택; 수행의 목적을 깨달음에 두는 것은 붓다 당시로부터 아미달마의 교학 전통, 그리고 대승불교와 선불교 전통에 이르기까지 누구나 승인해온 전통이며, 어떤 경전 전통이나 교리적으로 전혀 문제될 것이 없다.[7]

⑤조성택; 대승불교 보살사상의 한 핵심은 중생 구제의 서원으로서 '자신의 깨달음을 미루겠다.'는 것이다.[8]

위의 인용문들에서 주목되는 것은 다음과 같은 내용들이다. 즉 ①깨달음의 경험은 하나이고, ④깨달음은 모든 불교 학파들의 수행 목적이다. ⑤보살은 자신의 깨달음을 뒤로 미루고 중생을 구제한다. ②한국불교는 깨달음을 수행의 목적으로 삼고 있지만, 사실은 열반이야말로 불교의 목적이다. 그러므로 한국불교는 목적과 수단이 전도되어 있다. 그리고 ③한국불교는 목적과 수단이 전도되어 있기 때문에, 거기서 깨달음에 대한 여러 가지 오해가 발생한다는 것이다.

그러나 여러 종류의 깨달음을 언급하는 초기불교와 부파불교의 사고를 고려할 때, 과연 조성택이 ①에서 말하는 것처럼 '깨달음의 경험은 하나'라고 말할 수 있을까 하는 것은 의문이다.

본래 '깨달음'이라는 말은 bodhi, bodha(菩提, 覺), sākṣa-kriyā(作證, 직관적 앎), abhijñā(通智, 勝智, 뛰어난 앎), abhisamaya(現觀, 생생한 앎), adhigama(到達), prativedha(貫通) 등의 번역어이고, 그 용어들은 경우에 따라 각覺, 증證, 오悟, 혹은 각증覺證, 각오覺悟,

7 조성택(2004), 「깨달음의 불교에서 행복의 불교로」, p.53.

8 조성택(2004), 「깨달음의 불교에서 행복의 불교로」, p.62.

증오證悟 등으로 번역되기도 하였다.

그 가운데 bodhi는 특히 불타의 깨달음과 관련되어 진정각(眞正覺, abhisambodhi), 등정각等正覺 혹은 정등각(正等覺, samyak-sambodhi), 무상정등각無上正等覺 혹은 아뇩다라삼먁삼보리(anuttara-samyak-sambodhi) 등의 용어로 사용되었다.[9] 그런데 불타는 『전법륜경』에서 이렇게 말한다.

> 비구들이여, 그 두 가지 극단에 가까이 가지 않고서, 여래가 현등각現等覺한 중도는 눈을 만드는 것이고, 지혜를 만드는 것이고, 적정寂靜, 승지勝智, 정각正覺, 열반으로 인도한다.[10]

위의 인용문에서 '깨달음'이라고 번역될 수 있는 용어는 현등각, 승지, 정각이다. 그 가운데 현등각은 abhisambuddhā의 번역어로서 '중도에 대한 깨달음'을 언급하기 위해 사용되었고, 승지는 abhiññā의 번역어로서 '숙명지, 천안지 등 신통에 대한 깨달음'을 언급하기 위해 사용되었으며, 정각正覺은 sambodhā의 번역어로서 '사성제에 대한 깨달음'을 언급하기 위해 사용되었다.

이로부터 불타는 중도, 신통, 사성제 등 상이한 대상에 대한 깨달음을 나타내기 위해 서로 다른 용어를 사용했음을 알 수 있고, 그로부터

---

9 水野弘元(1962), 「證悟について」, pp.52~53.

10 ete kho bhikkhave ubho ante anupagamma majjhimā paṭipadā tathāgatena abhisambuddhā cakkhu-karaṇī ñāṇa-karaṇī upasamāya abhiññāya sambodhāya nibbāṇaya saṁvattati. // VP 1, p.10.

초기불교에서 발견되는 깨달음에 대한 다양한 표현들은 서로 다른 대상에 대한 깨달음을 표현하기 위해 사용되었음을 알 수 있다. 그럴 경우 초기불교에서 '깨달음은 하나'라고 말하기가 힘들게 된다. 왜냐하면 서로 다른 대상에 대한 깨달음이 동일하다고 말하기는 힘들기 때문이다.

또한 부파불교에서도 '깨달음'은 불타의 깨달음과 제자들의 깨달음으로 구분되었고, 제자들의 깨달음도 여러 단계로 구분되었다. 예를 들면 설일체유부에서 수행의 최고 목적인 아라한과阿羅漢果는 예류향으로부터 아라한향을 거쳐서 도달하지만, 초보 수행자인 예류향은 견도見道에서 사성제에 대한 초보적인 깨달음을 얻으며, 수도修道를 완성한 아라한과는 무생지無生智를 동반한 사성제에 대한 완전한 깨달음을 얻는다고 말한다.[11] 그럴 경우 부파불교에서도 깨달음이 하나라고는 말하기가 힘들다. 왜냐하면 불타, 아라한, 예류향의 깨달음이 구분되기 때문이다.

그러나 중국 선종禪宗의 경우에 깨달음은 하나라고 말할 수도 있다. 왜냐하면 혜능慧能은 '법의 실상은 오직 한 모습'이라고 말하기 때문이다.[12] 이처럼 동일한 불교라고 해도 학파에 따라서 깨달음의 단일성과 다양성에 대하여 여러 견해가 존재한다는 사실로부터 아무런 단서 없이 '깨달음의 경험을 하나'라고 주장하는 조성택의 언급 ①은 부정확한 표현임을 알 수 있다.

또한 한국불교가 보살사상을 바탕으로 하는 대승불교임을 고려할

11 권오민(2003), 『아비달마불교』, p.250 및 p.265.

12 송인범(2011), 「조사들의 悟의 體相用」, pp.70~71.

때, 과연 김나미와 홍사성이 ②와 ③에서 언급하는 것처럼 '한국불교는 깨달음을 수행의 목적으로 삼고 있지만, 사실은 열반이야말로 불교의 목적이다. 그러므로 한국불교는 목적과 수단이 전도되어 있으며, 거기서 깨달음에 대한 여러 가지 오해가 발생한다.'라고 말하는 것이 올바른 것일까 하는 것도 의문이다. 불타는 『전법륜경』에서 이렇게 말한다.

> 비구들이여, 또한 내가 이 사성제에 대하여 삼전십이행상三轉十二行相으로 여실하고 청정하게 알고 보지 못했다면, 비구들이여, 실로 나는 그와 같이 천신, 악마, 범천, 사문, 바라문, 인간, 천인의 세계에서 무상정등각(anuttaraṁ sammāsambodhi)을 현등각現等覺했다고 선언할 수 없었을 것이다.
> 또한 나에게 지식(ñāṇañ)과 통찰이 일어났다. '나의 심해탈(ceto-vimutti)은 움직임이 없다. 이것은 마지막 출생이다. 이제 재생은 없다.'라고. 세존이 이렇게 말씀하시자, 다섯 비구들은 세존의 말씀에 기뻐하면서 환희하였다.[13]

13 yāva kīvañ ca me bhikkhave imesu catusu ariya-saccesu evaṁ ti-parivaṭṭaṁ dvādasākāraṁ yathābhūtaṁ ñāṇa-dassanaṁ na su-visuddhaṁ ahosi, n' eva tāvāhaṁ bhikkhave sadevake loke samārake sabrahmake sassamaṇa-brāhmaṇiyā pajāya sadeva-manussāya anuttaraṁ sammā-sambodhiṁ abhisambuddho' ti paccaññāsiṁ.
ñāṇañ-ca pana me dassanaṁ udapādi: akuppā me ceto-vimutti, ayaṁ antimā jāti, n' atthi dāni puna-bbhavo 'ti. idaṁ avoca bhagavā, attamanā pañcavaggiyā bhikkhū bhagavato bhāsitaṁ abhinandanti. Vin, vol. 1, p.11.

위의 인용문으로부터 초기불교에서 '무상정등각'이란 사성제를 삼전십이행상으로 깨닫는 것을 말하며, 초기불교에서 무상정등각은 열반도 포함하고 있음을 알 수 있다. 왜냐하면 멸성제는 열반 즉 '갈애와 고통의 소멸에 대한 진리'이고, 멸성제에 대한 증전證轉은 열반의 증득에 대한 깨달음을 의미하기 때문이다.[14]

또 초기불교에서 무상정등각은 열반의 수단이라고 생각될 수도 있다. 왜냐하면 불타가 무상정등각을 성취하지 못했다면 자신이 열반에 도달하였음을 알지 못했을 것이기 때문이다. 그러므로 초기불교에서 깨달음은 열반을 포함하고 있다고 생각할 수도 있고, 열반의 수단이라고 생각할 수도 있다. 그러나 대승불교에서 깨달음과 열반의 관계는 초기불교의 그것과 동일하지 않다. 왜냐하면 대승불교는 보살사상을 바탕으로 하기 때문이다.

보살사상의 특징은 중생들을 위한 자비심의 강조에서 발견된다. 왜냐하면 보살은 중생에 대한 자비심 때문에 '자신의 열반을 뒤로 미루고, 무상정등각을 이루어 수많은 중생들을 열반으로 인도한 후에 열반에 들어가겠다.'고 서원하기 때문이다. 그와 같은 보살의 서원은 『자타카』에서 분명하게 발견된다.

『자타카』에 따르면 석가모니불은 지금으로부터 4아승지겁阿僧祇劫과 십만겁 이전에 아마라바티(Amaravatī)라는 도시에서 수메다(Sumedha, 善慧)라는 바라문으로 태어났다. 그는 세상의 무상함을

---

14 '삼전三轉'이란 시전示轉, 권전勸轉, 증전證轉을 말하며, '십이행상十二行相'이란 사성제 각각에 대한 삼전의 적용을 말한다. 그 가운데 멸성제에 대한 증전證轉이란 '멸성제는 증득되었다.'는 깨달음을 말한다.

관찰하고 설산雪山에 들어가 수행을 하던 중, 연등불燃燈佛이 출현하여 대중들을 교화하는 모습을 보고 '나도 연등불처럼 무상정등각을 이루어 수많은 중생들을 열반으로 인도한 후에 반열반에 들겠다.'라고 서원을 세운다.

그는 그 후 4아승지겁과 십만겁 동안 윤회하면서, 사슴, 원숭이, 왕, 바라문 등 갖가지 모습으로 태어나 10바라밀을 닦아서 완성하고, 마지막 생에서 카필라국의 왕자로 태어나 보리수 아래에서 무상정등각과 열반을 성취한 후 석가모니불이 되어 수많은 중생들을 제도한 후 반열반에 들었다는 것이다.[15]

본래 '보살'은 『자타카』에서 발견되는 것과 같은 석가모니불의 전생을 가리키는 용어였고, 대승교도들이 자신들도 석가모니불처럼 보살로서의 삶을 살고자 서원함에 따라 보살사상은 대승불교의 중심 사상이 되었다. 대승불교의 보살사상에 의하면 보살은 중생들을 위한 자비심 때문에 중생들을 열반으로 인도하겠다고 결심하며 그런 결심을 성취하기 위하여, 자신의 열반을 뒤로 미루고 무상정등각을 성취하여 불타가 되겠다고 서원을 세운다.

바로 여기서 한국불교가 깨달음을 수행의 목적으로 삼았던 이유를 알 수 있다. 즉 화엄종, 선종, 천태종 등 대부분의 한국불교 종파들은 대승불교에 속하기 때문에 보살사상을 바탕으로 하며, 그와 같은 보살사상에 따라 자신의 열반을 뒤로 미루고 깨달음, 즉 무상정등각을 수행의 궁극 목적으로 삼았다는 것이다.

15 남수영(2013), 「반야중관경론에서 무상정등각과 열반의 성취」, pp.277~278.

이로부터 '한국불교는 깨달음을 수행의 목적으로 삼고 있지만, 사실은 열반이야말로 불교의 목적이다. 그러므로 한국불교는 목적과 수단이 전도되어 있다.'는 김나미의 언급 ②와 '한국불교는 목적과 수단이 전도되어 있으며, 거기서 깨달음에 대한 여러 가지 오해가 발생한다.'는 홍사성의 언급 ③도 부정확한 언급임을 알 수 있다.[16]

그와 동시에 '깨달음은 모든 불교 학파들의 수행 목적'이며, '보살은 자신의 깨달음을 미루고 중생을 구제한다.'는 조성택의 언급 ④와 ⑤도 오류임을 알 수 있다. 왜냐하면 부파불교에서 수행의 최종 목적은 깨달음이 아니라 열반이며, 대승불교에서 보살이 중생을 구제하기 위하여 뒤로 미룬 것은 깨달음이 아니라 열반이기 때문이다.

2. 보살의 서원과 무상정등각의 성취

대승불교의 특징은 보살사상에 따라서 자비심을 강조하는 곳에서 발견된다. 왜냐하면 대승의 보살은 중생에 대한 자비심 때문에 '자신의 열반을 뒤로 미루고, 무상정등각無上正等覺을 이루어 수많은 중생들을 열반으로 인도한 후에 열반에 들어가겠다.'고 서원하기 때문이다.[17]

중관학파는 대승불교의 다른 학파들과 마찬가지로 보살사상을 바탕으로 하며, 무상정등각의 성취를 수행의 최고 목적으로 삼는다. '무상정등각'이란 범어 'anuttara-samyak-sambodhi'의 번역어인데, 그중

16 다만 한국불교에 깨달음에 대한 여러 가지 오해가 있다는 점은 사실이라고 생각된다.

17 남수영(2013), 「반야중관경론에서 무상정등각과 열반의 성취」, pp.277~278.

에서 anuttara란 '위가 없는, 최고의'라는 의미이고, samyak란 '바른, 올바른'이라는 의미이며, sambodhi는 '완전한 깨달음'이라는 의미이다. 그러므로 무상정등각이란 '최고의 올바르고 완전한 깨달음'이라는 의미가 된다.

본래 초기불교에서 무상정등각은 '사성제에 대한 최고의 올바르고 완전한 깨달음'을 의미하는 용어였지만, 『대지도론』에서 무상정등각은 초기불교와는 다소 다른 용어, 다소 다른 의미로 사용된다. 『대지도론』은 이렇게 말한다.

> 일체종지一切種智를 얻는다고 함은 이른바 아뇩다라삼먁삼보리를 얻는 것이며, 6바라밀이라 함은 초지로부터 7지까지는 무생인법無生忍法을 얻고, 8지, 9지, 10지에서는 부처님의 지혜에 깊이 들어가 일체종지를 얻고 작불作佛하여, 일체법에 대하여 자재를 얻는 것이니, 모두가 마땅히 (반야를) 받아 지니며 나아가 꽃과 향과 노래로 (공양하여야) 한다.[18]

이 인용문으로부터 다음과 같은 사실을 알 수 있다. 즉 『대지도론』에서 무상정등각은 '일체종지'라고 불리웠으며, 수행자는 일체종지를 얻음으로써 불지佛地에 도달한다고 생각하였다는 것이다. 그렇다면 일체종지란 무엇을 의미하는 것일까? 『대지도론』은 이렇게 말한다.

---

18 『대지도론』(대정장 제25권, p.753c), "得一切種智者. 所謂得阿耨多羅三藐三菩提. 六波羅蜜者. 從初地乃至七地得無生忍法. 八地九地十地是深入佛智慧. 得一切種智成就作佛. 於一切法得自在者. 皆應受持乃至華香妓樂."

[문] 일체지一切智와 일체종지一切種智는 어떤 차별이 있는가?

[답] 어떤 사람은 말하기를 '차별이 없다. 때로는 일체지라고 하기도 하고, 때로는 일체종지라고 하기도 한다.'고 한다. ①어떤 사람은 '말하기를 '총상總相이 일체지요, 별상別相이 일체종지이다. ②원인이 일체지요, 결과가 일체종지다, ③간략하게 말하는 것이 일체지요, 넓게 말하는 것이 일체종지이다.'라고 한다. ④(또한) 일체지란 한꺼번에 일체법 가운데 있는 무명의 어둠을 깨뜨리는 것이요, 일체종지는 여러 가지 법문을 관하면서 여러 가지 무명을 깨뜨리는 것이다. 비유하면 ⑤일체지는 사제四諦를 설하는 것과 같고, 일체종지는 비유하면 사제의 뜻을 설하는 것과 같다. ⑥일체지는 고제苦諦를 설하는 것과 같고, 일제종지는 팔고八苦의 모습을 설하는 것과 같다. ⑦일체지는 생의 고통을 설하는 것과 같고, 일체종지는 여러 종류의 중생이 곳곳에서 생을 받는 것을 설하는 것과 같다. 또한 ⑧일체법이란 안眼과 색色 내지 의意와 법法을 말한다. 여러 아라한과 벽지불도 또한 능히 총상總相으로 이 (일체법이) 무상, 고, 공, 무아 등이라고 안다. 이렇게 12처를 알기 때문에 일체지라고 한다. (그러나) 성문과 벽지불은 한 중생의 생처生處, 좋아하고 싫어하는 일, 업業의 많고 적음도 능히 별상別相으로 알지 못하고, 미래와 현재세에 대해서도 또한 (별상으로 알지 못하는데) 하물며 일체 중생을 알겠는가? (그들은) 한 염부제 가운데 금金의 이름조차 알지 못하는데, 하물며 삼천대천세계의 어떤 사물의 여러 가지 이름들, 즉 여러 천신들의 말이나 용龍의 말, 이와 같은 여러 가지 말로 금의 이름도 알지 못하는데, 하물며 금의 인연과 생처, 호오好

> 惡와 귀천을 알겠는가? (그들은) 복을 얻는 원인, 죄를 얻는 원인, 도를 얻는 원인과 같은 현재의 일도 알지 못하는데, 하물며 마음과 심소법心所法인 소위 선정과 지혜 등의 여러 법에 대해서겠는가? (그러나) 부처님은 여러 법의 총상과 별상을 남김없이 알기 때문에 일체종지라고 부른다.[19]

즉 『대지도론』에 의하면 일체종지는 일체지一切智와 차별하지 않고 동일한 의미로 사용되기도 하지만 차별해서 사용되기도 하는데, 그럴 경우 그 둘은 각각 다음과 같은 의미로 사용된다. 일체지란 일체법의 총상總相만 아는 성문과 벽지불의 지혜로서 일체법의 총상인 무상, 고, 공, 무아만을 알거나, 혹은 별상別相을 알더라도 남김없이 알지 못하여 일체법을 폭넓게 설명하지 못하는 것으로서, 예를 들면 사성제만 설하거나, 고성제만 설하거나, 출생의 고통만 설할 수 있는 지혜를

---

19 『대지도론』(대정장 제25권, pp.258c~259a), "問曰. 一切智一切種智. 有何差別. 答曰. 有人言無差別. 或時言一切智. 或時言一切種智. ① 有人言總相是一切智. 別相是一切種智. ② 因是一切智. 果是一切種智. ③ 略說一切智. 廣說一切種智. ④ 一切智者. 總破一切法中無明闇. 一切種智者. 觀種種法門破諸無明. ⑤ 一切智譬如說四諦. 一切種智譬如說四諦義. ⑥ 一切智者. 如說苦諦. 一切種智者. 如說八苦相. ⑦ 一切智者. 如說生苦. 一切種智者. 如說種種衆生處處受生. ⑧ 復次一切法名眼色乃至意法. 是諸阿羅漢辟支佛. 亦能總相知 無常苦空無我等. 知是十二入故. 名爲一切智. 聲聞辟支佛 尙不能盡別相知 一衆生生處 好醜事業多少. 未來現在世亦如是. 何況一切衆生. 如一閻浮提中金名字. 尙不能知. 何況三千大千世界. 於一物中種種名字 若天語若龍語. 如是等種種語言 名金尙不能知. 何況能知金 因緣生處 好惡貴賤 因而得福 因而得罪 因而得道. 如是現事尙不能知. 何況心心數法. 所謂禪定智慧等諸法. 佛盡知諸法 總相別相故. 名爲一切種智."

말한다.

한편 일체종지란 일체법의 총상과 별상을 남김없이 완전하게 아는 불타의 지혜로서, 일체법의 총상인 무상, 고, 공, 무아를 아는 동시에, 일체 중생에 대해서 그들의 생처生處, 좋아하고 싫어하는 일, 업業의 많고 적음을 별상別相으로 알고, 삼천대천세계 모든 사물의 여러 가지 이름들을 천신들의 말이나 용龍의 말로 알고, 그것들의 인연, 생처生處, 호오好惡, 귀천을 알고, 복을 얻는 원인, 죄를 얻는 원인, 도를 얻는 원인과 같은 현재의 일을 남김없이 알고, 나아가 심법과 심소법에 해당하는 선정과 지혜 등 여러 법의 별상을 남김없이 알아서, 일체법을 폭넓게 설명할 수 있는 것이라는 것이다.

이로부터 『대지도론』에서 무상정등각(=일체종지, 아뇩다라삼먁삼보리)은 '일체법의 총상과 별상을 남김없이 아는 불타의 지혜'를 의미하는 것으로서 초기불교보다 넓은 의미로 사용되었음을 알 수 있다.[20]

---

20 중관학파에서 일체종지가 일체법의 총상과 별상을 남김없이 아는 지혜를 의미한다고 해도 그것이 반드시 개념적, 언어적 이해로만 구성되어 있다고 생각할 수는 없다.

왜냐하면 월칭은 『입중론』 제6장 제1송에서 '(제6)현전지現前地에 도달한 보살은 연기의 진실을 관하면서 반야에 머물기 때문에 지각과 대상의 소멸을 획득하게 된다.'고 말하기 때문이다. 그럴 경우 중관학파에서 일체법의 총상總相, 즉 일체법이 공이라는 진실을 아는 지혜는 개념적 언어적 이해가 아니라 직관적인 형태로 얻어진다고 생각된다.

또 일체법의 별상이라고 해도 그것이 반드시 개념적, 언어적 형태로 학습되는 것이라고 생각하기는 힘들다. 왜냐하면 불타가 일체법의 별상을 모두 아는 것은 그가 다양한 선정禪定 속에서 오신통五神通과 사무애해四無礙解 등의 지혜를 얻었기 때문이라고 생각되기 때문이다.

그리고 여기서 다시 대승 보살이 자신의 열반을 뒤로 미루고 무상정등각의 성취를 서원하였던 이유도 알 수 있게 된다.

즉 대승 보살의 서원은 모든 중생을 걸림 없이 제도하는 것이고, 그와 같은 서원은 일체법의 총상만 알아서 되는 것이 아니라, 일체법의 총상과 별상을 남김없이 아는 일체종지를 성취함으로써 가능해진다. 그러므로 대승의 보살은 자신의 열반을 뒤로 미루고 일체법을 총상과 별상으로 남김없이 아는 무상정등각의 성취를 수행의 최고 목적으로 삼았다는 것이다.[21]

또 『중송』 제18장 제3송과 제9송에 대한 월칭의 주석에 의하면 희론이란 '무자성이고 공이기 때문에 언어로 표현될 수 없는 사물들을 언어를 통해서 표현함으로써, 여러 가지 의미들을 확산시키는 것'을 의미하고, 중송 제23장 제1송과 중송 제18장 제4송에 대한 월칭의 주석에 의하면 분별이란 '희론에 근거해서 무자성이고 공인 사물들을 청정이라든가 부정, 혹은 자아라든가 아소我所라고 전도하여 올바르지 못하게 생각하는 것'을 의미한다.

그럴 경우 중관학파에서 설하는 무희론과 무분별은 '일체법은 무자성 공이기 때문에 언어로 표현할 수 없는 것이고, 따라서 일체법을 청정淸淨이나 부정, 자아나 아소我所 등이라고 말하거나 분별하지 않는 것'이라고 해석할 수 있다. 그러므로 용수가 『중송』 제18장 제5송에서 '희론과 분별의 소멸'을 언급한다고 해도, 그가 언급하는 무희론과 무분별의 상태가 반드시 유식학파에서 언급하는 것과 같은 '소취와 능취의 비존재 상태'로 귀착된다고 단정하기는 힘들다. 이처럼 중관학파는 선정을 중요하게 생각하면서도 유식학파처럼 소취와 능취가 모두 사라져 버린 상태를 강조하지는 않는다는 점에서 유식학파와의 차별성이 발견된다. 남수영(2012), 「용수의 중송에서 고통의 발생과 소멸」, 230~232쪽 참조.

21 남수영(2013), 「반야중관경론에서 무상정등각과 열반의 성취」, pp.283~285.

3. 무상정등각의 성취를 위한 세 가지 조건

중관학파에 따르면 보살이 무상정등각을 성취하려면 자비심, 보리심, 반야지라는 세 가지 조건을 갖추어야 한다. 왜냐하면 용수는 『보행왕정론』에서 이렇게 말하기 때문이다.

> 그 (무상보리無上菩提의) 뿌리는 산왕山王처럼 견고한 보리심과 모든 방향으로 퍼져가는 비심悲心과 '둘에 의지하지 않는 지혜'입니다. (『보행왕정론』 2-74[22])

여기서 '무상보리無上菩提'란 무상정등각을 의미한다. 왜냐하면 그것은 아뇩다라삼먁삼보리(anuttara-samyak-sambodhi)의 의역 음역 복합어인 무상정등보리無上正等菩提의 줄임말이기 때문이다.

한편 위의 게송에서 '보리심菩提心'이란 '무상정등각을 성취하고자 하는 마음'을 말하고, '비심悲心'이란 '중생들의 고통을 없애주고자 하는 자비심'을 말한다. 그리고 '둘에 의지하지 않는 지혜'란 '유有와 무無에 의지하지 않는 지혜', 즉 '일체법이 공임을 아는 반야의 지혜'를 말한다.[23]

---

22 de yi rtsa ba byang chub sems /
ri dbang rgyal po ltar brtan dang /
phyogs mthas gtugs pa'i snying rje dang /
gnyis la mi brten ye shes lags // RĀ, 2-74 //

23 남수영(2016), 「용수의 중관사상에서 중도 개념 재검토」, pp.142~144.

이로부터 중관학파는 자비심, 보리심, 반야지가 무상정등각 성취를 위한 세 가지 조건이라고 생각하였음을 알 수 있다. 그런데 『대지도론』은 이렇게 말한다.

> 자비는 불도佛道의 근본이다. 그것은 무슨 이유인가? 보살은 중생이 노병사의 고통, 몸의 고통, 마음의 고통, 금생의 고통, 후생의 고통 등 여러 고통으로 괴로워하는 것을 보고 대자비심을 일으켜 이와 같은 고통에서 구하고자 한다. 그런 후에 무상정등각無上正等覺을 얻고자 발심한다. 이것 또한 자비의 힘 때문이다.[24]

즉 보살은 중생이 노병사 등 각종 고통으로 괴로워하는 것을 보고, 중생들을 그 고통에서 구하고자 자비심을 일으키고, 그런 자비심에 따라 무상정등각을 성취하고자 서원을 세운다는 것이다.

그중에서 무상정등각을 성취하고자 하는 서원의 마음이 바로 보리심이다. 이와 같은 『대지도론』의 언급으로부터 중관학파는 자비심이 보리심의 뿌리라고 생각하였음을 알 수 있다. 그런데 용수는 또 『보행왕정론』에서 이렇게 말한다.

> 이들 (자비와 육바라밀의) 일곱 가지 법法을 남김없이 완성하는
> 자는

---

24 『대지도론』(대정장 제25권, p.256c), "慈悲是佛道之根本. 所以者何. 菩薩見衆生老病死苦身苦心苦今世後世苦等諸苦所惱. 生大慈悲救如是苦. 然後發心求阿耨多羅三藐三菩提. 亦以大慈悲力故."

불가사의한 지혜의 경계인 불지佛地에 오르게 됩니다. (『보행왕정론』 5-39[25])

즉 보살은 자비와 육바라밀이라는 일곱 가지 법을 완성함으로써 불지佛地에 오르게 된다는 것이다. 이로부터 중관학파는 중생들에 대한 자비심 때문에 보리심을 일으킨 보살이 다시 육바라밀을 닦으며, 보살은 자비와 육바라밀이라는 일곱 가지 법을 완성함으로써 무상정등각을 성취하여 불지에 도달하게 된다고 생각하였음을 알 수 있다.

그럴 경우 자비와 육바라밀이라는 일곱 가지 법의 완성에 결정적인 역할을 하는 것이 바로 반야지이다. 용수는 『중송』과 『보행왕정론』에서 이렇게 말한다.

업과 번뇌의 소멸로부터 해탈이 있다. 업과 번뇌는 분별分別로부터 (일어나고),
그 (분별)들은 희론戱論으로부터 (일어난다). 그러나 희론은 공성空性에서 소멸한다. (『중송』 18-5[26])
믿음에 의해서 팔난八難에 떨어지지 않고, 계율에 의해서 선취善趣로 가게 됩니다.
공성空性을 닦음으로써 일체법에 대한 무집착無執着을 성취할 수

---

25 saptabhiḥ sakalais tv ebhir yugapat pāram āgataiḥ /
acintya-jñāna-viṣayaṃ lokanāthatvam āpyate // RĀ, 5-39 //

26 karma-kleśa-kṣayān mokṣaḥ karma-kleśā vikalpataḥ /
te prapañcāt prapañcas tu śūnyatāyāṁ nirudhyate // MMK, 18-5 //

있습니다. (『보행왕정론』 3-87[27])

악을 버리고 선을 지키는 것이 번영에 이르는 법이며,

지혜에 의하여 집착執著을 영원히 끊는 것이 해탈에 이르는 법입니다. (『보행왕정론』 3-30[28])

위에서 인용한 『중송』 및 『보행왕정론』의 게송과 『중송』에 대한 월칭의 주석을 보면 다음과 같은 사실을 알 수 있다. 즉 용수는 공성의 자각 즉 일체법이 공임을 아는 반야지가 보살을 일체법의 자성에 대한 무인식無認識으로 인도하고, 보살은 그와 같은 일체법의 자성에 대한 무인식을 통해서 일체법에 대한 희론, 분별, 번뇌, 업, 집착의 완전한 소멸인 해탈을 성취하게 된다고 생각하였다는 것이다.[29]

그와 함께 용수는 반야지가 보살을 일체법의 자성에 대한 무인식으로 인도하여, 보시와 지계 등 일체법에 대한 희론, 분별, 번뇌, 업, 집착을 모두 제거함으로써, 보시와 지계 등 여섯 가지 보살행을 청정하고 완전한 육바라밀로 변모시킨다고 생각하였다. 그러므로 용수와

---

27 dad pas mi khom 'gro mi 'gyur /
khrims kyis 'gro ba bzang por 'gro /
stong pa nyid la goms pa yis /
chos rnams kun la chags med 'thob // RĀ, 3-87 //

28 skyon spangs yon tan 'dzin pa ni /
mngon par mtho ba pa yi chos /
shes pas 'dzin pa spangs zad pa /
nges par legs pa pa yi chos // RĀ, 3-30 //

29 남수영(2016), 「용수의 중관사상에서 중도 개념 재검토」, pp.147~150.

『(대품)마하반야바라밀경』은 이렇게 말한다.

자비慈悲를 앞세우고, 지혜智慧로 청정해진 공덕을 설하는 그와 같은 대승을 사려 깊은 사람이라면 누가 비난하겠습니까? (『보행왕정론』 4-78[30])

"교시가여, 보살이 보시를 행할 때에 반야바라밀을 명도明導로 삼으면 능히 단나바라밀을 갖추게 된다. 보살이 지계를 행할 때에 반야바라밀을 명도로 삼으면 능히 시라바라밀을 갖추게 된다. 보살이 인욕을 행할 때에 반야바라밀을 명도로 삼으면 능히 찬제바라밀을 갖추게 된다. 보살이 정진을 행할 때에 반야바라밀을 명도로 삼으면 능히 비리야바라밀을 갖추게 된다. 보살이 선나를 행할 때에 반야바라밀을 명도로 삼으면 능히 선나바라밀을 갖추게 된다. 보살이 여러 법을 관할 때에 반야바라밀을 명도로 삼으면 능히 반야바라밀을 갖추게 된다."[31]

---

30 karuṇā-pūrvakāḥ sarve niṣyandā jñāna-nirmalāḥ / uktā yatra mahāyāne kas-tan-nindet-sacetanaḥ // RĀ, 4-78 //

31 『(대품)마하반야바라밀경』 제11권(대정장 제8권, p.293a), "憍尸迦. 菩薩摩訶薩行布施時. 般若波羅蜜爲作明導. 能具足檀那波羅蜜. 菩薩摩訶薩行持戒時. 般若波羅蜜爲作明導 能具足尸羅波羅蜜. 菩薩摩訶薩行忍辱時. 般若波羅蜜爲作明導能具足羼提波羅蜜. 菩薩摩訶薩行精進時. 般若波羅蜜爲作明導 能具足毘梨耶波羅蜜. 菩薩摩訶薩行禪那時. 般若波羅蜜爲作明導 能具足禪那波羅蜜. 菩薩摩訶薩觀諸法時. 般若波羅蜜爲作明導能具足般若波羅蜜."

이처럼 용수는 『보행왕정론』 제4-78송에서 자비를 바탕으로 해서 행해진 보살행의 공덕이 '지혜'에 의해서 청정해진다고 말하고, 『(대품)마하반야바라밀경』은 보살이 보시로부터 지혜에 이르는 보살행을 행할 때, 반야바라밀을 명도로 삼으면 육바라밀을 갖추게 된다고 말한다.

즉 보살이 보시와 지계 등 여섯 종류의 보살행을 행할 때, 반야지를 바탕으로 하여 그것들의 자성을 인식하지 않고, 나아가 보시와 지계 등에 대한 희론, 분별, 번뇌, 업, 집착을 일으키지 않는다면, 비로소 청정하고 완전한 육바라밀을 성취했다고 말할 수 있다는 것이다.

이와 같은 인용문들로부터 중관학파는 반야지가 일체법의 자성을 인식하지 않도록 하여, 여러 법에 대한 희론, 분별, 번뇌, 업, 집착을 소멸함으로써, 보살의 보살행을 '청정하고 완전한 보살행'으로 변모시킨다고 생각하였음을 알 수 있다.

중관학파가 '무집착의 보살행'을 '청정하고 완전한 보살행'이라고 생각했던 이유는 사성제에서 발견된다. 사성제의 가르침에 따르면 갈애와 집착의 소멸은 열반의 특징이고, 열반은 모든 번뇌의 더러움을 떠난 청정하고 완전한 것이다. 용수는 그와 같은 불타의 가르침에 따라 '무집착의 보살행'이야말로 '청정하고 완전한 보살행'이라고 생각했던 것이다.[32]

이로부터 중관학파에서 '자비와 육바라밀을 완성한 자'란 '무집착의 자비와 무집착의 육바라밀을 실천하는 자'를 의미함을 알 수 있다.

---

32 남수영(2016), 「용수의 중관사상에서 중도 개념 재검토」, pp.150~153.

그리고 그와 같은 무집착의 자비와 무집착의 육바라밀 실천은 반야의 지혜를 바탕으로 자비와 육바라밀의 자성을 인식하지 않음으로써, 그 일곱 가지 법에 대한 희론, 분별, 번뇌, 업, 집착을 소멸함으로써 가능해진다.

요컨대 중관학파에 의하면 자비는 보리심의 뿌리가 되고, 반야지는 자비와 육바라밀이라는 일곱 가지 법을 무집착의 자비와 무집착의 육바라밀로 완성시킴으로써 무상정등각의 성취를 가능하게 한다. 여기서 용수가 자비심, 보리심, 반야지를 무상정등각 성취를 위한 세 가지 조건이라고 말한 이유를 알 수 있게 된다.

4. 중관학파에서 무상정등각의 성취과정

용수는 『보행왕정론』에서 보살은 자비와 육바라밀을 완성함으로써 불지佛地에 오른다고 말하지만, 월칭은 『입중론』에서 보살이 제1환희지로부터 제10법운지에 이르는 10지地의 여러 단계들을 거치면서 십바라밀을 완성함으로써 불지에 오른다고 말한다.

그러나 중관학파에서 육바라밀과 십바라밀은 서로 다른 것이 아니다. 왜냐하면 월칭은 방편方便, 서원誓願, 력力, 지智의 사바라밀이 반야바라밀과 다른 것이 아니라고 말하기 때문이다.[33]

이제 월칭의 『입중론』에 따라 중관학파에서 무상정등각의 성취과정을 살펴보면 다음과 같다. 십지의 첫 번째 단계는 제1환희지歡喜地이

---

33 『入中論』, 瓜生津隆眞, 中澤中譯(2012), p.301.

다. 월칭은 『입중론』에서 이렇게 말한다.

> 이 불자의 마음은 중생들을 해탈시키기 위한 자비로 가득차서, (그 마음을) 보현의 서원에 회향하고서 환희에 머문다. 그것을 제1(환희)지라고 한다. (1-4cd, 1-5ab[34])
> 그때 그 (제1환희지)에서 그 (보살)은 무상보리의 첫째 원인인 보시(바라밀)에 뛰어나게 된다. (1-9ab[35])

즉 보살은 중생을 위한 자비로 가득차서 자신의 마음을 보현보살의 10대 서원에 회향하고서 환희를 일으키기 때문에 이 단계를 제1환희지라고 부른다. 혹은 이 단계에서 보살은 여래의 집안에 들어간 것을 기뻐하면서 환희하기 때문에 제1환희지라고 부른다.[36]

---

34 rgyal ba'i sras po 'di yi sems gang 'gro ba rnams /
rnam par grol bar bya phyir snying rje'i dbang gyur zhing / MĀ, 1-4cd.
kun tu bzang po'i smon lam rab bsngos dga' ba la /
rab tu gnas pa de ni dang po zhes bya'o / MĀ, 1-5ab.

35 de tse de la rdzogs sangs byang chub rgyur /
dang po sbyin pa nyid ni lhag par 'gyur / MĀ, 1-9ab.

36 설일체유부에 의하면 수행자는 삼현三賢과 사선근四善根으로 구성되어 있는 일곱 가지 방편도의 마지막 순간에 사성제에 대한 지성적知性的인 깨달음을 성취함으로써 견도見道에 진입하게 된다. 견도에 진입한 수행자는 16찰나에 걸쳐서 견소단의 번뇌를 끊는데 15찰나까지를 예류향預流向, 16찰나에 이르러 견소단見所斷의 번뇌를 모두 끊은 수행자를 예류과預流果라고 부른다. 그런 후에 수소단修所斷의 번뇌를 끊는 단계가 일래향, 일래과, 불환향, 불환과, 아라한향의 단계이다. 그리고 최후로 일체의 번뇌를 모두 끊고 아라한과에 도달하여 사성제에 대한 완전한 깨달음을 성취하여 윤회에서 벗어나 해탈하게 된다고 한다.

그리고 보살은 이 제1환희지의 단계에서 육바라밀의 첫 번째인 동시에 무상정등각의 첫 번째 원인인 보시바라밀을 집중해서 닦는다는 것이다. 십지의 두 번째 단계는 제2이구지離垢地이다. 월칭은 『입중론』에서 이렇게 말한다.

> 그 보살은 원만한 계율의 공덕을 지니기 때문에 꿈에서도 파계의 더러움을 끊는다.
> (그 보살은) 신구의의 (삼)업을 청정하게 하고, 청정한 업도를 충분히 적집한다. (『입중론』 2-1[37])
> (그러나) 만약 청정한 계율의 자성을 본다면, 그것은 지계 청정이 아니다. (『입중론』 2-3ab[38])

월칭에 의하면 설일체유부의 예류향은 중관학파의 경우 환희지의 보살에 해당한다고 한다. 다만 『입중론』에 의하면 중관학파에서 환희지의 보살은 사성제에 대한 지성적인 깨달음 때문이 아니라, 중생들을 위한 자비심 때문에 보리심을 일으켜 불자가 되었기 때문에 환희한다고 말한다. 그러므로 중관학파에서 '범부에서 성자로의 전환'은 보리심이 기준이며, 그럴 경우 그 전환은 '범부에서 성자로의 전환'이라기보다는 '범부에서 보살로의 전환'이라고 부르는 것이 더 정확할 것이다.

한편 월칭의 『입중론』이나 연화계의 『수습차제』를 보면 중관학파의 수행단계설에서 타 학파와의 통합 흔적은 잘 발견되지 않으며, 견도와 수도 등의 용어도 잘 발견되지 않는다. 권오민(2003), 『아비달마불교』, 248~253쪽, 264~265쪽. 瓜生津隆眞, 中澤中譯(2012), 『入中論』, 90쪽 참조.

37 de tshul phun tshogs yon tan dag ldan phyir /
rmi lam du yang 'chal khrims dri ma spangs /
lus ngag yid kyi rgyu ba dag gyur pas /
dam pa'i las lam bcu car sogs par byed / MĀ, 2-1.

즉 보살은 이 단계에서 파계의 더러움을 떠나 있기 때문에 제2이구지라고 부른다. 그리고 보살은 이 제2이구지의 단계에서 계율을 지키고 십선업도를 지키지만,[39] 그것의 자성을 분별하면 그것은 청정한 지계가 아님을 알기 때문에, 청정한 계율에 자성이 있다고 분별하지 않는다는 것이다. 십지의 세 번째 단계는 제3발광지發光地이다. 월칭은 『입중론』에서 이렇게 말한다.

(여기서는) 대상이라는 땔감을 남김없이 태우는 (지혜의) 불빛이 일어나기 때문에, 이 제3지는
발광(지)라고 한다. 그 때 그 보살에게 아침의 태양 같은 (지혜의) 빛이 나타난다. (『입중론』 3-1[40])
만약 어떤 매우 무도한 사람이 그의 몸에서 뼈와 살을 함께 오랜 (시간) 동안,
저울질하면서 하나하나 잘라내도 그의 인욕은 결정적으로 더욱 일어난다. (『입중론』 3-2[41])

---

38 gal te de ni khrims dag rang bzhin lta /
de phyir de ni tshul khrims dag mi 'gyur / MĀ, 2-3ab.

39 십선업도란 불살생, 불투도, 불사음, 불망어, 불기어, 불악구, 불양설, 무탐, 무진, 무치를 말한다.

40 shes bya'i bud shing ma lus sreg pa'i me /
'od 'byung phyir na sa ni gsum pa 'di /
'od byed pa stebde gshegs sras de la /
de tshe nyi ltar zangs 'dra'i snang ba 'byung / MĀ, 3-1.

41 gal te gnas min 'khrugs pa 'ga' yis de'i /
lus las sha ni rus bcas yun ring du /

무소득이라면 그것이야말로 출세간의 바라밀이라고 설해진다. (『입중론』 3-10cd[42])

즉 보살이 보시와 지계를 바탕으로 선정을 닦을 때, 아침노을같이 적정한 무아를 아는 지혜의 불꽃이 처음으로 일어나기 때문에 이 단계를 제3발광지라고 한다. 그는 무아의 지혜를 바탕으로 인욕바라밀에 정진하며, 무아의 지혜를 바탕으로 자신의 자성을 인식하지 않기 때문에, 잔인한 사람이 핍박해도 화를 내지 않고 인욕바라밀에 정진한다는 것이다. 월칭은 또 이렇게 말한다.

거기서 보살은 선정과 신통을 얻고, 탐욕과 진에가 완전히 소멸한다.
또 (그 보살은) 세간 사람들이 항상 애착하는 탐욕을 소멸한 자가 된다. (『입중론』 3-11[43])
월칭석(3-11): 그와 같이 그 보살은 욕계의 탐욕을 완전히 소멸하는 것이 가능하게 된다. 그러므로 그 보살은 제3보살지에서 청정한

---

srang re re nas bcad par gyur kyang de'i /
bzod pa gcod par byed la lhag par skye / MĀ, 3-2.

42 dmigs pa med na de nyid sangs rgyas kyis /
'jig rten 'das pa'i pha rol phyin zhes bstan / MĀ, 3-10cd.

43 sa der rgyal sras bsam gtan mngon shes dang /
'dod chags zhe sdang yongs su zad par gyur /
des kyang rtag tu 'jig rten pa yi ni /
'dod pa'i 'dod chags 'joms par nus par 'gyur / MĀ, 3-11.

> 인욕바라밀, (사)선정, (사)무량, (팔)등지等至, (오)신통을 얻어 탐욕 등이 완전히 소멸함에 의심이 없다.[44]

즉 그 보살은 이 제3발광지의 단계에서 인욕과 함께 선정을 닦아 사선(=초선, 이선, 삼선, 사선), 사무량(=자, 비, 희, 사), 팔등지(=사선정과 사무색정), 오신통(=천안통, 천이통, 타심통, 숙명통, 신족통)을 성취하여 탐욕 등이 완전히 소멸하게 된다는 것이다. 십지의 네 번째 단계는 제4염혜지焰慧地이다. 월칭은 『입중론』에서 이렇게 말한다.

> 모든 공덕은 정진을 동반한다. 복덕과 지혜라는 두 가지 자량의 원인인
> 정진에 불타는 그의 제4지가 염혜(지)이다. (『입중론』 4-1[45])
> 거기서 보살은 완전한 (37)보리분을 수습하기 때문에,
> 아침 태양보다 뛰어난 (지혜의) 빛이 발생한다. (4-2abc[46])

---

44 / de ltar rgyal ba'i sras po de ni 'jig rten gyi 'dod pa'i 'dod chags 'joms par nus par 'gyur ro // de ltar na byang chub sems dpa' 'dis byang chub sems dpa'i sa gsum par / bzod pa'i pha rol tu phyin pa rnam par dag pa dang bsam gtan dang tshad med pa dang snyoms par 'jug pa dang mngon par shes pa dang 'dod chags la sogs pa yongs su zad pa gdon mi za bar thob par 'gyur ro zhes bstan nas / MĀ, pp.61(15)~62(1).

45 yon tan ma lus brtson 'grus rjes 'gro zhing /
bsod nams blo gros tshogs ni gnyis kyi rgyu /
brtzon 'grus gang du 'bar bar 'gyur ba yi /
sa de bzhi pa 'od ni 'phro ba'o / MĀ, 4-1.

46 der ni bde gshegs sras la rdzogs pa yi /

즉 보살은 이 단계에서 37보리분법의 수습에 정진하여 제3발광지보다 더욱 밝은 지혜의 불꽃이 일어나기 때문에 제4염혜지라고 한다. 보살은 제3발광지에서 사선, 사무량, 팔등지, 오신통을 얻고, 탐욕 등이 완전히 소멸한다.

그러나 보살은 그 다음 단계인 제4염혜지에서도 방일하지 않고 사념처, 사정근, 사신족, 오근, 오력, 칠각지, 팔정도 등 깨달음 성취의 원인이 되는 37보리분법의 수행에 정진하여 제3발광지보다 더욱 밝은 지혜의 불꽃이 일어나게 된다는 것이다.

십지의 다섯 번째 단계는 제5난승지難勝地이다. 월칭은 『입중론』에서 이렇게 말한다.

> (제5)난승지에서는 여러 마왕들도 저 위대한 (보살)을 이기지 못한다.
> (그는) 선정에 뛰어나 선혜제善慧諦의 미세한 본질에 대한 이해에도 매우 정통하게 된다. (『입중론』 5-1cd[47])
> 월칭석(5-1cd): (제5난승지)에서는 10바라밀 가운데 선정바라밀에 특히 뛰어나다. 선혜란 여러 성자들이다. 그들의 진리가 선혜제이다. 사성제들이라는 의미이다. 본질이란 자체이다. 미세한 지혜

---

byang chub phyogs lhag bsgoms pa las skyes pa'i /
snang ba zangs kyi 'od pas lhag 'byung zhing / MĀ, 4-2abc.

47 bdag nyid che de bdud rnams kun gyis kyang /
sbyang dka'i sa la pham par nus ma yin /
bsam gtan lhag cing blo bzang bden rang bzhin /
zhib mo rtogs la'ang shin tu mkhas pa thob / MĀ, 5-1.

> 에 의해서 알아야 하는 본질이 미세한 본질이다. 그 (보살)은 (제5난승지에서) 선혜제들 자체에 대한 미세한 지혜에 더욱 정통하게 된다.[48]

즉 보살은 이 제5난승지의 단계에서 더욱 정진하여 선정바라밀에 뛰어나게 되고, 선혜제, 즉 사성제의 지혜에 더욱 정통하게 되기 때문에 마왕들도 그를 이기지 못하게 된다는 것이다. 십지의 여섯 번째 단계는 제6현전지現前地이다. 월칭은 『입중론』에서 이렇게 말한다.

> (제6)현전지에 도달하여 선정에 머물러, 불타의 완전한 가르침을 분명하게 보면서,
> 연기의 진실을 관하는 (보살)은 반야에 머물기 때문에 (지각과 대상의) 소멸[49]을 획득하게 된다. (『입중론』 6-1[50])

---

48 / de la pha rol tu phyin pa bcu las bsam gtan gyi pha rol tu phyin pa nyid ches lhag par 'gyur ro // blo bzang zhes bya ba ni 'phags pa rnams so // de dag gi bden pa rnams ni blo bzang bden pa ste / 'phags pa'i bden pa rnams zhes bya ba'i don to // rang bzhin ni rang gi ngo bo'o // shes pa zhib mos khong du chud par bya ba'i rang bzhin ni rang bzhin zhib mo ste / de ni blo gros bzang po'i bden pa rnams kyi rang gi ngo bo phra mo shes pa la cher mkhas par 'gyur ro / MĀ, p.69(11-18).

49 『入中論』, 瓜生津隆眞, 中澤中譯(2012), p.278 각주 85.

50 mngon du phyogs pa mnyam gzhag sems gnas te /
rdzogs pa'i sangs rgyas chos la mngon phyogs shing /
'di rten 'byung ba'i de nyid mthong ba de /
shes rab gnas pas 'gog pa thob par 'gyur / MĀ, 6-1.

월칭석(6-1): 보살의 제5(난승)지에서 청정한 선정바라밀을 획득하고, 제6(현전)지에서 평등한 선정(禪定, samāhita)[51]에 머물면서 심오한 연기의 진실을 관하는 보살은 청정한 반야바라밀에 의하여 (지각과 대상의) 소멸을 얻게 되며, 앞의 (제5난승지의) 단계에서 (지각과 대상의) 소멸을 얻는 것이 아니다. 왜냐하면 뛰어난 지혜가 없기 때문이다. 수승한 보시바라밀의 발생이나 소유에 의해서는 (지각과 대상의) 소멸을 얻을 수 없다. 보살들은 영상과 같은 법성法性에 정통하기 때문에, 다섯 보살지에서 도제道諦를 대상으로 하기 때문에, 그리고 온전한 불법佛法이 분명하게 현현하기 때문에, 이 단계를 현전現前이라고 부른다.[52]

즉 여기서는 연기의 진실이 보살에게 생생하고 완전하게 현현하기

---

51 samāhita 정定의 일명으로 등인等引이라 번역함. 등等은 혼침惛沈과 도거掉擧를 여의어 마음을 평등케 하는 것이고, 거기서 모든 공덕이 일어나므로 인引이라 한다.

52 / byang chub sems dpa'i sa lnga par bsam gtan gyi pha rol tu phyin pa yongs su dag pa thob pas sa drug par mnyam par gzhag par sems la gnas shing rten cing 'brel par 'byung ba zab mo'i de nyid mthong ba'i byang chub sems dpa' ni shes rab kyi pha rol tu phyin pa yongs su dag pas 'gog pa thob par 'gyur gyi snga rol du ni ma yin te / shes rab lhag par gyur pa med pa'i phyir te / sbyin pa la sogs pa pha rol tu phyin pa phul du byung ba dang ldan pas ni 'gog pa thob par mi nus so // gzugs brnyan dang 'dra ba'i chos nyid khong du chud pa'i phyir dang / byang chub sems dpa' rnams kyis byang chub sems dpa'i sa lnga par lam gyi bden pa la dmigs pa'i phyir dang / rdzogs pa'i sangs rgyas kyi chos la mngon du phyogs pa'i phyir na sa 'di la mngon du gyur ba zhes bya'o / MĀ, p.73(6-16).

때문에 이 단계를 제6현전지라고 부른다. 보살은 이 단계에서 지각과 대상의 소멸로부터 무희론, 무분별의 진실을 보게 되며, 사성제의 진실, 연기의 진실, 공의 진실, 비유비무의 진실, 인무아 법무아의 진실, 실재론의 오류, 16공과 4공 등 공성의 여러 가지 특징을 완전하고 생생하게 깨닫게 된다.

보살은 이 제6현전지에서 일체법이 공임을 분명하게 알기 때문에 일체법에 대한 희론과 분별, 번뇌와 집착을 모두 떠나 열반을 성취하는 것이 가능해진다. 그러나 보살은 중생들에 대한 자비심 때문에 자신의 열반을 뒤로 미루고 무상정등각의 성취를 위하여 정진한다. 『대지도론』은 이렇게 말한다.

> 묻는다. 삼해탈문에 들어간 것은 곧 열반에 도달한 것인데, 지금은 어째서 공과 무상과 무작으로 능히 성문과 벽지불의 지위를 지날 수 있다고 말하는가?
> 답한다. (그들은) 방편력이 없기 때문에 삼해탈문에 들어가면 곧바로 열반을 성취하게 된다. (그러나) 만약 방편력이 있다면 삼해탈문에 머물면서 열반을 보더라도, 자비심 때문에 곧 마음을 돌려서 (삼매에서) 일어나게 된다.
> 후품에서 설할 것처럼, 비유하자면 허공에 화살들을 쏘아 올려 서로 떠받치게 하여 땅에 떨어지지 않게 하는 것과 같다. 보살도 이와 같아서 지혜의 화살을 삼해탈의 허공에 쏘아 올려, 방편으로 나중의 화살을 이전의 화살에 쏘아서 열반의 땅에 떨어지지 않도록 한다.

이 보살은 비록 열반을 보지만 곧바로 지나쳐서 머물지 않고, 다시 아뇩다라삼먁삼보리라는 큰일을 바란다. (그러므로) '지금은 다만 볼 때이고 증득할 때가 아니다.'라고 이와 같이 마땅히 널리 설해야 한다. 만약 그 두 경지를 지나서 여러 법이 불생불멸임을 알면 그것을 아비발치지라고 한다.[53]

즉 성문과 벽지불은 방편의 힘이 없어서 공, 무상, 무원의 삼해탈문에 들어가면 곧바로 열반을 성취하지만, 보살은 방편의 힘을 갖추고 있기 때문에, 삼해탈문에 머물러 열반을 보면서도 중생에 대한 자비심 때문에 열반을 성취하지 않는다. 그것은 비유하자면 훌륭한 궁사가 하늘을 향해 화살을 쏘고, 다시 그 화살을 향해 화살을 쏘아 그 화살이 땅에 떨어지지 않도록 하는 것과 같다.

보살은 그와 같은 방편의 힘으로 삼삼매에 들어 열반에 근접해 있으면서도 열반의 성취를 뒤로 미루고, 자신의 서원에 따라 무상정등각의 성취를 위해 십바라밀의 수행을 계속 닦아 나간다는 것이다.[54] 월칭은『반야바라밀경』의 사고와 유사하게 반야바라밀, 즉 반야의

---

53 『대지도론』(대정장 제25권, pp.322c～323a), "問曰. 入三解脫門則到涅槃. 今云何以空無相無作. 能過聲聞辟支佛地. 答曰. 無方便力故 入三解脫門 直取涅槃. 若有方便力 住三解脫門見涅槃. 以慈悲心故 能轉心還起. 如後品中說. 譬如仰射虛空箭 箭相拄不令墮地. 菩薩如是. 以智慧箭仰射 三解脫虛空. 以方便後箭射前箭不令墮涅槃之地. 是菩薩雖見涅槃 直過不住 更期大事. 所謂阿耨多羅三藐三菩提. 今是觀時非是證時. 如是等應廣說. 若過是二地 知諸法不生不滅. 即是阿毘跋致地."

54 남수영(2013),「반야중관경론에서 무상정등각과 열반의 성취」, pp.279~280.

지혜가 보살의 다른 모든 공덕을 인도한다고 생각하였다.[55] 그는 『입중론』에서 이렇게 말한다.

> 마치 맹인의 무리를 눈 있는 사람 하나가 안락하게 바라는 장소로 인도하는 것처럼, 이 경우에도 지혜가 눈이 없는 공덕들을 뛰어난 곳으로 인도하는 것이다. (『입중론』 6-2[56])

즉 보살은 제6현전지에서 반야바라밀 즉 반야지를 완성하게 되며, 그와 같은 반야지는 보살의 수행에서 보시바라밀과 지계바라밀 등 여러 보살행을 무희론과 무집착의 청정하고 완전한 바라밀로 완성하도록 돕는다. 그리고 그것은 마치 눈 있는 어떤 한 사람이 장님의 무리를 원하는 곳으로 인도하는 것과 같다는 것이다. 십지의 일곱 번째 단계는 제7원행지遠行地이다.[57] 월칭은 『입중론』에서 이렇게 말한다.

---

55 『(대품)마하반야바라밀경』 제11권, 대정장 제8권, p.293a. 본 논문 각주 31 참조.

56 ji ltar long ba'i tshogs kun bde blag tu /
mig ldan skyes bu gcig gis 'dod pa yi /
yul du khrid pa de bzhin 'dir yang blos /
mig nyams yon tan blangs te rgyal nyid 'gro / MĀ, 6-2.

57 푸생의 교정본에 의하면 월칭은 제7원행지로부터 제10법운지를 다른 장章으로 구분하지 않고 설명한다. 그러나 우류즈류신(瓜生津隆眞)은 『입중론』을 번역하면서 보살지의 구분에 따라 장을 구분하였다. 따라서 그는 제7원행지를 설명하는 제7-1abc송은 제7-1송, 제8부동지를 설명하는 제7-1d송과 7-2ab송은 제8-1송, 제7-2cd송은 제8-2송으로 번역하였다. 그리고 제9선혜지를 설명하는 제7-4cd송은 제9-1송으로 제10법운지를 설명하는 제8-1송은 제10-1송으로 번역하였다.

(보살은) 이 (제7)원행(지)에서 매순간 (지각과 대상의) 소멸에 들어가
잘 타오르는 방편바라밀을 얻는다. (『입중론』 7-1abc[58])

월칭석(7-1): (지각과 대상의) 소멸에 입정하는 것은 최고의 진실에 입정하는 것이기 때문에, 진여로 소멸한 것이라고 말한다. 여기서 모든 희론이 소멸하기 때문이다. 보살은 이 제7원행지에서 제6지에서 얻어진 소멸에 매순간 입정하게 된다.[59]

월칭석(7-1): (여기서) 이 방편바라밀은 더욱 청정해진다. 그러나 지혜가 다른 모습으로 스며든 것이 방편, 서원, 력力, 지智바라밀이라고 이해해야 하며, (이 사바라밀은 반야바라밀과 다른 것이 아니다).[60]

즉 보살은 이 제7원행지의 단계에서 제6현전지에서 얻어진 진여에

본 논문은 제10법운지까지 그 둘을 모두 표시하였다.

58 ring du song ba 'dir ni skad cig dang /
skad cig la ni 'gog par 'jug 'gyur zhing /
thabs kyi pha rol phyin legs 'bar ba thob / MĀ, 7-1abc.

59 'gog pa la snyoms par 'jug pa ni yang dag pa'i mtha' la snyoms par 'jug pa yin pas / de bzhin nyid la 'gog pa zhes brjod de 'dir spros pa thams cad 'gag par 'gyur ba'i phyir ro / sa bdun pa ring du song ba 'dir ni sa drug pa thob pa'i 'gog pa de la byang chub sems dpa' skad cig dang skad cig la snyoms par 'jug par 'gyur te / MĀ, pp.342(17)~343(2).

60 'di'i thabs la mkhas pa'i pha rol tu phyin pa ches yongs su dag par yang 'gyur ro // shes rab nyid rnam pa khyad par du zhugs pa la thabs dang smon lam dang stobs dang ye shes zhes shes par bya ste / MĀ, p.343(8-11).

자주 입정하여 희론과 분별을 모두 소멸하고 여러 가지 방편을 얻게 된다. 여기서 방편이란 불법을 닦는 보살이 중생들을 깨달음으로 인도하기 위해 사용하는 각종 수단을 말한다.

보살은 반야의 지혜를 바탕으로 청정해진 다양한 방편을 사용하여 중생들을 깨달음으로 인도한다. 그럴 경우 방편과 서원 등의 사바라밀은 모두 지혜의 다른 형태이기 때문에 반야바라밀과 다른 것이 아니라는 것이다.[61] 십지의 여덟 번째 단계는 제8부동지不動地이다. 월칭은 『입중론』에서 이렇게 말한다.

> (보살은) 반복해서 (쌓았던) 이전의 선善보다 (더 큰) 것을 얻기 위하여,
> 불퇴전이 되는 곳, 그 (제8)부동(지)라는 위대한 본질로 들어간다.
> (『입중론』 7-1d, 7-2ab[62], 8-1[63])
> 그 서원은 매우 청정하게 되어, 승자들에 의해서 소멸로부터 건립된다. (『입중론』 7-2cd[64], 8-2[65])

---

61 여기서 중관학파는 육바라밀과 십바라밀을 서로 다른 것으로 생각하지 않는 것을 알 수 있다.

62 yang yang sngar dge las lhag thob bya'i phyir / MĀ, 7-1d.
gang du phyir mi ldog pa nyid 'gyur ba /
mi g-yo de la bdag nyid che de 'jug / MĀ, 7-2ab.

63 8-1은 瓜生津隆眞의 게송 번호임, 『입중론』, p.302.

64 'di yi smon lam shin tu dag 'gyur zhing /
rgyal ba rnams kyis 'gog las slong bar mdzad / MĀ, 7-2cd.

65 8-2는 瓜生津隆眞의 게송 번호임, 『입중론』, p.302.

월칭석(7-2cd, 8-2cd): 여기서 초발심에서 발생한 십대서원 등 그가 세웠던 십무수백천 서원들이 청정한 것이 되기 때문에 그의 서원바라밀은 더욱 뛰어난 것이 된다.[66]

(보살은) 윤회가 멈추어도 10자재를 얻게 되어 그것을 가지고, 윤회하는 중생들에게 본래의 다양한 본질을 보여주게 된다. (『입중론』 7-4ab[67], 8-4ab[68])

보살은 이 단계에서 반야지를 바탕으로 해서 원바라밀을 청정한 것으로 완성하고, 10자재를 얻어 불퇴전의 보살이 되기 때문에 제8부동지라고 부른다. 십자재란 수명자재壽命自在, 심자재心自在, 자구자재資具自在, 업자재業自在, 생자재生自在, 원자재願自在, 승해勝解자재, 신통神通자재, 지자재智自在, 법자재法自在를 말한다.

십지의 아홉 번째 단계는 제9선혜지善慧地이다. 월칭은 『입중론』에서 이렇게 말한다.

그 (보살)의 여러 가지 힘은 제9(선혜)지에서 완전히 청정하게

66 'dis sems dang po bskyed par gyur pa na smon lam chen po bcu la sogs pa smon lam 'bum phrag grangs med pa phrag bcu gang dag mngon par btab pa de dag 'di la yongs su dag par 'gyur bas 'di'i smon lam gyi pha rol tu phyin pa ches lhag par 'gyur ro / MĀ, pp.344(18)~345(1).

67 'khor ba 'gags kyang dbang rnams bcu po thob par gyur zhing de dag gis / srid pa'i 'gro bar rang gi bdag nyid sna tshogs ston par byed par 'gyur / MĀ, 7-4ab.

68 8-4ab는 瓜生津隆眞의 게송 번호임, 『입중론』, p.303.

되어,

(사) 무애해(四)無礙解의 법과 자신의 공덕의 완전한 청정도 얻는다. (『입중론』 7-4cd[69], 8-4cd, 9-1[70])

월칭석(7-4cd): 제9보살지에서는 보살의 력바라밀이 완전하게 청정해져서 무애해와 자신의 공덕에 대한 네 가지 청정을 얻는다. 그것은 법무애해法無礙解, 의무애해義無礙解, 사훈무애해辭訓無礙解, 변재무애해辯才無礙解이다. 법무애해에 의해서 일체법의 특성을 명료하게 안다. 의무애해에 의해서 일체법의 차별을 명료하게 안다. 사훈무애해에 의해서 여러 법을 혼동하지 않고 설명하는 것이 가능해진다. 변재무애해에 의해서 여러 법에 뒤따르는 원인을 남김없이 명료하게 안다.[71]

---

69 dgu pa la ni de'i stobs lta zhig mtha' dag rdzogs par dag 'gyur zhing / de bzhin yang dag rig chos rang gi yon tan yongs su dag pa'ang 'thob / MĀ, 7-4.

70 8-4cd, 9-1은 瓜生津隆眞의 게송 번호임, 『입중론』, p.305.

71 / byang chub sems dpa'i sa dgu par ni byang chub sems dpa'i stobs kyi pha rol tu phyin pa chos yongs su dag par 'gyur zhing so so yang dag par rig pa rang gi yon tan yongs su dag pa bzhi yang 'thob ste / chos so so yang dag par rig pa dang / don so so yang dag par rig pa dang / nges pa'i tsig so so yang dag par rig pa dang / spobs pa so so yang dag par rig pa'o // de la chos so yang dag par rig pas ni chos thams cad kyi rang gi mtshan nyid rab tu shes so // don so so yang dag par rigs pas ni chos thams cad kyi rnam par dbye bar rab tu shes so // nges pa'i tshig so so yang dag par rig pas ni chos rnams ma 'dres par ston pa rab tu shes so // spobs pa so so yang dag par rig pas ni chos rnams kyi mthun pa'i rgyu rgyun chad pa med pa nyid du rab tu shes so / MĀ, pp.348(15)~349(7).

즉 보살은 이 제9선혜지의 단계에서 력바라밀을 완성하여 사무애해와 자신이 갖추고 있는 여러 가지 공덕들을 청정하게 만든다. 그중에서 사무애해란 법무애해法無礙解, 의무애해義無礙解, 사훈무애해辭訓無礙解, 변재무애해辯才無礙解이다. 그는 법무애해에 의해서 일체법의 특성을 명료하게 알고, 의무애해에 의해서 일체법의 차별을 명료하게 알며, 사훈무애해에 의해서 여러 법을 혼동하지 않고 여러 가지 말로 설명하는 것이 가능해지고, 변재무애해에 의해서 여러 법에 뒤따르는 원인을 남김없이 명료하게 알고 설명하는 것이 가능해진다는 것이다.

십지의 열 번째 단계는 제10법운지法雲地이다. 월칭은 『입중론』에서 이렇게 말한다.

> 그 (보살)은 제10(법운)지에서 여러 부처님으로부터 청정한 관정을 받고 무상無上의 지혜가 생긴다.
> 비구름으로부터 비가 오는 것처럼, 보살도 중생들의 선과를 위하여 자연히 법의 비를 내린다. (『입중론』 8-1[72], 10-1[73])

즉 보살은 이 제10법운지의 단계에서 한량없는 삼매를 닦는데, 그 마지막 순간에 그의 지혜가 불타의 지혜와 다르지 않다는 관정을

---

72 bcu pa'i sa la de yis kun nas sangs rgyas rnams las dbang bskur ba / dam pa thob cing ye shes lhag par mchog tu 'byung bar 'gyur ba'ang yin / char sprin rnams las chu car 'bab pa ji ltar de bzhin 'gro rnams kyi / dge ba'i lo thog ched du rgyal sras las kyang lhun grub chos char 'bab / MĀ, 8-1.

73 10-1은 瓜生津隆眞의 게송 번호임. 『입중론』, p.306.

받고 마침내 불지佛地에 오르게 된다. 여기서 그의 지혜는 완전히 청정해져서 커다란 비구름이 힘들이지 않고 비를 뿌리는 것처럼, 여러 중생들의 선업을 키우기 위해 힘들이지 않고 성스러운 법의 비를 내린다는 것이다.

『대지도론』은 불타의 일체종지, 즉 무상정등각을 일체법의 총상과 별상을 남김없이 아는 지혜라고 말하지만,[74] 월칭은 『입중론』에서 불타를 법신法身, 수용신受用身, 등류신等流身으로 나누어 설명하고,[75] 그의 특징으로서 10력力, 즉 ① 처비처지력處非處智力, ② 업이숙지력業異熟智力, ③ 종종승해지력種種勝解智力, ④ 종종계지력種種界智力, ⑤ 근상하지력根上下智力, ⑥ 변취행지력遍趣行智力, ⑦ 지제선해탈삼매지력, ⑧ 숙명지력宿命智力, ⑨ 사생지력死生智力, ⑩ 누진지력漏盡智力을 제시한다.[76]

요컨대 중관학파에 의하면 제1환희지로부터 제10법운지에 이르는 열 단계의 수행 속에서 십바라밀을 완성하여 불타가 된 보살은 무상정등각(=일체종지), 삼신三身, 십력十力과 함께 사선四禪, 사무량四無量, 팔등지八等至, 오신통五神通, 37보리분법, 반야지(=사성제, 연기, 공 등에 대한 완전한 깨달음), 십자재十自在, 사무애해四無礙解, 십바라밀十波羅蜜 등의 여러 공덕을 갖추고 걸림 없이 중생을 제도한다고 생각하였

---

74 본 논문 제2장을 보라.

75 『入中論』, 瓜生津隆眞,中澤中譯(2012), pp.312~316.

76 『入中論』, 瓜生津隆眞,中澤中譯(2012), pp.316~330. 이처럼 『대지도론』과 『입중론』은 무상정등각을 서로 다르게 설명하는데, 그 구체적인 내용과 의미는 앞으로의 연구과제이다.

던 것이다.[77]

끝으로 월칭이 『입중론』에서 설하는 10지와 보살의 무상정등각

---

77 중관학파에서 가장 발달된 수행체계는 후기 중관학파의 논사인 연화계(蓮花戒, Kamalasila, 700~750경)의 『수습차제』에서 발견된다. 그 논서에 의하면 불지佛地, 즉 일체지자一切智者의 지위에 도달하고자 하는 수행자는 ①자비심과 ②보리심과 ③실천행의 세 가지에 힘써야 한다. 거기서 ③실천행은 다시 ㉮방편의 수습과 ㉯반야지의 성취로 구성되어 있다.
그 가운데 ㉮'방편의 수습'이란 5바라밀(보시, 지계, 인욕, 정진, 선정)과 사섭법(보시, 애어, 이행, 동사) 등 다양한 선교방편의 실천을 의미하고, ㉯'반야지의 성취'란 문사수聞思修를 통해서 일체법공, 혹은 불생不生의 진리를 아는 지혜를 성취하는 것을 의미한다. 그런 과정을 거친 후에 수행자는 신해행지信解行地와 십지十地의 여러 단계를 지나서 불지에 도달한다고 말한다.
중관학파의 수행체계에서 가장 중요한 특징은 반야지의 강조에서 발견된다. 『보행왕정론』 제5장 제39송에 의하면 보살은 자비와 육바라밀을 완성함으로써 불지에 오르게 된다고 하며, 같은 책 제4장 제78송에 의하면 보살의 공덕은 반야지에 의해서 청정해진다고 한다. 또 『중송』 제18장 제5송에 의하면 일체법이 공임을 아는 반야지는 일체법에 대한 희론, 분별, 번뇌, 업을 소멸시킨다고 한다.
이와 같은 『중송』과 『보행왕정론』의 언급으로부터 중관학파에서 '완성된 자비와 육바라밀'이란 '희론과 분별, 그리고 번뇌와 업이 소멸된 청정한 자비와 육바라밀'을 의미함을 알 수 있다. 왜냐하면 용수는 『중송』 제18장 제5송에서 업과 번뇌의 소멸로부터 해탈이 있다고 말하기 때문이다.
그리고 『(대품)마하반야바라밀경』과 용수 및 월칭의 저술에 의하면 그와 같은 청정한 자비와 육바라밀은 십지의 각 단계에서 반야지를 바탕으로 하는 무희론, 무분별의 자비와 육바라밀을 반복적으로 수습함으로써 성취된다. 여기서 중관학파 수행체계의 중요한 특징은 일체법이 공임을 아는 반야지의 강조이며, 그런 강조가 바로 중관학파 고유의 십지설을 형성하는 중요 요소임을 알 수 있다.
御牧克己(1982), 「돈오와 점오」, pp.285~293 참조.

성취과정을 표로 그려보면 다음과 같다.

『입중론』의 10지와 보살의 무상정등각 성취과정

10지의 명칭	10지에 대한 설명과 무상정등각의 성취과정
① 환희지	이 단계에서 보살은 중생을 위한 자비의 마음을 보현보살의 서원에 회향하고 환희하기 때문에 환희지라고 부른다. 혹은 이 단계에서 보살은 여래의 집안에 들어간 것을 기뻐하면서 환희하기 때문에 환희지라고 부른다. 보살은 여기서 보시바라밀에 뛰어나지만 다른 바라밀도 모두 갖춘다.
② 이구지	보살은 이 단계에서 지계바라밀에 뛰어나 파계의 더러움을 끊어버리고, 그 더러움으로부터 떠나기 때문에 이구지라고 부른다. 보살은 여기서 십선업을 성취하지만 청정한 계율에 자성이 있다고 분별하지 않는다.
③ 발광지	보살은 이 단계에서 인욕바라밀에 전념하면서 무아의 지혜를 바탕으로 사선, 사무색정, 사무량, 오신통 등을 닦는다. 보살은 여기서 밝은 지혜의 빛을 처음으로 얻기 때문에 발광지라고 부른다.
④ 염혜지	보살은 이 단계에서 정진바라밀에 전념하면서 37보리분법의 수습에 정진한다. 보살의 지혜의 불꽃은 여기서 더욱 세차게 타오르기 때문에 염혜지라고 부른다.
⑤ 난승지	보살은 이 단계에서 선정바라밀에 뛰어나 사성제의 깨달음에 정통하게 된다. 이 단계에 도달한 보살은 여러 마왕들도 이기기 힘들기 때문에 난승지라고 부른다.
⑥ 현전지	보살은 이 단계에서 반야바라밀에 머물며 연기와 공의 진실을 눈앞에서 보는 것처럼 생생하고 분명하게 깨닫기 때문에 현전지라고 부른다. 그는 여기서 열반을 성취할 수 있지만 무상정등각의 성취를 위하여 자신의 열반을 뒤로 미룬다.

⑦ 원행지	보살은 이 단계에서 이전 단계에서 얻어진 반야지를 바탕으로 뛰어난 방편바라밀을 닦는다. 이 단계의 보살은 진여를 지나서 멀리 왔기 때문에 원행지라고 부른다.
⑧ 부동지	보살은 이 단계에서 서원바라밀이 청정해지고 십자재를 얻는다. 보살은 여기서 불퇴전이 되어 수행에서 물러서지 않기 때문에 부동지라고 부른다.
⑨ 선혜지	보살은 이 단계에서 력바라밀이 청정해져서 사무애해를 성취한다. 보살은 여기서 사무애해를 얻기 때문에 선혜지라고 부른다.
⑩ 법운지	보살은 이 단계에서 지바라밀에 뛰어나 중생들에게 진리의 비를 자연히 내리기 때문에 법운지라고 부른다. 보살은 이 단계의 마지막 순간에 육바라밀과 십바라밀을 완성하여 무상정등각을 성취하고 여러 부처님으로부터 청정한 관정을 받아서 불타가 된다.
불지	불타가 된 보살은 무상정등각(=일체종지), 삼신三身, 십력十力, 십바라밀 등의 여러 공덕을 갖추고 걸림 없이 중생을 제도한다.

참고문헌

원전 및 번역서

MĀ; Madhyamakāvatāra, Candrakirti, com. by Louis de la Vallee Poussin, Bibliotheca buddhica; 9, Meicho-Fukyu-Kai, 1977.

RĀ; Nāgārjuna's Ratnāvalī, vol. 1, the Basic texts (Sanskrit, tibetan, chinese), by Michael Hahn,Bonn: Indica et Tibetica Verlag, 1982.

VP; The Vinaya Pitakam: one of the principle of Buddhist holy scriptures in the Pali language. vol. 1: The Mahavagga ed. by Oldenberg, Hermann, Pali text society, 1997.

『대지도론』, 용수 저, 구마라집 역, 대정장 25.

『(대품)마하반야바라밀경』, 구마라집 역, 대정장 8.

『入中論』, 瓜生津隆眞, 中澤中譯(2012), 起心書房.

단행본

강건기(1992), 「깨달음, 돈오점수인가 돈오돈수인가: 돈점논쟁의 역사와 현재」, 민족사.

권오민(2003), 『아비달마불교』, 민족사.

다카사키지키도 지음, 이지수 역(1997), 『유식입문』, 시공사.

논문

김나미(2011), 「깨달음과 열반의 상관관계」, 『불교평론』 제46호, 현대불교신문사.

남수영(2012), 「용수의 중송에서 고통의 발생과 소멸」, 『불교사상과 문화』 제4호, 중앙승가대학교 불교학연구원.

______(2013), 「반야중관경론에서 무상정등각과 열반의 성취」, 『한국선학』 제35호, 한국선학회.

______(2016), 「용수의 중관사상에서 중도 개념 재검토」, 『보조사상』 제46집, 보조

사상연구원.

송인범(2011), 「조사들의 悟의 體相用」, 『한국선학』 제28호, 한국선학회.

水野弘元(1962), 「證悟について」, 『駒澤大學佛教學部研究紀要』, Vol. 21.

御牧克己(1982), 「돈오와 점오」, 平川彰, 梶山雄一, 高崎直道編, 윤종갑 역(1995), 『중관사상』, 경서원.

이찬훈(2016), 「불교의 깨달음과 그 구현」, 『동아시아불교문화』 제27집.

전재성(1992), 「티베트 불교의 돈점논쟁」, 『깨달음, 돈오점수인가 돈오돈수인가』, 민족사.

조성택(2004), 「깨달음의 불교에서 행복의 불교로」, 『불교평론』 제18호, 현대불교신문사.

홍사성(2004), 「깨달음이 불교의 목적인가」, 『불교평론』 제18호, 현대불교신문사.

유가행파의 수행도와 깨달음

-『대승장엄경론』을 중심으로-

김성철 | 금강대학교 불교문화연구소 교수

1. 수행도와 깨달음의 다양성과 통일성

종교운동으로서 불교는 그 궁극적 목표로 번뇌의 소멸을 상정하고 있다. 번뇌야말로 인간이 경험하는 모든 고통의 주요 원인이라고 간주하기 때문이다. 번뇌를 소멸시키기 위한 다양한 방법도 추구해 왔다. 초기 경전으로 제한한다면 그 방법은 크게 세 가지로 요약할 수 있다. 첫째는 석가모니 붓다가 그랬던 것처럼 4정려를 닦아 제4정려에서 4제를 직관하여 해탈하는 것이다. 둘째는 5온을 무상하고 고통스러우며 자아가 아닌 것으로 관찰하여 집착에서 벗어나는 것이다. 셋째는 4정려와 4무색정이라는 선정의 심화과정을 거쳐 모든 마음과 정신현상이 소멸한 멸진정이라는 상태에 도달하여 열반에 머무는 것이다. 최초기 불교에서는 이 세 가지 방법이 서로 독립적으로 운용된 것처럼 보이지만, 이미 초기 경전 안에서 이 세 가지 해탈도는 통합의 양상을 보이고 있다.

그 통합의 양상은 단순하지 않다. 그럼에도 불구하고 대체로 발견되는 양상은 자신의 방법을 우위에 놓고 다른 방법을 하위에 배치하는 이른바 '통합주의' 방식이다. 예를 들어 설일체유부의 해탈도는 4제의 관찰이라는 비파샤나적 방법을 중심에 두고 샤마타적인 방법은 거의 무시하고 있다. 초기 경전에 나타난 두 번째 해탈도는 확장했지만 세 번째 해탈도는 거의 무시한 것이다.

본고의 주제인 유가행파의 경우에도 이러한 통합주의적 방식으로 해탈적 인식(=깨달음)의 획득 방법을 이론적으로 구축하고 있다. 하지만 유가행파는 설일체유부와는 달리 비파샤나적 방법과 샤마타적 방법의 균형 있는 조화를 추구하는 모습도 보이고 있다. 이하에서는 이러한 균형 있는 해탈도를 구축한 하나의 예로서, 초기 유가행파 문헌 중 미륵논서 계통에 속하는 『대승장엄경론』의 제14장을 중심으로 유가행파의 해탈도를 개괄적으로 묘사해 보고자 한다. 이 묘사를 통해 『대승장엄경론』이 추구한 해탈적 인식의 성격과 그 획득 방법의 특징이 드러나기를 기대한다.

2. 합리주의와 신비주의의 대립과 통합의 양상들

프랑스의 불교학자 루이 드 라 발레 푸생은 초기 불전에 나타나는 무실라와 나라다라는 두 비구를 전형으로 삼아, 초기 불전과 후대의 아비달마 문헌에서 이른바 '합리주의'와 '신비주의'라는 두 가지 경향이 나타난다는 것을 훌륭히 보여주었다. 그에 따르면 합리주의란 해탈적 인식(=깨달음)과 열반을 지적인 작업의 과정과 결과로 보는 이론이고, 신비주의란 그것을 명상, 특히 집중적 명상의 과정과 결과로 보는 이론이다. 전자의 해탈적 인식은 진리에 대한 명확한 이해로 나타나고, 후자의 그것은 모든 심리작용의 소멸로 표현된다. 이를 초기 경전의 용어로 표현하면 무실라는 '교리에 집중하는 자(dhammayoga)', 나라다는 '명상에 집중하는 자(jhāyin)'에 해당할 것이다.[1]

슈미트하우젠과 페터는 드 라 발레 푸생의 선구적인 업적에 기반하여 더 면밀한 고찰을 수행하거나,[2] 초기 경전 내 다른 주제로 고찰 영역을 확장하였다.[3] 특히 슈미트하우젠은 푸생의 논의를 매우 전문적으로 발전시켰다. 그는 역사적 발전과정에서 합리주의와 신비주의를 통합하려는 시도에 관심을 기울이고 고찰하였다. 그는 이러한 통합 시도가 합리주의적 경향에 속하는 문헌에서 특히 눈에 띈다고 지적하고 있다.[4]

한편, 프라우발너는 푸생이 언급한 합리주의 전통을 대표하는 설일

---

1 루이 드 라 발레 푸생, 「무실라와 나라다: 열반의 길」, 김성철·배재형 공역, 『불교학리뷰』 제2호(금강대학교 불교문화연구소, 2011), pp.295~335.

2 Lambert Schmithausen, "On Some Aspects of Descriptions or Theories of 'Liberating Insight' and 'Enlightenment'", *Studien zum Jainismus und Buddhismus, Gedenkschritf für L. Asldorf*, Wiesbaden, 1981, pp.199~250.

3 틸만 페터, 『초기불교의 이념과 명상』, 김성철 역(씨아이알, 2009).

4 Schmithausen, 앞 논문, J장 이하 참조. 그는 합리주의적 경향에 서서 신비주의를 통합하려는 시도를 J.3장, L장, M장에서 고찰하고 있다.

체유부의 수행단계론이 확립되는 과정을 명확히 하였다. 프라우발너에 따르면 설일체유부는 4제의 직관(現觀, abhisamaya)을 중심에 두고, 번뇌의 성격에 따라 깨달음을 분리하고, 그 과정을 견도見道와 수도修道로 단계화한다. 견도에서는 4제 현관을 통해 이성적 번뇌를 단번에 끊고 수도에서는 4제 현관을 반복하여 정서적 번뇌를 점진적으로 끊는 것이다. 그리고 4제 현관을 준비하는 예비 과정을 배치하는 것으로 설일체유부의 수행단계론은 완성된다.[5] 인도불교의 주류 전통인 설일체유부 수행단계론은 유가행파 수행단계론의 전제가 된다.

이에 비해 최초기 대승불교의 담지자들은 주류불교에서 채택한 합리주의적 경향에 맞서 신비주의적 방법을 채택한 것으로 보인다. 이는 『팔천송반야경』 제1장에서, 용어 자체는 나타나지 않으나, 3삼매의 내용이 반야바라밀과 동일한 것으로 서술되고 있는 것에서 확인할 수 있다.[6] 인도불교 전통 안에서는 비주류에 머물렀지만, 반야경군에

---

5 에리히 프라우발너, 「아미달마 연구 III. 現觀論(Abhisamayavāda)」, 안성두 역, 『불교학리뷰』 제2호(금강대학교 불교문화연구소, 2007) pp139~176.

6 이영진, 「공성기술空性記述의 두 형태」, 박사학위청구논문, 동국대학교대학원, 2007. pp.48~84.; 3삼매를 古반야경 문헌과 용수가 의존한 더 오래된 성문 계통의 경전에서 설했지만 반야경군의 저자들에게 비판적으로 수용되었다는 주장에 대해서는 틸만 페터, 「古반야경(prajñāpāramitā) 문헌과 용수의 중론송(Mūla-Madhyamaka-kārika)에 나타난 신비주의의 비교」, 이영진 역, 『불교학리뷰』 제2호(금강대학교 불교문화연구소, 2007) pp.177~205. 참조.; 3삼매가 성문과 대승 사이의 가교 역할을 했다는 주장에 대해서는 Deleanu, Florin, "A Preliminary Study of Meditation and Beginnings of Mahāyāna Buddhism", *Buddhism - Critical Concepts in Religious Studies (ed. By Paul Williams) III (The Origins and Nature of Mahāyāna Buddhism: Some Mahāyāna Religious Topics)*, Routledge,

서 유래하는 신비주의 전통은 동아시아불교에 막대한 영향을 미친다.

슈미트하우젠은 대승불교에서는 합리주의적 경향과 신비주의적 경향이 내적으로 통합되어 있어서 초기 경전에 보이는 것과 같은 대립은 나타나지 않는다고 지적하고 있다.[7] 그럼에도 불구하고 대승불교 안에서도 양자 중 어느 측면을 중시하는가에 따라 끊임없이 논쟁은 진행된다. 인도 내부에서는 유가행파의 무분별지에 대한 중관학파의 비판이 존재하였다.[8] 동아시아에서 비로소 시민권을 획득한 대승불교는 인도의 대승불교와 대립하기도 하였다. 그 역사적 현현이 티베트의 삼예 논쟁이다.[9] 이러한 대립과 논쟁은 현대 한국에서도 반복적으로 이어지고 있다.

본고의 주제인 유가행파의 해탈적 인식의 성격에 관해서도 슈미트하우젠의 탁월한 업적을 언급하지 않을 수 없다. 그는, 수행도의 역사적 전개과정이 합리주의와 신비주의의 대립과 통합이라고 본 이전 논문의 연장선상에서, 예비과정과 세간도 및 출세간도로 구성된 『유가사지론』「성문지」의 선정수행과 해탈경험을 분석하였다.[10] 그에 따르면

2005(2000) 참조.

7 Schmithause, 앞 논문, p.246f.

8 袴谷憲昭, 「唯識文獻における無分別智」, 『驅澤大學佛教學部研究紀要』 43, 1985, p.247.

9 삼예 논쟁에 대한 고전적 연구로는 폴 드미에빌, 『라싸 종교회의』, 배재형 외 공역(씨아이알, 2017) 참조.

10 람버트 슈미트하우젠, 「「성문지」에서의 선정수행과 해탈경험」, 안성두 역, 『불교학리뷰』 제1호(논산: 금강대학교 불교문화연구소, 2006) pp.125~159.; 「성문지」의 수행론을 다룬 것으로 다음 논문도 매우 유익하다. 毛利俊英, 「『聲聞地』の止觀」,

「성문지」에서는 출세간도인 해탈적 인식을 획득하는 과정이 4제의 통찰로 구성되어 있다. 선정의 심화과정은 잠정적으로만 번뇌를 벗어나게 할 뿐 그것을 완전히 제거할 수는 없다. 그러므로 세간도인 것이다.[11] 이 점에서 「성문지」 또한 합리주의적 경향에 입각해 있다고 간주할 수 있다. 「성문지」의 합리주의적 경향은 4제의 현관 직전에 경험하는 대승의 해탈적 경험과 매우 유사한 깊은 샤마타 상태를 진정한 해탈적 경험으로 오해하지 말라고 경고하는 데서도 확인할 수 있다.[12]

나아가 슈미트하우젠은 『아비달마집론』의 네 가지 견도 규정을 고찰하고, 그것이 더 대승적인 성격의 견도 규정에서 더 "소승"적인 성격의 견도 규정으로 이루어져 있다고 지적하였다. 그리고 『아비달마집론』에서는 그 네 가지 견도 규정이 아무런 통합의 시도도 없이 단지 병치될 뿐이지만, 『아비달마잡집론』에서는 네 번째인 가장 "소승"적인 견도 규정을 재해석하여 네 가지 규정을 통합하려는 시도를 보여주고 있다고 한다.[13]

『龍谷大學院研究紀要 人文科學』 10, 1989, pp.37~54.

11 람버트 슈미트하우젠, 안성두 역, 앞 논문, p.147.

12 람버트 슈미트하우젠, 안성두 역, 앞 논문, pp.155~157.; 이에 대해 그는 같은 『유가사지론』 안에서도 대승적 경향이 강한 곳에는 이러한 깊은 샤마타 상태야말로 진정한 해탈 경험이라고 평가가 역전된다고 지적한다. 이러한 문제의식을 발전시킨 Schmithausen의 강연으로 람버트 슈미트하우젠, 「초기유가행파 수행도의 양상들」, 김성철 역, 『불교평론』 42호(만해사상실천선양회, 2010), pp.353~355. 참조.

13 Schmithausen, Lambert, "The Darśanamārga Section of the Abhidharmasa-

안성두는 위 논문을 바탕으로 『유가사지론』과 『성유식론』에 나타나는 견도설을 그에 대한 동아시아 주석가들의 설명을 참조로 심도 있게 고찰하고 있다. 특히 설일체유부의 견도설이 직접 지각과 유비적 추론이라는 두 계기로 이루어진데 비해 유가행파의 그것은 좀 더 직접적인 '봄'이라는 측면이 강화되었다는 지적,[14] 견도에서 지관쌍운의 의미가 '동시적 일어남'이 아니라 '곧바로 연속적으로 일어남'을 의미한다는 지적은[15] 본고의 논의와 관련하여 특히 중요하다.

이상의 유가행파 견도설에 관한 선행 연구는 『유가사지론』, 『아비달마집론』, 『성유식론』을 중심으로 한 연구였다. 아라마키에 따르면 이들 문헌은 보수적인 아비달마 계통에 속하는 유가행파 문헌이다. 이에 대해 그는 진보적인 대승불교 계통에 속하는 유가행파 문헌으로 『대승장엄경론』과 『변중변론』을 들고 있다.[16] 이른바 미륵논서라고

---

muccaya and its Interpretation by Tibetan Commentators (with special reference to Bu ston Ringrub)", *Contributions on Tibetan and Buddhist Religion and Philosophy*, ed. By E. Steinkellner and H. Tauscher, vol.2, Vienna: Arbetiskreis für tibetische und buddhistische Studein, 1983, pp.259~274.특히 pp.264~267. 참조.

14 안성두, 「유가행파에 있어 견도설」, 『인도철학』 12호, 인도철학회, 2002, pp.145~171. 특히 pp.151~155. 참조.

15 안성두, 「瑜伽行派의 見道(darśana-mārga)설(Ⅱ)」, 『보조사상』 22, 보조사상연구원, 2004, pp.73~105. 특히 pp.83~90. 참조.

16 Aramaki, Noritoshi, "Toward an Understanding of the Vijñaptimātratā", *Wisdom, Compassion, and the Search for Understanding - The Buddhist Studies Legacy of Gadjin M. Nagao.* ed., by Jonathan A. Silk, Univ. of Hawai'i Press, Honolulu, 2000, p.57ff. 참조.

부르는 이 계통의 문헌은 아비달마 계통 유가행파와는 다른 방식으로 신비주의와 합리주의의 융합 양상을 보여주고 있다. 본고에서는 신비주의와 합리주의의 융합이라는 관점에서 좀 더 대승적인 면모를 보여주고 있는 『대승장엄경론』의 수행도를 제13장과 제14장을 중심으로 살펴보고자 한다. 하지만 본고는 수행도의 전과정을 다루지는 않고, 견도에서 경험하는 최초의 해탈적 인식의 발생과 그 방법에 한정한다. 수행도 전과정을 통틀어 볼 때 견도의 경험이 범부에서 성자로 전환하는 가장 근본적인 전환점이기 때문이다.

3.『대승장엄경론』 수행도의 체계

『대승장엄경론』 제13「수행장」은 첫 여섯 게송에서 수행도에 들어선 다섯 종류의 수행자를 그 단계에 따라 분류한다.

첫째 의미를 아는 자(arthajña, 知義), 둘째 진리를 아는 자(dharmajña, 知法), 셋째 법수법행자(dharmānudharmapratipanna, 法隨法行者), 넷째 동득행자(sāmīcīpratipanna, 同得行者), 다섯째 수법실현자(anudharmacārin, 隨法實現者)다.[17]

게송과 주석에 따르면, 이 중 의미를 아는 자란 교법을 듣고 이해하는 자를 말한다. 진리를 아는 자란 청문만으로 만족하지 않고, 경전의

---

17 이 5가지 명칭은 이미 오랜 팔리 문헌에서 개별적으로 발견된다. 早島 理, 「法隨法行(dharma-anudharma-pratipatti) - その語義と意義 -」, pp.14~16.; 岩本明美, 「『大乘莊嚴經論』の修行道 - 第13·14章を中心として -」, 博士學位請求論文, 京都大學大學院, 2002, p.47.

가르침이 뗏목과 같은 것임을 아는 자다. 법수법행자는 여법한 방식으로 수행하는 자고, 동득행자란 초지에 올라 자신이 다른 보살과 동일하다는 것을 아는 자다. 마지막으로 수법실현자는 제2지부터 제10지까지 무분별지와 후득지로써 여법하게 수행하는 자다.[18] 이와모토는 이 다섯 수행자가 제13「수행장」과 제14「교수교계장敎授敎誡章」 전체에 대응한다는 것을 논증하고 있다. 그의 논의를 참조하여,[19] 다섯 종류의 수행자 및 수행과정과 두 장의 대응관계를 자세히 살펴보면 다음과 같다.

수행자	3학	10지	섹션(게송)[20]	장
지의자	문	신해행지 이전	I. 5종의 수행자(1~6)	제13「수행장」
지법자	사		II. 불방일행(7~10)	
			III. 무명 즉 보리의 이해(11~13)	
			IV. 성문·연각의 사유에서 벗어남(14~15)	
			V. 무자성성과 본성청정의 의미(16~19)	
			VI. 보살의 탐욕(20~23)	
			VII. 다양한 수행대상(24~28)	
			VIII. 삼륜청정의 무분별지(29)	
법수법행자	수	신해행지	I. 신해행지에 오름(1)	

18 MSA(L) pp.84, 14-86-2.; MSA(I), pp.252, 4-254, 1.

19 岩本, 앞 논문, pp.45~50.

			II. 수행의 주체인 보살(2)	
			III. 법문류삼매(3)	
			IV. 6종심(4~6)	
			V. 11종작의(7~10)	
			VI. 9종심주(11~14)	
			VII. 마음의 적절성을 획득한 유작의자(15~18)	
			VIII. 지관의 5종공덕(19~22)	
			IX~X. 입무상방편상–순결택분(23~27)	
			XI~XII. 무분별지·전의·초지(28~29)	제14「교수교계장」
			XIII. 다섯 가지 동일성의 획득(30~31)	
동득행자		초지(=견도)	XIV. 허망분별의 인식(32)	
			XV. 법계의 인식(33)	
			XVI~XVII. 3삼매의 대상(34~35)	
			XVIII. 보리분법의 획득(36)	
			XIX. 견도를 획득한 보살의 위대함(37~41)	
수법실현자		제2지~10지(수도)	XX. 수도(42~46)	

20 섹션 제목은 MSA 본래의 도입구와 岩本의 명명 중 적절한 것을 취해 다소 수정한 것이다.

한편, 『대승장엄경론』 제11 「구법장」 제8~12게송에는 '작의를 구함'이라는 주제 아래 18종 작의가 설해져 있다. 그중 제13~16작의가 「교수교계장」과 긴밀하게 대응하고 있다는 것이 지적되어 있다.[21] 이 부분은 「교수교계장」을 포함한 『대승장엄경론』의 독자적 수행도의 핵심 과정을 보여주고 있다는 점에서 중요하다. 제13~16작의에 대한 주석은 다음과 같이 설명한다.

13. 공덕에 대한 작의란 두 가지다. ①뿌리 깊은 악습을 제거하는 것, ②잘못된 견해의 원인을 제거하는 것이다.
14. 영수(작의란) 법문류(삼매)에서 붓다와 보살 곁에서 가르침을 받는 것이다.
15. 삼매의 대상에 대해, 노력과 관련한 (작의란) 다섯 가지다. ①수를 관찰하는 노력과 관련한 (작의란) 경전 등에서 단어와 문장 음절의 수를 관찰하는 수단이다. ②작용을 관찰하는 노력과 관련한 (작의란) 두 가지로 작용을 관찰하는 수단이다. (곧) 음절의 한정된 작용과 단어 및 문장의 한정되지 않는 작용을 관찰하는 (수단인) 것이다. ③분별(parikalpa)을 관찰하는 노력과 관련한 (작의란) 두 가지에 근거하여 두 가지 분별을 관찰하는 수단이다. (곧) 단어의 분별에 근거해서 의미의 분별을, 의미의 분별에 근거해서 단어의 분별을 (관찰하는 수단이다.) 음절은 무분별이다. ④차례를 관찰하는 노력과 관련한 (작의란) 단어를 먼저 파악한 후에 의미의 파악이 발생하는 것을 관찰하는 (수단)이다. ⑤또 통달을

21 岩本, 앞 논문, pp.89~95. 참조.

위한 노력과 (관련한) 작의가 있다. 나아가 그것은 11종이라고 알아야 한다. ㉠(번뇌의) 외래성에 대한 통달, ㉡현현의 원인에 대한 통달, ㉢대상의 비지각에 대한 통달, ㉣(대상의 비지각이라는) 지각의 비지각에 대한 통달, ㉤법계의 통달, ㉥인무아의 통달, ㉦법무아의 통달, ㉧저열한 의도에 대한 통달, ㉨광대하고 위대한 의도에 대한 통달, ㉩증득된 교법에 따라 확립하는 것에 대한 통달 ㉪확립된 교법에 대한 통달이라는 점에서 (11가지가 있다.) 16. 자유자재함의 발생에 대한 작의는 세 가지다. ①번뇌장의 청정, ②번뇌장과 소지장의 청정, ③공덕을 산출하는 최고의 청정(에 대한 작의다.)[22]

이상의 인용문을 보면 먼저 15.①~④가 아래에서 살펴볼 「교수교계장」 제4~6게송에서 설하는 6종심과 대응한다는 사실을 알 수 있다. 이어서 15.⑤에서 설하는 열한 가지 작의 중 15.⑤.㉠~㉣은 각각 「교수교계장」 제23~27게송에서 설하는 입무상방편상入無相方便相, 곧 순결택분順決擇分의 4선근위善根位에, 5.⑤.㉤~㉦이 「교수교계장」 제28~41게송에서 설하는 견도에, 5.⑤.㉧~㉪이 「교수교계장」 제42~46게송에서 설하는 수도에 해당하는 것도 명료하다. 또한 13. 공덕에 대한 작의가 「교수교계장」 제1~2게송에, 14. 영수작의領受作意가 법문류삼매法聞流三昧를 언급하는 「교수교계장」 제3송에 대응하고 있다는 사실도 지적되어 있다.[23] 이와 같이 본다면, 「교수교계장」의

22 MSA(L) p.57, 30-p.58, 14.; 岩本, 앞 논문, pp.91~92. 참조.

23 이상은 岩本明美, 앞 논문, p.93 참조.

수행도는 6종심, 순결택분, 견도로 이어지는 일련의 과정이 주축을 이룬다고 볼 수 있다. 이것은 「교수교계장」에서 6종심, 입무상방편상(=순결택분), 견도는 상세하게 주석되고 있는 데 비해, 지관이라는 일반적인 방법에 대한 해설인 11종작의(제7~10게송)와 9종심주(제11~14게송)는 상대적으로 간략하게 설명되어 있는 점에서도 확인할 수 있다.[24]

이상으로 『대승장엄경론』 제13 「수행장」과 제14 「교수교계장」이 대단히 조직적이고 일관된 수행 체계를 가지고 있으며, 그중에서 핵심은 제14장에 설해진 6종심과 입무상방편상임을 확인했다. 이하에서는 이 6종심과 입무상방편상을 살펴본다.

4. 6종심의 수습

1) 6종심 수습의 배경

6종심이란 교법을 인식대상으로 하여 여섯 단계로 이루어진 관찰 방법이다. 교법을 관찰대상으로 삼는 것은, 문·사·수라는 3혜의 수행이라는 관점에서 보면, 일견 당연한 것일지도 모른다. 하지만 설일체유부의 수행도를 살펴보면, 그 시작에서는 계를 갖춘 후 문·사·수 3혜를 언급하지만,[25] 본격적으로는 부정관이나 입출식념을 통해 수행도에

24 岩本明美, 앞 논문, p.93 참조.

25 AKBh p.334, 13ff: kathaṃ punas teṣāṃ darśanaṃ bhavati / vaktavyam / ata ādiprasthānam ārabhyocyate / vṛttasthaḥ śrutacintāvān bhāvanāyāṃ prayujyate / (5ab) ……

입문한다.[26] 이에 비하면 유가행파는 의언(意言, manojalpa) 개념을 매개로, 교법의 관찰을 수행의 시작으로 삼는 것이 특징이라고 지적되어 있다.[27]

교법을 인식대상으로 하는 수행은 『해심밀경』에서 본격적으로 조직화한다. 『해심밀경』 제8 「미륵장」은 『유가사지론』 「성문지」의 영향을 받으면서도 그것을 대승화한 수행도를 설명하고 있는 부분이다. 「미륵장」 제1절은 언어로 확립된 교법과 무상정등정각에 대한 서원을 버리지 않는 것에 머물고 의지하여 대승에 대한 샤마타와 비파샤나를 수습한다고 선언한다.[28] 이어서 제3절에서 언어로 확립된 교법이란 12분교라고 부연한다.[29] 나아가 제12절에서는 교법에 의거하는 샤마타·비파샤나와 교법에 의거하지 않는 샤마타·비파샤나를 설한다. 전자는 교법을 듣고 사유하여 그 의미에 대해 샤마타·비파샤나를 얻는 것이고, 후자는 교법을 듣지 않고 단지 다른 사람의 교수와 교계에 의지하여, 그 의미에 대해 샤마타·비파샤나를 얻는 것이다. 후자의 예로 부정관이나 4제관을 들 수 있다. 그리고 마지막으로

---

26 AKBh p.337, 7ff: tasya tv evaṃ pātrībhūtasya kathaṃ tasyāṃ bhāvanāyām avatāro bhavati / tatrāvatāro 'śubhayā cānāpānasmṛtena ca / (9ab)……

27 小谷信千代, 『法と行の思想としての佛教』(京都: 文榮堂, 2000), p.113.; 藤田祥道, 「教法にもとづく止観－『解深密經』マイトレーヤ章管見」, 『佛教學研究』 48, 1992, p.42.

28 SNS p.88, 6-8: chos gdags pa rnam par bzhag pa dang | bla na med pa yang dag par rdzogs pa'i byang chub tu smon lam mi gtong ba la gnas shing brten cing brten nas so //

29 SNS pp.88, 30-89, 9.

교법에 의지하여 샤마타와 비파샤나를 얻는 자를 이근의 수법행隨法行 보살이라고 하고, 교법에 의지하지 않고 샤마타와 비파샤나를 얻는 자를 둔근의 수신행隨信行보살이라고 한다.[30] 교법에 의지하는 수행의 우위성을 인정하고 있는 것이다. 이러한 교법에 의지하는 명상수행은 「성문지」에서는 중시되지 않는다. 교법에 의지하는 명상수행은 대승화한 유가행파의 특징인 것이다.

이와 같은 교법을 대상으로 하는 수행은, 많은 초기 대승경전에 나타나듯이, 경전 숭배 및 삼매를 통한 견불과 청문 경험을 그 기원으로 하고 있는 것으로 보인다. 이 점은 『대승장엄경론』에서도 6종심 직전에 삼매에서 청문을 경험하는 법문류삼매[31]가 설해져 있는 것에서도 확인할 수 있다.[32]

다른 한편으로는 분별이 사상(事像, vastu)을 발생시킨다는 『유가사지론』 〈보살지〉 사상,[33] 나아가 의언작의(意言作意, yid la brjod pa'i yid la byed pa)에 의해서 선정 수행자에게 외계의 인식대상과 유사한 영상이 발생한다는 『유가사지론』 〈섭결택분〉의 사상[34] 또한 그 배경에

---

30 SNS pp.93, 19-94, 2.

31 법문류삼매에 대해서는 小谷信千代, 앞의 책, pp.120~123 참조.

32 MSA(L) p.90, 14-15: dharmasrotasi buddhebhyo 'vavādaṃ labhate tadā / vipulaṃ śamathajñānavaipulyagamanāya hi // 3 //

33 BoBh〔D〕 34, 22-23; BoBh〔W〕 50, 22-24: tasyā eva tathatāyāḥ evam aparijñātatvād bālānāṃ tannidāno 'ṣṭavidho vikalpaḥ pravartate trivastujanakaḥ /; 高橋, 『『菩薩地』「眞實義品」から「攝決擇分中菩薩地」への思想展開』, pp.28~33 참조.

34 ViSg P 'i 23b8-24a2, D Zi 22a2-4: dper na bsam gtan ba so so'i bdag nyid

있다고 할 수 있다. 선정 수행자의 의언이 교법의 언어 이외의 것이라고 간주하기는 힘들다. 이러한 유가행파 사상의 발전에 따라 교법을 대상으로 하는 6종심 수행은 단순한 견불과 청문의 범위를 넘어서게 되었다.

2) 6종심 수습의 실제

이미 언급했듯이 6종심은 법문류삼매를 설한 「교수교계장」 제3송에 이어, 제4~6송에서 설해지고 있다. 주석은 『십지경』을 예로 들어 교법을 대상으로 하는 6종심이 어떻게 작용하는가를 하나하나 설명하고 있다. 이에 따르면 6종심은 근본마음(mūla-citta, 根本心), 따라가는 마음(anucara-citta, 隨行心), 숙고하는 마음(vicāraṇā-citta, 觀察心), 결정하는 마음(avadhāraṇā-citta, 實解心), 종합하는 마음(saṃkalana-citta, 總聚心), 희구하는 마음(āśāsti-citta, 希求心)이다.[35]

먼저 근본마음이란 수행자가 경전 등의 교법의 제목을 인식대상으로 하는 것이다.[36] 다시 말해 계경·응송 등의 교법에 대해 "이것은 『십지

---

la bsam gtan byed pa na / ji lta ji ltar yid la brjod pa'i yid la byed pa de lta de ltar sems kyi rgyud du gtogs pa'i shes bya'i dngos po dang cha mthun pa'i gzugs brnyan dag snang bar 'gyur ba'i tshul gyis 'byung bar 'gyur bas/ de ltar na brjod pa la brten nas dngos po skye ba yang dmigs pa yin no//; 『유가사지론』(대정장 30, 704b24ff), "如靜慮者, 內靜慮時, 如如意名言作意思惟. 如是如是, 有所知事同分影像生起, 方便運轉現在前故. 如是當知名言爲依事可得生."

35 MSA(L) p.91, 2-3; MSA(I) p.263, 13-15: ebhis tribhiḥ ślokaiḥ ṣaṭ cittāny upadiṣṭāni / mūlacittam anucaracittaṃ vicāraṇācittam avadhāraṇācittaṃ saṃkalanacittam āśāsticittaṃ ca /

경』이다." 하는 식으로 제명에 가장 먼저 마음을 집중해야 한다는 것이다.[37] 이 근본마음은 다섯 번째 종합하는 마음과도 관계가 있다. 종합하는 마음은 경전의 핵심 내용이 제명으로 표현된다는 것에 주의를 기울이는 것이다.

다음으로 따라가는 마음은 제명이라는 측면에서 인식대상이 된 경전의 언어를 따라가는 것이다.[38] 안혜의 주석에 따르면, 따라가는 마음은 경전의 언어 안에서 어느 단어가 어느 정도 설해져 있는가를 인식하는 것이라고 한다.[39] 다시 말하면 "나는 이와 같이 들었다."는 구절에서 "믿고 받아 지녀 힘써 행했다."는 구절에 이르기까지 교법의 언어를 하나하나 개별적으로 인식하는 것이다.

다음으로 숙고하는 마음은 경전의 언어와 의미를 이해하는 마음으로

---

36 MSA(L) p.91, 4; MSA(I) p.263, 15-264, 1: tatra mūlacittaṃ yat sūtrādīnāṃ dharmāṇāṃ nāmālambanaṃ /

37 MSA(L) p.91, 1-2; MSA(I) p.263, 12-13: sūtrageyādike dharme yat sūtrādināma daśabhūmikam ityevamādi tatra cittaṃ prathamato badhnīyāt /; 이 구절은 내용상으로는 근본심 설명 뒤에 있어야 할 문장이지만, 6종심을 설명하는 주석 가장 처음에 나타난다. 이 구절을 포함하여 근본심에 대한 주석은 텍스트 상의 혼란이 보인다. 이에 대해서는 MSA(I), pp.263-264, n.465-466 참조.

38 MSA(L) p.91, 6; MSA(I) p.264, 2-3: anucaracittaṃ yena sūtrādīnāṃ nāmata ālambitānāṃ padaprabhedam anugacchati /

39 MSA(I-S) p.378, 10-12: mdo sde'i tshig gi nang nas tshig ji skad 'byung ba dang / tshig grangs kyis du zhig 'byung bar shes par byed pa la rjes su 'gro ba'i sems zhes bya'o //; 이하 안혜의 주석은 岩本, 위 논문, pp.335~433에 수록된 교정본〔약호는 MAS(I-S)〕을 사용한다. 단 티베트 문자 표기법은 와일리식으로 수정하여 인용하였다.

서 6종심의 핵심이다. 숙고하는 마음은 다시 의미(artha)를 숙고하는 것과 음절(vyañjana)을 숙고하는 것으로 나뉜다.

의미를 숙고하는 것은 다시 네 가지로 세분된다. 수를 세는 것(gaṇanā), 정확한 수를 확정하는 것(tulanā), 고찰하는 것(mīmāṃsā), 관찰하는 것(pratyavekṣaṇā)이다. 수를 세는 것이란, 예를 들면, 색온은 10색처와 법처의 일부 등 열한 가지고, 수온은 6수신이라는 것 등으로 수를 파악하는 것이다. 정확한 수를 확정하는 것이란 법수에 대해 모자라지도 않고 넘치지도 않게 수를 정확히 파악하는 것이다. 예를 들어 5온의 경우 그것이 네 가지도 아니고 여섯 가지도 아닌, 정확히 다섯 가지로 이루어졌다는 것을 확정하는 것이다. 고찰하는 것이란 타당한 인식수단으로 의미를 검토하는 것이다. 마지막으로 관찰하는 것이란 수를 세고 확정하고 검토한 의미를 관찰하는 것이다.

음절을 숙고하는 것은 두 가지다. 곧 음절이 모이면 의미를 갖고, 흩어지면 의미를 갖지 않는다는 것을 숙고하는 것이다.[40] 이와 같이 숙고하는 마음에 의해 경전에 설해진 모든 언어와 의미가 숙고된다.

다음으로 결정하는 마음이란 이상과 같이 따라가고 숙고된 법에

---

40 MSA(L) p.91, 7-13; MSA(I) p.264, 4: vicāraṇācittaṃ yenārthaṃ vyañjanaṃ ca vicārayati / tatrārthaṃ caturbhir ākārair vicārayati gaṇanayā tulanayā mīmāṃsayā pratyavekṣaṇayā ca / tatra gaṇanā saṃkhyāgrahaṇaṃ tadyathā rūpaṃ daśāyatanāny ekasya ca pradeśo vedanā ṣaḍ vedanākāyā ityevamādi / tulanā saṃkhyāvato dharmasya samalakṣaṇagrahaṇam anādhyāropānapavādataḥ / mīmāṃsā pramāṇaparīkṣā / pratyavekṣaṇā gaṇitatulitamīmāṃsitasyārthasyāvalokanaṃ / vyañjanaṃ dvābhyām ākārābhyāṃ vicārayati / sārthatayā ca samastānāṃ vyañjanānāṃ nirarthatayā ca vyastānāṃ /

대해 그 특징을 확정하는 것이다. 안혜는 특징을 확정하는 것이란 그 법들이 다른 것이 아니라 바로 그것이라고 확정적으로 파악하는 마음이라고 주석한다.[41]

이어서 종합하는 마음이란 숙고된 의미를 다시 한 번 근본마음에 모아 집약된 형태를 만드는 것이다.[42] 이미 언급했지만, 종합하는 마음은 근본마음과 관련해서 설명된다. 나아가 안혜는 12분교 전체의 의미를 종합하여 경전에 집약하거나, 혹은 해당 경전에서 그 경전의 모든 언어를 정리하면 공성을 설할 뿐이라는 식으로 집약하는 것이라고 주석한다.[43]

사실상 이상 다섯 가지 마음이 경전을 인식대상으로 하는 수행의 전 과정을 이룬다. 아래의 희구하는 마음은 경전을 인식대상으로 하는 수행이라기보다는 다음 단계의 수행 내용과 그에 나아가고자 하는 욕구를 서술하고 있기 때문이다. 이상의 다섯 가지 마음은 경전 등의 제명을 인식하는 데서 시작해, 경전의 모든 언어와 의미를 검토한

---

41 MSA(I-S) p.380, 16-18: de dag gi mtshan ma 'dzin te ji ltar 'dzin ce na / 'di dag ni 'di kho na lta bu yin gyi / gzhan du ma yin no zhes gtan la 'bebs pa ni 'dzin pa'i sems zhes bya'o //

42 MSA(L) p.91, 14-15; MSA(I) p.264, 14-15: avadhāraṇācittaṃ yena yathānucaritaṃ vicāritaṃ vā tannimittam avadhārayati /

43 MSA(I-S) pp.380, 25-381, 1: ji snyed du mdo sde yan lag bcu gnyis bshad pa de dag kyang / mdo sde nang du 'dus par zad do zhes rtsa ba'i sems su sdud pa'am / mdo sde 'di'i nang nas tshig dang yi ge mang po 'byung ba thams cad kyang nang bsdus na / 'di tsam zhig ston par zad do zhes bya ba'i sems sdud pa la bsdu ba'i sems zhes bya'o //

후, 다시 한 번 경전의 핵심내용을 제명에 모아 정리하는 것으로 요약된다. 앞서 교법을 대상으로 한 수행은 초기 대승불교의 견불과 청문 체험이 유가행파에서 법문류삼매라는 형태로 계승된 것이라고 언급하였다. 『대승장엄경론』의 6종심 중 앞 5종심은 이러한 청문 체험을 바탕으로 그것을 매우 정교하게 발전시킨 것이라고 할 수 있다. 그리고 그 발전의 양상은 경전 등에 대한 주석 방식을 차용하고 있다. 다시 말하면, 경전을 대상으로 하는 6종심은 경전 주석 방식을 내면화한 것이라고도 할 수 있을 것이다.

마지막으로 희구하는 마음이란 삼매 혹은 삼매의 완성을 위해, 혹은 사문과沙門果를 위해 혹은 (초)지初地에 들어가거나 혹은 그 이상의 단계에 나아가기 위한 욕구와 함께 작용하는 마음이다.[44] 이 중에서 삼매 혹은 삼매의 완성을 바라는 것은 〈성문지〉의 세간도에 해당하는 것이고, 사문과를 얻거나 혹은 10지의 각 단계에 오르고자 하는 것은 각각 성문과 보살의 출세간도에 해당한다. 이 두 과정이 '혹은(vā)'으로 연결되어 있는 것으로 보아 『대승장엄경론』도 〈성문지〉와 마찬가지로 세간도와 출세간도를 수행자가 선택하도록 하고 있는 것으로 보인다. 따라서 그 이전에 배치된 6종심의 수습은 〈성문지〉의 예비적 수행인 5정심관五停心觀에 대응한다고 볼 수 있다. 『대승장엄경론』은 〈성문지〉의 5정심관을 6종심의 수습으로 대치하고, 세간도와 출세간도의 수행을 선택하는 형태로 이루어져 있는 것이다.

---

44 MSA(L) p.91, 15-17; MSA(I) pp.264, 15-265, 1: āśāsticittaṃ yadarthaṃ prayukto bhavati samādhyarthaṃ vā tatparipūryarthaṃ vā śrāmaṇyaphalārthaṃ vā bhūmipraveśārthaṃ vā viśeṣagamanārthaṃ vā tacchandasahagataṃ vartate /

그러나 6종심 이후에 세간도에 대한 자세한 설명은 나타나지 않고, 지관의 수행법과 그것의 공덕을 설한 후 곧바로 출세간도의 설명으로 이어지고 있다.

문제는 6종심 수행 방식과 입무상방편상이 직접적으로는 연결되지 않는다는 점이다. 두 가지 수행법이 그 기원과 방식을 달리하고 있기 때문이다. 6종심은 교법이라는 대상을 적극적으로 인식하는 방법을 취하고 있는데 반해, 입무상방편상은 대상과 인식의 비존재를 직관하는 상반된 방법을 갖고 있다. 전자가 합리주의적 경향에 서 있다면, 후자는 신비주의적 방법을 취하고 있는 것이다.

이 두 가지 서로 상반하는 방법을 조화시키기 위해 『대승장엄경론』이 취하는 전략은 일종의 반성적 명상의 도입이다. 반성적 명상이란 대상을 관찰하고 있는 마음 그 자체를 관찰의 대상으로 하는 것을 의미한다. 곧 마음 그 자체가 인식대상으로 현현하는 것이지, 마음과는 별개의 인식대상이 있는 것은 아니라는 사실을 관찰하는 것이다. 이는 마음 그 자체가 인식대상이라는 사실로 연결된다.[45]

---

45 MSA(L) p.91, 17-18; MSA(I) p.265, 1-3: cittam eva hy ālambanapratibhāsaṃ vartate na cittād anyad ālambanam astīti jānato vā cittamātram ajānato vā cittam evālambanaṃ nānyat /; 이 단락은 한역에는 나타나지 않는다. 이 점을 근거로 岩本(위 논문, p.232, n.415)는 이 단락이 입무상방편상을 설하는 제23~26송의 사상이 확립된 이후 삽입된 것으로 추측한다. 관견으로는, 제23~26송의 사상이 확립된 이후 삽입되었다기보다는, 한역은 6종심과 입무상방편상의 불일치를 인식하지 못했던 단계의 초기 판본에 근거한 번역이고, 현존하는 범본은 이러한 불일치를 인식한 후 개정 과정에서 이 구절을 삽입한 개정판일 가능성이 높은 것으로 보인다. 이미 언급했듯이 제13~14장은 대단히 체계적인 구조를 갖고 있어 일시에 성립했을 가능성이 높기 때문이다.

이러한 반성적 명상의 형태는 이미 〈성문지〉에 나타난다. 곧 4성제를 관찰하는 수행자에게 아직도 "내가 고제를 관찰한다."는 형식으로 아만이 나타날 때, 명상 행위 자체를 관찰대상으로 삼아 아만을 제거하는 방식이다. "이러한 관찰방법의 반복은 주관과 객관이 완전히 동일한(samasamālabyālambaka) 그러한 인식으로 이끌"어 아만을 억제하기 때문이다.[46] 그러나 『대승장엄경론』에서 반성적 명상은 아만을 제거하기 위해서가 아니라 입무상방편상으로 도약하기 위한 목적으로 도입되고 있다. 마음과 별개로 대상이 존재하지 않는다는 인식은 입무상방편상의 1단계로 이끌기 때문이다.

5. 입무상방편상의 수습

입무상방편상(asal-lakṣaṇa_anupraveśa_upāya-lakṣaṇa, 入無相方便相)이라는 용어는 『대승장엄경론』과 같은 계통의 유가행파 문헌인 『중변분별론』에 나타난다. 『중변분별론』 제1장은 허망분별의 다양한 특징을 고찰하면서, 허망분별에 파악주체(grāhaka, 能取)와 파악대상(grāhya, 所取)이 존재하지 않는다(asat)는 특징(lakṣaṇa)을 이해(anupraveśa)하는 방법(upāya)을 입무상방편상이라 명명한다. 입무상방편상은 두 단계로 구성되어 있다. 1단계는 오직 식만 존재한다는 지각을 근거로 대상의 비지각을 낳고, 2단계는 대상의 비지각을 근거로 식의 비지각을 낳는 것이다. 이로써 파악대상과 파악주체가 존재하지 않는

---

46 람버트 슈미트하우젠, 안성두 역, 위 논문, pp.149~150. 참조.

다는 사실을 이해한다.[47]

이와 동일한 과정을 「교수교계장」은 순결택분위에서 설한다. 이 단계는 다음과 같다. 우선 이전의 예비과정을 통해 삼매에 든 보살은 개별상과 보편상이라 불리는 어떤 법도 의언과 분리된 것이라고 보지 않는다. 곧 의언만이 현현하는 것이다. 이와 같이 보는 단계를 난위(uṣmagatāvasthā, 煖位)라고 한다.[48] 앞에서 이미 교법을 인식대상으로 하는 수행은 의언작의가 외계대상과 유사한 영상을 발생시킨다는 〈섭결택분〉의 사상에 영향을 받고 있다고 언급하였다. 「교수교계장」에서 설하는 난위는 영상뿐 아니라 모든 법이 의언으로부터 현현한다는 것을 인식하는 단계다. 이는 삼매 속의 영상뿐 아니라 모든 법이 마음과 다르지 않다고 선언하는 『해심밀경』의 유식사상이 확립된 이후,[49] 이러한 이론적 선언이 교법을 인식대상으로 하는 6종심 수행에

---

47 MAV p.20, 1-5: upalabdhiṃ samāśritya nopalabdhiḥ prajāyate / nopalabdhiṃ samāśritya nopalabdhiḥ prajāyate //6// vijñaptimātropalabdhiṃ niśrityārthā-nupalabdhir jāyate / arthānupalabdhiṃ niśritya vijñaptimātrasyāpy anupala-bdhir jāyate / evam asallakṣaṇaṃ grāhyagrāhakayoḥ praviśati //

48 MSA(L) p.93, 14-16; MSA(I) p.268, 16-19: ata ūrdhvaṃ nirvedhabhāgīyāni / tathābhūto bodhisatvaḥ samāhitacitto manojalpād vinirmuktān sarvadharmān na paśyati svalakṣaṇasāmānyalakṣaṇākhyān manojalpamātram eva khyāti / sāsyoṣmagatāvasthā /; 岩本, 위 논문, p.268, n.472에 따르면 이 구절의 티베트역은 현존 범본과 차이가 있다. 본고에서는 현존 범본에 따랐다.

49 SNS p.90, 33-91, 26: bcom ldan 'das / rnam par lta bar bgyid pa'i ting nge 'dzin gyi spyod yul gzugs brnyan gang lags pa de ci lags / sems de dang tha dad pa zhes bgyi'am / tha dad pa ma lags zhes bgyi / byams pa / tha dad pa ma yin zhes bya'o // …… bcom ldan 'das / sems can rnams kyi

적용된 결과일 것이다.[50]

수행자는 이후 법의 광명을 증대하기 위해 노력하는 정위(mūrdhāvasthā, 頂位)를 거쳐, 법의 광명이 증대한 것에 의해 유심唯心에 머문다. 이 모든 현상이 마음이라는 사실을 통달하기 때문이다. 그 후 모든 대상이 마음에서 현현하고 마음과는 별개의 대상이 없다는 사실을 본다. 그때 그에게는 파악대상에 대한 혼란이 끊어지고, 파악주체에 대한 혼란만 남아 있다. 이 단계를 인위(kṣāntyavasthā, 忍位)라고 한다.[51] 바로 이 인위가 위에서 본 입무상방편상의 제1단계에 해당한다. 오식 마음만 존재하고 마음과는 별개의 대상이 없다는 사실을 명확히 인식하는 단계이기 때문이다.

그리고 이 단계에서 파악대상에 대한 혼란이 사라진 직후에 그는 무간삼매(ānantarya-samādhi, 無間三昧)에 접촉하고(spṛśati), 곧 직접적으로 체험하고, 파악주체에 대한 혼란도 파괴한다. 이 단계가 세제일법위(laukikāgradharmāvasthā, 世第一法位)이며,[52] 입무상방편상의 제

---

gzugs la sogs par snang ba sems kyi gzugs brnyan rang bzhin du gnas pa gang lags pa de'ang sems de dang tha dad pa ma lags zhes bgyi'am / bka' stshal pa / byams pa / tha dad pa ma yin zhes bya ste / ……

50 『해심밀경』 제8 「미륵장」의 수행론도 교법을 대상으로 하는 것이지만, 6종심 수행은 나타나지 않는다.

51 MSA(L) p.93, 19-22; MSA(I) p.269, 3-6: dharmālokavivṛddhyā ca cittamātre 'vatiṣṭhate / cittam etad iti prativedhāt / tataś citta eva sarvārthapratibhāsatvaṃ paśyati / na cittād anyam arthaṃ / tadā cāsya grāhyavikṣepaḥ prahīno bhavati / grāhakavikṣepaḥ kevalo 'vaśiṣyate / sāsya kṣāntyavasthā /

52 MSA(L) p.93, 22-24; MSA(I) p.269, 6-10: tadā ca kṣipram ānantaryasamādhiṃ spṛśati / sāsya laukikāgradharmāvasthā / …… yato grāhakavikṣepo hīyate

2단계에 해당한다. 대상이 없으므로 그것을 파악하는 파악주체도 없다는 사실을 보기 때문이다.

이상에서 보듯 『대승장엄경론』에서 입무상방편상은 설일체유부 수행 단계론의 형식을 빌려 견도 직전에 위치하고 있다. 입무상방편상은 파악대상과 파악주체가 존재하지 않는다는 사실을 단계적으로 파악하는 방법으로서, 그 결과 파악대상과 파악주체가 존재하지 않는다는 것을 직접적으로 인식하는 단계로 이끈다. 전통적인 선정의 심화 체계가 모든 심·심소의 소멸로 이끄는 것과는 달리, 입무상방편상은 세간적이고 이원적인 인식은 소멸시키되, 출세간적이고 비이원적 해탈적 인식은 산출하는 방법이다. 이러한 해탈적 인식이 발생하는 단계가 초지 곧 견도로 간주되며, 그 인식은 본질적인 측면에서 무분별로 특징지워진다. 이 점에서 입무상방편상은 신비주의적 경향에 가깝다고 할 수 있다.

이런 신비주의적 경향은 선정을 사실상 배제하는 설일체유부의 순결택분위설과는 달리, 『대승장엄경론』의 순결택분위는 선정에 든 수행자가 전제되어 있다는 데서도 나타난다. 난위·인위·정위 단계에는 선정의 명칭이 나타나지 않지만, 마지막 세제일법위에 대해서는 무간삼매를 명확히 언급하고 있다. 『대승장엄경론』의 설을 계승한 『섭대승론』에서는 앞의 세 단계에도 각각 명득삼마지明得三摩地, 명증삼마지明增三摩地, 입진의일분삼마지入眞義一分三摩地라는 삼매를 그대로 배치하고 있다.[53] 순결택분위의 각 단계에 배치된 선정은 전통

tadanantaraṃ /

53 『섭대승론본』(TD31, p.143b3-10): 於此悟入唯識性時, 有四種三摩地, 是四種順決

적 선정의 명칭과 다르며, 따라서 기존 선정 체계의 어느 단계에 해당하는지는 불명료하다. 더구나 앞 세 단계의 삼매는 세제일법위에 무간삼매가 상정되어 있는 것에 맞추어 형식적 요청에 의한 체계로 구성된 측면도 있다. 그럼에도 불구하고 유가행파에서는 지와 관, 곧 신비주의적 방법과 합리주의적 방법의 이론적 융합을 지향하고 있는 것은 확인할 수 있다.

6. 최초의 해탈적 인식의 발생[54]

이상과 같은 입무상방편상의 결과, 세제일법 직후에 수행자에게 심신의 근본적인 전환(āśrayaparāvṛtti, 轉依)이 일어나고, 수행자는 초지 곧 견도에 오른다. 「교수교계장」에서 견도를 설명하는 부분은 제28송에서 제41송까지 모두 15송에 이른다. 이 중에서 견도에서 발생하는 해탈적 인식의 성격을 설명하는 게송은 제28~29송ab와 제32~33송이다.[55] 『대승장엄경론』 「교수교계장」은 견도에서 발생하는 최초의 해탈적 인식을 다음과 같이 규정한다.

擇分依止. 云何應知.應知由四尋思, 於下品無義忍中, 有明得三摩地, 是暖順決擇分依止. 於上品無義忍中, 有明增三摩地, 是頂順決擇分依止. 復由四種如實遍智, 已入唯識, 於無義中, 已得決定, 有入眞義一分三摩地, 是諦順忍依止. 從此無間伏唯識想, 有無間三摩地, 世第一法依止.

54 이하의 논의는 김성철, 『섭대승론 증상혜학분 연구』(씨아이알, 2008), pp.70~79를 다소 수정하고 요약한 것이다.

55 다른 게송은 견도에서 발생하는 경험의 진술이라기보다는 대승보살의 이념을 표방한 것(XIII, XIX)이거나 교리적 설명(XVI-XVIII)에 가깝다.

그 후 그는 ①2취取와 분리되고 ②출세간이며 ③무상無上이고 ④무분별이며 ⑤무구無垢인 지를 얻는다. //28//

이 이후가 견도위다. ①2취와 분리되었다는 것은 파악대상이라는 취와 파악주체라는 취와 분리되었기 때문이다. ③무상이란 더 이상의 승이 없기 때문이다. ④무분별이란 파악대상·파악주체의 분별과 분리되었기 때문이다. ⑤무구란 견도에서 끊어야 할 번뇌를 끊었기 때문이다. 이 때문에 (『반야경』에서) "먼지가 없고 때가 없다."고 설했다.

이것이 그의 전의고 초지라고 인정된다. //29ab//[56]

인용문을 통해 알 수 있는 견도에서 발생하는 해탈적 인식의 성격은 모두 다섯 가지다. 첫째 2취와 분리된 인식, 둘째 세간을 벗어난 인식, 셋째 무상인 인식, 넷째 무분별인 인식, 다섯째 무구인 인식이다. 하지만 이에 대한 설명은 지나치게 간략해서 그 의미를 이해하기 힘들다. 세친의 주석은 어의 설명 이상의 내용을 담고 있지는 않다. 무성[57]과 안혜[58]의 주석도 세친의 주석을 답습할 뿐, 자세한 정보를

56 MSA(L) p.93, 27-94, 5; MSA(I) p.270, 2-10: dvayagrāhavisaṃyuktaṃ lokottaram anuttaraṃ / nirvikalpaṃ malāpetaṃ jñānaṃ sa labhate tataḥ //28// ataḥ pareṇa darśanamārgāvasthā / dvayagrāhavisaṃyuktaṃ grāhyagrāhagrāhakagrāhavisaṃyogāt / anuttaraṃ yānānuttaryeṇa / nirvikalpaṃ grāhyagrāhakavikalpavisaṃyogāt / malāpetaṃ darśanaheyakleśaprahāṇāt / etena nirajo vigatamalam ity uktaṃ bhavati / sāsyāśrayaparāvṛttiḥ prathamā bhūmir iṣyate /29ab/

57 MSA(I-A) p.327, 7ff.

58 MSA(I-S) p.401, 4ff.

주지 않는다. 세 주석가 모두 해탈적 인식을 설명하는 데 소극적인 태도를 보이고 있는 것이다. 이 점은 견도에서 발생하는 해탈적 인식의 본질을 설명하는 데 수반하는 난점을 반영하고 있는지도 모른다. 하지만 견도에서 발생하는 해탈적 인식이 앞 단계인 입무상방편상의 직접적 결과라는 점을 고려하면, 첫 번째 규정 및 네 번째 규정이 본질적 측면을 구성하고 있다고 보아도 좋을 것이다. 그 외의 규정은 세간지나 성문 등의 해탈적 인식과 비교하거나, 견도에서 해탈적 인식이 발생하고 그로 인해 번뇌를 끊은 것을 나타내고 있기 때문이다. 해탈적 인식의 본질을 설명하는 첫 번째 규정은 입무상방편상의 결과 2취와 분리되었다는 사실을 명시하고, 네 번째 규정은 동일한 사실을 2취의 분별과 분리되었다고 한다. 이 경우 2취 혹은 2취의 분별과 분리되었다는 것은 그것의 비존재를 인식한다는 것을 의미한다. 이 점을 제32~33송에서 다음과 같이 이어서 설하고 있다.

> 그는 삼계에 속하는 행들을 허망분별(abhūtaparikalpa, 虛妄分別)이라는 측면에서
> ②지극히 청정한, ①둘을 대상으로 하지 않는 지智에 의해 본다. //32//
> 그는 삼계에 속하는 행들을 허망분별일 뿐인 것으로 본다. ②'지극히 청정한 지智에 의해'란 출세간이기 때문이다. ①'둘을 대상으로 하지 않는'이란 파악대상과 파악주체를 대상으로 하지 않는다(는 뜻이다).[59]

59 MSA(L) p.94, 17-20; MSA(I) p.271, 9-12: traidhātukān sa saṃskārān abhūtapa-

그리고 견도에서 끊어야 할 (번뇌)들과 분리된 그 (파악대상과 파악주체의) 비존재의 존재를 (본다).
그러므로 실로 그때 견도가 획득되었다고 설명된다. //33//
그 파악대상과 파악주체의 비존재의 존재인 법계法界를 견도에서 끊어야 할 번뇌와 분리된 것으로 본다.[60]

견도에서 발생하는 해탈적 인식은 파악대상과 파악주체를 인식대상으로 하지 않는다. 그것은 존재하지 않기 때문이다. 따라서 앞에서 2취와 '분리'되었다고 한 것은 2취가 더 이상 존재하지 않고 따라서 그것을 인식대상으로 하지 않는다는 의미가 된다. 그러나 그것은 단순히 둘의 비존재가 아니다. 그것이 존재하지 않는다는 사실 자체는 존재하기 때문이다. 이 사실이 '비존재의 존재(abhāvasya bhāva)'로 명명된다. 「교수교계장」은 이 '비존재의 존재' 상태를 '법계(dharmadhātu, 法界)'라고 규정한다. '비존재의 존재'는 같은 미륵논서 계통에 속하는 『변중변론』에서는 공성의 특징으로 규정되는 것으로서 역시 파악대상과 파악주체의 비존재의 존재로 설명된다.[61] 이와 동일한

---

rikalpataḥ / jñānena suviśuddhena advayārthena paśyati //32// sa traidhātukān saṃskārān abhūtaparikalpamātrān paśyati / suviśuddhena jñānena lokottaratvāt / advayārthenety agrāhyagrāhakārthena /

60 MSA(L) p.94, 21-24: MSA(I) p.271, 14-272, 2: tadabhāvasya bhāvaṃ ca vimuktaṃ dṛṣṭihāyibhiḥ / labdhvo darśanamārgo hi tadā tena nirucyate // 33 // tasya grāhyagrāhakābhāvasya bhāvaṃ dharmadhātuṃ darśanaprahātavyaiḥ kleśair vimuktaṃ paśyati /

61 MAV p.22, 23-23, 1: dvayābhāvo hy abhāvasya bhāvaḥ śūnyasya lakṣaṇam /

내용은 『대승장엄경론』 제6 「진실의장」에도 나타난다. 거기서 법계는 파악대상과 파악주체라는 두 가지 특징을 결여한 것으로서 직접지각의 대상이 된다고 한다. 나아가 그는 마음도 존재하지 않는다는 것을 이해한다. 그리고 그러한 상태가 법계에 머무는 상태라고 묘사된다.[62]

이와 같이 법계는 단순한 비존재가 아니라 어떤 의미로든 긍정적 실재라는 성격을 가진다. 법계의 긍정적 실재성은 열반의 실재성을 설하는 〈섭결택분〉에도 나타나며,[63] 열반의 실재성은 초기 경전으로까

---

dvayagrāhyagrāhakasyābhāvaḥ / tasya cābhāvasya bhāvaḥ śūnyatāyā lakṣaṇam….

62 MSA p.24, 2ff: pratyakṣatām eti ca dharmadhātus tasmād viyukto dvayalakṣaṇena /7cd/ nāstīti cittāt param etya buddhyā cittasya nāstitvam upaiti tasmāt / dvayasya nāstitvam upetya dhīmān saṃtiṣṭhate 'tadvati dharmadhātau // … tataḥ pareṇa dharmadhātoḥ pratyakṣatāgamanaṃ* dvayalakṣaṇena viyukto grāhyagrāhakalakṣaṇena 〔/〕 iyaṃ darśanamārgāvasthā /
* Otani A, B본에 따라 pratyakṣato gamane를 이와 같이 수정하였다. 티벳역(P Phi 155b5: chos kyi dbyings … mngon sum nyid du rtogs)도 이를 지지한다.

63 ViSg P 'i, 15b5-8, D Zi, 14b5-15a1: mya ngan las 'das pa gang zhe na / chos kyi dbyings rnam par dag pa gang yin pa ste / nyon mongs pa dang sdug bsngal nye bar zhi ba'i don gyis yin gyi*/ med pa'i don gyis ni ma yin no // gang gi tshe nyon mongs pa dang sdug bngal nye bar zhi ba tsam la nya ngan las 'das pa zhes bya ba'i tshe / ci'i phyir de med pa'i don gyis ma yin zhe na / smras pa / 'di lta ste dper na chu'i khams la rnyog pa dang ba** tsam gsal ba yin yang rnyog pa dang bar*** gyur pas gsal pa nyid med pa ma yin pa dang / gser skyon dang bral ba tsam bzang ba nyid yin yang de dang bral bas bzang ba nyid ma yin pa dang / nam mkha' sprin dang khug rna la sogs pa dang bral ba tsam rnam par dag pa nyid yin yang de dang bral bas rnam par dag pa nyid med pa ma yin

지 그 기원을 거슬러 올라갈 수 있다.[64] 그리고 이러한 궁극적 실재의 긍정성은 '접촉(spṛśati)'하거나 '직접지각(pratyakṣatām eti)'하거나 '머무는(avatiṣṭhate/saṃtiṣṭhate)' 방식으로 우리에게 인식된다. 이는 궁극적 실재에 대한 직접적인 경험을 의미한다. 이러한 직접적인 경험 방식은 신비주의적 경향에서 두드러지는 인식 형태다. 그러나 비존재의 존재는 단순히 세간적 존재가 존재하는 방식으로 있는 것은 아니다. 오히려 그것은 고도의 개념적 대상이다. 그것은 합리주의적 경향의 6종심 수행을 전제로 반성적 명상을 통해 파악대상과 파악주체라는 분별을 파괴한 후 발생하는 높은 수준의 지적 인식이다. 그 인식은 심·심소의 소멸이라는 전통적인 의미의 신비주의적 경향과는 구별되며, 파악되는 대상뿐 아니라 파악하는 마음도 궁극적으로 존재하지 않는다는 인식으로 나아간다. 하지만 이 상태에서 소멸한 것은 이원적이고 세간적 마음일 뿐, 높은 수준의 초월적 인식은 발생하고 있다. 이러한 상태도 신비주의적 경향과 합리주의적 경향이 내적으로 융합된 것이라고 할 수 있을 것이다.

이러한 신비주의와 합리주의 두 가지 측면을 융합시키려는 이론적 시도는 이어지는 3삼매에 대한 설명에서도 나타난다. 반야경류의 신비주의 전통에서 중시되는 3삼매 중 특히 무상삼매(ānimitta-samādhi, 無相三昧)는 모든 심심소의 소멸을 의미하는 멸진정滅盡定 혹은 무상심삼매(animitto cetosamādhi, 無相心三昧)와 사실상 동일한 경지

pa bzhin du / 'di la yang tshul de bzhin du bltar bar bya'o //

*P gyi=kyis, **D dang ba=dangs pa, ***D dang bar=dangs par

64 틸만 페터, 김성철 역, 『초기불교의 이념과 명상』, p.28, n.9+p.84.

로 간주된다.[65] 「교수교계장」 제34~35송은 이 3삼매를 견도에서 발생하는 삼매로 재해석한다. 이에 따르면 공삼매는 3성을 인식하는 삼매, 무상삼매는 분별의 소멸을 인식하는 삼매, 무원삼매無願三昧는 허망분별을 인식하는 삼매다.[66] 이 3삼매 중 특히 공삼매의 대상이 변계소집성·의타기성·원성실성이라는 3성이라는 사실은, 반야경류의 3삼매 중 공삼매와는 달리, 대단히 지적인 성격을 갖고 있다는 것을 보여준다. 공성을 3성의 측면에서 변별하여 인식하는 것이 지적 사유와 다른 어떤 것이라고 간주하기는 힘들기 때문이다.

그렇다면 이러한 통합은 어느 경향을 중심으로 이루어지고 있는 것일까? 슈미트하우젠이 합리주의와 신비주의의 융합은 주로 합리주의적 경향에 서서 이루어진다고 지적하고 있다는 것은 이미 언급하였다. 이와 함께 그는 신비주의적 경향에서 합리주의적 경향을 균형 있게 통합하려는 시도로 팔리어본 『마하말룽키야숫타(Mahāmāluṅkya-sutta)』〔=『중아함경』 제205 「오하분결경」(대정장 1, pp.778c9-780b13, 특히 p.779c16ff.)〕를 언급한다.[67] 우리는 이러한 신비주의 경향과 합리주의 경향을 균형 있게 통합하려 한 예로 『대승장엄경론』의 수행도를 추가할 수 있을 것이다. 그리고 이것은 초기 경전에서 '교리에 집중하는 자(dhammayoga)'와 '명상에 집중하는 자(jhāyin)'에서 '서로 존중하라'

65 틸만 페터, 이영진 역, 앞 논문, pp.183~185.

66 MSA(L) pp.94, 25-95, 6: abhāvaśūnyatāṃ jñātvā tathābhāvasya śūnyatāṃ / prakṛtyā śūnyatāṃ jñātvā śūnyajña iti kathyate //34// … animittapadaṃ jñeyaṃ vikalpānāṃ ca saṃkṣayaḥ / abhūtaparikalpaś ca tadapraṇihitasya hi //35//

67 Schmithausen, 위 논문, J장 참조.

고 한 권유를, 대승불교의 입장에서 그리고 적어도 이론적으로는 구현한 것이라고 할 수 있을 것이다.

7. 결론 – 합리주의와 신비주의의 균형 잡힌 수행도

이상으로 『대승장엄경론』 제14 「교수교계장」을 중심으로 유가행파에서 해탈적 인식의 산출 과정과 그 방법 및 성격을 살펴보았다. 이 과정은 6종심이라는 예비과정을 전제로 입무상방편상이라는 핵심 방법을 거쳐 비존재의 존재로 규정되는 법계를 직접적으로 인식하는 방식의 해탈적 인식을 낳는 과정이었다.

6종심은 경전 등의 교법을 인식대상으로 하여 거기에 설해진 언어와 의미 하나하나를 고찰하는 합리주의적 방식의 수습이다. 그것은 교법에 대한 주석 방식의 내면화라고도 볼 수 있다. 이에 비해 입무상방편상은 파악대상과 파악주체에 대한 분별이라는 일상적 인식을 제거하되 비존재의 존재로 규정되는 법계를 인식하는 출세간적 인식을 낳는 신비주의적 경향의 방법이다. 「교수교계장」은 신비주의적 성격을 가진 입무상방편상을 중심에 놓고 6종심을 예비과정으로 배치하는 방식으로 수행과정상에서 이 양자를 결합하고 있다. 이 점에서 「교수교계장」은 신비주의적 방식을 중심으로 합리주의적 방법을 균형 있게 통합하고 있다고 보인다.

이러한 수습의 결과 산출되는 해탈적 인식은 기본적으로 파악대상과 파악주체를 결여하고, 그것을 인식대상으로 하지 않는 무분별지로 규정된다. 그러나 그것은 단순한 비존재를 인식대상으로 하는 것이 아니며, 마음 자체의 소멸도 의미하지 않는다. 그것은 오히려 비존재의 존재라는 법계의 존재방식을 인식대상으로 하는 초월적 인식이었다. 이러한 법계에 대한 인식은 세간적이고 이원적 인식이 소멸한 상태에서 발생하는 초월적 인식이지만, 동시에 고도의 지적 성격을 가진 인식이기도 하다. 비존재의 존재라는 일종의 개념적 대상을 인식하는 것이기 때문이다. 「교수교계장」에서 설하는 해탈적 인식은 세간적이고 이원적인 인식의 소멸이라는 측면에서는 신비주의적 성격을 띠고, 고도의 개념적 대상에 대한 출세간적 인식의 발생이라는 점에서는 합리주의적 경향을 드러내고 있다.

이 점에서 『대승장엄경론』에서 설하는 해탈적 인식은 신비주의적 성격과 합리주의적 측면을 조화롭게 융합한 것이라고 평가할 수 있다.

약호와 참고문헌

1차 자료

AKBh *Abhidharmakośabhāṣya*, ed., by P. Pradhan, Tibetan Sanskrit Work Series 8, Patna, 1967(repr. 1975).

MAV *Madhyāntavibhāgabhāṣya*, by Gadjin M. Nagao, Tokyo: Suzuki Research Foundation, 1964.

MSA(L) *Mahāyānasūtrālaṁkāra*, tome I texte, éd., par Sylvain Lévi, Bibliothèque de l'Ecole des Hauts études, Paris, 1907.

MSA(I) 岩本明美, 「『大乘莊嚴經論』の修行道 - 第13·14章を中心として - 」, 博士學位請求論文, 京都大學大學院, 2002.

Otani A, B 『梵文大乘莊嚴經論寫本』, 武內紹晃 外, 京都: 法藏館, 1995.

SNS *Saṃdhinirmocanasūtra*, éd, par Étienne Lamotte, Louvain, 1935.

ViSg *Yogācārabhūmau Viniścayasaṃgrahaṇī*, P. No.5539. D. No.4038.

2차 자료

〈단행본류〉

가츠라 쇼류 외, 김성철 역, 『유식과 유가행』, 씨아이알, 2014.

김성철, 『섭대승론 증상혜학분 연구』, 씨아이알, 2008.

폴 드미에빌, 배재형·차상엽·김성철 역, 『라싸종교회의』, 씨아이알, 2017(Paul Demiéville, *Le Concile de Lhasa: Une controverse sur le quiétisme entre bouddhistes de l'Inde et de la Chine au VIIIe siècle de l'ére chrétienne*, Paris: Imprimerie Nationale de France, 1952.

틸만 페터, 김성철 역, 『초기불교의 이념과 명상』, 씨아이알, 2009(Tilmann Vetter, *The Ideas and Meditative Practices of Early Buddhism*, Leiden: E.J. Brill, 1988).

小谷信千代, 『大乘莊嚴經論の研究』, 京都: 文榮堂, 1984.

小谷信千代, 『法と行の思想としての佛教』, 京都: 文榮堂, 2000.

高橋晃一, 『『菩薩地』「眞實義品」から「攝決擇分中菩薩地」への思想展開』, Tokyo: The Sankibo Press, 2005.

袴谷憲昭·荒井裕明 校註, 『大乘莊嚴經論』(新國譯大藏經, 瑜伽唯識部 12), 동경: 대장출판, 1993.

〈논문류〉

람버트 슈미트하우젠, 김성철 역, 「초기유가행파 수행도의 양상들」, 『불교평론』 42호, 만해사상실천선양회, 2010, pp.340~359(Lambert Schmithausen, "Aspects of Spiritual Practice in Early Yogācāra", 龍谷大學 강연원고, 2005, 일역: 桂 紹隆 譯, 初期瑜伽行派における修行道の諸相, 『唯識 - こころの佛教 - 』, 京都: 自照出版社, 2008, pp.325~350.)

람버트 슈미트하우젠, 안성두 역, 「「성문지」에서의 선정수행과 해탈경험」, 『불교학리뷰』 제1호, 논산: 금강대학교 불교문화연구소, 2006, pp.125~159(Lambert Schmithausen, "Versenkungspraxis und erlösonde Erfahrung in der Śrāvakabhūmi", *Epiphani des Heils. Zur heilsgegenwart in indischer und christilicher Religion* (ed. G. Oberhammer), Wien, 1982, pp.59~85).

루이 드 라 발레 푸생, 김성철·배재형 공역, 「무실라와 나라다: 열반의 길」, 『불교학리뷰』 제10호, 금강대학교 불교문화연구소, 2011, pp.295~335(Louis de La Vallée Poussin, Musīla et Nārada: Le Chemin du Nirvāṇa, *Mélanges Chinois et Bouddhiques* 5, 1936~37, pp.189~222).

안성두, 「유가행파에 있어 견도설」, 『인도철학』 12호, 인도철학회, 2002, pp.145~171.

안성두, 「瑜伽行派의 見道(darśana-mārga)설(II)」, 『보조사상』 22, 보조사상연구원, 2004, pp.73~105.

에리히 프라우발너, 안성두 역, 「아비다르마 연구 III. 現觀論(Abhisamayavāda)」, 『불교학리뷰』 제2호, 논산: 금강대학교 불교문화연구소, 2007, pp.139~176 (Erich Frauwallner, "Abhidharma-Studien III. Abhisamayavāda", *Wiener Zeitschrift für die Kunde Südasiens* XV, Wien 1971, pp.69~102).

이영진, 「공성기술空性記述의 두 형태」, 박사학위청구논문, 동국대학교대학원, 2007.

차상엽, 「동아시아와 중앙아시아불교 속 『유가사지론』의 명상이론－'아홉 단계 마음의 머묾'(구종심주)」, 『요가수행자의 불교적 바탕』, 씨아이알, 2016, pp.201~238(=Sangyeob CHA, The Yogācārabhūmi Meditation Doctrine of the 'Nine Stages of Mental Abiding' in East and Central Asian Buddhism, *The Foundation for Yoga Practitioners*, ed. By Ulrich Timme KRAGH, Harvard & Geumgang, 2013, pp.1166~1191).

틸만 페터, 이영진 역, 「古반야경(prajñāpāramitā) 문헌과 용수의 중론송(Mūla-Madhyamaka-kārika)에 나타난 신비주의의 비교」, 『불교학리뷰』 제2호, 논산: 금강대학교 불교문화연구소, 2007, pp.177~205(Tilmann Vetter, "A Comparison between the Mysticism of the older prajñāpāramitā Literture and the Mūla-Madhyamaka-kārikas of Nāgārjuna", *Acta Indologica* 6, 1984, pp.495~512).

岩本明美, 「『大乘莊嚴經論』の修行道 - 第13·14章を中心として - 」, 博士學位請求論文, 京都大學大學院, 2002.

野澤靜證, 「智吉祥造『莊嚴經論總義』に就いて」, 『佛教研究』 2-2, 1938, pp.104~154.

毛利俊英, 「『聲聞地』の止觀」, 『龍谷大學院研究紀要 人文科學』 10, 1989, pp.37~54.

袴谷憲昭, 「唯識文獻における無分別智」, 『駒澤大學佛教學部研究紀要』 43, 1985, pp.252~215.

早島 理, 「菩薩道の哲學」, 『南都佛教』 30, 奈良: 南都佛教研究會, 1973, pp.1~29.

早島 理, 「瑜伽行唯識學派における入無相方便相の思想」, 『印度學佛教學研究』 22-2, pp.1020~1011.

早島 理, 「法隨法行(dharma-anudharma-pratipatti) - その語義と意義 - 」, 『南都佛教』 36, 奈良: 南都佛教研究會, 1976, pp.1~24.

阿 理生, 「初期瑜伽行派の入無相方便相」, 『印度學佛教學研究』 36-2, 1988, pp.85~59.

藤田祥道, 「教法にもとづく止観－『解深密經』マイトレーヤ章管見」, 『佛教學研究』 48, 1992, pp.40~63.

Aramaki, Noritoshi, "Toward an Understanding of the Vijñaptimātratā", *Wisdom, Compassion, and the Search for Understanding－The Buddhist Studies Legacy of Gadjin M. Nagao.* ed., by Jonathan A. Silk, Univ. of Hawaii Press, Honolulu, 2000, pp.39~60.

Deleanu, Florin, "A Preliminary Study of Meditation and Beginnings of Mahāyāna Buddhism", *Buddhism-Critical Concepts in Religious Studies (ed. By Paul Williams) III (The Origins and Nature of Mahāyāna Buddhism: Some Mahāyāna Religious Topics)*, Routledge, 2005(2000), pp.26~73.

Lambert Schmithausen, "On Some Aspects of Descriptions or Theories of 'Liberating Insight' and 'Enlightenment'", *Studien zum Jainismus und Buddhismus*, Gedenkschritf für L. Asldorf, Wiesbaden, 1981, pp.199~250.

Schmithausen, Lambert, "The Darśanamārga Section of the Abhidharmasamuccaya and its Interpretation by Tibetan Commentators (with special reference to Bu ston Rin grub)", *Contributions on Tibetan and Buddhist Religion and Philosophy*, ed. By E. Steinkellner and H. Tauscher, vol.2, Vienna: Arbetiskreis für tibetische und buddhistische Studein, 1983, pp.259~274.

티벳불교의 논리 전통과 명상 전통

-예쎄데와 뺄양의 여래장에 대한 상이한 이해를 중심으로-

차상엽 | 금강대학교 불교문화연구소 교수

본고에서는 예쎄데의 『견해의 구별』과 뺄양의 『방편과 지혜를 구족한 등불』을 통해 9세기 티벳인들의 여래장에 대한 이해를 살펴보고자 한다. 이를 통해 깨달음의 길로 나아가는 9세기 티벳불교의 2가지 전통, 즉 논리 전통(mtshan nyid kyi lugs)과 명상 전통(sgoms lugs)을 소개하고자 한다.

첫 번째, 『견해의 구별』의 둔황 사본에서는 "모든 중생이 여래장이다(sems can thams cad ni de bzhin gshegs pa′i snying po yin)."라는 구문이 등장한다. 이 둔황 사본에서는 범문인 "sarvasattvās tathāgatagarbhāḥ"를 후대의 티벳대장경 편찬자와 같이 '~을 지닌'이라는 의미의 '짼(can)'이라는 소유복합어를 사용하는 것이 아닌, '~이다'라는 의미의 계사 구조인 '인(yin)'으로 읽고 있다. 즉 중생(A)=여래장

(B)이라는 의미로 이해하고 있다. 이 구문과 관련한 예쎄데와 뻴양의 여래장에 대한 이해가 차이가 난다. 예쎄데는 이 문장을 원인으로서의 알라야식과 결과로서의 법신, 그리고 자성으로서의 알라야식의 전의와 진여의 청정이라는 맥락으로 해석한다. 이에 반해 뻴양은 이 문장을 원인과 결과의 측면이 아닌 자성적인 측면을 강조하는 구문으로 이해한다. 이러한 그의 이해는 "바로 자신의 마음이 붓다이다(rang gi sems nyid sangs rgyas yin)."라는 구절에서 드러난다. 뻴양은 법과 마음의 자성이라는 측면에서 무가행, 무공용, 무차별, 일미, 무위, 평등성, 동일성, 무주를 강조한다.

두 번째, 예쎄데는 여래장을 일승一乘의 측면, 즉 누구나 다 붓다가 될 수 있는 가능성으로 이해한다. 일승과 관련한 예쎄데의 입장은 번뇌가 점차적으로 소거된다는 차제론자(rims gyis pa)의 견해와 연계된다. 뻴양도 여래장을 일승의 측면에서 언급한다. 하지만 그는 자성적인 측면에서 붓다와 중생이 평등하기 때문에 번뇌가 점차적으로 소거되는 것이 아니라 일거에 소거된다는 동시론자(cig car pa)의 입장을 따르고 있다.

세 번째, 여래장의 가르침과 관련해서 예쎄데는 현자(mkhas pa)의 전통, 청문과 사유를 중시하는 전통(thos bsam gyi lugs), 즉 논리 전통과 연결된다. 이에 반해 뻴양은 스승(ācārya)이라는 의미의 롭뽄(slob dpon) 전통, 자성과 본성을 강조하는 명상 전통과 관련된다.

1. 선행 연구 검토와 문제 제기

티벳 역사서에서는 티벳불교의 시대 구분을 고대 티벳제국의 불교와 그 이후에 부흥한 불교로 나눈다. 전자를 불교전기 전래시대(땐빠 아다르뒤, bstan pa snga dar dus, ?~840년경), 후자를 불교후기 전래시대(땐빠 치다르뒤, bstan pa phyi dar dus, 950년경~?)라 일컫는다. 괴 로짜와 쉰누뻴('Gos Lo tsā ba gZhon nu dpal, 1392~1481)은 『푸른 연대기(靑史, 뎁테르왼뽀, Deb ther sngon po)』에서 "모든 중생이 여래장을 지닌다."는 여래장의 가르침을 교리적으로 체계화시킨 인도 논서 『보성론』이 티벳에서는 불교후기 전래시대에 6차례나 번역되었다고 언급한다.[1]

과연 티벳인들은 『보성론』이 번역되기 이전에도 여래장의 가르침을 알고 있었을까? 만약 티벳인들이 『보성론』이 번역되기 이전인 불교전기 전래시대에 여래장의 가르침을 인지하였다면, 그들은 어떻게 여래장의 가르침을 접할 수 있었을까?

데이비드 세이퍼드 루엑의 연구 성과를 토대로[2] 도르지 왕축은

---

1 『푸른 연대기(靑史)』 425.4-7. 티벳의 불교후기 전래시대의 『보성론』 번역과 관련한 상세한 논의로는 Kazuo Kano, *Buddha-nature and emptiness: rNgog Blo-ldan-shes-rab and a transmission of the Ratnagotravibhāga from India to Tibet*(Wien: Wiener Studien zur Tibetologie und Buddhismuskunde, 2016), pp.155~180과 차상엽, 「옥 로댄쎄랍(rNgog Blo ldan shes rab)의 여래장 이해」, 『불교학리뷰』 제10집(금강대학교 불교문화연구소, 2011), pp.134~137을 참조.

2 David Seyfort Ruegg, *La traité du Tathāgatagarbha de Bu ston Rin chen grub*(Paris: École Française d'Éxtrême Orient, 1973), pp.23~26의 18가지 문헌 리스트 참조.

824년에 편찬된 티벳 최초의 역경 목록인 『댄까르마 목록(까르착 땐까르마, dKar chag lDan dkar ma)』에 여래장의 가르침과 관련한 인도 문헌의 제명 등이 기록되어 있다는 점에서 티벳인들이 불교전기 전래시대에도 여래장의 가르침을 접하고 있었다는 점을 간략하게 언급한다.[3] 필자 역시 루엑이 언급하고 있는 부뙨 린첸둡(Bu ston Rin chen grub, 1290~1364)의 『아름다운 장엄(제갠, Mdzes rgyan)』이라는 저작 속에 언급하고 있는 여래장의 가르침과 관련한 18가지 인도 불전 중 15가지 문헌이 초기 『댄까르마 목록』의 번역 리스트에 언급되고 있음을 확인할 수 있었다. 이를 통해서 본다면 티벳인들이 『보성론』이 번역되기 이전인 9세기 초반에는 티벳제국의 후원 하에 이루어진 대대적인 역경 작업과 역경 전적의 홍포를 통해 여래장의 가르침과 조우했음을 알 수 있다.

티벳인들은 『보성론』이 번역되기 이전인 불교전기 전래시대에 여래장의 가르침을 어떻게 이해하고 있을까? 이 질문에 대한 대답은 의외로 간단하지 않다.

첫 번째 이유로는 여래장의 가르침에 대한 직접적인 티벳인의 저작이 별도로 현존하지 않기 때문이다. 두 번째 이유로는 서구학계에서의 논의가 주로 『보성론』이 번역되고 난 이후의 여래장 사상에 주안점을 두기 때문이다. 도르지 왕축이 예쎄데와 뺄양의 저작 속에 여래장이라

3 Dorji Wangchuk, "The rÑiṅ-ma Interpretations of the Tathāgatagarbha Theory", *Wiener Zeitschrift für die Kunde Südasiens* 48, 2004(2005), p.178의 내용과 각주 20 참조. 왕축은 Mvy no. 699에 보살의 이름으로서 여래장이 등장한다고 언급하지만, 실제로는 Mvy no. 669에 등장한다.

는 용어가 출현한다고만 언급할 뿐, 이 용어의 출현이 각각의 저작 속에서 어떤 의미를 지니고 있는지에 대해서는 별도의 분석을 시도하지 않음을 통해서도 이러한 점을 알 수 있다.[4]

본고의 문제의식은 바로 여기에서 시작한다.

본고에서는 기존의 선행 연구에서 등한시되었던, 아니 사각지대에 놓여있던 불교전기 전래시대인 9세기경에 티벳의 지성인들이 인도에서 기원한 여래장의 가르침을 어떻게 이해하고 있는지를 살펴볼 것이다. 이를 위해 여래장을 언급하고 있는 티벳 최초기의 저작인 예쎄데(Ye shes sde)의 『견해의 구별(따외캐빠르, lTa ba'i khyad par)』과 뻴양(dPal dbyangs)의 『방편과 지혜를 구족한 등불(탑쎄된마, Thabs shes sgron ma)』을 살펴보고자 한다. 이를 통해 깨달음의 길로 나아가는 9세기 티벳불교의 2가지 전통, 즉 논리 전통(mtshan nyid kyi lugs)과 명상 전통(sgoms lugs)이 각각 예쎄데와 뻴양의 여래장 이해와도 깊은 관련이 있음을 소개하고자 한다.

2. 예쎄데의 『견해의 구별』에 나타나는 여래장의 가르침

814년 티데쏭짼(Khri lde srong btsan) 때에 편찬된 불전번역어의 해석서인 『이권본역어석二卷本譯語釋(다죠르밤뽀니빠, sGra sbyor bam po gnyis pa)』에 "lo tsā ba mkhas par chud pa jñānasena dang | ……"이라

4 Ibid., p.179와 각주 25, 26 참조. 도르지 왕축은 초기 닝마 문헌에 나타나는 여래장의 가르침도 간략하게 소개하고 있다. 이에 대해서는 Ibid., p.180 참조.

는 티벳어 문장이 등장한다.[5] 이 문장의 의미는 "학식 있는 번역관 반열에 든 Jñānasena, 즉 Ye shes sde……"이다. 그리고 『여래장경』에는 "zhu chen gyi lo tstsha ba ban de ye shes sdes bsgyur cing", 즉 "대교열번역관大校閱飜譯官 승려 예쎄데가 번역하였고……"[6]라는 간기가 등장한다. 예쎄데는 9세기에 티벳에서 인도불전 문헌의 번역에 참가한 대표적인 번역관 중 한 명으로 열거된다. 『댄까르마 목록』에서는 예쎄데가 여래장 관련 문헌 중 『여래장경』과 『승만경』 등 5편을 번역한 것으로 언급한다.[7] 인도의 많은 친교사(mkhan po, upādhyāya)와 더불어 대승경전의 가르침을 듣고 수지하면서 역경작업을 펼친 인물이 예쎄데인데, 단순히 번역관으로만 한정되는 것이 아닌 현자賢者 혹은 지자智者(케빠, mkhas pa)로도 불렸다는 점에서 예쎄데의 학식이 수승하였다는 점을 알 수 있다. 이는 그의 전통이 지적이면서 논리적이고 분석적인 전통(챈니끼룩, mtshan nyid kyi lugs), 즉 인도의 스승(ācarya)으로부터[8] 다양한 경전의 가르침을 청문한 후 곰곰이 이에 대해 사유하는 전통(퇴쌈기룩, thos bsam gyi lugs)과 연결되는 것으로 보인다. 이러한 청문과 사유의 전통을 통해 예쎄데는 『견해의 구별』이라는 현존하는 저작을 남겼는데, 이 문헌에서 여래장의 가르침

5 石川美惠, 『sGra sbyor bam po gnyis pa 二卷本譯語釋—和譯と注解』(東京: 財團法人 東洋文庫, 1993), p.4.

6 Michael Zimmermann, *A Buddha Within: The Tathāgatagarbhasūtra: The Earliest Exposition of the Buddha-nature Teaching in India*(Tokyo: The International Research Institute for Advanced Buddhology, 2002), p.368.

7 David Seyfort Ruegg, op. cit., pp.23~26.

8 石川美惠, 앞의 책, p.4.

을 어떻게 설명하고 있을까.

> …… (성문 등이 붓다가 될 수 없다는 내용은) 『성삼매왕경(Āryasamādhirājasūtra)』 등 많은 경전에 "모든 중생은 여래장이다(sems can thams cad ni de bzhin gshegs pa'i snying po yin no)."라는 구문이 나타나기 때문에, 그리고 "모든 중생은 붓다가 되며, 법기法器(bhājana)가 아닌 자는 존재하지 않는다."는 구문 등과 모순이 되기 때문에, 궁극적으로 2승도 대승(mahāyāna)에 포섭되며 전적으로 일승(ekayāna)으로 나타나게 된다."[9]

예쎄데는 "모든 중생은 여래장이다(sems can thams cad ni de bzhin gshegs pa'i snying po yin no)."라는 구문의 경전 전거를 『여래장경』이 아닌 『성삼매왕경』 등이라고 언급한다. 하지만 "모든 중생은 여래장이다."라는 인용문과 일 대 일 대응하는 『삼매왕경』의 구절을 발견할 수 없다. 이 문장은 『보성론』의 『여래장경』 인용 구문인 "sarvasattvās tathāgatagarbhā (iti)(Tib. sems can thams cad ni de bzhin gshegs

---

9 PT 814.14b3-15a1, "(14b3) …… 'phags pa ting nger (14b4) 'dzin rgyal po las bstsogs pa mdo sde mang po las sems can thams cad ni ‖ de bzhin gshegs pa'i snying po yin no zhes 'byung ba dang | (14b5) sems can thams cad sangs rgyas su 'gyur te | snod ma yin pa gang yang myed do zhes bya ba las bstsogs pa dang | 'gal bar 'gyur bas na | (15a1) theg pa gnyis kyang mtha' mar theg pa chen por 'dus te | theg pa gcig du zad par mngon no ‖." 기존 번역으로는 上山大峻, 「エセイデの仏教綱要書」, 『仏教學研究』 제32·33호(京都: 龍谷大學仏教學會, 1977), p.45가 있다.

pa'i snying po can no)"[10], "sadaivaite sattvās tathāgatagarbhā (iti)(Tib. sems can 'di dag ni rtag tu de bzhin gshegs pa'i snying po can no)"[11]을 연상시킨다. 그런데 위의 인용문에서 살펴본 폴 펠리오(Paul Pelliot, 1878~1945)가 둔황에서 수집한 『견해의 구별』(PT 814.14b4) 사본에서는 예쎄데의 인용구문이 '~이다(yin no)'라는 계사(copula)를 사용해 "모든 중생(A)은 여래장(B)이다(sems can thams cad ni de bzhin gshegs pa'i snying po yin no)."라는 A=B의 의미를 취한다. 이에 반해 『보성론』의 『여래장경』 인용 구문에서는 '~을 지닌다(can no)'라는 소유복합어(bahuvrīhi)의 형태인 "모든 중생은 여래장을 지닌다."로 번역한다.

초기의 둔황 사본인 『견해의 구별』의 이해와 후대에 티벳대장경에 수록되어 있는 『여래장경』과 『보성론』 구문 사이에 범어구문의 복합어와 관련한 문법적 이해의 차이가 존재한다. 이러한 이해의 차이는 『여래장경』과 『보성론』 구문에서만이 아니라 티벳인 최초기의 저작인 둔황에서 출토된 『견해의 구별』과 『북경판 서장대장경』의 『견해의 구별』에서도 발견된다. 범문 "sarvasattvās tathāgatagarbhā (iti)"를 둔황출토 『견해의 구별』(PT 814.14b4) 티벳어 사본에서도 "모든 중생은 여래장이다(sems can thams cad ni de bzhin gshegs pa'i snying po yin no)."라고 언급하고 있기 때문에 불교전기 전래시대의 초기 티벳인은 여래장의 선언을 소유복합어로 보지 않고 계사 구문으로 이해하였던 것이다. 후대의 티벳 편집자가 이 범어 문장을 소유복합어

10 RGV 25.18; RGV(Tib) 49. 3-4.

11 RGV 73.12; RGV(Tib) 143. 11-12.

로 교정한 것이다. 둔황에서 출토된 『견해의 구별』 티벳어 사본보다 후대에 성립된 『북경판 서장대장경』의 『견해의 구별』에서 "모든 중생은 여래장을 지닌다."[12]고 소유복합어의 형태로 교정하고 있음은 이러한 추정의 가능성을 설득력 있게 보여준다.[13] 예쎄데가 언급하는 『성삼매왕경』의 이 구문은 예쎄데가 번역한 『여래장경』의 오래된 버전의 구문을 재차 인용하고 있는 것이다.

그런데 "모든 중생(A)은 여래장(B)이다."라는 여래장 선언(A=B)을 9세기에 활동한 예쎄데가 어떻게 이해하고 있을까. 그는 "모든 중생은 붓다가 되며, 법기法器(bhājana)가 아닌 자는 존재하지 않는다."는 『성삼매왕경』의 인용 구문을 실례로 들면서,[14] 이 여래장의 가르침이 각각 별개의 지향점을 가졌던 삼승을 대승(mahāyāna), 즉 일승(eka-

12 Q5847.257a5, "sems can thams cad ni de bzhin gshegs pa'i snying po can yin no……."

13 필자의 견해를 뒷받침할 수 있는 또 다른 실례로 "모든 중생은 여래장을 지닌다(sarvasattvās tathāgatagarbhāḥ)"라는 『여래장경』 구문을 초기의 티벳인들이 소유복합어인 '~을 지닌다(can)'가 아닌 계사로서 '~이다(yin)'의 형태인 'de bzhin gshegs pa'i snying po yin', 'de bzhin gshegs pa'i snying po'o'로 번역하고 있음을 『여래장경』의 오래된 티벳어 사본을 통해서도 다시금 확인할 수 있다. 이에 대해서는 Michael Zimmermann, *A Buddha Within: The Tathāgatagarbhasūtra: The Earliest Exposition of the Buddha-nature Teaching in India*(Tokyo: The International Research Institute for Advanced Buddhology, 2002), p.256.2~3, p.257.2~3 그리고 p.46 참조.

14 Q795.33b6, "'gro ba 'di dag thams cad sangs rgyas 'gyur ‖ 'di na snod min sems can gang yang med ‖." "이 모든 중생은 붓다가 되며, 여기에 법기가 아닌 어떤 중생도 존재하지 않는다"; 『성삼매왕경』의 이 구문을 Kazuo Kano가 선행 연구에서 지적하였다. Kazuo Kano, op. cit., p.94 참조.

yāna)의 길로 올라타게 만드는 선언으로 설명하고 있다. 예쎄데가 『능가경』과 『법화경』의 일승과 관련된 내용을 인용한 후에 여래장의 가르침을 소개하고 있는 것을 통해 여래장 교설과 일승의 밀접한 관계를 엿볼 수 있다.[15] 그는 "모든 중생(A)은 여래장(B)이다."라는 여래장 선언을 누구 하나 예외 없이 붓다가 될 수 있는 가능성을 지닌다는 점과 연계해서 설명한다. 9세기에 여래장의 가르침이 비록 "모든 중생(A)은 여래장(B)이다."라는 'A=B'의 구문으로 등장하지만, 이에 대해 예쎄데는 "모든 중생은 여래가 된다. 혹은 여래가 될 수 있다."라는 A(원인) ⇒ B(결과)로 해석하고 있다. 중생들이 성불할 수 있다는 예쎄데의 여래장 이해는 『능가경』, 『법화경』, 『성삼매왕경』을 바탕으로 한 Ratnākaraśānti와 Kamalaśīla, Dharmamitra, Haribhadra, Padmavajra와 Abhayākaragupta 등의 저작 속에 녹아난 일승의 체계와 밀접하게 연결됨을 알 수 있다.[16]

……『성聖둥텡경』에서도 "여래장이 명료하게 현현되지 않았을 때,

15 PT 814.13b4-14a2, "lang kar gshegs pa'i mdo las | nyan thos zag pa myed pa'i dbyings la (13b5) gnas pa ‖ de bzhin gshegs pa'i 'od gzer gyis bskul te | theg pa chen po la 'jug cing | theg pa gcig du bshad pa dang | (14a1) dam pa'i chos pad ma dkar po'i mdo las | nyan thos mang po sangs rgyas su grub par lung bstan cing ‖ theg pa gcig du bshad pa las bstsogs pa'i (14a2) tshul gyis | theg pa gsum du myed de gcig du zad do ‖." 기존 번역으로는 上山大峻, 앞의 논문, p.45 참조.

16 Ratnākaraśānti 등이 언급하고 있는 일승과 붓다가 될 수 있는 가능성과 관련한 내용에 대해서는 Kazuo Kano, *op. cit.*, pp.94~95 참조.

알라야(식)(ālayavijñāna)이라고 한다. (여래장이) 명료하게 현현되었을 때, 법신(dharmakāya)이라 한다."고 설하였다. 『성해심밀경』에서도, "제諸여래가 법신을 특징으로 지닌다는 것은 지(bhūmi)와 바라밀(pāramitā)을 잘 수습한 이가 (윤회로부터) 벗어나게 된 것, 완전하게 성취된 것이(라는 의미이)다."고 설하였는데, (이는) 알라야식의 전의(āśrayaparāvṛtti)를 말한다. 『요의要義(*piṇḍārtha)』라는 논서에서도 "법신(dharmakāya)"이라는 술어에 대해 '법(dharma)'은 시작이 없는 (때)부터 종성(gotra)인 여래장을 지칭하는 것이고, 〔'신(kāya)'은 이러한 여래장을〕 모든 중생이 자성(으로 삼는다는 의미)이다.[17] 그것(=여래장)은 비실재(abhūta)로 덮여 있기 때문에 염오를 지니게 되었으며, (염오의) 결합을 이전에 버려서 미란(bhrānti)이 없어진 바로 그때 자성적으로 전의된 것이야말로 (다름 아닌) 법신이다."라고 설하였다.[18]

---

17 필자의 번역이 타당하다면, 예쎄데는 'dharmakāya'를 소유복합어로 이해하고 있다.

18 PT 814.18a1-b3, "(18a1) 'phags pa dung phreng gyi mdo las kyang | de bzhin gshegs pa'i snying po gsal bar ma gyur pa'i tshe ni | kun gzhi zhes bya'o ‖ gsal bar gyur pa'i tshe ni chos kyi sku zhes bya'o zhes gsungs so ‖ 'phags pa dgongs pa nges par 'grel pa'i mdo las kyang | de bzhin gshegs pa rnams kyi chos kyi sku'i mtshan nyid ni | sa dang pha rol du phyin pa shin du bsgoms pa'i | nges par 'byung bar gyur pa yang dag par grub pa'o zhes gsungs ste | kun gzhi rnam par shes pa gnas gyur pa la bya'o ‖ don bsdus pa zhes bya ba'i bstan bcos las kyang | chos kyi sku (18b1) zhes bya ba la | chos ni thog ma myed pa nas | rigs su gyur pa de bzhin gshegs pa'i snying po la bya ste ‖ sems can thams cad kyi rang bzhin no ‖ de ni yang dag pa ma yin bas | bsgribs pas dri ma can du gyur te | gang gi sbyor ba

예쎄데는 『둥텡경』이라는 전거 불명인 경전을 인용하면서 여래장의 3가지 측면을 언급한다. 그는 여래장을 ① 원인(gotra=hetu)으로서의 알라야식, ② 결과(phala)로서의 법신, ③ 자성적 측면을 염오와 청정이라는 전의의 맥락과 연계해서 설명한다. 그는 여래장이 비실재하는 번뇌로 인해 염오된 상태가 알라야식이며, 미란을 여의게 될 경우, 즉 알라야식의 전의를 완전하게 이룬 법신의 상태가 된다고 정의한다. 예쎄데는 『해심밀경』을 인용하면서 보살의 실천행인 10바라밀과 보살의 토대(bhūmi)인 10지를 단계적으로 설정한다. 그는 원인으로서의 알라야식이 결과로서의 법신을 획득함에 있어 번뇌가 일거에 소거되는 것이 아니라, 단계적인 절차를 거쳐 점차적으로 소거됨을 경증에 의거해서 밝히고 있다. 예쎄데는 각 개체의 근거인 알라야식이 전환될 때, 대원경지=법신으로 변한다는 전식득지轉識得智, 전의, 무분별지, 진여와 알라야식의 청정, 3신과 4지 등의 개념을 『중변분별론주』와 『대승장엄경론주』 등의 유식설에 의거해서 설명한다.[19] 그는 법신에

---

sngon du btang nas | 'khrul pa dang bral ba de'i tshe rang bzhin du gyur pa ni | chos kyi sku'o | zhes | bshad do ‖." 기존 번역으로는 上山大峻, 「エセイデの仏教綱要書 (II)」, 『仏教學研究』 제37호(京都: 龍谷大學仏教學會, 1981), p.67이 있다.

19 PT 814.15a1-16b4, "…… ye shes bzhi ni (15a2) mye long lta bu'i ye shes dang | mnyam pa nyid kyi ye shes dang | so sor rtog pa'i ye shes dang | bya ba bsgrub pa'i ye shes so ‖ (15a3) de la mye long lta bu'i ye shes ni | chos kyi dbyings rnam par dag pa dang | mtshan ma myed pa la dmyigs pas | rtog pa thams cad (15a4) dang bral te | kun gzhi rnam par shes pa | gnas gyur pa | bsnyel ba myi mnga' ba | ma lus pa la dmigs pa | mye long phyis pa'i (153a5) nang na gzugs brnyan ci yang 'byung zhing | snang ba bzhin du | de

다다르는 경지를 차제론자(림기빠, rims gyis pa)의 입장을 통해 불교의 수증론을 정리하고 있다.

예쎄데는 번뇌를 일거에 소거한다는 동시론자(찍빠르빠, cig car pa)와 정반대되는 입장이다. 이러한 예셰데의 입장은 마치 라싸 종교회의, 즉 쌈애(bSam yas)의 종론에서 벌어진 마하연의 논지와 대비되는 까말라씰라의 견해와 연계된다. 하지만 까말라씰라와 달리 예쎄데가 귀의와 발보리심 등을 대승불교의 핵심적인 수행으로 별도 상정하지

---

yang ye shes dang chos thams cad kyi gzugs brnyan 'byung ba'i gzhi (15b1) yin pas | mye long lta bu'i ye shes bya'o ‖ …… (16b1) …… sku gsum ni | chos kyi sku dang | long spyod rdzogs pa'i sku dang | sprul pa'i (16b2) sku'o ‖ de la chos kyi sku ni | rnam par myi rtog pa'i ye shes kyi rang bzhin | gzugs can ma yin pa yin pa | shes bya (16b3) thams cad du khyab pa | sangs rgyas kyi che ba nyid | ting nge 'dzin las bstsogs pa | yon tan thams cad kyi 'byung gnas | (16b4) de bzhin nyid dang kun gzhi rnam par shes pa | rnam par dag pa la bya'o ‖." "…… 4智는 대원경지(ādarśajñana)와 평등성지(samatājñāna)와 묘관찰지(pratyavekṣaṇājñāna)와 성소작지(kṛtyānuṣṭhānajñāna)이다. 그(=4지) 중 대원경지는 청정한 법계(dharmadhātu)와 無相(animitta)을 인식대상으로 삼기 때문에 모든 분별이 없는 〔지(nirvikalpajñāna)〕이다. (이 지는) 알라야식이 전의한 상태이고, 망실(saṃpramoṣa)이 없는 상태이며, 일체를 인식대상으로 삼는다. 마치 깨끗이 닦아낸 거울에 모든 영상이 일어나면서 현현하는 것과 같이, 그것(=대원경지)은 또한 모든 智와 법의 영상이 일어나는 토대이기 때문에 대원경지라고 한다. …… 3신은 법신(dharmakāya)과 수용신(saṃbhogakāya)과 화신(nirmāṇakāya)이다. 그(=3신) 중 법신은 무분별지를 자성으로 삼으며, 色을 지니는 것은 아니며, 모든 所知에 편만하고, 붓다의 위대성과 삼매 등 모든 공덕의 원천이며 진여와 알라야식의 청정을 말한다. ……" 기존 번역으로는 ibid., p.66 참조. 『중변분별론주』와 『대승장엄경론주』 등을 경전적 전거로 삼고 있음은 PT 814.17a5-b1 참조.

않고 있음은 일정 부분 차이가 난다.[20]

예쎄데가 여래장을 원인과 결과, 그리고 이를 바탕으로 한 자성적 측면이라는 3가지로 나누는 것은 불교후기 전래시대에 『보성론』을 번역하고 이에 대한 티벳 최초의 주석서를 남긴 옥 로댄쎄랍(rNgog Blo ldan shes rab, 1059~1109)의 『보성론요의(텍첸규라매된뒤, Theg chen rgyud bla ma'i don bsdus)』의 설명과도 연계된다. 옥 로댄쎄랍은 『보성론』 I. 28게송과 연결된 여래장의 가르침을 결과(phala)로서의 법신(dharmakāya), 자성(svabhāva)으로서의 진여(tathatā), 원인(hetu)으로서의 종성(gotra)으로 나누고 있기 때문이다.[21] 예쎄데는 여래장을 원인과 결과로 나누고 이를 전의를 통해 원인으로서의 알라야식이 결과로서의 법신을 원만하게 성취하는 것으로 정의하고 있기 때문에 그의 사상적 입장은 중관의 입장에서 유식과 여래장의 교의를 포섭하려는 것이다. 이러한 예쎄데의 입장은 논리 전통(mtshan nyid kyi lugs), 청문과 사유의 전통(thos bsam gyi lugs)으로 대변되는 옥 로댄쎄랍의 입장과도 흡사하다.[22]

---

20 동시론자와 차제론자에 대한 좀 더 세부적인 논의에 대해서는 폴 드미에빌, 『라싸 종교회의』, 배재형·차상엽·김성철 공역(씨아이알, 2017), pp.215~225의 각주 15~16 참조; 쌈애의 논쟁이 마하연과 까말라쐴라로 대변되는 두 인물의 번뇌 수증론과 연관됨을 싸꺄빤디따의 저작을 통해 밝힌 논문으로는 차상엽, 「싸꺄빤디따의 마하무드라 비판 -『현자의 의도를 명료하게 밝힘(Thub pa'i dgongs pa rab tu gsal ba)』「반야바라밀다」장을 중심으로 -」(『보조사상』 37, 보조사상연구원), pp.412~419 참조.

21 Kazuo Kano, *op. cit.*, pp.262~266과 차상엽, 앞의 논문, pp.137~146.

22 중관사상을 바탕으로 유식과 여래장의 가르침을 조화시키고 있는 옥 로댄쎄랍의

2가지 중관학파(=경부중관과 유가행중관학파)가 세속(적인 관점)에서 약간 상이하지만, 승의(적인 관점)에서 내외內外의 모든 사태가 자성이 없다고 주장하는 것은 같기 때문에 (상호간에) 모순은 없다.[23]

승의제의 측면에서 식識의 실재성을 부정하는 위의 구문을 통해 예쎄데가 여래장도 궁극적으로 실재하는 것이 아니라고 보고 있음을 알 수 있다. 그는 세속적인 관점에서 여래장을 3가지 측면으로 이야기하지만, 궁극적인 측면에서는 여래장을 포함한 모든 법들이 무자성이며 공성이라는 점을 암시한다. 이를 토대로 예쎄데는 중관의 입장에서 여래장의 가르침을 이해해서 수용하고 있는 티벳 최초기의 지성인 중 한 명이라고 할 수 있다.

까말라씰라가 확정된/결정된 의미(了義, nitārtha)로서의 일승一乘(ekayāna)의 가르침 속에 중관사상을 바탕으로 유식과 여래장의 교의를 포섭하고 있는 것처럼,[24] 예쎄데의 철학적 입장도 이와 같은 까말라

입장에 대해서는 차상엽, 「일곱 가지 금강구의 상호 관계(anuśleṣa)에 대한 옥로댄쎄랍의 이해」, 『인도철학』 제49집(인도철학회, 2017), pp.103~104와 pp.108~115 참조.

23 PT 814.9a4-5, "dbu ma rnam gnyis kun (9a5) rdzob du cung zad myi mthun na yang | don dam par phyi nang gi dngos po thams cad | rang bzhin myed bar 'dod du 'dra bas na 'gal ba myed do." 기존 번역으로는 上山大峻, 「エセイデの仏教綱要書」, 『仏教學硏究』 제32·33호(京都: 龍谷大學仏教學會, 1977), pp.42~43 참조; 이 외에도 예쎄데가 중관철학을 중심에 두고 있음은 마츠모토 시로, 『티베트 불교철학』, 이태승·권서영·김명우·송재근·윤종갑 역(불교시대사, 2008), p.40과 pp.94~97, 그리고 pp.115~128의 내용 등 참조.

씰라의 가르침을 계승하고 있다. 청문과 사유를 중시하는 전통(thos bsam gyi lugs), 즉 논리 전통(mtshan nyid kyi lugs)을 따르는 예쎄데는 중관사상을 최상의 견해로 설정하고서 여래장의 교의와 유식의 가르침 등 대승불교의 교설을 포섭해서 이해하고 있는, 일승(ekayāna)의 가르침을 따르는 티벳 최초기의 번역관이면서 학자(lo tsā ba mkhas pa)로 평할 수 있다.

3. 뺄양의 『방편과 지혜를 구족한 등불』에 나타나는 여래장의 가르침

9세기경 활동한 롭뾘(slob dpon) 뺄양(dPal dbyangs)의 『방편과 지혜를 구족한 등불(탑쎄된마, Thabs shes sgron ma)』[25]에 나타난 여래장의 가르침을 살펴보기 이전에 뺄양이라는 성명 앞에 놓인 '궤범사' 혹은 '정신적 스승(ācārya)'이라는 의미의 '롭뾘'[26]이라는 칭호가 부가되어 있는 이 책 말미의 콜로폰(colophon)에 주목하고자 한다. 예쎄데가

24 까말라씰라의 유식설과 여래장에 대한 입장에 대해서는 David Seyfort Ruegg, *The Literature of the Madhyamaka School of Philosophy in India*(Wiesbaden; Otto Harrassowitz Verlag, 1981), pp.94~96 참조.

25 Q5921.287a7-8; D4449.385a6, "thabs dang (287a8) shes rab ldan pa'i sgron ma rdzogs so(Q sho) ‖ ‖slob dpon dpal dbyangs kyis mdzad pa'o ‖ ‖." Thabs shes sgron ma라는 제명을 이 문헌 말미에 등장하는 Thabs dang shes rab ldan pa'i sgron ma라는 온전한 텍스트 이름에 의거해서 『방편과 지혜를 구족한 등불』로 번역하였다.

26 Q5921.287a8; D4449.385a6, " ‖slob dpon dpal dbyangs kyis mdzad pa'o ‖ ‖." "롭뾘 뺄양이 (이 문헌을) 지었다."

'학식이 있는 번역관', 혹은 '번역관이면서 현자(lo tsā ba mkhas pa)'로 불렸음에 반해, 쁠양은 '스승(ācārya)'이라는 의미의 '롭뾘'이라는 칭호가 그의 이름 앞에 놓여 있다.[27] 쁠양은 6등불(된마둑, sGron ma drug)의 저자로 알려진 낸(gNyan/bsNyan) 쁠양인데, 롭뾘뿐만 아니라 '친교사(캔뽀, mkhan po)'로도 불렸다. 그는 밀교[28]의 마하요가(Mahāyoga) 딴뜨라와 티벳 닝마파의 대표적인 교의 체계와 수행 체계인 족첸(rdzogs chen, 大圓滿) 수행에 정통했던 인물이기 때문에 이러한 칭호가 부가된 것으로 보인다.[29] 학자(캐빠, mkhas pa)가 아닌 롭뾘(slob dpon), 캔뽀(mkhan po)로 지칭되는 쁠양이 『방편과 지혜를 구족한 등불』에서 전개하고 있는 그의 사상과 연관된 여래장에 대한 이해를 살펴보자.

> 삼세의 승자들에 의해 마음이 꿰뚫어지듯이,
> 법의 자성(dharmasvabhāva)을 통달한 유가행자에 의해

---

27 마츠모토 시로가 기회주의자이자 중국 선불교에 우호적이었던 인물로 평가했던, 쌈애 논쟁의 조연인 바 쌍씨(rBa Sang shi) 쁠양을 지칭하는 것이 아니다. 바 쌍씨 쁠양에 대해서는 마츠모토 시로, 앞의 책, pp.32~38.

28 티벳밀교를 역사와 수행이라는 2축으로 살펴본 연구서로는 출팀 깰상·마사키 아키라 저, 『티벳밀교 역사와 수행』, 차상엽 역(씨아이알, 2013) 참조; 밀교에 대한 오해를 불식시키면서 밀교수행이 남성성과 여성성의 균형성이라는 입장에서 요기니 딴뜨라와 무상 요가 딴뜨라의 성취자를 고찰한 연구서로는 미란다 쇼, 『열정적 깨달음 딴뜨릭 불교의 여성들』, 조승미 역(씨아이알, 2017) 참조.

29 Samten Gyaltsen Karmay, *The great perfection (rDzogs Chen): A philosophical and meditative teaching of Tibetan Buddhism*, Vol. 11, (Leiden: Brill, 2007), pp.66~69.

성취됨이 없이 성취되었다네. 그러므로 애쓰지 않을 뿐만 아니라 뛰어난 연민을 지닌 방편의 행도 역시 그러하다고 설하네.//1//[30]

뻴양은 위의 인용문에서 법의 자성이라는 측면에서 '애쓰지 않음(쬔빠르미제빠, rtson par mi byed pa)'과 '성취됨이 없이 성취됨(마톱톱, ma thob thob)'을 언급한다. 그는 '애쓰지 않음'과 '성취됨이 없이 성취됨'의 표현을 통해 인위적인 조작 작용의 부재(anabhisaṃskāra, 無加行)와 노력을 수반하지 않음(anābhoga, 無功用)의 원리를 묘사하고 있고, 연민의 마음을 토대로 펼쳐지는 방편도 이러한 특징 속에 포함된다고 설한다. 뻴양의 가르침은 쌈애 논쟁의 중국선의 대변자인 마하연의 무가행과 무공용의 선지,[31] 혹은 인도밀교[32]를 계승했다고 자평하는

---

30 Q5921.286b6-7; D4449.384b6-7, "‖dus (286b7) gsum rgyal bas ji ltar thugs chud pa'i ‖chos (384b7) kyi rang bzhin rig pa'i rnal 'byor pas ‖ma thob thob phyir brtson par mi byed kyang ‖snying rje'i bye brag thabs kyi spyod pa'ang ston ‖." 시구 번호는 이해의 편의를 위해 논자가 임시로 붙인 것이다.

31 마하연의 선지와 무가행·무공용과의 관계에 대해서는 폴 드미에빌, 앞의 책, pp.305~307.

32 "딴뜨라 수행은 요기니가 즉시 본질적으로 순수하고 태생적으로 완전한 그대로의 모든 사물과 경험을 보라는 과제를 던진다. 여러 딴뜨라 방법론들은 종래의 이원론적으로 생각되던 패턴을 즉시 빠르게 직접적으로 깨부순다. …… 마음과 가슴 구석구석까지도 빛이 날 것이며 모든 그림자와 어두운 굴곡은 제거될 것이다. 이것이 딴뜨라가 깨달음을 향한 "빠른 길"로 여겨지는 이유이다. 이는 자기 직시를 강제하는 방법에 의해 가속화된다."라고 미란다 쇼(앞의 책, p.44)는 인도밀교를 정의하고 있다. 인도밀교와 관련한 그녀의 정의는 뻴양의 『방편과 지혜를 구족한 등불』의 가르침과도 연계된다.

닝마파의 족첸 교의와 수행의 핵심적 내용 중 하나인 '노력하거나 애쓰지 않는 가르침(쬘메끼 땐빠, rtsol med kyi bstan pa)'과도 연결된다. 까르메이의 선행 연구에서 동시론자(cig car pa)와 족첸 수행의 '애쓰지 않음(쬘메, rtsol med)'이라는 가르침이 상호 긴밀한 관계를 지닌다고 지적하고 있기 때문에,[33] 빨양의 저작에 보이는 '애쓰지 않음'과 '성취됨이 없이 성취됨'이라는 구절은 '자성'과 '본성'적인 측면에 방점을 찍은 표현이면서, '동시론자'와 '족첸'의 가르침과도 연계된다.

허공에 무지개가 천태만상이지만
허공 속엔 한 맛(ekarasa, 一味)의 차별도 존재하지 않는다네.
이처럼 승자의 색신(rūpakāya)이 다양하지만,
지智(jñāna)의 영역(dhātu, 界)엔 한 맛의 차별도 존재하지 않는다네.//2//

여래장(*sugatagarbha)[34]이 마음의 자성(cittasvabhāva)이라네.
오래 전부터 어리석은 중생에게는
'나(ātman)'라고 집착하는 마음의 지속적인 흐름(cittasaṃtāna, 心相續)이 각양각색으로 현현한다네.
(하지만) 바로 그 자성(svabhāva)은 승자의 법신(dharmakāya)과

33 Samten Gyaltsen Karmay, *op. cit.*, p.18, 108 등 참조.

34 여래장이라는 의미의 'bde gshegs snying po'는 '*sugatagarbha'로 환범될 수 있다. 하지만 현존하는 산스크리트 문헌에는 '*sugatagarbha'라는 용어가 직접적으로 보이지 않는다는 점이 왕축에 의해 지적되었다. Dorji Wangchuk, *op. cit.*, p.178의 각주 21 참조.

동일하다네.//3//[35]

시구 2의 지智와 관련한 설명은 『화엄경』의 「여래출현품」에 나오는 "여래의 지(tathāgatajñāna)가 중생의 무리 속에 들어가 있다(anupraviṣṭa)."와 『보성론』 I.27게송의 "붓다의 지가 중생의 무리 속에 깊이 스며들어가 있다(antargama)."[36]라는 내용과도 연결된다. 빽양이 언급하는 '지智'란 어떤 속성을 지니는가. 시구 3 이하에 직접적으로 등장하지 않지만, 빽양의 또 다른 저작인 『마음의 등불(툭끼된마, Thugs kyi sgron ma)』[37]에서 '저절로/스스로 일어나는[38] 지(rang byung gi ye shes, svayaṃbhūjñāna, 自生智)'를 강조하는 것으로 보았을 때, 이 문맥에서도 자성적인 측면에서의 자생지를 암시하는 것으로 보인다.

---

35 Q5921.286b7-287a1; D4449.384b7-385a1, "ji ltar mkha' la 'ja' tshon (286b8) rnam mang yang ‖ nam mkha'i(Q omit nam) ngang du ro gcig bye brag med ‖ de bzhin rgyal ba'i gzugs sku rnam mang yang ‖ ye shes dbyings (385a1) su ro gcig(Q cig) bye brag med ‖ bde gshegs snying po sems kyi rang bzhin la ‖ yun (287a1) ring dus nas rmongs pa'i sems can rnams ‖ bdag tu 'dzin pa'i sems rgyud so sor snang ‖ rang bzhin nyid ni rgyal ba'i chos skur gcig(Q cig) ‖."

36 RGV 26.1-2, "buddhajñānāntargamāt sattvarāśes ……" 이에 대한 기존 번역 및 「여래출현품」과 연계한 설명으로는 高崎直道, 『インド古典叢書 寶性論』(東京: 講談社, 1989), p.44와 p.252 참조.

37 Q5918.274b6-285a8; D4446.373a2-383b4에 '자생지'가 총 6회 등장한다.

38 'svayaṃbhūjñāna'를 티벳어에서는 'rang byung gi ye shes', 즉 완료시제인 '중(byung)'으로 번역하고 있다. '자생지'는 끊임없이 지속적으로 일어나는 현재의 측면을 강조하기 때문에 과거시제가 아닌 현재시제인 '중('byung)'으로 번역하는 것이 본래의 의미와 부합할 것이다.

불교전기 전래시대에 번역물이 아닌 티벳인의 독자적인 저작 속에 등장하는 '자생지'라는 표현은 빼양의 저작에서 최초로 등장하는 것일지도 모른다. 자생지라는 용어는 '마음이 자성적으로 빛난다(prakṛti-prabhāsvaraṃ cittam)'[39]는 '자성청정심과 본래청정'의 맥락에 이어서 『보성론』에 출현한다. 이러한 지智 역시 자성적, 본성적으로 청정한 마음의 측면과 연계된 용어라는 점을 알 수 있다. 빼양의 자생지란 '본모습 그대로 저절로/스스로 일어나는 빛나는 인식'이라고 이해할 수 있다.[40] 지智의 관점에서 본다면 중생과 법신은 분리되지도 않고(avinirbhāga) 구별될 수도 없다는 것(nirviśiṣṭa)이다. 이어서 그러한 설명이 시구 3에 등장한다. 범부들에게는 '나'라는 생각이 마음의 지속적인 흐름 속에 다양하게 나타나지만, 마음의 자성이 여래장이기 때문에 본성적인 측면에서 본다면 중생의 마음과 법신은 동일하다고 설명한다.

빼양이 시구 1에서는 법의 자성을 무가행과 무공용으로, 시구 2와 3에서는 마음의 자성이 여래장이며, 그 자성이 바로 법신임을 대구해서 설명하고 있다. 빼양의 견해는 원인과 결과적인 측면을 별도로 상정하지 않고, 법과 마음의 자성과 본성을 강조한다는 점에서 앞에서 살펴본 예쎄데의 여래장과 관련한 3가지 관점에서의 이해와는 차이가 난다.

---

39 RGV 22.6; RGV(Tib) 41.10, "sems ni rang bzhin gyis 'od gsal ba"; T1611. 827a23-24, "心自性清淨 自性清淨心本來清淨."

40 빼양의 '자생지'는 원천적이고 자성적으로 청정한 智(rang bzhin bdag pa'i ye shes)를 천명하는 밀교의 전통과 상당 부분 연계된다. 이에 대해서는 미란다 쇼, 앞의 책, p.51, 54의 게송 등과 p.396의 각주 18, 20 등 참조.

이러한 뻴양의 자성 혹은 본성을 강조하는 측면은 다음의 문장에서도 확인할 수 있다.

> 지혜와 전도된 분별의 차이는 사유할 수도 없지만,
> ①지智의 환화幻化(māyā)로 현현하는 붓다와
> ②전도된 분별의 환화로 현현하는 중생 양자는
> (단지) 환화이기 때문에 자성(svabhāva)은 완전히 평등(samatā)하다네.//4//[41]

위의 인용문에서는 '예쎼규마(ye shes sgyu ma)'와 '록똑규마(log rtog sgyu ma)'라는 독특한 술어가 등장한다. '지智'라는 의미의 '예쎼(ye shes)'와 '전도된 분별'이라는 의미의 '록똑(log rtog)'이라는 2가지 용어가 환화(māyā)와 복합어를 구성하고 있다. 상기 구문에서 '전도된 분별의 환화(log rtog sgyu ma)'라는 말은 이해하기 쉽다. 이 용어를 '전도된 분별로부터 일어나는 환화(*log rtog las 'byung ba'i sgyu ma)'라는 의미로 해석할 수 있을 것이다. 이것은 '고유한 자성이 없는 존재가 아지랑이와 신기루, 환화처럼 눈앞에 실재하는 것처럼 나타남'을 의미하기 때문이다. 유식의 3성설에서 설명하는 변계소집성(parikalpita-svabhāva)과도 일맥상통한다.

---

41 Q5921.287a1-2; D4449.385a1-2, "ye shes sgyu mar snang ba'i sangs (287a2) rgyas dang ‖ (385a2) log rtog sgyu mar snang ba'i sems can gnyis ‖ ye shes log rtog khyad par bsam yas kyang ‖ sgyu ma yin phyir rang bzhin yongs kyis mnyam ‖."

그런데 '지智의 환화'란 어떤 의미일까? 깨달음과 밀접하게 연계된 인식이 바로 지智(예쎼 ye shes, jñāna)인데, 이 지智가 환화와 어떤 관련성을 지니는가?[42] 뻴양의 짧은 시구를 통해 그의 함축적 의도를 명료하게 이해하기란 쉽지 않다. 인식대상이 무지개, 환화, 꿈과 같이 실체가 없어 어디에도 집착할 것이 없다는 공성(śūnyatā), 무자성(niḥsvabhāva) 등을 직접적으로 인식하고 체험한 이후에 인식하게 되는 붓다를 포함한 그 모든 인식대상이 모두 실재하는 것처럼 보일지라도 이 역시 지智의 현현에 불과해서 단지 환화에 불과할 뿐이라고 설명하는 것처럼 보인다. 공성과 무자성을 직접적으로 체험하기 이전에 보이는 환화는 전도된 분별로 인한 것임에 반해 그 이후의 환화는 지智에 의거해서 다시금 개념적 인식이 해체되어지는 것이다. 위의 인용문도 원인과 결과의 측면이 아닌 자성적인 측면에서 중생과 붓다의 평등성을 언급한다. 뻴양이 시구 4에서는 붓다와 중생이 (단지) 환화(*māyāmātra)에 불과하기 때문에 자성적인 측면에서 평등하다고 언급한다. 이러한 '환화'의 가르침은 『반야경』의 맥락처럼 이 모든 것이 언어와 연계된 개념적인 인식과 관념에 불과하다고 설하는 것과 연계된다.

중생과 붓다는 진실로(satyam) 하나의 방식(ekanaya)이고,

---

42 Herbert V. Guenther, *Wholeness Lost and Wholeness Regained: Forgotten Tales of Individuation from Ancient Tibet*(New York: SUNY Press, 2016), p.65. Guenther는 단지 ye shes sgyu ma와 log rtog sgyu ma가 상반된다는 점을 지적하고 있다.

자신의 마음이야말로 붓다이다(rang gi sems nyid sangs rgyas yin)라고 안다면,
다른 것으로부터 성취해야 할 어떤 것도 없다네.
그러므로 제거해야 할 어떤 것도 없다네.//5//[43]

위의 시구는 진실한 측면에서 본다면 중생과 붓다가 하나의 방식/길(ekanaya)이라는 일승(ekayāna), 즉 불승(buddhayāna)을 암시한다. 뻴양은 원인과 결과의 측면이 아닌 궁극적인 진실이라는 측면에서 "자신의 마음이야말로 붓다이다(rang gi sems nyid sangs rgyas yin)."라고 말한다. 이 문장도 '인(yin)'이라는 계사(copula)를 사용해서 "자신의 마음(=A)이 붓다(=B)이다."라는 전형적인 A=B의 의미를 구축하고 있다. 뻴양이 언급한 계사 문장은 "모든 중생은 여래장이다(sems can thams cad ni de bzhin gshegs pa'i snying po yin)."라고 설명하는 예쎄데의 『견해의 구별』의 설명(각주 9에 해당하는 본문의 인용문)과 흡사한 것처럼 보인다. 예쎄데는 이 난해한 문장을 원인과 결과와 자성이라는 3가지 측면으로 이해하고 있지만, 뻴양은 자성(svabhāva), 본질(prakṛti), 그리고 진실(satya)이라는 측면에서 중생과 붓다가 평등하고 차이가 없음, 중생의 마음이 바로 붓다라고 해석하고 있다.

뻴양은 예쎄데와 같이 동일하게 일승을 언급하지만, 양자의 일승과

43 Q5921.287a2-3; D4449.385a2-3, "sems can sangs rgyas bden par tshul gcig(Q cig) (287a3) cing ‖ rang gi sems nyid sangs rgyas yin shes na ‖ gzhan nas bsgrub par bya (385a3) ba ci yang med ‖ de lta bas na spang bar bya ba'ang med ‖."

관련한 이해에는 상호 차이가 있다.[44] 깨달음과 관련한 수증론의 입장에서 본다면, 뻴양은 예쎄데와 같은 차제론자(rims gyis pa)라기보다 동시론자(cig car pa)이다. 번뇌가 일거에 소멸된다고 보는 동시론자의 입장에서는 여래장의 가르침과 관련한 자성적인, 본질적인, 진실한 측면이라는 요소를 중요한 맥락으로 부각한 것처럼 보인다. 성취해야 할 어떤 것도 존재하지 않고, 제거해야 할 어떤 것도 존재하지 않는다는 이러한 가르침은 수행적인 측면만이 아니라 지성적인 측면에서도 티벳인들에게 상당히 매력적인 요소로 다가왔을 것이다.

이와 같은 법의 방식(naya)을 알 때,
연민(karuṇā, 悲)이 무지한 중생에게 전적으로 일어난다네.
연민이 일어난 후 환화와 같은 삼매(māyopamasamādhi, 如幻三昧)로,
(타인의) 이익을 위해(parārtham) 처처에서 방편행을 설한다네.//6//[45]

이와 같은 법의 방식이란 자성적인 측면, 본질적인 측면, 진실한 측면에서 중생과 붓다가 동일하고 평등하고 무차별하다는 입장을 가리킨다. 자기 자신의 마음이 바로 붓다임을 직시해야 한다는 것이다.

---

44 예쎄데의 일승에 대한 입장은 본고의 각주 14~16에 해당하는 본문 내용 참조.

45 Q5921.287a3-4; D4449.385a3, "'di lta bu yi chos kyi tshul rig na ‖ ma rig rnams la snying rje yongs kyis (287a4) skye ‖ snying rje skyes nas sgyu ma'i ting 'dzin gyis ‖ phan 'dogs thabs kyi spyod pa cir yang ston ‖."

뻴양의 가르침은 단계적인 절차를 통해 점진적으로 마음을 정화하는 방법을 추구하는 것이 아니라, 염오(=중생)와 청정(=붓다)이 불가분의 관계에 있기 때문에 그것의 직시를 통해 전환된다는 측면에서 점수론자(rims gyis pa)의 입장과는 차이가 있으며, 동시론자(cig car pa)의 입장을 대변한다고 할 수 있다. 뻴양은 수행자가 자신의 마음이 붓다이고 더 이상 어떤 것도 성취해야 할 것도 없고 제거해야 할 것도 없다는 것을 비로소 알게 되었을 때, 그것에만 머무르지 않고 중생에 대한 방편, 즉 연민심이 일어나게 됨을 밝히고 있다. 이때 그 대상과 행위 등에 집착하는 것을 경계하고 있다. 그 모든 현상(dharma)이 결국 환화와 같아서 무자성이고 공이라고 인식하는 삼매, 즉 '여환삼매如幻三昧(māyopamasamādhi)'로 방편을 시설하라고 뻴양은 설명한다.

> 붓다의 의도(abhiprāya)는
> 머무름이 없는 마음의 자성(*apratiṣṭhitacittasvabhāva)에 따라 수습하는 거라네.
> 헤아릴 수 없는 연민(karuṇā)의 노력은
> 유가방편의 삼매에 따라 그와 같이 나타나는 거라네.//7//[46]

뻴양은 붓다의 의도가 마음의 자성에 순응해서 어디에도 집착하거나

---

46 Q5921.287a4-5; D4449.385a3-4, "sangs rgyas dgongs pa ji lta ba ‖ sems kyi rang bzhin (385a4) gnas med de ltar bsgom ‖ thugs rje'i 'bad pa rab (287a5) 'byams ji lta ba ‖ rnal 'byor thabs kyi ting 'dzin de ltar sprul(D spral) ‖."

머무름이 없는(apratiṣṭhita, 無住) 방식으로 수습해야 한다고 설명한다. 머무름이 없는, 그 어디에도 집착함이 없는 '무주'야말로 '마음의 자성'과 연계된다고 천명한다. 이어서 모든 중생에 대한 연민의 쉼 없는 행위도 무주를 특징으로 하는 유가방편의 삼매라고 강조한다. 시구 6의 여환삼매가 '환화'를 특징으로 하고 있다면, 시구 7의 내용은 '무주'를 특징으로 하는 유가방편삼매에 있다고 뻴양은 언급한다.

나와 나의 것이라고 집착하는 것이 없으므로
6가지 완성(=바라밀)을 인식대상으로 삼지 않으므로 원만하게 구족하고 있다네.
방편의 행으로 모든 교화해야만 하는 이들을 교화할지라도
환화와 같은 지혜도 자만심도 그 어떤 것도 없다네.//8//[47]

이 무주의 상태에서는 '아我'라는 관념과 '아소집我所執'이라는 전도된 견해가 존재하지 않을 뿐만이 아니라 숙련된 방편의 행위로 언급되는 6바라밀에 대해서도 더 이상 집착할 것이 없다는 점을 강조하고 있다. 이것은 '무집착'과 '무주'의 구조이며, '지혜(jñāna)와 법신(dharmakāya)을 원만하게 구족하고 있음'을 상기시키는 내용이다. 무집착과 무주, 그리고 원만구족의 측면에서 본다면 중생을 제도할지라도

---

47 Q5921.287a5-6; D4449.385a4-5, "bdag dang bdag gir 'dzin pa med pa'i phyir ‖ pha rol phyin drug dmigs med rdzogs par ldan ‖ thabs kyi spyod pas gdul bya kun 'dul yang ‖ (287a6) sgyu ma'i blo ldan (385a5) rlom sems ci yang med ‖."

실체가 없는 환화와 같이 인식하는 지혜나 삼매, 그리고 이에 대한 어떠한 자만심도 별도로 존재하지 않는다는 점을 다시 한 번 언급하고 있다.

불생不生의 마음에는 중생이 없으므로,
본성인 법신의 아만을 구족한다네.
모든 법이 환화(māyā)처럼 직접적으로 드러나기 때문에,
어떤 것일지라도 환화와 같은 삼매로 포섭된다고 설한다네.//9//[48]

법신의 평등성(samatā)을 통달하고서 중생을 위해
선서(sugata)의 위신력(adhiṣṭhāna)을 다양하게 설하는 것과 같이,
본성이 법신임을 아는 유가행자는
뛰어난 방편을 그와 같이 설해야 한다네.//10//[49]

빼양의 시구 9에서는 불생의 마음을 깨달은 상태의 마음으로 표현하고 있다. 이 상태에서는 2분법적인 중생이라는 관념이 더 이상 존재하지 않는다. 빼양은 시구 9와 10에서 자신의 자성/본성이 법신이라고

---

48 Q5921.287a6-7; D4449.385a5, "ma skyes sems la sems can med pa'i phyir ‖ ngo bo nyid kyi chos sku'i nga rgyal 'chang ‖ chos kun sgyu mar mngon sum gsal ba'i phyir ‖ ting 'dzin sgyu mas ci 'dus de (287a7) ltar ston ‖."

49 Q5921.287a7; D4449.385a5-6, "chos sku mnyam nyid rtogs nas 'gro don du ‖ bde gshegs byin rlabs cir(D cing) (385a6) yang ston pa ltar ‖ bdag nyid chos sku rig pa'i rnal 'byor pas ‖ thabs kyi bye brag de nas (em., DQ da nas) de ltar brjod ‖."

재차 강조하고 있다. 이 역시 자성적인 측면을 강조하는 빽양의 입장을 다시 한 번 확인할 수 있다. 궁극적인 깨달음의 상태에서는 일체법이 환화와 같음을 재차 인식하는데, 법신의 아만을 구축한다는 표현은 마치 여래장이 상(nitya)·락(sukha)·아(ātman)·정(śubha)이라고 언급하는 『여래장경』의 가르침을 연상시키기도 한다.

앞에서 살펴본 현자의 전통을 따르는 예쎄데와 스승의 전통을 따르는 빽양의 여래장과 관련한 상이한 이해는 "모든 중생은 여래장이다."와 "바로 자신의 마음이 붓다이다."라는 계사 문장과 밀접한 연계고리가 있다. 이러한 계사 문장에 대한 이해를 바탕으로 예쎄데는 여래장의 가르침을 중생과 붓다의 차별성으로 해석해서 점진적인 번뇌의 소거를 강조한다. 이에 반해 빽양은 중생의 마음과 붓다/법신의 무차별성을 자성과 본질적인 측면에서 강조함으로써 차제적인 가르침이 아닌 번뇌를 일거에 소거하는 동시론자의 가르침에 입각해 있다. 빽양은 예쎄데와 같이 교법을 청문한 후 곰곰이 사유하는 지적이면서 분석적인 전통, 즉 논리 전통에 의거해서 공성과 무자성을 깨닫는 가르침을 시설하지 않는다. 그의 가르침은 법과 마음의 자성과 본성적인 측면에서 무가행, 무공용, 무주, 일미, 무차별, 동일성, 평등성이라는 점을 깨닫는 명상 전통과 연계된다고 할 수 있다. '자성청정심'과 연계된 '본모습 그대로 저절로/스스로 일어나는 빛나는 인식'이라는 '자생지'의 맥락에서도 이를 확인할 수 있다. 이러한 그의 전통을 명상 전통 혹은 수습 전통(곰룩, sgoms lugs)이라고 부를 수 있을 것이다.

하지만 본고에서 사용하는 논리 전통이라는 맥락이 명상 전통을 온전히 배척한다거나, 명상 전통이 논리 전통을 온전히 배제한다는 의미만을 암시하지 않는다. 역사적으로 보면 티벳에서 논리 전통 – 겔룩학파의 전통 – 과 명상 전통 – 닝마학파와 까규학파 – 의 대립이 명백하게 존재했다. 하지만 논리 전통과 연계되는 자공(랑똥, rang stong)과 명상 전통과 연계되는 타공(섄똥, gzhan stong) 양쪽의 융화를 기치로 내세우는 무종파(리메, Ris med) 운동도 19세기에 일어났다. 논리 전통과 명상 전통의 상호 보완적인 측면을 강조하는 운동이다. 그리고 겔룩학파(dGe lugs)처럼 청문과 사유를 통한 논리 전통의 수행을 바탕으로 해서 깨달음의 길로 나아가는 방식, 즉 단계적인 해탈도의 방식(람림, Lam rims)을 추구하더라도 밀교의 가르침을 최상의 가르침으로 설정하고 현생에 성불하는 길로 금강승 수행을 수습하는 방식은 논리 전통과 명상 전통의 상보적인 측면을 잘 드러낸다. 아울러 닝마학파와 까규학파의 수행 체계에서도 명상 전통에 입각한 수행을 토대로 깨달음을 향한 길을 추구하더라도 논리 전통을 외면하지 않고 새롭게 강조하고 있음은 또 하나의 좋은 실례로 언급될 수 있다.

본문에서 살펴본 것처럼 이러한 논리 전통과 명상 전통이 실은 9세기경의 예쎄데와 뻴양의 여래장과 관련한 이해와도 밀접하게 연결되어 있음을 어렵지 않게 눈치 챌 수 있다. 만약 어떤 이가 논리적인, 지적인 방식을 선호하는 성향(gotra, 種性)을 지닌 이라면, 혹은 명상적인, 자성적인 측면을 강조하는 체계를 좋아하는 성향을 지닌 이라면 어떤 길을 선택하는 것이 좋을까. 각자의 성향을 바탕으로 해탈도의 길로 나아가는 방식/전통을 선택하는 것이 좋을 것이다. 한편으로는 양쪽의 상보적인 관계야말로 해탈도의 측면에서 본다면 가장 이상적인 모델이라고 평하면서 그 길을 걸어갈 수도 있다.

예쎄데의 점차적인 단계를 설정한 철학적이고 분석적이고 논리적인 설명과 뻴양의 자성과 본성을 강조하는 명상 전통의 기술은 흡사 쌈애 논쟁에서 인도불교를 대변했던 까말라씰라의 가르침과 중국의 선불교를 대변했던 화상 마하연의 선지와도 일견 맞닿아 있는 것처럼 보인다. 하지만 인도밀교의 가르침에 대한 세밀한 분석이 전제되지 않는 한, 뻴양의 가르침을 중국 화상 마하연의 선지와 동일하다고 섣부르게 단정할 수는 없을 것이다.

4. 여래장에 대한 상이한 이해와 9세기 티벳불교의 2가지 전통

9세기 티벳의 대표적인 번역관이었던 예쎄데의 『견해의 구별』과 밀교와 족첸 수행에 정통했던 인물로 후대에 평가받고 있는 뻴양의 『방편과 지혜를 구족한 등불』을 통해 여래장에 대한 그들의 상이한 이해를 살펴보았다. 본론을 요약함으로써 결론을 대신하고자 한다.

첫 번째, 학식 있는 번역관(lo tsā ba mkhas pa)이라는 수식어를 통해 예쎄데를 현자(mkhas pa)의 전통으로, 롭뾘(slob dpon)이라는 말을 통해 뻴양은 스승(ācārya)의 전통을 대변하는 인물로 평할 수 있을 것이다. 이러한 전통은 각각 청문과 사유를 중시하는 논리적이고 지적인 전통, 자성과 본성을 강조하는 명상 전통으로 연계된다고 할 수 있다.

두 번째, 『여래장경』의 "모든 중생이 여래장을 지닌다(sarvasattvās tathāgatagarbhā 〔iti〕)."는 범어 구문이 폴 펠리오가 발견한 『견해의 구별』 둔황 출토 사본에서는 "모든 중생(=A)은 여래장(=B)이다

(sems can thams cad ni de bzhin gshegs pa'i snying po yin)."는 구문으로 등장한다. 이들 사본을 통해서 9세기경의 티벳인들은 후대에 티벳인들이 교정한 것처럼 이 구문을 '~을 지닌다(can)'는 소유복합어(bahuvṛīhi)로 읽지 않고 계사(copula)인 '~이다(yin)'로 번역해서 이해하고 있음을 알 수 있다. 여래장과 관련한 "모든 중생은 여래장이다(sems can thams cad ni de bzhin gshegs pa'i snying po yin)."라는 선언과 관련해서 예쎄데와 뻴양의 이해가 상이하다는 점이 주목된다. 예쎄데는 이 문장을 원인(gotra)으로서의 알라야식(ālayavijñāna), 결과(phala)로서의 법신(dharmakāya), 그리고 자성(svabhāva)적인 측면에서 알라야식의 전의(āśrayaparivṛtti)와 진여(tathatā)의 청정이라는 맥락으로 이해해서 해석한다. 이에 반해 뻴양은 여래장의 가르침을 예쎄데와 같이 원인과 결과, 그리고 자성이라는 세 가지 측면으로 이해하지 않고 자성적인 측면으로서의 중생의 마음과 법신이 평등함을 강조한다. 이러한 그의 자성적인 측면의 강조는 '애쓰지 않음'과 '자생지'라는 전통과 밀접하게 연결된다. 이어 뻴양은 "자신의 마음(=A)이 붓다(=B)이다(rang gi sems nyid sangs rgyas yin)."라는 점을 꿰뚫어야 한다고 설명한다. 이 구문은 앞에서 언급한 "모든 중생은 여래장이다."는 구문과 동일한 계사 구문으로 이루어져 있다. 그의 "자신의 마음이 붓다이다."는 선언과 "모든 중생은 여래장이다."는 맥락이 밀접하게 연결되어 있음을 알 수 있다. 이러한 뻴양의 여래장 이해는 법의 자성과 마음의 자성이라는 측면에서 무가행(anabhisaṃskāra), 무공용(anābhoga), 무차별(asaṃbheda), 한 맛/일미(ekarasa), 무위(asaṃskṛta), 평등성(samatā), 무주(apratiṣṭhita)를 강조하는 측면과 밀접한

연결 고리를 가진다. 자생지라는 측면도 이러한 마음의 자성/본성이라는 측면과 연계된다. 현자의 전승 – 논리 전통 – 에 입각한 예쎄데는 여래장의 가르침을 원인, 결과, 자성이라는 세 가지 측면으로 이해하고 있음에 반해, 스승의 전승 – 명상 전통 – 에 입각한 뻴양은 여래장의 가르침을 자성과 본성이라는 측면을 부각해서 이해하고 있음이 상호 차이가 나는 해석 지점이다.

세 번째, 예쎄데는 누구나 다 붓다가 될 수 있는 가능성이 있다는 여래장의 가르침을 일승의 입장에서 해석하고 있다. 붓다가 될 수 있는 원인으로부터 법신의 결과로 단계적인 10지의 과정을 거치게 되는 일승과 관련한 그의 입장은 번뇌가 점차적으로 소거된다는 차제론자의 견해를 계승한다. 뻴양도 마찬가지로 일승의 측면을 언급한다. 하지만 그는 자성과 본성적인 측면에서 바로 자신의 마음이 붓다이기 때문에 성취해야 할 어떤 것도 제거해야 할 어떤 것도 없음을 언급한다. 그의 이러한 입장은 동시론자의 입장을 대변한다. 뻴양이 취하는 동시론자의 입장은 '애쓰지 않음'과 '자생지'의 전통과 밀접하게 연결된다.

본고에서 예쎄데와 뻴양의 저작 이외에도 티벳의 불교전기 전래시대에 이루어졌던 여래장의 가르침과 관련한 티벳인의 저작을 살펴보지 못한 점, 그리고 뻴양의 가르침이 인도밀교의 가르침을 기원으로 하는지, 아니면 쌈애 논쟁에서 중국선을 대변했던 화상 마하연의 가르침과 연계되는 것인지, 혹은 양쪽의 견해를 일정 부분 융합한 가르침인지에 대해 살펴보지 못한 점은 본 연구의 한계라 할 수 있다. 이에 대해서는 추후의 연구 과제로 남겨두고자 한다.

참고문헌

원전자료

D Derge Kanjur and Tanjur.

Mvy Mahāvyutpatti, 『飜譯名義大集』, ed. R. Sakaki, 2 Vols, Kyoto, 1916(repr. Kyoto, 1983).

PT Pelliot Tibétain.

RGV The Ratnagotravibhāga Mahāyānottaratantraśāstra, ed. E. H. Johnston, Patna: The Bihar Research Society, 1950.

RGV(T) 『藏和對譯 究竟一乘寶性論硏究』, 中村瑞隆, 東京: 鈴木學術財團, 1967.

Q Peking Kanjur and Tanjur.

『푸른 연대기(靑史)』 'Gos Lo gZhon nu dpal, Deb ther sngon po, 2 Vols, Chengdu: Si khron mi rigs dpe skrun khang, 1984.

단행본 및 논문자료

폴 드미에빌, 배재형·차상엽·김성철 공역, 『라싸 종교회의』, 씨아이알, 2017.

마츠모토 시로, 이태승·권서영·김명우·송재근·윤종갑 공역, 『티베트불교철학』, 불교시대사, 2008.

미란다 쇼, 조승미 역, 『열정적 깨달음 딴뜨릭 불교의 여성들』, 씨아이알, 2017.

출팀 깰상·마사키 아키라, 차상엽 역, 『티벳밀교 역사와 수행』, 씨아이알, 2013.

石川美惠, 『sGra sbyor bam po gnyis pa 二卷本譯語釋 - 和譯と注解』, 東京: 財團法人 東洋文庫, 1993.

高崎直道, 『インド古典叢書 寶性論』, 東京: 講談社, 1989.

Seyfort Ruegg, David, *Le traité du Tathāgatagarbha de Bu ston Rin chen grub*, Paris: École Française d'Extrême Orient, 1973.

__________________, *The Literature of the Madhyamaka School of Philosophy in India*, Wiesbaden; Otto Harrassowitz Verlag, 1981.

Guenther, Herbert V., *Wholeness Lost and Wholeness Regained: Forgotten Tales of Individuation from Ancient Tibet*, New York: SUNY Press, 2016.

Kazuo, Kano, *Buddha-nature and emptiness: rNgog Blo-ldan-shes-rab and a transmission of the Ratnagotravibhāga from India to Tibet*, Wien: Wiener Studien zur Tibetologie und Buddhismuskunde, 2016.

Zimmermann, Michael, *A Buddha Within: The Tathāgatagarbhasūtra: The Earliest Exposition of the Buddha-nature Teaching in India*, Tokyo: The International Research Institute for Advanced Buddhology, 2002.

Karmay, Samten Gyaltsen, *The great perfection (rDzogs Chen): A philosophical and meditative teaching of Tibetan Buddhism*, Vol. 11, Leiden: Brill, 2007.

차상엽, 「옥 로댄쎄랍(rNgog Blo ldan shes rab)의 여래장 이해」, 『불교학리뷰』 제10집, 논산: 금강대학교 불교문화연구소, 2011, pp.127~161.

_____, 「싸꺄빤디따의 마하무드라 비판: 『현자의 의도를 명료하게 밝힘(Thub pa'i dgongs pa rab tu gsal ba)』 「반야바라밀다」장을 중심으로」, 『보조사상』 제37집, 보조사상연구원, 2013, pp.395~429.

_____, 「일곱 가지 금강구의 상호 관계(anuśleṣa)에 대한 옥 로댄쎄랍의 이해」, 『인도철학』 제49집, 인도철학회, 2017, pp.85~120.

上山大峻, 「エセイデの仏教綱要書」, 『仏教學研究』 第32·33號, 京都: 龍谷大學仏教學會, 1977, pp.19~45.

_______, 「エセイデの仏教綱要書(II)」, 『仏教學研究』 第37號, 京都: 龍谷大學仏教學會, 1981, pp.54~84.

Wangchuk, Dorji, "The rÑiṅ-ma Interpretations of the Tathāgatagarbha Theory", *Wiener Zeitschrift für die Kunde Südasiens* 48, 2004[2005], pp.171~213.

삼론종의 깨달음

조윤경 | 동국대학교 불교학술원 HK연구교수

1. 달과 손가락

불교의 다른 교학과 마찬가지로 삼론종의 여러 교학 이론들은 그 자체 깨달음을 향하는 손가락의 역할을 한다. 다시 말해 삼론종의 모든 가르침의 의의는 중생의 깨달음에 있고, 중생을 깨닫게 하지 못하면 어떠한 존재 가치도 없다. 그러나 가르침이라는 손가락과 깨달음이라는 달 사이에 여전히 다음과 같은 물음이 남는다. 손가락을 따라서 달을 볼 것인가, 아니면 손가락을 떠나서 달을 볼 것인가? 이 두 가지는 얼핏 표면적으로는 대립적인 것처럼 보이지만, 이 대립과 충돌도 결국은 깨닫지 못한 자의 이원적 분별에서 비롯된 허상일지도 모른다. 즉 실제로는 깨달음의 순간은 깨닫기 전의 인식이 완전히 전복되어 손가락을 따르는 것도 아니고 손가락을 떠나는 것도 아닐 수 있다. 그러나 깨달음을 논할 때 손가락과의 관계를 떠나 그 윤곽을 그리는 것은 불가능하다. 특히 삼론종에서는 손가락이 달을 가리키지 못하면 손가락이 아니라고 보기 때문에, 깨달음을 논함에 있어 가르침의 의미는 더욱 각별할 수밖에 없다.[1]

그러면 삼론종에서 깨달음이란 무엇을 말하는 것인가? 일반적으로 삼론종의 삼중이제三重二諦나 사중이제四重二諦와 같은 중층적 형식의 교설로 인해, 삼론종에서의 깨달음 역시도 단계별로 사견을 제거해나가는 점진적인 과정으로, 심지어는 무한한 단계가 파생되는 것으로 여겨지는 경향이 있다. 하지만 이러한 일반적인 이미지는 삼론종에서 깨달음의 점수적인 측면만을 부각시켜 깨달음의 절대적이며 궁극적인 모습을 희석시킨다.

삼론종에서 깨달음은 중도의 실상에 대한 궁극적 체득이다. 여기에서 중도는 현실과 동떨어진 초월적 경지가 아니며, 깨달은 자에게는 현실세계가 그대로 중도이다. 중국 남조 당시 삼론종은 자신들이야말로 대승불교의 진정한 구현자라는 정체성을 표방하면서 기존 남조 교단에서 유행하던 성실학을 소승으로 규정하고, 그것과 차별되는

---

1 한명숙은 「吉藏의 觀法이 갖는 修行論的 의미에 대한 고찰」에서 손가락(교설)과 달(진리)의 관계에 대해 길장이 '언어가 곧 해탈'이라고 선언하면서도 '진리는 언어로 표현될 수 없다(言亡慮絶)'는 이중적 입장을 취하고 있음을 지적했다. 나아가 길장은 "붓다의 교설은 달을 가리키는 손가락임이 분명한 것이라는" "무한한 신뢰"를 보여주었음을 역설하여, 삼론종에서 가르침의 본질이 무엇인지 구명하였다. 한명숙, 「吉藏의 觀法이 갖는 修行論的 의미에 대한 고찰」, 『불교학연구』 제19호, 2008, pp.278~281.

대승 보살의 깨달음을 추구하였다. 이와 같은 사상사적 맥락 속에서, 삼론종에서 추구한 깨달음이 분별인식을 완전히 떠나 사물을 있는 그대로 평등하게 바라보는 궁극적 경지였음은 의심의 여지가 없다.

삼론종이 깨달음을 궁극적이고 완전한 것이라 보면서도 실질적으로는 여러 단계의 가르침을 설정하여 이를 통해 중생을 교화시키는 까닭에, 혹자는 깨달음이라는 이상과 단계적 가르침이라는 현실 사이에 괴리가 있는 것은 아닌지 의구심을 가질 수도 있다. 그러나 삼론종의 단계적 가르침은 모두 궁극적이고 일회적인 깨달음이 구체적으로 구현되는 방식이며, 이는 삼론종에서 궁극적 깨달음과 현상적으로 드러나는 단계적 가르침이 조화될 수 있음을 의미한다.

따라서 본문에서는 삼론교학 가운데 핵심적 교설이자 깨달음으로의 수행 단계를 대표할 수 있는 초장初章과 중가中假, 그리고 삼중이제의 각 단계에서 깨달음에 어떻게 접근하고 있는지를 고찰해 보고, 이를 통해 삼론종에서 각각의 단계적 가르침이 모두 궁극적 깨달음의 실현을 지향하고 있음을 역설하고자 한다.

2. 현상에 대한 의심과 의심의 타파: 초장初章과 중가中假

삼론종의 대표적인 교화 형식으로 초장과 중가를 들 수 있다. 초장은 삼론종에서 '처음 배우는 장문章門'[2], 즉 삼론종에 입문하면서 배우는 교의이다. 그리고 중가는 중도와 가명을 함께 지칭하는 것으로, 중도와

2 『中觀論疏』 卷2(末)(T.42, 28a11-12), "若總詺此一章, 爲初學之章門, 皆是初章."

가명은 서로 독립적인 개념이 아니라 중도가 곧 가명이고, 가명이 곧 중도인 상관적 관계이기 때문에 '중가中假'라는 개념이 성립된다. 삼론교학에서는 초장을 배워 마음속 거친 장애가 제거된 자에게 중가의 가르침을 펼쳐서 불이중도를 깨닫도록 인도한다.

삼론종에서 가르침이란 단지 언어문자의 표층적 차원에 머무르는 것이 아니라 깨달음을 실질적으로 담보하는 '방편'이다. 그러므로 삼론종에서 모든 가르침은 중도로 향하고, 중도를 가리키지 못하면 가르침으로 성립될 수 없다. 그런 까닭에 불이중도와 가명과의 밀접한 상관성을 뜻하는 중가의中假義는 삼론종의 가장 핵심적인 교설임이 자명하다. 그렇다면 중가가 삼론종의 가르침과 깨달음 사이에 가교역할을 훌륭히 수행하고 있음에도 불구하고, 별도로 초장의 입문적 가르침을 설정하는 까닭은 도대체 무엇인가?

이러한 의문을 품고 초장의 형식을 살펴보자. 초장은 상황에 따라 간략하게 표현되기도 하고 자세하게 표현되기도 하지만, 일반적으로 타가와 삼론종의 유무 개념을 대비하여 양자의 차이점을 부각시키는 형태로 표현된다. 예를 들면 길장(吉藏, 549~623)의 『중관론소中觀論疏』에서는 다음과 같은 형식으로 초장을 제시하였다.

(1) 타가는 '있을 수 있는 유(有可有)'가 있고 '없을 수 있는 무(無可無)'가 있지만, 삼론종은 '있을 수 있는 유'가 없고 '없을 수 있는 무'가 없다.
(他有有可有, 卽有無可無, 今無有可有, 卽無無可無.)

(2) 타가에서는 '있을 수 있는 유'가 있으니 무에 의해서 있는 것이

아니고, '없을 수 있는 무'가 있으니 유에 의해서 없는 것이 아니지만, 삼론종에서는 '있을 수 있는 유'가 없으니 무에 의해서 있는 것이고, '없을 수 있는 무'가 없으니 유에 의해서 없는 것이다.

(他有有可有, 不由無故有, 有無可無, 不由有故無, 今無有可有, 由無故有, 無無可無, 由有故無.)

(3) 타가에서는 무에 의해서 있지 않으니 유는 스스로 있는 것이고, 유에 의해서 없지 않으니 무는 스스로 없는 것이지만, 삼론종에서는 무에 의해서 있으니 유는 스스로 있는 것이 아니고, 유에 의해서 없으니 무는 스스로 없는 것이 아니다.

(他不由無故有, 有是自有, 不由有故無, 無是自無, 今由無故有, 有不自有, 由有故無, 無不自無.)

(4) 타가는 유가 스스로 있는 것을 '있으니까 유(有故有)'라고 하고, 무가 스스로 없는 것을 '없으니까 무(無故無)'라고 하지만, 삼론종은 유가 스스로 있지 않은 것을 '있지 않은 유(不有有)'라고 하고, 무가 스스로 없지 않는 것을 '없지 않은 무(不無無)'라고 한다.

(他有是自有名有故有, 無是自無名無故無, 今有不自有, 名不有有, 無不自無, 名不無無.)[3]

네 단계로 이루어진 위 논증의 첫 구절 (1)에서는 표층적 차원에서 타가와 삼론종의 유무 형상을 제시하였고, (2) → (3) → (4)로 나아가면서 점차 본질적인 속성을 도출해 나가고 있다. 네 단계는 공통적으로 타가의 자성이 있는 유무 개념과 대조하여 삼론종의 유무가 서로

3 『中觀論疏』 卷2(末)(T.42, 28a13-20). 괄호 안의 번호는 필자가 임의로 매긴 것이다.

인연의 관계임을 나타내는 형식이다.[4] 혜균慧均은 「초장중가의」에서 본격적 설법인 중가 이전에 타가의 유무와 삼론종의 유무를 대별시킨 초장을 설법해야 하는 이유에 대해 다음과 같이 설명한다.

> 집착을 흔들어서 의심을 생기게 해야만 한다. 왜 그런가? 바로 중가를 전개하여 집착을 제거하기 위해서, 이치의 안(理內)과 이치의 밖(理外), 득得과 무득無得을 판별하였기 때문이다. 앞에서 초장을 개괄적으로 만들어서, 그 미혹된 집착을 흔들어대어서 의심을 생기게 해야만 한다. 그 집착을 흔들어 마음이 고정되지 않으면, 이것으로 인해 중가를 설법하여 깨끗하게 제거할 수 있다.[5]

혜균에 의하면, 초장이 타가와 삼론종의 입장을 대립시켜서 '이치의 안과 이치의 밖, 득과 무득을 판별'하는 것은 고정된 집착을 흔들어서 의심을 생기게 하기 위한 것이다. 이렇게 의심을 생성시키는 까닭은 당시 성실론사들과 같이 미혹된 견해를 지닌 자들은 유소득의 집착이 너무나도 뿌리깊이 박혀 있어서 삼론의 무득의 가르침을 접한다고 하더라도 이를 받아들여 곧장 이치를 깨닫는 것은 현실적으로 어렵기 때문이다. 혜균은 유소득의 집착을 제거하는 어려움을 나무 뽑기에

---

4 초장에 대한 좀 더 자세한 설명은 조윤경, 「법랑法朗의 '상즉相卽' 개념」, 『불교학연구』 제50호, 2017, pp.161~162 참조.

5 慧均, 최연식 校注, 『校勘 大乘四論玄義記』, 불광출판사, 2009, p.78, "須動執生疑. 何者? 正爲開中假破除執, 判理內外、得無得故. 前須通漫作初章, 搖動其迷執, 令生疑. 若其動執, 不定心, 則因此得說中假除淨也."

비유한다.

> 이 집착이 갱연鏗然함은 마치 하나에 전심하는 것(漆漆)에 비견되고, 제거하기 어려움은 마치 나무를 뽑는 것에 비견되니, 바로 뽑으면 끝내 나오지 않아서, 반드시 흔들어대야만 비로소 뽑혀 나오는 것과 같다. 그러므로 앞에서 '불유유不有有' 등의 (초장) 구절을 말해서, 그 집착을 흔들어대야만 한다.[6]

나무는 뿌리가 땅에 단단하게 얽혀 있어서 단번에 수직으로 뽑히지 않고, 먼저 이리저리 흔들어서 지지기반에 균열을 만든 후에야 겨우 뽑아낼 수 있다. 유소득의 집착도 나무뿌리와 같이 매우 견고하게 굳어 있기 때문에, 확실하다고 믿었던 마음을 흔들어서 의심을 생성시키는 준비작업이 선행되어야 한다. 따라서 삼론종에서는 일단 개괄적으로 인연을 나타내는 초장의 가르침을 펼쳐서 교화대상으로 하여금 기존에 당연하게 생각했던 고정관념에 대해 의심하도록 만든다. 여기에서 말하는 의심은 마치 선종에서 화두를 통해 의단疑團을 형성하는 것에 비견될 수 있다. 자신이 굳건하게 믿었던 선입견에 대해 의심을 품을 때, 비로소 무소득의 가르침을 받아들일 마음의 준비가 된다. 즉, 이 의심이 깨달음을 향한 수행의 첫걸음이 된다.

혜균은 이 의심의 구체적인 대상에 관해서 다음과 같이 언급한다.

---

6 慧均, 최연식 校注, 앞의 책, p.79, "如斯執鏗然如柒柒, 難除如拔木, 直拔終不出, 必須搖動, 方乃得拔出. 故須前說不有有等句, 動搖彼執."

문 집착을 흔들어대서 의심을 생기게 한다는 것은 어떤 것을 흔들어 대고 어떤 의심을 생기게 한다는 것인가?

답 『성실론成實論』 등은 열한 가지 가법假法과 열한 가지 실법實法이 유有이고, 사구가 끊어진 진리가 무無라고 본다. 그러므로 개선사 지장은 "속제는 유도 아니고 무도 아니지만 유이다. 진제는 유도 아니고 무도 아니지만 무이다."라고 말했다.[7]

위의 문답에서 혜균은 구체적으로 『성실론』과 개선사開善寺 지장(智藏, 458~522)의 유무 해석에 대해 의심을 생성시켜야 한다고 말한다. 중국 남조 교단에서는 『성실론』이 크게 유행했는데, 지장은 당시 가장 대표적인 성실론사이자 이제 해석에 있어서는 최고의 권위자였다. 삼론종은 기존의 이제 해석에 정면으로 도전하며, 지장으로 대표되는 기존 성실론사들의 유무 해석이 결국 고정된 자성 개념에 불과하다고 비판한다. 『성실론』이 가법과 실법을 유로 간주하고 사구가 끊어진 진리를 무로 간주한 것 내지는 지장이 이제가 유도 아니고 무도 아닌 중도라고 보면서도 현실에서 존재의 측면은 속제이고 비존재의 측면은 진제라고 구별하는 고정된 유무 인식이야말로 삼론종의 관점에서 의심하여 흔들어야 할 대상이다. 왜냐하면 두 견해 모두 여전히 '가명 - 유 - 속제'와 '사구(가명이 끊어짐) - 무 - 진제'라는 이분법적 도식에서 탈피하지 못한 것이기 때문이다.

---

7 慧均, 최연식 校注, 앞의 책, pp.78~79, "問: 所搖動執生疑者, 動何物生何疑耶? 答: 『成實論』等, 明十一假十一實法爲有, 四句絶眞理爲無. 故開善云, '俗諦非有非無, 而是有也. 眞諦非有非無, 而無也.'"

고구려 출신인 승랑僧朗을 계승한 삼론종 교학은 당시 중국 불교계에서 독창적이다 못해 충격적인 내용이었던 것 같다. 혜균 자신도 원래는 『성실론』 등을 배웠는데, 처음 초장과 중가의 말을 접하고서는 하도 어이가 없어서 크게 웃었다고 고백하고 있다.[8] 승랑이나 그의 제자 승전(僧詮, ?~558)은 삼론교학을 적극적으로 대중화하지 않고 섭산에서 고요하게 지내면서 가르침을 펼쳤는데, 삼론종의 이러한 초기 행보는 당시 주류 불교계와의 사상적 충돌과도 관련이 있을 것으로 추정한다. 따라서 성실론사의 견해로 대표되는 기존 유무 이해와 삼론종의 유무 이해를 동시에 제시했던 초장의 설법은 처음 접한 사람에게는 아마도 적지 않은 충격을 주고 또한 듣는 이로 하여금 의심과 궁금증을 자아내었을 것이다. 이러한 측면에서 초장은 삼론종 교의에 진입할 수 있는 효과적인 입문 장치가 아니었나 생각한다.

그렇지만 초장은 일반화된 교의로, 어디까지나 일반적인 고정관념을 제거하는 역할을 할 뿐이다. 그리고 초장을 통해 형성된 의심은 어디까지나 깨달음으로 나아가기 위해 필요한 방법론일 뿐이지, 진정한 깨달음으로 나아가는 충분조건은 아니다. 삼론종에서 이 의심은 미혹된 인식으로부터 벗어나도록 도와주는 보조적 역할을 하지만, 의심 그 자체는 결국 미혹된 인식과 집착의 범주에서 벗어날 수 없는 것이며, 궁극적으로는 집착을 제거하면서 이 의심도 깨끗이 제거되어야만 깨달음에 도달할 수 있다. 다시 말해 초장의 목적은 초장 이후에 등장하는 중가의 교리에서 비로소 실현되는 것이며, 단순히 의심만으

8 慧均, 최연식 校注, 앞의 책, p.73.

로는 깨달음을 담보하기에 부족하다. 혜균은 중가와 초장을 각각 대왕大王의 행차(遊行)와 길 청소에 비유한다.

> 그러므로 삼론종에서는 "초장은 길을 여는 뜻이기도 하니, 마치 대왕이 행차하려면 먼저 길을 열어 반드시 청정하게 한 다음, 비로소 대왕이 출행할 수 있는 것과 같다."라고 말했다. 지금 밝히는 뜻도 이와 같으니, 앞에서 막힌 곳(壅塞)을 논파하여 제거한 다음에 비로소 대승의 바른 뜻을 펼칠 수 있다.[9]

초장에서 형성된 의심은 막힌 곳을 걷어내어 대왕이 지나갈 수 있는 길, 즉 깨달음으로 향하는 길을 열어놓는다. 하지만 의심은 특정한 방향으로의 지향성이 결여되어 있어서 그 자체로서는 깨달음이 될 수 없다. 초장은 앞에서도 언급하였듯이 개괄적이고 모호한 특성이 있어, '달을 가리키는 손가락'과 같은 명료함이 떨어진다. 초장의 목적은 점진적으로 중가를 열기 위한 것이며,[10] 중가야말로 '달을 가리키는 손가락'이라고 할 수 있다. 즉 중가의 의미 층위에 도달하지 못하고서는 일체 경전의 가르침(經敎)의 진정한 의미를 해석할 수 없다.[11] 따라서

---

9 慧均, 최연식 校注, 앞의 책, p.79, "故一家云, '初章亦是開路義, 如大王欲遊行, 則前開路, 必令淸淨, 然後大王方得出遊'. 今明義亦然, 前破除壅塞, 然後始得申摩訶衍正義也."

10 慧均, 최연식 校注, 앞의 책, p.79, "初章之意, 漸由得開中假. 得開中假, 則釋一切經教也."

11 慧均, 최연식 校注, 앞의 책, p.79, "問: 直破執除疑令淨, 亦有餘意耶? 答: 此語是動執生疑, 而復欲須開中假, 釋經教故, 須說中假也."

중가야말로 삼론종에서 지향하는 대승의 바른 가르침으로서, 중생을 깨달음으로 인도하는 직접적 매개가 된다. 초장에서는 거친 집착을 우선 흔들어놓았음에도 불구하고 의심이라는 또 다른 집착을 남겼지만, 중가에서는 의심을 포함한 모든 집착을 깨끗하게 제거한다.[12]

그렇다면 중가는 초장과 도대체 무엇이 달라서, 모든 미혹을 일소하고 깨달음으로 곧장 향할 수 있는가? 중가는 초장의 단계를 뛰어넘어, '유도 아니고 무도 아닌(非有非無)' 초월적 부정을 통해 불이중도를 깨닫는 것이 내포되어 있다. 길장과 혜균은 모두 중가를 설명함에 있어, 초장을 토대로 중가의 층위까지 확장시켜 나가는 방식을 택했다. 길장은 위에서 인용한 초장의 구절을 제시한 다음, "있지 않은 유는 유가 아니고 없지 않은 무는 무가 아니니, 유도 아니고 무도 아니지만 유와 무를 가설한다(不有有則非有, 不無無卽非無, 非有非無, 假說有無)."라는 것을 덧붙여, 이것이야말로 진정한 중도와 가명의 층위에 해당한다고 하였다.[13] 혜균도 길장과 마찬가지로 초장에서 출발하여 중가를 전개시켰지만, 초장의 첫 구절부터 넷째 구절까지 삼론종의

---

12 慧均, 최연식 校注, 앞의 책, p.79, "亦動彼執, 卽爲說中假, 令生疑因此, 故重說中假, 破其執除疑淨."

13 『中觀論疏』 卷2(末)(T.42, 28a10-22), "問: 初章與中假何異? 答: 若總詺此一章, 爲初學之章門, 皆是初章, 一切法不離中假, 故皆是中假, 而師分之一往異: 初章者, 他有有可有, 卽有無可無. 今無有可有, 卽無無可無. 他有有可有, 不由無故有, 有無可無, 不由有故無. 今無有可有, 由無故有, 無無可無, 由有故無. 他不由無故有, 有是自有, 不由有故無, 無是自無. 今由無故有, 有不自有, 由有故無, 無不自無. 他有是自有名有故有, 無是自無名無故無. 今有不自有, 名不有有, 無不自無, 名不無無. 此四節語爲初章也. 不有有則非有, 不無無卽非無, 非有非無, 假說有無. 此是中假義也."

유무를 밝히고 나서 끝부분에 일일이 '유도 아니고 무도 아니다(非有非無)'라는 구절을 덧붙인 점이 특이하다.[14] 말하자면 「초장중가의」에서는 초장 전체뿐 아니라, 초장에서 언급한 각각의 구절들이 개별적으로 중가에 편입되었다고 할 수 있다.

앞서 초장은 "삼론종은 유가 스스로 있지 않은 것을 '있지 않은 유(不有有)'라고 하고, 무가 스스로 없지 않는 것을 '없지 않은 무(不無無)'라고 한다."는 구절로 끝났다. 중가와 초장 모두 '있지 않은 유(不有有)', '없지 않은 무(不無無)'를 언급하고 있는 점을 상기할 때, 양자가 형식상 유사한 점이 있음은 부인할 수 없다. 그러나 동일한 언어표현이라 할지라도 초장과 중가에서 의미 층위는 서로 구분된다. 중가의 층위에서 '있지 않은 유(不有有)', '없지 않은 무(不無無)'는 부처가 유도 아니고 무도 아닌 중도의 이치를 나타내기 위해서 말씀하신 가명의 유무임이 분명하다.[15] 그러나 초장의 경우는 조건적인데, 이에

14 慧均, 최연식 校注, 앞의 책, pp.83~84, "故一家相傳說中假者, 他有是可有, 他無是可無. 無是可無, 不由有故無, 有是可有, 不由無故有. 今有不可有, 今無不可無. 無不可無, 由有故無, 有不可有, 由無故有, 非有非無也. 他不由有故無, 不由無故有. 不由無故有, 有是自有, 不由有故無, 無是自無也. 〈所以然者, 不解初章故〉. 今由有故無, 無不自無, 由無故有, 有不自有, 故非有無也. 他有是自有, 無是自無. 無是自無, 無非有無, 有是自有, 有非有無也. 〈故不得入中〉. 今有不自有, 無不自無. 無不自無, 無是有無, 有不自有, 有是無有也. 〈故非有非無〉. 他有非無有, 無非有無. 無非有無, 無是無故無, 有非無有, 有是有故有也. 今有是無有, 無是有無. 無是有無. 無是有無, 無是不無無, 有是無有, 有是不有有, 不有有故非有, 不無無故非無, 非有非無爲中, 而有而無爲假, 假有不名有, 假無不名無, 故是不有有、不無無也."

15 慧均, 최연식 校注, 앞의 책, p.85, "問: 不有有、不無無是何言耶? 答: 是假有無.

관해「초장중가의」에는 다음과 같은 문답이 있다.

> 문 '있지 않은 유(不有有)'와 '없지 않은 무(不無無)'는 무슨 말인가?
> 답 만약 (초장에서) 중가를 인식하였다면, 곧 '중도 이전의 가명(中前假)'이 되니, 바로 가명으로서의 유(假有)와 가명으로서의 무(假無)를 밝히기 위한 것이다. 만약 다만 초장의 층위에서 일단 논의하여 아직 적확함(的當)은 있지 않다면, 곧 중가의 가명으로서의 유(假有)와 가명으로서의 무(假無)를 열고자 한 것이지, 아직은 바로 가명으로서의 유(假有)와 가명으로서의 무(假無)가 아니니, 개괄적인(通漫) 유무이기 때문이다.[16]

혜균은 초장이 중가를 인식하는 조건 속에서는, 초장에서 언급한 '있지 않은 유(不有有)'와 '없지 않은 무(不無無)'가 중가의 가명, 즉 '가명으로서의 유(假有)'와 '가명으로서의 무(假無)'에 포섭되어 불이중도를 지향할 수 있다고 긍정한다. 반면 일반적인 초장의 층위에만 머무른다면, 아직 가명이라고 부를 수 없는 개괄적인 유무일 뿐이라고 밝힌다.

이러한 설명에 비추어 길장의 중가 해석을 살펴보면, "있지 않은 유는 유가 아니고 없지 않은 무는 무가 아니다(不有有則非有, 不無無卽

何者? 佛說有無假, 本以顯非有非無理, 而緣着名相成性, 故破執除病, 顯釋佛教故, 卽知佛說有無是假有無也."

16 慧均, 최연식 校注, 앞의 책, p.79, "問曰: 不有有、不無無是何言耶? 答: 若識中假, 卽是中前假, 正明爲假有假無也. 若直約初章, 一往論之, 未有的當者, 卽是爲欲開中假之假有假無, 未正是假有假無, 通漫有無故也."

非無).”에서의 유무는 가명에서 중도의 깨달음으로 향하는 ‘중도 이전의 가명(中前假)’이고, “유도 아니고 무도 아니지만 유와 무를 가설한다(非有非無, 假說有無).”에서의 유무는 중도를 깨달은 이후에 가명으로 중생을 교화시키는 ‘중도 이후의 가명(中後假)’임을 알 수 있다. 중도 이전의 가명과 중도 이후의 가명은 각각 깨달음의 이전과 그 이후로서 비록 그 역할은 다를지언정 모두 깨달음과 직결된다. 이렇듯 가명은 초월적 깨달음과 그 전후를 매개하여 깨달은 자와 교화대상을 소통시키는 역할을 하고 깨달음을 가능하게 한다.

정리하면, 삼론종에서 초장은 깨달음으로 가기 위한 준비단계이고, 중가야말로 본격적인 깨달음의 궤도라고 할 수 있다. 삼론종에서 깨달음으로 곧장 향하는 가명 이전에 초장이라는 개괄적인 단계를 제시한 까닭은 현상에 대한 의심을 발생시켜 대상의 뿌리 깊은 집착을 흔들어놓기 위해서이다. 하지만 초장에서 발생한 자성에 대한 흔들림은 수행의 첫걸음일 뿐, 그것만으로는 깨달음을 보장할 수 없다. 깨달음은 막연한 무엇이 아니라 어떤 것에 대한 깨달음이어야 한다.

그러나 초장이 깨달음에 정확한 표적을 겨누고 있지(的當) 않은 모호한 입문적 가르침이라고 하더라도 초장은 중가를 섭수攝收하며,[17] 이론상 초발심과 삼십심과 십지를 모두 수렴할 수 있다.[18] 따라서 초장의 머물지 않는(不住) 속성은 범어에서 ‘아阿’자가 첫 음과 끝음을 관통하듯, 교화의 처음뿐만이 아니라 무의무득無依無得의 깨달음까지도 관통하는 것이다.[19] 그러므로 초장이 중가로 이어지는 한,

---

17 慧均, 최연식 校注, 앞의 책, p.83, “故一往開中假, 並收攝在初章也.”

18 慧均, 최연식 校注, 앞의 책, p.83.

초장 또한 넓은 의미에서 깨달음으로 포섭되고 긍정된다.

다음 장에서는 깨달음의 본격적인 궤도에 오른 중가의 설법 중 삼중이제를 살펴보고, 삼중이제의 각 단계가 깨달음을 어떻게 실현시키고 있는지 알아보겠다.

3. 깨달음의 단계적 실현: 삼중이제

앞에서는 비교적 큰 틀에서 초장과 견주어 중가의 깨달음을 논의했다. 이 장에서는 여러 중가의 교설 가운데서도 가장 유명한 삼중이제三重二諦의 프레임을 통해 삼론종의 깨달음이 어떻게 현현되고 있는지 고찰해보고자 한다. 물론 중가의 형식은 자유자재로 구사되므로 앞서 인용한 구절에 한정되지 않고 무궁무진하게 파생될 수 있다. 일체 대승경론의 교설, 즉 여러 상황과 근기에 맞추어 교화대상을 불이중도의 깨달음으로 이끄는 여러 방편들이 모두 중가의 교설에 해당한다. 그중에서 삼중이제는 삼론종의 단계적 가르침을 대표하는 교설이기에, 이에 대한 고찰을 통해 삼론종에서 깨달음이 어떻게 단계적으로 실현될 수 있는지를 살펴볼 것이다. 이 과정에서 길장이 후대에 고안한 사중이제四重二諦[20]도 삼중이제의 연속선상에서 부분적으로 참조할 것이지

---

19 慧均, 최연식 校注, 앞의 책, p.79, "問曰: 旣言初章, 亦得言後章以不? 答曰: 不住之初, 卽貫前貫後, 如阿字灌通初後也."

20 사중이제는 삼중이제에 다시 네 번째 층위의 이제를 더한 것으로서, 길장의 비교적 후대 저작에 속하는 『중관론소』, 『십이문론소』나 길장의 저작으로 가탁된 『대승현론』을 제외하고는 다른 문헌에서 나타나지 않으므로, 길장이 전통적인

만, 논의의 초점은 어디까지나 삼론종 전체 교학을 아우르는 삼중이제설에 둔다.

삼중이제는 삼종이제三種二諦라고도 표현되는데, 섭령 흥황의 오래된 전통을 길장이나 혜균 등이 계승한 것이다. 구체적으로 길장이 『법화현론法華玄論』에서 제시한 삼중이제는 다음과 같다: 첫째 단계에서는 유가 세제이고 공이 진제이다. 둘째 단계에서는 공과 유가 모두 속제이고 공도 아니고 유도 아님이 진제이다. 셋째 단계에서는 둘(二)과 둘이 아님(不二)이 속제이고 둘(二)도 아니고 둘이 아님(不二)도 아님이 진제이다.[21] 이에 관해서 『이제의』는 좀 더 상세한 설명을 제공한다.

> 문 '유무有無'라고 말하는 것은 이제의 가르침이 맞지만, '유무가 아니며 둘이 아니다(非有無不二)'라고 말하는 것이 어째서 역시 이제의 가르침인가?
>
> 답 이러한 뜻에 의해서 산문山門에서 서로 계승되어온 것을 흥황사 법랑(法朗, 507~581)이 조술祖述하여 삼종이제三種二諦를 밝혔다. 첫째, '유'라고 말하는 것은 세제이고, '무'라고 말하는 것은 진제라고 밝힌다. 둘째, '유'라고 말하는 것과 '무'라고 말하는 것, 둘(二)은 모두 세제이고, '유도 아니고 무도 아니다(非有非無)'라고 말하는 것, 둘이 아님(不二)은 진제임을 밝힌다. 너희가 묻는 것은 다만

삼중이제를 발전적으로 계승하여 새롭게 만들어낸 것이라고 볼 수 있다.

21 『法華玄論』 卷4(T.34, 396a24-27), "自攝嶺相承有三種二諦. 一, 以有爲世諦空爲眞諦. 次, 以空有皆俗非空非有爲眞. 三者, 二不二爲俗非二非不二爲眞."

삼론종의 두 번째 단계, 즉 둘(二)은 세제이고 둘이 아님(不二)은 진제라는 것에 집착하는 것에 불과하다. 나는 지금 다시 너희를 위해 세 번째 단계의 이제의二諦義를 설명한다. 이 이제에서 유무는 둘(二)이고 유무가 아님(非有無)은 둘이 아닌데(不二), '둘(二)'이라고 말하는 것과 '둘이 아니라고(不二)' 말하는 것은 세제이고, '둘도 아니고 둘이 아닌 것도 아니라고(非二非不二)' 말하는 것이 진제이다. (따라서) 이제는 이 세 가지가 있다.[22]

위에서 길장이 언급하고 있는 삼중이제는 모두 세 단계의 이제로 구성된 이제설로, 앞 단계의 진속이제가 모두 다음 단계의 속제가 되고, 앞 단계의 양변을 모두 부정하는 것이 다음 단계의 진제가 되는 형식이다. 이처럼 각 단계의 이제를 중층적으로 쌓아올린 삼중이제를 간단한 도식으로 나타내면 다음과 같다.

---

22 『二諦義』 上卷(T.45, 90b29-c08), "問: 說'有無'可是二諦教, 說'非有無不二', 云何亦是二諦教耶? 答: 爲是義故, 所以山門相承, 興皇祖述, 明三種二諦: 第一、明說'有'爲世諦, 說'無'爲眞諦. 第二、明說'有'說'無', 二竝世諦, 說'非有非無', 不二爲眞諦. 汝所問者, 只著我家第二節: 二是世諦, 不二是眞諦. 我今更爲汝說第三節二諦義: 此二諦者, 有無二, 非有無不二, 說'二'說'不二'爲世諦, 說'非二非不二'爲眞諦. 以二諦有此三種."

〔삼론종의 삼중이제三重二諦〕

첫째 단계	세제	진제
	有	無

둘째 단계	세제	진제
	二(有, 無)	不二(非有非無)

셋째 단계	세제	진제
	二(有, 無) 不二(非有非無)	非二非不二

삼중이제는 기본적으로 삼론종의 '단복單複' 범주를 응용하여 확장시킨 것인데,[23] 단층적 구조와 중층적 구조 사이에 본질적인 우열은 없다. 다만 혜균은 '단單'을 '소疏' 범주와, '복複'을 '밀密' 범주와 연관시켜, 단층적 구조가 성긴 까닭에 병을 이루고, 중층적 구조가 긴밀하여 병을 치료할 수 있다는 점에서 차별화할 수 있음을 밝힌 바 있다.[24] 다른 이원적 범주들이 그러하듯 이 단복 범주 역시도 대승경전의 교설을 해석하는 해석학적 틀이며,[25] 단복의 원리가 응용된 삼중이제도

23 단복에 관한 자세한 내용은 조윤경, 「삼론종의 이원적 범주 연구 -『大乘四論玄義記』 제1권 「初章中假義」의 소밀疏密, 횡수橫竪, 단복單複, 쌍척雙隻, 통별通別에 대한 논의를 중심으로 -」, 『불교학연구』 제47호, 2016, pp.70~73 참조.

24 慧均, 최연식 校注, 앞의 책, p.110.

25 조윤경, 앞의 논문, p.59.

마찬가지로 경론에 나온 여러 이제를 통섭하여 해석한다.[26] 한편 삼중이제는 "여래가 항상 이제에 의거하여 설법하신다."는 것을 해석하기 위한 것이기도 한데, 삼론종에서는 부처의 설법이 이 세 가지 형식을 벗어나지 않는다고 주장한다.[27]

그런데 위의 도식에서 보이는 것과 같이, 삼중이제의 프레임은 각 단계들이 앞 단계를 기반하여 더 높은 곳, 즉 무無에서 불이不二(非有非無)로, 불이에서 다시 비이비불이非二非不二로 나아가는 듯한 모습이다. 그럼 이 세 단계는 서로 위계적 층위를 이루면서 점진적으로 깨달음으로 올라가는 것인가? 양훼이난(楊惠南)은 삼중이제의 확장인 사중이제와 관련하여, 각 단계의 이제의 깊이가 다르다는 입장을 견지하는데, 구체적으로 다음과 같다.

> 범부를 대치하는 제일중이제第一重二諦는 자연히 가장 얕은 것이므로, 반드시 보다 심오한 제이중이제第二重二諦에 의해 부정되어야만 한다. 그러나 이승을 대치하는 제이중이제도 마찬가지로 구경의 절대적 진리는 아니므로, 역시 보다 심오한 제삼중이제第三重二諦로 비판해야만 한다. 하지만 대승보살을 대치하는 제삼중이제도 마찬가지로 유사한 운명을 면치 못하니, 반드시 제사중이제第四重

26 『法華玄論』 卷4(T.34, 396b11-12), "三者, 爲釋佛教. 不同經辨二諦, 雖多不出三也."

27 『法華玄論』 卷4(T.34, 396b04-10), "二者, 爲釋如來常依二諦說法. 若言如來常依二諦說法者, 若說空說有, 應依二諦, 今說非空非有乃至非二非不二, 應不依二諦. 是故釋云, 二諦三門說, 此三門皆依二諦也. 若說有爲俗, 說空爲眞, 依初門二諦說法, 乃至說二不二爲俗, 非二非不二爲眞, 依後門二諦說法也."

二諦로 없애버려야만 한다. 문제는 제사중이제를 비판할 필요가 있는가이다. 대답은 만약 그것을 오해하고 (그것이 실유라고) 집착한다면, 역시 마찬가지로 부정해야만 한다.[28]

양훼이난은 사중이제에서 각 단계는 반드시 다음 단계에 의해서 부정되어야만 한다고 주장하고 있는데, 이 이면에는 사중이제가 각각의 층위들이 논리적으로 긴밀하게 연결된 총체, 즉 한 단계도 생략될 수 없는 필연적이고 연역적인 구조라는 인식이 전제되어 있다. 양훼이난은 사중이제가 위와 같은 겹겹의 부정을 통해 점진적으로 얕은 진리에서부터 보다 깊은 진리를 구현한다고 본다. 그렇다면 마지막에 위치한 제사중이제는 구경究竟의 진리인가? 이에 대한 그의 대답은 부정적이다. 그는 제사중이제에서도 이제의 가르침을 실유라고 집착하게 되면 그것을 반드시 부정해야만 하며, 따라서 실질적으로는 제사중이제가 궁극일 수 없다고 밝힌다. 따라서 그는 길장의 사중이제를 무한히 전개될 수 있는 열린 구조로 해석한다.[29]

과연 삼중이제(혹은 사중이제)는 끊임없는 부정을 통해 보다 높은 진릿값으로 회복시켜나가는 과정인가? 여기서 한 가지 짚고 넘어가야 할 점은 양훼이난이 삼중이제에서 '한 대상에 대해 점진적으로 설법하는 것'과 '여러 근기를 대상으로 설법하는 것', 이 두 가지 측면을 하나로 혼용하여 바라보았다는 점이다. 그러나 길장에 따르면, 삼중이

---

28 楊惠南, 『吉藏』(台北: 東大圖書公司, 1989), p.180.

29 조윤경, 「삼론종에서 '부정'만이 진리에 도달하는 유일한 방법인가? - 楊惠南, 『吉藏』(台北: 東大圖書公司, 1989) - 」, 『불교학리뷰』 제17호, 2015, p.206.

제에는 '점진적으로 버리는 뜻(漸捨義)'과 '근기가 다른 중생에 대해서 각기 다른 설법을 행하는 뜻' 등 여러 의미가 내포되어 있다. 따라서 양훼이난의 해석이 성립되는지를 살펴보기 위해서 길장의 분류에 따라 삼중이제의 다양한 측면을 나누어 면밀히 검토해볼 필요가 있다.

그렇다면 삼론종에서 말하는 삼중이제는 마치 계단을 밟고 낮은 곳에서 더 높은 곳으로 올라가듯, 차근차근 단계적인 깨달음을 축적하여 마지막에 궁극적 깨달음으로 도달하는 것인가? 아니면 끊임없이 초월을 통해 깨달음에 수렴될 뿐, 언어문자를 통하고서는 구경의 깨달음에는 끝내 이를 수 없는 것인가? 이러한 의문에 대한 실마리를 찾기 위해, 아래에서는 삼중이제의 의미 가운데 한 대상을 깨달음으로 이끄는 단계적 가르침(漸捨義)과 여러 근기를 포용하여 깨달음으로 이끄는 가르침을 살펴보고자 한다.

1) 중생이 머무는 곳에서 달을 가리키다

삼론종의 대표적인 이론인 삼중이제와 사중이제의 뜻 가운데서도 가장 주목받은 것이 바로 이 '점진적으로 버리는 뜻(漸捨義)'이라고 할 수 있다. 이러한 까닭에 삼론종에 대한 후대의 평가는 대부분 사견을 끊임없이 덜어내는 측면에 집중되었다. '점진적 버림(漸捨)'이 삼론종의 핵심적 교의라는 데에는 이견이 없을 것이다. 그러나 삼론종은 여러 다양한 가르침을 설정하였는데, '점진적 버림'은 그 가운데 대표적인 형식이지 전부는 아니라는 점을 염두에 두어야 한다. 또한 삼론종의 '점진적 버림'이 과연 한 단계 한 단계 점진적으로 깨달음에 나아가는 수행인지, 만일 그것이 아니라면 어떤 방식의 수행을 의미하는 것인지에 대해서도 재검토할 필요가 있다.

점사의는 한 대상을 교화하여 깨닫게 하는 일련의 점진적 과정을 풀어낸 것이다. 길장은 범부를 대상으로 하여 삼중이제의 첫 단계를 다음과 같이 설명한다.

> 또한 삼종이제三種二諦를 밝히신 까닭은 이 삼종이제가 모두 점진적으로 버리는 뜻(漸捨義)이니, 마치 땅에서부터 비계(架)를 밟고 올라가는 것과 같다. 왜 그런가? 범부인 사람은 '제법이 실제로 존재한다'고 여기며 있지 않음을 알지 못한다. 이런 까닭에 제불은 "제법이 필경 공하여 있지 않다."라고 말씀하신다. '제법이 있다'고 말하면 범부는 '유'라고 여기니, 이것은 속제이며 범제凡諦이지만, 성현들은 제법의 본성이 공함을 진실로 알고, 이것은 진제이며 성제聖諦이니, 그들(범부)로 하여금 속제에서 진제로 들어가도록 하고, 범제를 버리고 성제를 취하도록 한다. 이러한 까닭에 첫 단계의 이제의二諦義를 밝힌다.[30]

위의 인용문에서처럼 범부는 제법이 존재한다고 집착한다. 그러므로 부처가 이 범부에게 "제법이 필경 공하여 있지 않다."라고 설법해 공을 깨닫도록 인도하는 것이 삼중이제 가운데 첫째 단계의 이제이다.

---

30 『二諦義』 上卷(T.45, 90b29-c08), "又所以明三重二諦者, 此三種二諦, 竝是漸捨義, 如從地架而起. 何者? 凡夫之人, 謂諸法實錄是有, 不知無所有. 是故諸佛爲說'諸法畢竟空無所有'. 言'諸法有'者, 凡夫謂有, 此是俗諦、此是凡諦, 賢聖眞知諸法性空, 此是眞諦、此是聖諦, 令其從俗入眞、捨凡取聖. 爲是義故, 明初節二諦義也."

이 단계에서 말한 제법의 공성은 그 자체 실상을 온전히 깨달은 궁극적 경지이다. 만약 중생이 부처가 유를 논파하기 위해서 공을 설법하신 것을 알고, 이전의 유견을 버림과 동시에 다시 공에도 집착하지 않으면, 곧장 무득의 정관正觀을 깨닫게 된다.[31]

그런데 보통 사람의 미혹된 마음은 자벌레에 비유할 수 있으니, 하나를 버리면 하나를 취하려는 속성이 있어서 쉽게 자유로워지지 않는다.[32] 그리하여 범부가 유에 대한 집착을 버리면 다시 공이라는 새로운 이치에 매달려 유소득의 속박에 떨어지게 된다. 따라서 마음이 집착하는 대상이 유에서 공으로 이동했기 때문에, 이러한 마음을 깨달음으로 이끌기 위해서는 다시 둘째 단계의 이제를 설법하지 않을 수 없다.

> 다음으로 두 번째 (이제)는 유무有無는 세제이고, 둘이 아님(不二)이 진제임을 밝힌다는 것은 유무는 양변이니, 유가 한 변이고 무가 한 변이고, 상常과 무상無常, 생사生死와 열반涅槃까지도 모두 양변임을 밝힌다. 진속眞俗과 생사열반生死涅槃은 양변이기 때문에 세제이고, 진제도 아니고 속제도 아니고(非眞非俗), 생사도 아니고 열반도 아닌(非生死非涅槃) 둘이 아닌 중도가 제일의제이다.[33]

---

31 廖明活, 『中國佛教思想述要』(台北: 台灣商務印書館), 2006, p.221.

32 『中觀論疏』 卷2(末)(T.42, 32a02-05), "問: 心云何有所依耶? 答: 心如步屈虫, 捨一取一, 必定不得無所依, 故捨外道著小乘, 捨小乘著大乘, 捨生還復住無生."

33 『二諦義』 上卷(T.45, 91a03-08), "次, 第二重明有無爲世諦, 不二爲眞諦者, 明有無是二邊: 有是一邊、無是一邊, 乃至常無常、生死涅槃, 竝是二邊. 以眞俗、生死涅槃是二邊故, 所以爲世諦, 非眞非俗、非生死非涅槃, 不二中道, 爲第一義諦

둘째 단계에서는 앞 단계의 유가 집착일 뿐만 아니라 무도 집착이니, 이 양변은 모두 세제에 지나지 않고, 양변에 떨어지지 않는 중도야말로 제일의제라고 말한다. 여기서 말하는 중도는 이원적 분별을 완전히 초월한 깨달음의 경지이다. 또한 위의 인용문에서는 유와 무뿐 아니라, 상과 무상, 생사와 열반 그 어느 한 변에도 집착하지 않는 대승 보살의 정신을 강조하고 있다. 그런데 양변에 떨어지지 말아야 한다는 설법을 들은 자들 중에서 다시 보살의 중도에 집착하여 유소득의 마음을 갖는 자들이 생긴다. 그러자 부처는 지혜로써 선교방편을 내어 미혹에 떨어진 자들을 다시 깨달음으로 인도하는데, 그것이 바로 셋째 단계의 이제이다.

다음으로 세 번째 (이제)는 둘(二)과 둘이 아님(不二)이 세제이고, 둘도 아니고 둘이 아닌 것도 아님(非二非不二)이 제일의제라는 것은 앞에서 진속과 생사열반은 양변은 치우친 것이므로 세제이고, 진제도 아니고 속제도 아니고(非眞非俗), 생사도 아니고 열반도 아닌(非生死非涅槃) 둘이 아닌 중도가 제일의제라고 밝혔다. 이것도 역시 양변이다. 왜 그런가? 둘(二)은 치우친 것이고 둘이 아님(不二)은 가운데인데, 치우침도 한 변이고 가운데도 한 변이다. 치우침과 가운데는 다시 양변이니, 양변이므로 세제이고, 치우치지도 않고 가운데도 아닌 것(非偏非中)이야말로 중도 제일의제이다.[34]

也."

34 『二諦義』 上卷(T.45, 91a08-14), "次, 第三重二與不二爲世諦, 非二非不二爲第一義諦者, 前明眞俗、生死涅槃, 二邊是偏, 故爲世諦, 非眞非俗、非生死非涅槃,

셋째 단계에서는 앞에서 밝힌 유무 이제와 불이중도가 모두 세제이고, 치우침이나 가운데에 집착하지 않는 둘도 아니고 둘이 아닌 것도 아님(非二非不二)이야말로 제일의제라고 밝힌다. 이와 같이 각 단계에서 설법하였던 공·중도·비이비불이非二非不二는 모두 궁극적 깨달음을 바로 보여준 것이다. 다만 중생이 미혹된 마음에서 단번에 벗어나지 못하고 손가락에 다시 집착하는 바람에 달을 보지 못했을 뿐이다. 이에 깨달은 자가 자비롭게 교화하는 방편을 내어 집착에 떨어진 중생을 다시 제도하다 보니 자연히 이와 같은 세 단계의 이제가 형성된 것이다.

여기서 길장은 '점진적으로 버린다'고 표현하고 있지만, 그것은 어디까지나 새로운 집착이 생성된 다음 그 집착을 대치하면서 결과적으로 점진적인 단계가 형성되었을 뿐이다.[35] 이 일련의 과정에 대해 길장은 위에서 '땅에서부터 비계(架)를 밟고 올라간다'고 표현했다. 이 때 비계는 높은 곳에 올라가기 위한 임시적인 가설물로서 그 자체는 실질적 의미가 없다. 따라서 비계를 밟고 오른다는 그의 비유는 새로운 형태의 미혹과 집착을 지양하는 데에 그 초점이 있는 것이지, 내가 지금 비계의 몇 단계 즈음에 서 있는지 따져보거나 남과 비교하는 것은 아무런 의미가 없다.

그리고 개별 단계에서 교화하는 주체와 교화대상의 시점으로 보아

不二中道, 爲第一義. 此亦是二邊. 何者? 二是偏, 不二是中, 偏是一邊, 中是一邊. 偏之與中, 還是二邊, 二邊故名世諦, 非偏非中, 乃是中道第一義諦也."

35 각 단계에서 새롭게 생성된 집착도 결국 중생의 뿌리 깊은 미혹이 형태를 바꾸어 출현한 것이라는 점에서는 '점진적으로 버린다'는 표현도 무방하다고 보인다.

도, 각 단계는 중생의 집착이나 사견을 부분적으로 제거하는 것이 아니라, 마음속 집착과 사견을 하나도 남김없이 다 폐기하도록 요구한다. 따라서 전 단계에서 일정 부분의 깨달음을 획득하고 다음 단계에서 이를 기반 삼아 더 큰 깨달음을 얻겠다는 점진적인 기대가 발붙일 곳은 어디에도 없다. 최유진은 「길장吉藏의 이제설二諦說」에서 삼중이제를 "필수적으로 차례차례 단계를 밟아 올라가서 결정적 진리에 도달하는 것으로 이해하여서는 안 된다."[36]라고 단언하고, 각 단계가 다음 단계로 올라가기 위한 디딤돌이 아니라 속제에 대해 진제를 밝혀서 궁극적인 목적지에 도달하게 하려는 것임을 주장한 바 있다.[37] 실제로 삼중이제에서 각 단계의 설법은 모두 교화대상에게 궁극적인 깨달음을 얻도록 촉구하고 있다.

각 단계의 이제 설법에서 궁극적 깨달음을 얻을 수 있는 기회가 교화대상에게 충분히 주어졌다. 다만 현실에서 오랫동안 쌓인 습기가 이 길을 가로막기 때문에, 깨달음을 성취하기 어려울 뿐이다. 따라서 삼중이제의 각 단계는 중생의 미혹에서 비롯된 것이지, 깨달음은 언제나 그 자체로서 궁극적인 것이다. 삼중이제에서 진제로 설정된 공·중도·비이비불이非二非不二는 비록 교설의 형식은 각기 다르지만, 교화대상의 입장에서는 '다시 미혹될 것인가 아니면 깨달은 것인가'라는 실존적 상황 외에는 제3의 선택지가 없다. 또한 교화자의 시각에서 보면, 삼중이제의 각 설법은 교화대상이 처한 현실에 가장 적합한 방식을 통해 궁극적 깨달음으로 인도하는 지혜의 산물이기도 하다.

---

36 최유진, 「吉藏의 二諦說」, 『철학논집』 제1집, 경남대철학과, 1984, p.18.

37 최유진, 앞의 논문, p.23.

2) 다양한 근기를 평등하게 포용하다

앞에서 점사의가 하나의 대상(범부)에 대한 단계적 교화과정이었던 것과 달리, 삼중이제의 각 단계는 여러 다른 근기를 깨달음으로 인도하기 위한 가르침의 집합체이기도 하다. 우선 길장은 『법화현론』에서 각 단계에 대해 다음과 같이 설명한다.

> 다섯째, 오승의 중생을 위해서 이 삼종이제를 설법한다. 처음은 범부를 인도하여 유를 버리고 공으로 들어가도록 하기 위해, 유는 속제이고 공은 진제라고 설명한다. 다음은 이승을 인도하여 중도를 깨닫게 하기 위해, 공과 유는 모두 속제이고 중도가 진제라고 설명한다. 셋째, 보살이 중도와 치우침을 모두 버리게 하기 위해, 치우침이나 중도는 모두 속제이고, 중도도 아니고 치우침도 아닌 것이야말로 진제라고 설명한다. 그러한 까닭은 보살이 범부와 이승은 양변에 얽매이지만 보살의 마음은 중도에서 노닌다고 여기는데, 이러한 견해를 논파하기 위해서 양변을 멀리 떠나고 중도에도 집착하지 않음을 밝힌 것이다.[38]

위에서 길장은 삼중이제의 각 단계가 각각 범부, 이승, 보살을 위한 설법이라고 말한다. 이러한 설명 방식은 『법화현론』뿐만 아니라,

---

38 『法華玄論』 卷4(T.34, 396b29-c07), "五者, 爲五乘衆生, 說此三種二諦. 初, 爲引凡夫, 令捨有入空, 故明有是俗, 空爲眞. 次, 爲引二乘人, 欲令悟中道, 故說空有皆俗, 中道爲眞. 三, 爲菩薩, 令中偏俱捨, 故若偏若中, 並皆是俗, 非中非偏, 此乃爲眞. 所以然者, 菩薩之人, 謂凡夫二乘, 滯於二邊, 而菩薩心遊中道, 爲破此見故, 明遠離二邊, 不著中道也."

『이제의』와 『십이문론소』에서도 공통으로 나타난다. 구체적으로 『이제의』에서는 "범부는 '제법이 있는 것'이라고 여기기 때문에 '제법이 있음은 속제이고, 공함이 진제'라고 말한다."라고 밝히는데,[39] 이 첫째 단계의 이제는 범부의 유견有見에 대응하여 깨달음을 설법하는 가르침이다. 한편 이승은 범부와 달리 '제법이 공하다'라고 여겨서 공견의 구덩이에 빠져 있다.[40] 이에 불보살은 이승의 단견을 논파하여 깨달음으로 인도하기 위해서 '공과 유는 모두 속제이고 중도가 진제'라는 둘째 단계의 이제를 설법한다. 마지막 이제는 범부도 이승도 아닌 보살의 미혹됨을 대치하기 위한 것이다. 삼론종에 따르면, 보살 가운데에서도 중도에 얽매인 자들이 있는데, '유소득보살有所得菩薩' 혹은 '유득보살有得菩薩'이라고 부른다. 이들은 범부와 이승은 유와 공, 생사와 열반과 같은 양변에 얽매이지만 자신은 양변을 여읜 중도에서 노닌다고 여긴다. 이러한 보살의 유소득 집착을 논파하여 진정한 깨달음을 얻게 하기 위해 셋째 단계의 이제인 양변을 멀리 떠나고 중도에도 집착하지 않음(非二非不二)을 설법한다.

그렇다면 이 세 단계의 이제는 깨달음을 향해 점진적으로 나아가는 과정인가? 히라이 슌에이(平井俊榮)는 삼중이제가 범부, 이승, 유소득보살의 세 인연에 대해서 단계적으로 설법된 것이라고 해석한다.[41]

---

39 『二諦義』 上卷(T.45, 91a16-19), "初節爲凡夫. 凡夫謂諸法是有, 所以說 '諸法有爲俗諦, 空爲眞諦', "正爲破凡夫有見, 故說有爲俗, 空爲眞諦也."

40 『二諦義』 上卷(T.45, 91a19-20), "第二重爲破二乘人. 二乘謂諸法空, 沈空見坑."

41 平井俊榮, 『中國般若思想史硏究: 吉藏と三論學派』(東京: 春秋社, 1976), pp.470~471.

이러한 견해는 양훼이난과 마찬가지로 한 대상을 교화하는 점사의와 여러 다른 근기에 대한 설법을 동일한 차원으로 간주한 것에서 비롯된 것이다. 이들은 모두 범부, 이승, 유소득 보살의 차별적 근기로 인해 삼중이제나 사중이제에서 각 단계의 교설이 진실함을 담아내는 정도가 다르며, 이는 다시 타 학파들의 이제설과 연관된다고 보는 관점을 피력하고 있다.[42]

하지만 삼론종이 이들의 견해처럼 범부와 이승과 유소득 보살의 근기를 연속적인 단계로 파악한 것 같지는 않다. 오히려 삼론종에서는 삼중이제가 설법하는 대상의 근기는 달라도 하나의 궁극적 깨달음에서 모두 평등하다는 사실에 더 큰 부게를 두고 있다. 삼중이제는 여러 근기에 알맞은 세 가지 방편을 설정함으로써 모든 근기가 가르침을 통해 궁극적으로 깨달을 수 있음을 역설한다. 길장의 말을 빌리자면, 삼중이제는 모두 궁극적인 일승一乘과 일도一道를 깨닫도록 하기 위한 것이다.[43] 그리고 이 궁극적 깨달음에 이르면 현상적인 차별이 완전히 소멸하고 삼종이제의 대상이 되었던 세 인연이 모두 평등하게 나타난다. 따라서 범부와 성인의 차이도 사라지고(非凡非聖), 대승과 소승의 구분도 무의미해진다(非大非小).[44]

한편 길장은 『중관론소』에서 앞의 세 근기(범부, 이승, 보살)에 대한

42 楊惠南, 앞의 책, p.187.

43 『二諦義』 上卷(T.45, 91b03-04), "此卽攝五乘爲三緣, 開三種二諦. 赴此三緣, 皆令悟一乘一道."

44 『二諦義』 上卷(T.45, 91b04-06), "若悟此三卽究竟, 悟此三卽非凡非聖、非大非小. 若爾, 始是悟也."

삼중이제와 전혀 다른 체계를 제시하였는데, 그것은 바로 보살의 계위 안에서 상근기, 중근기, 하근기에 대한 설법으로서의 사중이제이다. 앞의 삼중이제 해석에서 각 단계와 각 대상이 일대일로 대응했다면, 여기서는 단계가 중첩될수록 낮은 근기의 보살에 대한 설법이 된다. 구체적으로 상근기의 보살은 첫 단계(初重二諦)만 들어도 바른 도(正道)를 깨닫기 때문에 다음 단계가 필요하지 않고, 중근기의 보살은 초중이제初重二諦를 듣고서 바로 깨닫기는 힘들지만 둘째 단계의 이제를 들으면 도에 들어갈 수 있고, 하근기의 보살은 세 단계의 이제를 모두 듣고서야 비로소 깨달을 수 있다.[45]

이 두 가지 해석 체계는 설정하고 있는 교화대상의 범위도 다르고, 서로 가르침을 접근하는 시각에 차이가 있으므로 반드시 모순되는 것은 아니다. 삼중이제의 각 단계의 가르침은 그 단계가 올라갈수록 근기가 높은 대상에 대한 설법이 되기도 하지만, 한편으로는 상대적으로 근기가 낮은 대상에 대한 설법이 되기도 한다. 그리고 이 점은 삼중이제가 깨달음에 단계별로 한 발짝씩 나아간다는 주장에 대한 강력한 반증이 된다.

상술한 내용을 종합하면, 삼중이제가 어떤 하나의 의미로 고정된 형식이 아니라는 결론이 도출된다. 삼중이제는 대상의 근기와 상황에 맞게 자유롭게 변용되는 선교방편으로서, 여러 다양한 의미를 창출하면서 동시에 항상 궁극적인 깨달음을 나타낸다. 따라서 깨달음은

---

45 『中觀論疏』 卷2(末)(T.42, 28b10-13), "問: 何故作此四重二諦耶? 答: 利根聞初, 卽悟正道, 不須後二. 中根聞初不悟, 聞第二方得入道. 下根轉至第三, 始得領解也."

가르침을 통해서 누구에게나 평등하게 열려 있으며, 누구든지 방편을 깨닫는 순간이 바로 궁극적인 진리를 깨닫는 순간이라는 것이 바로 삼론종의 근본입장이다.

4. 강물에 뜬 달그림자

여기까지 삼론종의 단계적 가르침을 대표하는 초장과 중가 및 삼중이제가 깨달음을 어떻게 구현하는지에 대해서 살펴보았다. 초장은 중가 이전의 입문적이고 개괄적인 가르침으로 일반인들로 하여금 현상에 대한 의심을 생성시킨다. 이 의심은 특정한 방향성이 없이 거친 집착들을 제거하기 쉽도록 흔들어놓기만 한다는 점에서 깨달음과는 일정한 거리가 있다. 반면 특정 대상의 상황에 맞게 적확한 가르침을 펼치는 중가의 단계에서는 집착의 뿌리를 송두리째 뽑아냄으로써 교화대상이 진정한 깨달음에 이를 수 있게 한다.

깨달음과 직결되는 중가의 가르침에서 여러 단계들이 설정되어 있는 경우가 있는데, 삼중이제가 대표적인 예이다. 그러나 삼중이제에서 각 단계들이 작동하는 방식을 자세히 들여다보면, 점진적인 단계들도 사실은 교화대상이 집착으로 인해 깨닫지 못하고 미혹된 것에서 비롯된 현상적인 결과일 뿐, 각 단계는 모두 궁극적 진리를 나타내고 있다는 사실을 알 수 있다. 한편 삼중이제의 각 단계는 여러 근기의 중생을 함께 대치하여 그들 모두를 깨달음으로 이끄는 방편이기도 하다. 이때 세 가지 층위의 가르침은 설법하는 근기에 따라 가르침의 종류를 차별화한 것이지, 어느 한 가르침이 다른 한 가르침보다 상위에 있는 것은 아니다. 이처럼 삼중이제의 각 단계는 궁극적 깨달음으로 향하는 선교방편의 문을 활짝 열어 교화대상을 일승과 일도로 인도한다는 점에서 공통된다.

삼론교학에는 여러 다양한 형태의 교설이 존재하고, 그중 일부는 점진적 단계로 설정되어 있다. 그러나 삼론종에 따르면 가르침은 결국 깨달은 자의 지혜가 중생에게 구현된 것이며, 가르침 전체가 모두 궁극적 깨달음을 담보하고 있다. 따라서 삼론종에서 깨달음은 궁극적인 경지이며 불완전하거나 부분적인 깨달음은 있을 수 없고, 점진적이고 단계적인 여러 과정들은 어디까지나 중생의 인식에 관계된 것이다. 삼론종에서 단계적 가르침은 궁극적 깨달음이 현실세계의 다양성에서 구현되는 방식의 하나로서, 깨달음에서 점진적 가르침의 의미를 다시금 환기할 필요가 있다.

참고문헌

원전류

吉藏, 『法華玄論』(대정장 34)

吉藏, 『中觀論疏』(대정장 42)

吉藏, 『二諦義』(대정장 45)

慧均, 『大乘四論玄義記』(『卍續藏』 46)

慧均, 최연식 校注, 『校勘 大乘四論玄義記』, 불광출판사, 2009.

단행본류

平井俊榮, 『中國般若思想史研究: 吉藏と三論學派』, 東京: 春秋社, 1976.

廖明活, 『中國佛教思想述要』, 台北: 台灣商務印書館, 2006.

楊惠南, 『吉藏』, 台北: 東大圖書公司, 1989.

논문류

조윤경, 「삼론종에서 '부정'만이 진리에 도달하는 유일한 방법인가? - 楊惠南, 『吉藏』(台北: 東大圖書公司, 1989) - 」, 『불교학리뷰』 제17호, 2015.

______, 「삼론종의 이원적 범주 연구 - 『大乘四論玄義記』 제1권 「初章中假義」의 소밀疏密, 횡수橫竪, 단복單複, 쌍척雙隻, 통별通別에 대한 논의를 중심으로 - 」, 『불교학연구』 제47호, 2016.

______, 「법랑法朗의 '상즉相卽' 개념」, 『불교학연구』 제50호, 2017.

최유진, 「吉藏의 二諦說」, 『철학논집』 제1집, 경남대철학과, 1984.

한명숙, 「吉藏의 觀法이 갖는 修行論的 의미에 대한 고찰」, 『불교학연구』 제19호, 2008.

천태에서 바라본 깨달음

이병욱 | 고려대학교 철학과 외래교수

1. 서론

현대 한국불교계에서 사상적으로 가장 논쟁이 되었던 것은 두 가지라고 할 수 있다. 하나는 1980년대와 1990년대에 이르기까지 학계의 관심이 되었던 돈오(해오)점수와 돈오돈수(증오)의 논쟁이고, 다른 하나는 2000년대에 들어와서 남방 상좌부불교의 영향력이 늘어나면서 한국불교의 전통적 수행법인 간화선과 남방 상좌부불교의 수행법인 위빠사나의 논쟁이라고 할 수 있다.

이 글에서는 성철에 의해 제기된 돈오(해오)점수와 돈오돈수(증오)의 논쟁, 곧 해오解悟와 증오證悟의 문제에 대해서 천태사상의 관점에서 해석하고자 한다. 천태종은 널리 알려진 것처럼 중국불교의 3대

종파 또는 4대 종파(천태종, 화엄종, 선종, 정토종)에 포함되는 것이고, 또한 천태종의 사상은 이론과 실천을 통합하려는 경향을 나타내고 있다.

천태종은 천태 지의(天台智顗, 538~597)에 의해 밑그림이 그려진 것이고, 그 사상은 교판론과 지관으로 나누어서 이해하면 간단하다. 교판론敎判論은 5시 8교를 내용으로 하는 것이고, 지관止觀은 점차지관, 부정지관, 원돈지관으로 구분된다. 이 3가지 지관 가운데 천태종에서 강조하는 것은 원돈지관圓頓止觀이고, 이 원돈지관은 25방편, 4종류 삼매, 실상론, 십경십승관법으로 구성되어 있다.

25방편은 깨달음을 이루기 위해서 예비적 단계를 말하고 있는 것이고, 4종류 삼매는 삼매를 외적인 형식에 맞추어서 4종류로 구분한 것이며, 실상론은 천태사상의 핵심이라고 할 수 있는 일념삼천설(一念三千說: 한 마음에 3천 가지 가능성을 포함함)과 일심삼관(一心三觀: 空, 假, 中이 하나라는 것)을 말하는 것이고, 십경십승관법十境十乘觀法은 수행하는 방법에 대해 서술한 것이다. 십경十境은 수행하는 과정에서 생기는 여러 가지 잘못된 현상을 10가지로 구분한 것이고, 십승관법十乘觀法은 수행을 하는 방법을 10가지로 나누어서 설명한 것이다. 그리고 앞에서 말한 실상론도 십승관법의 맨 앞에 있는 것을 따로 독립시킨 것이다.[1]

글의 진행순서에 대해 간단히 말하면, 2장에서는 성철이 돈오(해오)점수를 비판한 것에 대해 간단히 알아보고, 3장에서는 천태의 상대지관

---

1 이병욱, 『천태사상』(태학사, 2005), pp.12~15; 이병욱, 「천태지관에서 무엇을 배울 것인가」, 『승가』 25호(중앙승가대, 2009), pp.200~213.

(相待止觀: 점차지관에 속함), 원돈지관圓頓止觀, 육즉(六卽: 원교의 수행계위에 속함)에 대해 살펴보고, '해오'와 '증오'의 관점에서 이 개념들을 다시 검토하고자 한다.

2. 성철의 돈오(해오)점수 비판

성철(性徹, 1912~1993)은 돈오(해오)점수는 선문禪門의 종지가 아니고 교종의 이론이며, 구경각에 속하는 증오證悟가 선문의 종지라고 주장한다. 해오解悟는 그 다음에 번뇌를 녹이는 작업이 필요하지만, 증오는 완전한 깨달음이므로 번뇌를 녹이는 작업이 필요 없고, 다만 중생을 이롭게 하기 위해 여러 가지 선善을 닦을 필요는 있다고 한다. 성철의 주장을 좀 더 자세히 알아본다.

성철은 돈오(해오)점수는 선문禪門의 종지라고 할 수 없으며, 돈오(해오)점수는 교종(敎宗: 敎家)의 수행법이라고 주장한다. 성철은 이 내용을 다음과 같이 말한다.

> 교가敎家의 수행방법修行方法인 해오점수解悟漸修는 당하當下에 무심無心하여 돈증불지頓證佛地하는 선문종지禪門宗旨와 정반正反하나니, 금사金砂를 불분不分하며 옥석玉石을 혼동混同하면 일대과오가 발생된다.[2]

2 퇴옹 성철, 『선문정로』(해인총림, 1981), p.154.

불립문자不立文字하고 교외별전敎外別傳하여 직지인심直指人心 견성성불見性成佛하는 선문돈증禪門頓證의 원증圓證을 삼현십성三賢十聖을 차제수증次第修證하는 교가점수敎家漸修의 해오解悟에 융합하려는 무리無理는 결국 그 사람의 파멸을 자초한다.[3]

이런 관점에서 성철은 돈오(해오)점수를 주장하는 보조지눌의 『수심결』에 대해 비판하고 있다.

전장前章에서 상술한 바와 같이 견성見性은 현증원통現證圓通하여 돈초십지頓超十地한 구경각究竟覺인 원증圓證을 말한다. 그런데 십신초十信初인 해오解悟로써 견성見性이라 함은 불조佛祖의 언교言敎에 전연 위배된 독창적 신설新說이다. 여하한 논설도 불조佛祖의 언교言敎에 배치되면 불교인으로서는 당연히 이를 배제하지 않을 수 없다.[4]

그리고 성철은 『마조어록』의 내용을 인용하고 나서 선종의 돈오는 해오解悟와 분증分證이 아니고 증오證悟라고 주장한다.

망상妄想이 멸진滅盡하고 무생無生을 철증徹證하여 불복갱미不復更迷하는 여래청정선如來淸淨禪을 내용으로 하는 마조馬祖의 돈오頓悟는 돈초십지頓超十地한 구경무심究竟無心인 증오證悟가 분명하다.

---

3 『선문정로』, p.156.

4 『선문정로』, p.157.

마조馬祖뿐만 아니라 달마직전達磨直傳의 정안종사正眼宗師들은 모두 무생법인無生法忍을 원증圓證한 과후대성果後大聖들이니 선문정전禪門正傳의 돈오頓悟와 견성見性은 분증分證과 해오解悟가 절대로 아니요 원증圓證인 증오證悟임이 확연하다.[5]

나아가 성철은 『원오심요』에서 증오를 이루고 나서 모든 선善을 닦아서 모든 중생을 이롭게 해야 한다는 말을 인용한다. 그러고 나서 다음과 같이 말한다.

이는 일념불생처一念不生處에서 확철명오廓徹明悟하여 허령적조虛靈寂照한 대해탈大解脫을 성취한 후에 일체제선一切諸善을 수행하여 유정有情을 요익饒益하는 원증원수圓證圓修이다. 이 법어 중의 이수돈오理須頓悟요 사요점수事要漸修라 하는 구절로써 규봉의 돈오점수와 혼동하는 바가 왕왕 있다. 그러나 규봉의 돈오는 심중유망心中有妄이므로 그 점수는 심중제망心中除妄이요 원오의 돈오는 심중무망心中無妄이므로 그 점수는 사상수선事上修善이며 규봉의 점수는 제업除業이요 원오의 점수는 적선積善이니 돈오점수의 명칭은 동일하나 그 내용은 남북상반南北相反이다. 그리고 수선修善을 점수라 함은 제선諸善을 일시에 진행하지 못함이니 원오의 오후수행은 언제나 대해탈원증大解脫圓證 이후의 불오염不汚染의 수修인 고故로 기실은 원수圓修이다.[6]

---

5 『선문정로』, p.65.

6 『선문정로』, p.101.

3. 천태의 상대지관·원돈지관·육즉에서 바라본 깨달음

2장에서 성철이 증오를 강조하고 돈오(해오)점수에 대해 비판한 것에 대해 살펴보았다. 여기서는 천태의 '상대지관', '원돈지관', '육즉'에 근거해서 해오와 증오의 문제에 대해 검토하고자 한다.

1) 상대지관相待止觀에서 바라본 깨달음 논쟁

천태의 '상대지관'에서는 공空을 깨닫고, 그 공을 깨달은 힘에 근거해서 중생을 구제하고, 마지막에 중中을 깨닫는 것이다. 이 중中이 완전한 깨달음에 속한다. '상대지관'이라고 한 것은 이처럼 순서가 있고 서로 의지함이 있기 때문이다.

(1) 지止의 3단계

첫째, 체진지體眞止는 '공'을 체득하는 것, 곧 모든 존재가 자성을 가지고 있지 않음을 체득하는 것이다.

> (체진지에서) 체體는 인연으로 가합假合되어 환화幻化 같은 것은 그 성품이 허虛한 것임을 아는 것이다. 그리고 진眞은 반연하는 망상은 공을 얻으면 그치는 것인데, 이 공 그대로 진眞이다.[7]

둘째, 방편수연지方便隨緣止는 세간에 뛰어 들어가 방편으로 중생을

---

7 『마하지관』 제3권상(『대정장』 46권, p.24a), "知因緣假合幻化性虛, 故名爲體. 攀緣妄想, 得空卽息, 空卽是眞故, 言體眞止."

구제하는 것이다. 앞의 '체진지'에서 모든 존재의 자성이 존재하지 않음을 체득하고, '방편수연지'에서는 한 차원 더 올라간다. 그것은 '체진지'에서 체득한 것을 가지고 현실세계에 적용하는 것이고, 이것이 가假에 들어감이다.

> (방편수연지에서는) 보살이 가假에 들어가 실천에 옮긴다. (방편수연지에서) 방편方便은 공空이 공이 아님을 알기 때문에 그렇게 이름 붙였고, 약과 병을 잘 구분하므로 수연隨緣이라 하였으며, 마음이 속제俗諦에 잘 머물러 있으므로 지止라 이름한다.[8]

셋째, 식이변분별지息二邊分別止는 앞에 말한 공空과 가假에 대한 분별을 그치는 것이다. '방편수연지'가 현실세계에서 '공'을 깨달은 힘에 의지해서 중생을 구제하는 것이라면, '식이변분별지'는 '방편수연지'의 단계를 넘어서는 것이다. 왜냐하면 '방편수연지'에서는 현실세계에 집착할 우려가 있기 때문이다. 그리고 '방편수연지'에서 '공'에 대한 집착을 경계하였다면, '식이변분별지'에서는 '가'에 대한 집착을 경계한다. 이처럼 '식이변분별지'는 '공'과 '가'를 부정한다. 이 내용에 대한 인용문을 소개한다.

> (식이변분별지는) 속俗이 속이 아님을 알므로 (속俗에 집착하지 않아) 속俗에 마음이 고요해지고, 그렇다고 해서 속이 아님을 주장

---

8 『마하지관』 제3권상(『대정장』 46권, p.24a), "菩薩入假, 正應行用. 知空非空故言方便, 分別藥病故言隨緣, 心安俗諦故名爲止."

함도 아니므로 (비속非俗, 즉 공空에 집착하지 않는다) 공에 마음이 고요해진다. (공空인 진제와 속俗인 속제에 집착하지 않으므로) 식이변분별지라 한다.[9]

(2) 관觀의 3단계

첫째, 종가입공관從假入空觀은 현실세계인 가假를 초월하여 '공'을 깨닫는 것이다. 현실세계인 '가'는 속제에 속하고, 진리세계인 공空은 진제에 속하므로 속제를 잘 관찰하여 진제의 '공'을 깨닫는 것이다.

(종가입공명이제관從假入空名二諦觀에서는) 가假를 잘 살펴봄이 공空에 들어가는 주요한 수단이다. 즉 공空은 가假를 살핀다는 수단을 통해서 깨달을 수 있는 것이다. 그리고 종가입공을 이제관이라 한 것은 주관과 객관을 합해서 말했기 때문이다.[10]

둘째, 종공입가관從空入假觀은 공空을 체득해서 현실세계에 응용하는 것이다. 여기서 현실세계인 가假를 버리지 않는데, 그 이유는 가와 공이 평등하다고 보기 때문이다.

(종공입가관명평등관從空入假名平等觀에서는) 진眞이 진이 아님을

9 『마하지관』 제3권상(『대정장』 46권, p.24a), "知俗非俗, 俗邊寂然, 亦不得非俗, 空邊寂然, 名息二邊止."

10 『마하지관』 제3권상(『대정장』 46권, p.24b), "觀假爲入空之詮, 空由詮會. 能所合論故, 言二諦觀."

> 알지만, 방편으로 가假를 벗어나므로 '종공從空'이라 하고, 약과 병을 잘 살펴서 잘못되는 경우가 없으므로 '입가入假'라 말한다. 그리고 (종공입가를) 평등관이라 한 것은 종가입공관에 비교해서 이름 붙인 것이다.[11]

셋째, 중도제일의관中道第一義觀는 공空과 가假의 중도를 깨닫는 것이다. '종가입공관'에서는 현실을 초월하려는 치열한 구도의식은 있지만, 세간을 구제하려는 의지는 적었고, '종공입가관'에서는 진리를 깨달아 세간에 들어가 중생을 구제하지만, 중생을 구제한다는 자비심을 스스로 제어하기 곤란할 경우도 있다. 따라서 이 두 가지를 다 뛰어넘을 필요가 있다.

> (중도제일의관은 앞 두 관을 넘어선 것이다.) 종가입공관은 가假가 공空함을 잘 살펴본 것이니, 이것은 생사를 공하다고 보는 것이다. 그리고 종공입가관은 공도 공하다고 잘 살펴보는 것이니, 이것은 열반도 공하다고 보는 것이다. 그에 비해, (중도제일의관은) 종가입공관과 종공입가관을 넘어서는 것이다. 이것은 앞의 두 관을 방편의 길로 해서 중도를 깨닫는 것이다.[12]

---

11 『마하지관』 제3권상(『대정장』 46권, p.24c), "知眞非眞, 方便出假, 故言從空. 分別藥病而無差謬, 故言入假. 平等者, 望前稱平等者."

12 『마하지관』 제3권상(『대정장』 46권, p.24c), "前觀假空, 是空生死. 後觀空空, 是空涅槃. 雙遮二邊, 是名二空觀爲方便道, 得會中道."

이상으로 살펴보았듯이, 상대지관은 '공'을 깨닫고, 그 '공'의 힘에 근거해서 세간에서 중생을 구제하며, 그 다음에 완전한 깨달음을 얻는 것이다. 이것은 선종의 돈오점수頓悟漸修와 비교할 수 있다. 선종에서 말하는 '돈오', 곧 진리를 단박에 깨닫는 것은 '공'을 깨닫는 것과 그 의미가 일치한다고 생각한다.[13] 그 예로 보조지눌의 『수심결』의 내용을 거론할 수 있다. 돈오(해오)의 예를 다음과 같이 들고 있다.

> 이치에 들어가는 데에는 여러 가지 단서가 있는데 그대에게 한 가지 문을 지적해주어서 그대가 근원에 돌아가도록 하겠다. "그대는 까마귀가 울고 까치가 지저귀는 소리를 듣는가?" "듣습니다." "그대는 그대의 듣는 성품을 돌이켜서 들어라. (거기에는) 또한 많은 소리가 있는가?" "이 안에 이르러서는 모든 소리와 모든 분별을 모두 얻을 수 없습니다." "기이하고 기이하다. 이것이 소리를 관조하여 이치에 들어가는 문이다."[14]

위 인용문에 따르면 '해오'는 소리의 근원에 돌아가는 것이고, 이 소리의 근원에 이르면 모든 소리와 모든 분별이 사라진다. 이것은 소리가 무자성이고, 그래서 공空이라는 것을 깨닫는 것이라고 생각한다.

그리고 '점수'는 진리를 단박에 깨닫고서 그 깨달음의 힘에 의거해서

---

13 이병욱, 『천태사상연구』(경서원, 2000/2002), pp.225~226.

14 『목우자수심결』(『한국불교전서』 4권, p.710b); 『정선 지눌』(한국전통사상서간행위원회 출판부, 2009), p.196. (번역은 새롭게 하였음)

자신의 번뇌를 다스리는 것이다. 이때 비록 진리를 깨쳤다고 해도 현실의 여러 유혹과 부딪치면 번뇌가 생길 수도 있다. 이처럼 번뇌를 하나하나 깨뜨려 완전한 깨달음에 도달하는 것이 '돈오점수'의 수행이다.

그런데 이러한 '돈오점수'에는 중생을 구제한다는 의미가 분명히 드러나지 않는다. 그에 비해, 앞에 소개한 천태의 상대지관에서는 '공'을 깨달은 다음에 세간에 들어가 중생을 구제하는 것이 분명히 제시되어 있다. 따라서 천태의 상대지관에는 사회적 의미가 담겨져 있다고 할 수 있다.

또한 천태의 상대지관은 증오證悟의 돈오돈수頓悟頓修도 포용한다. 공을 깨닫는 것에 비중을 두면 '돈오(해오)점수'의 형태가 되지만, 완전한 깨달음을 얻는 것을 강조하면 증오의 '돈오돈수'가 된다. 원래 '돈오돈수'는 완전한 진리를 깨달았으면, 더 이상 닦을 것 없이 그 자체로 완성되었다는 것이다. 이는 천태의 상대지관의 마지막 단계와 일치한다. 따라서 상대지관을 어떻게 바라보느냐에 따라 그 속에 '돈오(해오)점수'와 증오證悟의 '돈오돈수'의 의미가 포함되어 있다고 할 수 있다.[15]

2) 원돈지관에서 바라본 깨달음: 증오와 구경각

원돈지관은 처음부터 실상을 깨닫는 것이다. 이 때 깨달음의 세계가 펼쳐진다. 이 깨달음의 세계에 대해 다음에 소개할 인용문에서는

---

15 이병욱, 『천태사상연구』, p.226.

중도中道로 말하고 있다. 이때에 지관 가운데 지止는 법성의 세계에 안주하는 것이고, 관觀은 그 법성의 세계를 그대로 비추는 것이다. 이상의 내용은 앞에 소개한 해오와 증오로 접근하면 증오, 곧 구경각의 경지에 해당한다. 이러한 내용에 대한 인용문은 다음과 같다.

> 원돈지관은 처음부터 실상實相을 인연하니, 인식하는 것이 그대로 중도(中)이어서 모두 진실이다. 즉 법계를 인연하여 한결같이 법계를 염念하니, 한 물건·한 향기라도 모두 중도이다. 그리하여 자기와 부처와 중생도 모두 중도이다. 그리고 5음五陰과 6입六入도 모두 중도이다. 그러므로 어떤 고苦도 버릴 수 없으며, 무명진로無明塵勞가 그대로 보리이므로, 어떠한 집集도 끊을 수 없다. 그리고 변邊과 삿된 것이 모두 중도이고 바른 것이어서 어떠한 도道도 닦을 수 없으며, 생사 그대로 열반이므로 어떠한 멸滅도 증득 할 수 없다. 이와 같이, 고苦도 없고 집集도 없으므로 세간이 없으며, 도道도 없고 멸滅도 없으므로 출세간도 없다. (이상 살펴본 것과 같이 모든 것이) 순수하고 한결같은 실상이니, 실상 이외에는 다른 존재가 없다. 그리고 법성이 고요한 것을 지止라 하고, 법성이 고요하지만 항상 비추는 작용이 있는 것을 관觀이라고 한다. 이러한 지止와 관觀을 앞과 뒤에 말하였지만, 두 가지도 아니며 다른 것도 아니다.[16]

---

16 『마하지관』 1권상(『대정장』 46권, pp.1c-2a), "圓頓者, 初緣實相, 造境卽中, 無不眞實. 繫緣法界, 一念法界, 一色一香,無非中道. 己界及佛界·衆生界亦然. 陰入皆如, 無苦可捨; 無明塵勞, 卽是菩提, 無集可斷; 邊邪皆中正, 無道可修; 生死卽涅槃, 無滅可證. 無苦無集, 故無世間; 無道無滅, 無出世間. 純一實相, 實相外更無別法. 法性寂然名止, 寂而常照名觀. 雖言初後, 無二無別."

앞에 소개한 원돈지관의 성격을 가장 충실히 나타낸 것이 일심삼관一心三觀이다. 3장 1절에서 소개한 상대지관에서는 공空·가假·중中의 단계를 따랐다면, 일심삼관에서는 그러한 순서와 단계를 따르지 않는다. 일심삼관은 공·가·중이 모두 하나가 되는 단계이다. '공'을 체험할 때는 '가'·'중'도 아울러 체험하고, '가'를 체험할 때는 '공'과 '중'도 아울러 체험하며, '중'을 깨달을 때 '공'·'가'도 아울러 깨닫는다. 천태는 이것을 일즉일체一卽一切의 관계로 설명한다. 이것을 해오와 증오의 관점에서 보면, 증오에 속하는 것이고 구경각에 해당하는 것이다. 일심삼관에 관한 인용문은 다음과 같다.

> 일법一法이 일체법一切法이면, 인연소생법因緣所生法과 시위가명是爲假名에 해당하니 가관假觀이다. 일체법이 일법이면, 아설즉시공我說卽是空에 해당하니 공관空觀이다. 비일비일체非一非一切는 중도관中道觀이다. 하나가 공空이면, 전체가 공空이어서, 가假·중中도 모두 공空이다. 이는 총공관總空觀이다. 하나가 가假이면, 전체가 가假이니, 공空·중中이 모두 가假이다. 이는 총가관總假觀이다. 하나가 중中이면, 전체가 중中이어서, 공空·가假가 모두 중中이다. 이는 총중관總中觀이다. (이것이) 『중론中論』에서 말한 불가사의不可思議한 일심삼관一心三觀이다.[17]

17 『마하지관』 제5권상(『대정장』 46권, p.55b), "若一法一切法, 卽是因緣所生法, 是爲假名, 假觀也. 若一切法一法, 我說卽是空, 空觀也. 若非一非一切者, 卽是中道觀. 一空一切空, 無假中而不空, 總空觀也. 一假一切假, 無空中而不假, 總假觀也. 一中一切中, 無空假而不中, 總中觀也. 卽中論所說, 不可思議 一心三觀."

3) 육즉에서 바라본 깨달음 논쟁: 해오와 증오를 포괄하는 수행체계

육즉六卽은 원교의 수행계위의 하나인데, 여기서는 4단락으로 나누어서 접근한다. 첫째 '육즉'의 필요성에 대해 알아보고, 둘째 '육즉'의 내용에 대해 살펴보며, 셋째 '육즉'과 다른 수행계위의 관계에 대해 알아보고, 넷째 '해오'와 '증오'의 관점에서 '육즉'을 검토한다.

(1) 육즉六卽의 필요성

우선 육즉六卽의 필요성을 살펴본다. '육즉'을 알면 자기를 필요 이상으로 낮추지 않고 또한 얻지 못한 것을 얻었다는 근거 없는 교만함을 부리지 않는다. '육즉'은 범부가 성인聖人이 되는 단계를 밝힌 것이다. 범부의 단계에서는 비록 진리를 체험하지 못했지만 원돈지관의 이상을 수용하고 믿으며 현명하게 수행한다. 성인의 단계에서는 불교의 최고의 경지를 깨닫기 때문에 조금 얻고 더 많은 것을 깨달았다는 식의 교만함에서 벗어난다. 이 내용에 관한 인용문은 다음과 같다.

> 육즉에 근거해서 바른 것을 드러내는 것이다. 초심이 옳은가? 뒤의 마음(後心)이 옳은가? 답한다. 『대지도론』에서 말하는 '타고 있는 심지'와 같다. 초심은 아니지만 초심을 벗어난 것도 아니고, 뒤의 마음도 아니지만 뒤의 마음을 벗어난 것도 아니다. 만약 지혜와 믿음이 구족하다면 한 생각이 그대로 옳다는 말을 듣고서도 믿기 때문에 (이 내용을) 비방하지 않고, 지혜롭기 때문에 (이 내용을) 두려워하지 않는다. (그래서) 초심과 뒤의 마음이 모두 옳다. 만약 믿음이 없으면 (깨달음의 경지를) 성인의 경계라고 높이 밀어놓고

자기의 지혜의 몫이 아니라고 한다. 지혜가 없으면 증상만을 일으켜서 자기가 뒤의 마음(완전한 깨달음의 경지)과 같다고 한다. (이 둘은) 모두 틀린 것이다. 이러한 일 때문에 육즉을 반드시 알아야 한다. 그것은 이즉, 명자즉, 관행즉, 상사즉, 분진증, 구경즉이다. 이 육즉은 범부에서 시작해서 성인의 경지에서 마친다. 범부에서 시작하기 때문에 의심과 무서움을 제거하고, 성인의 경지에서 마치기 때문에 교만함과 거만함을 제거한다.[18]

이상의 내용을 『마하지관』에서 제시하는 예로 다시 설명하면, 가난한 사람이 집에 보물이 간직되어 있는데 그것을 알지 못하다가 선지식의 가르침을 받아서 비로소 아는 것과 같고, 또 잡초를 제거해서 창고에 점점 다가갈 수 있고 그래서 창고를 열고 보배를 취한다는 것이다.[19] 그리고 이러한 '육즉'은 천태종의 핵심 가르침인 원교圓敎에

18 『마하지관』 제1권하(『대정장』 46권, p.10b), "約六卽顯是者. 爲初心是後心是. 答. 如論焦炷. 非初不離初. 非後不離後. 若智信具足. 聞一念卽是 信故不謗 智故不懼. 初後皆是. 若無信 高推聖境 非己智分. 若無智起增上慢 謂己均後俱非. 爲此事故須知六卽. 謂理卽. 名字卽. 觀行卽. 相似卽. 分眞卽. 究竟卽. 此六卽者. 始凡終聖. 始凡故除疑怯. 終聖故除慢大(云云)."

19 『마하지관』 제1권하(『대정장』 46권, p.10c), "總以譬譬之. 譬如貧人家有寶藏而無知者. 知識示之卽得知也. 耘除草穢而掘出之 漸漸得近 近已. 藏開盡取用之. 合六喩可解(云云)."
총괄적으로 비유로써 말하겠다. 비유컨대 가난한 사람이 집에 보물이 간직되어 있는데도 알지 못하는 사람과 같아서 선지식이 가르쳐주어야 알 수 있는 것이다. (또) 잡초를 제거해서 파내면 점점 가까워질 수 있고, 가까워진 다음에는 창고가 열리어서 (보배를) 모두 취해서 사용하는 것이다. 합해서 (모두) 6가지 비유가

만 활용되는 것이기도 하다.[20]

(2) 육즉의 내용

'육즉'은 이즉 명자즉 관행즉 상사즉 분진즉 구경즉이다. 이 '육즉'의 구체적 내용에 대해 알아본다.

①이즉理卽의 단계에서는 수행을 해서 무엇을 깨달은 것이 아니다. 수행자는 일심삼관의 이치를 간직하고 있을 따름이다. 다른 각도에서 말하면 수행자는 보리심을 간직하고 있고, 또한 이것을 이즉지관理卽止觀이라고도 한다. 왜냐하면 여기서는 자기의 마음이 고요한 것이 지止이고 그 상태에서 비추어보는 것이 관觀이기 때문이다. 이 내용에 관한 인용문은 다음과 같다.

> 이즉理卽은 일념심이 그대로 여래장의 이치(如來藏理)라는 것이다. (여래장如來藏의 이치에서) 여如이므로 공空에 해당하고 장藏이므로 가假에 해당하고 이理이므로 중中에 해당한다. 이 세 가지 지혜가

있는데 (더 이상 설명하지 않아도) 이해할 수 있을 것이다.

20 『마하지관』 제1권하(『대정장』 46권, p.11a), "問. 何意約圓說六卽. 答. 圓觀諸法皆云六卽. 故以圓意約一切法悉用六卽判位. 餘不爾故不用之. 當其教用之 胡爲不得. 而淺近非教 正意也."
묻는다. "어떤 의미로 원교圓敎를 기준해서 육즉을 말하는가?" 답한다. "모든 가르침(法)을 원만히 관조하는 것을 모두 육즉이라고 말한다. 그러므로 원교의 의미로 모든 가르침을 근거해서 육즉을 잘 활용해서 수행계위를 판정한다. 나머지 가르침(삼장교, 통교, 별교)은 그렇지 않으므로 (육즉을) 사용하지 않는다. 그 교(圓敎)에 해당해서 (육즉을) 사용한다면 어찌 이해하지 못하겠는가? 천박한 가르침은 원교圓敎가 아니니 (이것이) 바른 뜻이다."

> 한 마음에 갖추어진 것은 불가사의不可思議한데 (이는) 위에서 설명한 것이다. 삼제三諦와 일제一諦는 세 가지도 아니고 한 가지도 아니다. 하나의 색色과 하나의 향기가 일체법一切法이고, 일체의 마음도 그와 같다. 이것을 이즉理卽이라고 이름하고, 이것이 보리심이며, 또한 이즉지관理卽止觀이다. (그 근거는 다음과 같다.) (범부의 마음이) 그대로 고요한 것을 지止라고 이름하고, 그대로 비추는 것을 관觀이라고 이름한다.[21]

②명자즉名字卽의 단계에서는 일심삼관의 내용을 배운다. 이 단계에서는 선지식 또는 경전으로부터 일심삼관 또는 일실一實의 보리를 배우고 이름과 글자에 대해 통달한다. 이것을 명자즉보리라고도 이름한다. 왜냐하면 일심삼관 또는 일실의 보리를 듣고 무언가에 의지해서 구하는 마음을 그치는 것을 지止라고 하고, 법성, 곧 진여만을 믿고 다른 가르침에 큰 의미를 부여하지 않는 것을 관觀이라고 하기 때문이다. 이 내용에 관한 인용문은 다음과 같다.

> 명자즉名字卽은 비록 이치로는 (理卽에서 설명한 것이) 그대로 옳지만, 일상생활에서 (理卽의 이치를) 알지 못한다. 왜냐하면 삼제三諦를 아직 듣지 못해서 불법을 온전히 알지 못하기 때문이다.

---

21 『마하지관』 제1권하(『대정장』 46권, p.10b), "理卽者. 一念心卽如來藏理. 如故卽空. 藏故卽假. 理故卽中. 三智一心中具不可思議. 如上說. 三諦一諦非三非一. 一色一香一切法. 一切心亦復如是. 是名理卽 是菩提心. 亦是理卽止觀. 卽寂名止卽照名觀."

예컨대 소와 양의 눈으로는 경계선(方隅)을 이해하지 못하는 것과 같다. (名字卽의 단계에서는) 혹 선지식에게 혹 경전으로부터 위에 말한 일실(一實: 眞如實相의 理體)의 보리를 들어서 이름과 글자 가운데 통달하고 이해해서 모든 것(一切法)이 모두 불법이라는 것을 안다. 이것을 명자즉보리名字卽菩提라고 이름한다. 아직 (一實의 보리를) 듣지 못했을 때에는 곳곳마다 (진리를) 다투듯이 구하다가 이미 (일실의 보리를) 듣고 나서는 (무언가를) 의지하고 구하는 마음을 그치는 것을 지止라고 이름하고, 다만 법성(法性: 眞如)만을 믿을 따름이고 그 나머지는 믿지 않는 것을 관觀이라고 이름한다.[22]

③ 관행즉觀行卽의 단계에서는 단순히 지식의 단계에 머무는 것이 아니라 마음을 관조하는 것이 더욱 명료해진다. 이것은 문혜聞慧에 해당한다. 이 단계에서는 불법의 이치를 깨달은 것은 아니지만, 꾸준히 마음을 관조해나간다. 이것을 관행의 보리라고 하고, 또한 관행의 지관이라 이름한다. 왜냐하면 마음을 관조하는 것은 관觀에 속하고, 그 이외 다른 생각을 하지 않는 것을 지止라고 하기 때문이다. 이 내용에 관한 인용문을 소개하면 다음과 같다.

관행즉觀行卽이 (보리라는 것은) 만약 다만 이름을 듣고서 입으로

22 『마하지관』 제1권하(『대정장』 46권, p.10b), "名字卽者. 理雖卽是日用不知. 以未聞三諦 全不識佛法. 如牛羊眼不解方隅. 或從知識或從經卷. 聞上所說一實菩提. 於名字中通達解了. 知一切法皆是佛法. 是爲名字卽菩提. 亦是名字止觀. 若未聞時處處馳求. 旣得聞已. 攀覓心息名止. 但信法性不信其諸名爲觀."

말한다면, (이것은) 예컨대 벌레가 나무를 갉아먹어서 우연히 글자를 이룰 수 있는 것과 같아서, 이 벌레는 (그것이) 글자인지 글자가 아닌지도 알지 못한다. (이처럼 수행자가) 이미 통달하지 못했는데 어찌 보리를 알겠는가? (그러므로) 반드시 마음의 관觀이 명료해서 이치와 지혜가 서로 호응해야 한다. (그래서 수행자는) 행한 것이 말한 것과 같고 말한 것이 행한 것과 같아야 한다. 『화수경華首經』에서 말하기를 "말이 많으면 행하지 않으니 나는 말로 하지 않고 다만 마음으로 보리를 실천할 따름이다."고 하였다. 이는 마음과 입이 서로 호응한 것이고, 이것이 관행觀行의 보리이다. 『대지도론석론』에서 사구四句에 대해 평하기를 문혜聞慧가 갖추어졌다고 하는데, (이는) 예컨대 눈은 빛이 있어야 후미진 곳이 없이 비추어 보는 것과 같다. 관행觀行도 이와 같다. 비록 이치에 계합하지 못했지만 마음을 관조하는 것이 그치지 않으면, (이는) 『수능엄삼매경』에서 표적을 쏘는 비유와 같은 것이다. 이것을 관행의 보리라고 이름하며 또한 관행의 지관이라 이름한다. 항상 이와 같이 생각하는 것을 관觀이라 이름하고, 나머지 생각을 그치는 것을 지止라고 이름한다.[23]

---

23 『마하지관』 제1권하(『대정장』 46권, p.10b-c), "觀行卽是者. 若但聞名口說. 如蟲食木偶得成字. 是蟲不知是字非字. 旣不通達寧是菩提. 必須心觀明了 理慧相應. 所行如所言. 所言如所行. 華首云. 言說多不行 我不以言說. 但心行菩提. 此心口相應是觀行菩提. 釋論四句評聞慧具足. 如眼得日 照了無僻. 觀行亦如是. 雖未契理觀心不息. 如首楞嚴中射的喩. 是名觀行菩提. 亦名觀行止觀. 恒作此想名觀. 餘想息名止(云云)."

④ 상사즉相似卽의 단계에서는 지止와 관觀을 더욱 열심히 닦아서 상사相似의 관觀의 지혜를 얻는 것이다. 여기서는 무명을 잘 조복하는 것을 지止라고 하고, 중도의 지혜와 비슷한 것을 관觀이라고 한다. 이 경지는 세간의 경지를 벗어난 것이 아니다. 이 내용에 관한 인용문을 소개하면 다음과 같다.

> 상사즉相似卽이 보리라는 것은 관觀을 하면 할수록 더욱 밝아지고, 지止를 하면 할수록 더욱 고요해진다는 것이다. 예컨대 가까운 표적을 부지런히 활로 쏘는 것과 같은데 (이것을) 비슷한(相似) 관觀의 지혜라고 이름한다. (이 觀의 지혜는) 모든 세간의 살아갈 방도(治生)와 산업과 어긋나는 것이 아니다. 모든 사상과 헤아림이 모두 앞의 불경佛經에서 말한 것이니, 예컨대 육근청정위(六根淸淨位: 見과 修의 미혹을 끊고 육근의 청정을 얻은 지위, 十信에 해당)에서 말한 것과 같다. (相似卽에서는) 무명을 원만히 누른 것을 지止라고 이름하고, 중도의 지혜와 비슷한 것을 관觀이라 이름한다.[24]

⑤ 분진즉分眞卽의 단계에서는 앞에서 말한 상사相似의 관觀에 의지해서 무명을 깨뜨려서 불성을 본다. 그리하여 등각等覺에 이르기까지 무명이 점점 엷어지고 지혜는 점점 나타난다. 나아가 수행자는 중생의 구제에 공功을 들인다. 이 내용에 관한 인용문은 다음과 같다.

---

24 『마하지관』 제1권하(『대정장』 46권, p.10c), "相似卽是菩提者. 以其逾觀逾明逾止逾寂. 如勤射鄰的 名相似觀慧. 一切世間治生產業不相違背. 所有思想籌量皆是先佛經中所說. 如六根淸淨中說. 圓伏無明名止. 似中道慧名觀(云云)."

분진즉分眞卽은 비슷한(相似) 관觀의 힘으로 인해서 동륜위(銅輪位: 십주)에 들어가서 처음으로 무명을 깨뜨려서 불성을 보는 것이다. (이는) 보배의 창고를 열어서 진여를 드러내는 것이니 (이것을) 발심주(發心住: 십주의 첫 단계)라고 이름한다. (그리하여) 등각等覺에 이르기까지 무명은 엷어지고 지혜는 점점 나타난다. 예컨대 1일부터 14일에 이르기까지 달빛은 원만해지고 어둠은 거의 없어지는 것과 같다. 만약 사람(중생) 가운데 불신佛身으로 제도할 사람이라면 팔상八相으로 도를 이루는 것(을 나타내는 것)이고, 9법계의 몸으로 제도할 사람이라면 보문普門으로 나타나니, 예컨대 경전(『법화경』의 「관세음보살보문품」)에서 자세히 말한 것과 같다. 이것을 분진즉分眞卽이 보리라는 것이라고 이름하며, 또한 분진分眞의 지관止觀이라 이름하고, 분진의 지혜의 끊음(智斷)이라고 이름한다.[25]

⑥ 구경즉究竟卽의 단계에서는 등각等覺을 넘어서 묘각妙覺의 경지에 들어서는 것인데, 이때에 지혜의 광명이 최고로 원만해진다. 이것을 구경의 보리라고 하고, 또 구경의 지관이라고 한다. 이 내용에 관한 인용문은 다음과 같다.

구경즉究竟卽이 보리라는 것은 등각等覺에서 한 번 더 전개해서

25 『마하지관』 제1권하(『대정장』 46권, p.10c), "分眞卽者. 因相似觀力入銅輪位. 初破無明見佛性. 開寶藏顯眞如. 名發心住. 乃至等覺. 無明微薄 智慧轉着. 如從初日至十四日. 月光垂圓 闇垂盡. 若人應以佛身得度者. 卽八相成道. 應以九法界身得度者. 以普門示現. 如經廣說. 是名分眞菩提. 亦名分眞止觀 分眞智斷."

묘각妙覺에 들어가는 것이다. (妙覺에서는) 지혜의 광명이 원만해서 다시 더할 수 있는 것이 없는데 (이것을) 보리의 과果라고 이름한다. 대열반의 경지도 끊어져서 다시 끊을 수 있는 것이 없는 것이니 (이것을) 과果의 과果라고 이름한다. 등각等覺도 (구경즉을) 통과할 수 없고 오직 부처만이 통과한다. 다(荼: 妙覺)를 넘어선 경지에서는 말할 수 있는 도道가 없다. 그러므로 구경의 보리라고 이름하고 또한 구경의 지관止觀이라 이름한다.[26]

(3) 육즉과 다른 수행계위의 관계

『마하지관』에서는 『대지도론』의 다섯 보리를 소개하면서 그것을 '육즉'과 수행계위와 비교한다. 발심發心보리는 최고의 깨달음을 위해 발심하는 것이고, 복심伏心보리는 번뇌를 끊고 모든 바라밀을 행하는 것이며, 명심明心보리는 모든 존재를 관찰하면서 반야바라밀을 행하는 것이다. 출도出到보리는 반야바라밀 가운데 방편의 힘을 얻어서 무생법인無生法忍을 증득하고 삼계를 벗어나 일체지一切智를 얻는 것이다. 무상無上보리는 도량에 앉아서 번뇌를 끊고 최고의 깨달음을 얻는 것이다.

이러한 다섯 보리와 육즉의 관계를 살펴보면, 발심보리는 '명자즉'에 해당하고, 복심보리는 '관행즉', 명심보리는 '상사즉', 출도보리는 '분

---

26 『마하지관』 제1권하(『대정장』 46권, p.10c), "究竟卽菩提者. 等覺一轉入於妙覺. 智光圓滿不復可增. 名菩提果. 大涅槃斷更無可斷. 名果果. 等覺不通唯佛能通. 過荼無道可說. 故名究竟菩提. 亦名究竟止觀. 總以譬譬之. 譬如貧人家有寶藏而無知者. 知識示之卽得知也. 耘除草穢而掘出之 漸漸得近 近已. 藏開盡取用之. 合六喩可解(云云)."

진즉', 무상보리는 '구경즉'에 해당한다.[27] 그러고 나서 발심보리는 십주, 복심보리는 십행, 명심보리는 십회향, 출도보리는 십지, 무상보리는 묘각에 해당한다고 주장한다.[28]

이 내용을 정리하면, 명자즉(발심보리)은 십주에 해당하고, 관행즉(복심보리)은 십행, 상사즉(명심보리)은 십회향, 분진즉(출도보리)은 십지, 구경즉(무상보리)은 묘각에 해당한다. 이상의 내용을 표로 정리

---

27 『마하지관』 제1권하(『대정장』 46권, p.10c), "問. 釋論五菩提意云何. 答. 論豎判別位. 今豎判圓位. 會之發心對名字. 伏心對觀行. 明心對相似. 出到對分眞. 無上對究竟. 又用彼名名圓位. 發心是十住. 伏心是十行."
묻는다. "『대지도론(석론)』의 다섯 보리의 의미는 어떠합니까?" 답한다. "『대지도론』에서는 별교別敎의 계위를 수직적으로 판정하였고, 여기서는 원교圓敎의 계위를 수직적으로 판정하였다. 회통하면 발심發心보리는 명자즉名字卽에 짝하고, 복심伏心보리는 관행즉觀行卽에, 명심明心보리는 상사즉相似卽에, 출도出到보리는 분진즉分眞卽에, 무상無上보리는 구경즉究竟卽에 짝한다. 또 저(『대지도론』) 이름을 사용해도 원교의 계위라고 이름한다. (그때는) 발심보리는 십주十住이고 복심보리는 십행十行이다."

28 『마하지관』 제1권하(『대정장』 46권, pp.10c-11a), "問. 住已斷. 行云何伏. 答. 此用眞道伏. 例如小乘破見名斷 思惟名伏. 明心是十迴向. 出到是十地. 無上是妙覺. 又從十住具五菩提. 乃至妙覺究竟五菩提. 故地義云. 從初一地具諸地功德. 卽其義也."
묻는다. "십주에서 이미 끊었는데, 십행에서 어찌하여 조복하는가?" 답한다. "이것은 진정한 도(眞道)를 사용해서 조복하는 것이다. 예컨대 소승에서는 견해를 깨뜨리는 것을 끊는다(斷)라고 이름하고, 사유하는 것을 조복한다고 이름하는 것과 같다. 명심明心보리는 십회향이고, 출도出到보리는 십지이며, 무상無上보리는 묘각이다. 또한 십주부터 다섯 보리를 갖추었고, 묘각妙覺에 이르러 구경의 다섯 보리를 갖춘다. 그러므로 지론사地論師가 말하기를 '처음 초지初地부터 모든 다른 지地의 공덕을 갖추었다'고 하니 바로 그 의미이다."

하면 다음과 같다.

육즉	다섯 보리	수행계위
이즉理卽		
명자즉名字卽	발심發心보리	십주十住
관행즉觀行卽	복심伏心보리	십행十行
상사즉相似卽	명심明心보리	십회향十廻向
분진즉分眞卽	출도出到보리	십지十地
구경즉究竟卽	무상無上보리	묘각妙覺

이러한 내용은 앞에 소개한 '육즉'의 내용과 어긋난다. 앞에 소개한 '육즉'의 내용에 따르면, '분진즉'은 발심주, 곧 십주에 해당하는 것인데, 다섯 보리와 관련해서 설명할 때는 '분진즉(출도보리)'은 십지에 해당한다고 한다. 이러한 혼동은 천태 지의가 '육즉'을 다른 유형의 수행계위와 연결할 때에 자신의 확고한 관점을 가지지 못했음을 보여주는 것이다. 참고로 체관의 『천태사교의』에서는 '상사즉'은 십신十信에 해당하고, '분진즉'은 십주十住에서 등각에 해당하며, '구경즉'은 묘각에 해당한다고 한다.[29]

(4) 해오와 증오의 관점에서 본 육즉

이러한 '육즉'의 내용을 해오와 증오의 관점에 살펴본다. 해오는 '상사즉' 또는 '분진즉'에 해당하고, 증오(구경각)는 '구경즉'에 해당한다.

---

29 『천태사교의』(『한국불교전서』 4권, p.527b).

그렇지만 육즉에서는 해오, 증오만을 말하는 것이 아니고 그 이전의 수행단계에 대해서도 언급하고 있다. 불교를 모르는 범부의 단계도 '이즉'이라고 하면서 깨달음의 가능성을 열어놓고 있다. 불교를 가르침을 공부하는 단계는 '명자즉'이고, 관행을 닦아가는 단계는 '관행즉'에 해당한다. 해오는 '상사즉' 또는 '분진즉'에 해당하고,[30] 이 해오가 더욱 성숙하면 증오, 곧 구경각(구경즉)으로 이어지는 것이다. 따라서 육즉에서는 해오와 증오를 포섭하고, 나아가 해오 이전의 단계에 대해서도 언급하고 있다고 평가할 수 있다.

4. 결론

이 글에서는 '해오'와 '증오'의 문제를 천태사상의 관점에서 바라보고자 하였다. 이제 그 내용을 정리하는 것으로 결론을 대신하고자 한다.

2장에서는 성철의 돈오(해오)점수 비판에 대해 알아보았다. 성철은 돈오(해오)점수는 선문禪門의 종지가 아니고 교종의 이론이며, 선종에

---

30 '상사즉'이 해오解悟라고 볼 수 있는 것은 '상사즉'이 십신에 해당하는 것이라고 체관의 『천태사교의』에서 밝히고 있고, 이통현 장자의 『화엄론』에서도 십신초의 깨달음을 '해오'의 의미로 접근하고 있으므로〔『원돈성불론』(『한국불교전서』 4권, p.730a)〕, 십신에 해당하는 '상사즉'을 '해오'라고 볼 수 있다. 다만 이 경우에는 이통현 장자는 화엄종에 속하므로 화엄종의 견해로 천태종을 해석할 수 있는가 하는 문제는 있다. 그에 비해 '분진즉'이 '해오'라고 보는 근거는 다음과 같다. '분진즉'은 십주에 해당하는데, 발심주(십주의 첫 단계)가 종가입공관從假入空觀을 완성해서 진정한 무루의 지혜에 들어가는 것이라는 견해가 있기 때문이다. 〔전관응 감수, 『불교학대사전』(홍법원, 1988) '십주' 항목 참조〕

서는 증오證悟가 선문의 종지라고 하였다.

3장에서는 천태사상의 '상대지관', '원돈지관', '육즉'에서 해오와 증오의 문제를 바라보았다. 우선 '상대지관'은 순서와 서로 의지함이 있는 지관인데, 이는 공空을 깨닫고, 그 '공'을 깨달은 힘에 의거해서 중생을 교화하고, 그 다음에 중中을 깨닫는 것이다. 이것을 해오와 증오에 적용해본다. 공을 깨닫는 것은 '해오'에 속하는 것이고, 그 뒤에 중생을 교화해서 완전한 깨달음을 얻는다. 마지막에 중中을 깨닫는 것은 '증오'에 속하는 것이고, 이때 완전한 깨달음을 얻는다. 이처럼 천태의 '상대지관'에는 '해오'와 '증오'를 아우르고 있다.

그 다음 '원돈지관'은 처음부터 실상을 깨닫는 것이므로 이는 '증오'에 속하는 것이다. 이러한 '원돈지관'의 성격을 가장 잘 보여주는 것이 일심삼관이다. 앞의 '상대지관'에서는 '공', '가', '중'의 순서대로 깨달음을 얻었다면, 일심삼관에서는 그런 순서 없이 '공'을 깨달을 때 '가', '중'을 깨닫는 것이고, 이는 완전한 깨달음을 의미하는 것이다. 따라서 일심삼관은 '증오'에 속하는 것이다.

'육즉'은 천태의 원교의 수행계위의 하나이다. ①'이즉'은 중생이 일심삼관의 이치를 간직하고 있는 상태를 말하는 것이다. 이는 아직 공부와 수행을 통해서 자각된 것은 아니다. ②'명자즉'은 선지식이나 경전에서 일심삼관을 배워서 이름과 글자에 통달하는 단계이다. ③'관행즉'은 불법의 이치를 깨닫지는 못했지만 관행觀行을 꾸준히 해나가는 단계이다. ④'상사즉'은 지止와 관觀을 열심히 닦아서 상사相似의 관觀을 얻는 단계이다. ⑤'분진즉'은 앞의 상사의 관觀에 의지해서 십주에 들어가 무명을 깨뜨려서 불성을 보는 단계이다. 또한 이는 십주에서

등각에까지 이르는 단계이다. ⑥'구경즉'은 묘각에 해당하는 것이고, 이때 지혜의 광명이 최고로 원만해진다.

이 '육즉'을 해오와 증오의 관점에서 보면, '상사즉' 또는 '분진즉'이 '해오'에 속하고, '구경즉'이 '증오(구경각)'에 속한다. 하지만 '육즉'에서는 '해오'와 '증오'를 말하는 것에 그치지 않고 '해오' 이전의 단계에 대해서도 언급하고 있다. '이즉'은 중생이 일심삼관의 이치를 간직하고 있는 것이고, 이러한 '이즉'이 있기 때문에 일심삼관의 이치를 공부하고(명자즉), 그 다음에 관행觀行을 꾸준히 닦아 나간다(관행즉). 이러한 관행이 있기에 '해오'에 해당하는 '상사즉' 또는 '분진즉'이 있고, 이 '해오'에 근거해서 궁극에는 '구경즉' 곧 '증오'를 얻는다.

그런데 『마하지관』에서 '육즉'과 다른 수행계위를 관련시킬 때 혼동이 나타난다. 그것은 『마하지관』에서 '분진즉'이 십지에 속한다고 하기도 하고, 또 다른 곳에서는 '분진즉'이 십주에 속한다고 하기도 하는 점에서 확인할 수 있다. 이는 천태 지의가 아직 '육즉'에 대해 확고한 관점을 갖지 못한 것을 보여주는 사례라고 생각한다.

'해오'와 '증오'의 관계에 대해서 천태사상에서는 '해오'의 단계를 거쳐서 '증오'로 가는 것을 말하는 경우도 있고(상대지관), 처음부터 '증오'의 단계를 말하는 경우도 있으며(원돈지관, 일심삼관), 전체의 수행과정을 언급하면서 그 안에서 '해오'와 '증오'를 위치시키는 경우도 있다(육즉). 이처럼 천태사상 안에서도 해오를 인정하는 경우도 있고 증오를 처음부터 강조하는 경우도 있다. 따라서 '해오'와 '증오'는 천태사상에서 보자면 각각 타당성을 가진다고 평가할 수 있다.

그런데 오늘날에 이르러 '해오'와 '증오'의 우열을 논하는 것은 큰 의미가 없을 것이라고 생각한다. 왜냐하면 '해오'조차도 결코 쉽게 얻을 수 있는 것이 아니기 때문이다. 상당한 공부와 수행이 전제되어야 '해오'도 가능하다. 이 점에서 전체의 수행과정 속에서 '해오'와 '증오'를 위치시킨 '육즉'이 오늘날에 필요한 수행론이라고 생각한다.

참고문헌

『마하지관』(『대정장』 46권)

『천태사교의』(『한국불교전서』 4권)

퇴옹 성철, 『선문정로』, 해인총림, 1981.

田村芳朗·梅原猛, 이영자 역, 『천태법화의 사상』, 민족사, 1989.

田村芳朗·新田雅章, 출판부 역, 『천태대사-지의의 생애와 사상』, 영산법화사출판부, 1997.

오지연, 『천태지관이란 무엇인가』, 연기사, 1999.

이병욱, 『천태사상연구』, 경서원, 2000/2002.

______, 『천태사상』, 태학사, 2005.

______, 「천태지관에서 무엇을 배울 것인가」, 『승가』 25호, 중앙승가대, 2009.

______, 「성철의 보조지눌사상 비판의 정당성 검토」, 『보조사상』 38집, 보조사상연구원, 2012.

이영자, 『천태불교학』, 해조음, 2001/2006.

______, 『법화·천태사상연구』, 동국대출판부, 2002.

혜명, 『미하지관의 이론과 실천』, 경서원, 2007.

화엄종에서 바라보는 깨달음의 유형과 방식

석길암 | 동국대학교(경주) 불교학부 교수

1. 시점視點, 그리고 시점時點

화엄종에서의 깨달음을 주제로 글을 쓰기 시작했을 때, 첫 번째로 부딪힌 문제는 전혀 의외의 것이었다.

'화엄'에 '깨달음'이 있을까? 그리고 '화엄'에서 '깨달음'을 말한다는 것이 중요할까? 그리고 우리가 진행하고 있는 '깨달음'이라고 하는 것은 의미태가 어디에 두어져 있는 것일까? 그리고 다시 화엄에서 깨닫는다는 것은 무엇일까?

첫 번째의 생각은 『화엄경』의 시점視點이 다른 경전들의 시점視點과 다르다는 점이다.

'화엄에 깨달음이 있을까?' 그리고 '화엄에서 깨달음을 말한다는 것이 중요할까?' 단적으로 표현한다면, 『화엄경』에는 중생이 존재하지 않는다. 적어도 번뇌로 가득 차 있는 번뇌의 덩어리를 토대로 하는 존재로서의 중생은 존재하지 않는다. 『화엄경』에서 말하는 중생은 번뇌의 덩어리를 토대로 하고 있는 것이 아니라, 지혜의 덩어리를 토대로 하고 있는 중생이며, 그 자체로서 지혜 덩어리이기 때문이다. 『화엄경』에 있어서 중생이 중생으로 불리는 이유는, 그 중생이 번뇌를 본질로 하고 있기 때문이 아니라 본질인 지혜가 번뇌에 의해 일시 가려져 있는 상태를 중생이라고 부르는 것에 불과하기 때문이다. 흔히 말하는 '깨달음'은 번뇌를 토대(依持)로 하는 중생의 상태가 지혜를 토대로 하는 붓다의 상태로 근본적인 전환을 이룸을 말한다. 그런데 화엄의 관점에서 중생이 붓다로 전환한다는 사태는 발생하지 않으며, '이미' 붓다인 중생이 붓다임을 자각하고 붓다로서의 상태를 현실에 구체화시켜 현현할 따름이기 때문이다. 그리고 그것을 화엄에서는 '성불成佛'이라고 표현한다.

성불, '붓다를 이루는 것'이니 굳이 말하자면 '깨달음'일 수도 있겠다. '성정각成正覺'이란 말 역시 '정각을 성취한다'는 의미이지만, 화엄가들은 이 단어 역시 '성불'로 이해한다. 그리고 화엄가들이 '성불'이라고 할 때는 말 그대로 '부처를 이룬다/성취한다'는 의미이며, 그 '이룸' 혹은 '부처임을 드러냄'에는 상하上下와 돈점頓漸이 존재하지 않는다. 그리고 그 '이룸'은 말 그대로 '부처였음' 혹은 '부처임'을 드러냄에 불과한 것이어서, 그 '이룸'의 전후에 토대(依持)의 차별은 없다.

물론 이렇게 말한다고 해서 현실의 중생이 사라지는 것은 아니다. 하지만 중생을 바라보는 시점視點이 중생의 그것이 아니라 붓다의 그것이라는 점은 중요하다. 붓다의 세계 안에, 깨달음의 세계 안에 중생이 존재하는 것이기 때문이다.

생각의 두 번째는, 그렇다면 왜 그렇게 말하는가 하는 점이다. 그것은 근본적으로 『화엄경』의 구조에서 출발하는 것이며, 『화엄경』의 구조에서 전제되어 있는 것이다. 『화엄경』은 붓다의 '시성정각始成正覺'에 기반을 둔다. 아니 '시성정각'의 세계 자체를 설한다. 이때의 '시始'는 붓다가 처음 깨달은 그때를 의미하는 것이기도 하지만, 동시에 '처음도 끝도 없음(無始無終)의 시始'라고 말해야 한다. 시간적 점차로서의 삼세三世 나아가 구세九世의 바깥에 '일념一念'을 설정하고 있는 것은 그러한 의미이다. 그 일념은 구세의 바깥에 있는 것이지만 동시에 구세의 모두에 대응하는 시간이기도 하다. 곧 '깨달음의 세계를 말하는 화엄, 화엄에서 말하는 깨달음의 세계'는 중생의 근기에 일일이 대응하는 것이되 동시에 중생의 근기를 넘어 진여의 깨달음 세계에 부합하는 어떤 것이라는 관점이 전제되어 있다. 이 점에서 『화엄경』 혹은 화엄이 말하는 시점時點은 다른 경전이 말하는 시점時點과 차별성을 지닌다.

본 논고에서는 이 화엄이 가지는 시점視點과 시점時點의 간격을 『화엄경』 혹은 그것을 주석하는 화엄가들이 어떻게 설명하고 있는가에 초점을 두고 서술하고자 한다. 그리고 그것을 통해서 화엄이 말하고자 하는 깨달음의 정의를 드러내보고자 한다. 다만 『화엄경』과 화엄가 전체의 견지를 포함해서 논의하는 것은 지나치게 범주가 넓어지게 된다. 따라서 본 논문에서는 『화엄경』의 구조에 대한 논자의 이해해온 관점을 먼저 제시한다. 그리고 그러한 관점에서 화엄의 깨달음을 어떻게 해석할 것인가 하는 문제를, 『화엄일승성불묘의華嚴一乘成佛妙

義』의 5부문(門) 중의 제1 '출성불종出成佛種'과 제2 '변정득인辨定得人'에서 견등見登이 정리하고 있는 바를 따라가면서 논의하는 방식으로 서술하고자 한다.

2. '불화엄佛華嚴', 그리고 믿음

1) '초발심시변성정각初發心時便成正覺'의 해석

『화엄경』 제3회 법회의 「범행품」에는 유명한 '처음 발심하였을 때 곧 정각을 성취한다(初發心時, 便成正覺)'[1]는 구절이 존재한다. 이 구절에 대해 화엄가들과 여타의 주석가들은 확연히 다른 해석을 가한다.

정영사 혜원은 "초발심은 온전히 증득하지 못하였음이다. 때문에 인因 가운데 과果를 설함이 된다."[2]고 말하고, 지의智顗가 설하고 관정灌頂이 기록한 『마하지관摩訶止觀』에서는 "다음의 초추初住에 들어감은 무명을 깨뜨리고 불성佛性을 봄이다. 『화엄경』에 '처음 발심하였을 때 곧 정각을 성취한다. 진실한 성품은 다른 이의 깨달음에 말미암지 않는다'고 하였으니, 이 뜻이다."[3]라고 하였다. 이 부분은 육즉六卽을 설하는 부분에서 발심주를 분진즉分眞卽에 분류하고 있는 것[4]에서

---

1 『大方廣佛華嚴經』「梵行品」(대정장 9, p.448c), "初發心時, 便成正覺, 知一切法眞實之性, 具足慧身, 不由他悟."

2 『大乘義章』(대정장 44, p.703a), "初發心者一向未證, 是故名爲因中說果."

3 『摩訶止觀』(대정장 46, p.99a), "次入初住, 破無明見佛性. 華嚴云, '初發心時便成正覺, 眞實之性不由他悟'卽此意也."

4 『摩訶止觀』(대정장 46, p.10c), "分眞卽者, 因相似觀力入銅輪位. 初破無明見佛性,

그 의미가 부분적인 깨달음(分證)에 있음을 알 수 있다. 한편 법상종의 기基는 "이 경 가운데서 증발심證發心에 의거하니, 초지에서 보리를 증득함을 논하여 해석하는 것이니, 그러므로 그 '초발심에서 곧 정각正覺에 오른다'는 것은 종성발심種性發心으로 보리의 인因이기 때문이다."[5]라고 말한다.

인因 가운데의 과果를 설한다는 혜원, 분진즉分眞卽에 해당한다는 지의, 보리의 인因이라고 설명하는 법상종 기基의 설명 등 화엄가가 아닌 이들의 초발심주에 대한 설명은 모두 보리도에 들어선 초입이라는 부분에 초점이 있다. 또한 이들이 보여준 관점의 또 다른 특징은 '초발심'을 인지因地에 있는 것으로 설명하는 것이어서, 성취한 과지果地의 불과佛果와는 다른 것으로 설명하고 있는 점이다.

그러나 화엄가들은 이들과는 좀 다른 관점의 해석을 보여준다. 지엄智儼은 "문 이 가운데서 처음으로 십주 초발심의 인因을 밝혔는데, 어째서 이를 과행果行이라고 말하는가? 답 이것은 자체의 참된 발심을 밝힌 것이기 때문에, 후제에 계합하여 체體를 포함하되 바깥이 없음이다. 또 이 자체의 발심 가운데의 과果는 희론이 없는 행行일 따름이다."[6]라고 말한다. 지엄의 설명은 질문에서 명백히 드러난다. 십주 초발심의 인因이 곧 과행果行인 이유를 묻고 있기 때문이다.

開寶藏顯眞如, 名發心住, 乃至等覺. 無明微薄智慧轉著, 如從初日至十四日, 月光垂圓闇垂盡."

5 『妙法蓮華經玄贊』(대정장 34, p.786), "或此經中據證發心, 論解證得初地菩提, 故其初發心卽登正覺者, 種性發心菩提因故."

6 『搜玄記』(대정장 35, p.35b), "又問. 此中始明十住初發心因, 何故乃言是果行也? 答. 此明自體眞發心故, 契於後際體包無外也. 又是自體發中果, 無戲論行耳."

발심의 불과佛果가 희론이 없는 무분별의 행行이라고 설명하는 것에서도 이후의 행이 과행果行이며 인행因行, 곧 수행修行에 해당하는 것이 아님을 명백히 하고 있는 것이 지엄이 보여주는 관점의 특징이다.

원효는 『금강삼매경론金剛三昧經論』의 「입실제품」에서 "네 번째의 여러 보살이라는 것은 지전보살地前菩薩이니, 만약 법성이 유有도 아니고 무無도 아님을 아는 자는 처음 발심할 때 곧 정각을 이룬다. 그러므로 말을 끊고 곧바로 보리를 얻으니, 발심에 즉하여 법성을 알 때, 이때 무상보리를 바로 얻는다. 이 뜻은 『화엄경』의 「발심공덕품」에 있다."[7]고 해석한다. 원효 역시 지엄과 마찬가지로 초발심시변성정각을 무상보리의 증득을 의미하는 것으로 보는 관점을 취한다.

이처럼 화엄가와 화엄가가 아닌 다른 종파의 주석가 사이에는 '초발심시변성정각'의 한 구절 해석에 커다란 차이를 보여준다.[8] 하지만 이것이 단순한 차이는 아니며, 경의 구조 및 '초발심시변성정각'에 앞서는 『화엄경』의 '믿음'에 대한 해석에 있어서 차이가 드러난 결과라고 볼 수 있다.

---

7 『金剛三昧經論』(대정장 34, p.983a), "第四中言諸菩薩者, 地前菩薩, 若知法性不有不無者, 初發心時便成正覺. 故切言卽得菩提, 謂卽發心知法性時, 是時卽得無上菩提. 是義出華嚴經發心功德品也."

8 이상의 차이에 대한 언급은 이미 김천학(2009), 「동아시아 화엄학에서의 성불론」, 『한국사상사학』 32, 86-88에 지적되어 있다. 김천학은 해석관점에 차이가 드러나는 이유로 "화엄사가 아닌 경우는 자신의 종파와의 차이를 분명히 하는 방향으로 경문을 해석하는 데 반해, 화엄사는 경문의 표현을 문자 그대로 이해하여 언표나 분별과는 먼 경지임을 명언한다."고 지적하고 있다.

2) 믿음, 그리고 '불화엄佛華嚴'이 의미하는 것[9]

『화엄경』에서 믿음의 대상과 성취의 양상을 초점으로 삼는 부분은 두 번째 법회이다. 일명 첫 번째의 보광명전 법회이다. 이 법회에서는 문수사리보살이 여래의 삼업 및 믿음의 단계에 대한 교법을 설한다. 모두 여섯 품이 이 법회에서 설해지게 되는데, 부처님의 신·구·의 삼업을 설하는 「여래명호품」「사제품」「광명각품」의 셋과 해解·행行·덕德을 설하는 「보살문명품」「정행품」「현수품」의 셋으로 구성된다. 이 중 앞의 셋이 믿음의 대상이 되고, 뒤의 셋은 믿음을 성취하는 양상과 믿음을 성취한 공덕을 주제로 한다.

두 번째 법회의 앞 세 품은 '부처를 보고, 듣고, 느낀다'는 것과 관련되어 있고, 마지막 「현수품」의 해인정은 보고 들음에 의해서 성취된 믿음이 바탕이 되어서 방편을 증득한다는 것과 연계되어 있다고 생각된다.

그렇다면 앞의 세 품, 곧 「여래명호품」「사성제품」「광명각품」은 부처를 보고 듣는다는 것에 해당하는, 다시 말하면 부처를 어떻게 보아야 할 것이며, 부처의 가르침을 어떻게 들어야 할 것인가의 문제와 관련하여 설정된 장이라는 것을 알 수 있다. 특히 보고 듣는다는 것과 직접 관련된 「명호품」과 「사성제품」은 부처님의 명호의 한량없음과 부처님의 가르침인 사성제 각각에 해당하는 명칭의 한량없음을

9 이 절의 앞부분 곧 『화엄경』 제2회 법회의 구조를 설명한 부분은 「대승불교의 믿음, 출발점인가 도달점인가」(오강남 외, 『믿음, 디딤돌인가 걸림돌인가』, 2012)의 '믿음의 대상과 믿음을 성취하는 양상'의 일부를 논지에 맞게 수정하고 서술을 추가하여 보완한 것이다.

표현하고 있다. 부처님의 명호가 한량이 없다는 사바세계의 중생들이 저마다 제각각의 입장에서 여래를 알고 보게 하시기 때문이라고 설한다.[10] 이것은 가르침을 대표하는 사성제에 있어서도 마찬가지이다.

그리고 그렇게 부처님을 보고 부처님의 가르침을 듣고, 그것을 통해서 부처님의 한량없는 깨달음의 세계를 느꼈을 때, 중생은 '그렇다면 어떻게 해서'라는 의심을 내게 된다. 그 의심을 집약하여 보여주는 것이 바로 「보살문명품」이다. 이 품의 의심이 해소되어가면서 보살은 그 행업을 닦게 되는데 그것이 바로 「정행품」이다. 부처님을 보고 듣고 느꼈을 때(앞의 세 품), 의심이 일어나고 그 의심을 해소하는 과정에서(보살문명품) 삼업을 청정하게 닦게 되면서(정행품), 그 결과로 신심을 원하게 성취하게 된다(현수품).

여기에서 믿음의 출발점은 부처님을 보고 부처님의 가르침을 듣는 것(見佛과 聞經)이라면, 믿음을 증장시키는 것은 의심하고 의심을 해소하는 과정(解)에 있으며, 그 믿음의 성취는 가지가지 방편삼매로 이어지게 되는 것이다. 여기에서 주의해야 할 것은 믿음과 이해가 함께 한다는 것이다. 물론 믿음이 앞서고 이해가 뒤따르는 형태의 교설이긴 하지만, 동아시아의 불교가들은 이것을 일반적으로 양자가 겸행되는 것으로 파악하는 것이 일반적이다. 일례로 "믿음은 있으나

---

10 『大方廣佛華嚴經』「如來名號品」(대정장 10, p.60a), "諸佛子! 如娑婆世界, 如是東方百千億無數無量, 無邊無等, 不可數, 不可稱, 不可思, 不可量, 不可說, 盡法界, 虛空界, 諸世界中, 如來名號, 種種不同, 南西北方四維上下, 亦復如是. 如世尊昔爲菩薩時, 以種種談論, 種種語言, 種種音聲, 種種業, 種種報, 種種處, 種種方便, 種種根, 種種信解, 種種地位而得成熟, 亦令衆生如是知見而爲說法."

올바른 이해가 없으면 무명無明만 증장增長하고, 이해는 있으나 참다운 믿음이 없으면 삿된 견해만 증장한다. 그러므로 알라. 믿음과 이해가 서로 겸해야만 도道에 들어감을 빨리 얻는다."[11]고 『진심직설』은 강조하고 있다.

여기에서 화엄가들이 『화엄경』 제2회 법회의 구조를 바라보는 관점은 명료하다. 십주 이후의 법회에서 십지법회에 이르기까지 나타나는 보살도를 보살의 수행도가 아니라 보살의 실천도로 받아들인다는 점이다. 보살의 수행도로 받아들인다면, 믿음의 완성(信滿)으로부터 드러나는 초발심주初發心住는 수행의 출발점이 된다. 하지만 보살의 실천도로 받아들인다면, 믿음의 완성으로부터 드러나는 초발심주는 실천의 출발점 곧 행도行道의 출발점이 된다. 그리고 이것이 화엄가들과 비화엄가들의 사이에 나타나게 되는 '초발심시변성정각'에 대한 해석시각의 근본적인 차이를 낳게 되는 원인이다.

그렇다면 왜 화엄가들은 비화엄가들과는 다른 해석을 하게 된 것일까? 논자는 그 근원이 '불화엄佛華嚴'에 대한 이해의 차이에 있다고 생각한다.

『화엄경』은 잘 알려진 것처럼, 붓다가 설하는 경전이 아니며, 붓다를 설하는 경전이다. 달리 말하면, 깨달음의 세계를 설하는 경전이라는 것이다. 깨달음의 세계 위에 펼쳐지는 보살의 행, 그것이 십주에서 십지에 이르는 보살도 법회로 형상화되고 설명된다. 그 각각의 법회는 보살이 불을 성취해가는 법회가 아니라, 보살이 불의 본원력과 위신력

---

11 보조사상연구원 編, 『진심직설』, 『보조전서』, 불일출판사, 1989, p.49, "信而不解 增長無明 解而不信 增長邪見 故知 信解相兼 得入道疾."

에 가피를 받아 '이미 부처인' 중생들을 하나하나 성취해가는 법회로서 구성하고 있는 것이다. 그리고 이것이 제2회 법회에서 '정행품'을 설하고 제3회 법회의 초발심주 이후에 '범행품'을 설정하는 이유이다. 『화엄경』의 편찬자들은 의심을 끊고 믿음으로 나아가는 완성의 과정(닦음)을 정행淨行으로, 믿음의 완성(信滿) 이후에 이루어진 보살도의 과정을 범행梵行으로 표현하여 명료히 구분하고 있는 것이다.

『화엄경』의 첫 번째 장면에서 현시되는 시성정각과 그로부터 설시되는 깨달음의 세계, 곧 불세계佛世界를 장엄해가는 하나하나의 꽃은 정행淨行이 아니라 범행梵行인 것이다. 초발심주 이후에 나타나는 범행들에 의해 장엄되는 불세계, 그 불세계는 꽃들에 의해 장엄되는 세계라는 것이 '불화엄佛華嚴의 세계'라는 것이 경명經名이 가지는 의미이며, 따라서 그 꽃들에 해당하는 것이 하나하나의 범행인 셈이다.

화엄가들이 주목한 것은 바로 이 점이며, 비화엄가들은 십주로부터 십지를 거쳐 불에 이르는 과정을 보살의 수행도로 파악하기 때문에 화엄가들과 다른 해석의 관점을 취하게 되는 것이다. 말하자면, '불佛에서 중생衆生에게로'의 관점을 취하는 것이 『화엄경』과 화엄가의 관점이라면, 『화엄경』의 해석에 있어서도 '중생衆生에게서 불佛로'의 관점을 취한 것이 비화엄가들의 관점인 것이다. 그리고 이 같은 『화엄경』과 화엄가들의 관점이 화엄 특유의 깨달음에 대한 해석을 낳게 된다.

3. 화엄가들이 말하는 깨달음, 그 유형과 방식

『화엄경』은 '초발심시변성정각初發心時便成正覺'을 말한다. 그리고 그 초발심은 초발심주를 이르는 명칭이기도 하다. 그리고 초발심주는 앞서 설해지는 십신의 신만信滿에서 임운任運하여 이르는 자리 곧 신만信滿이기도 하다. 그러면서도 항포行布의 차제적인 의미에서 본다면, 초발심주로부터 불佛에 이르기까지 수많은 보살도의 차제가 설시된다. 화엄가들이 말하는 깨달음 혹은 성불에 대한 다양한 표현들은 여기에서 비롯되는 간격을 해소하기 위한 제안이라고도 할 수 있다. 보살이 방편행을 구족해감에 대하여 방편행의 육상원융六相圓融을 설하여 항포와 원융을 동시에 세우고, 항포가 곧 원융이고 원융이 곧 항포라고 설하는 것도 이 같은 문제의식과 관련이 있다. 먼저 화엄 성불론의 몇몇 특징적인 술어를 간략하게 살핀 후, 그 기반에 대해서 언급하기로 하자.

1) 깨달음의 유형과 방식

법장은 『화엄경탐현기』에서 「노사나불품」을 해석하는 말미[12]에 보장엄동자가 성취한 지위에 대하여 설명하면서 삼종의 성불을 말한다. 이 삼종의 성불은 지위(位)·행(行)·이치(理)의 세 가지 기준에 의거하여 성불을 나눈 것이다.[13] 이 중에서 지위를 기준으로 하는 성불은

---

12 『華嚴經探玄記』(대정장 35, p.166b), "三約理, 則一切衆生竝已成竟, 更不新成, 以餘相皆盡故, 性德本滿故."

13 화엄종에서 말하는 깨달음의 유형과 방식을 설명한 이 부분의 전체 논의는 기본적으로 견등의 『화엄일승성불묘의』의 제1 '出成佛種'과 제2 '辨定得人'의 범주구분을 따라 논의하였다. 견등은 이 부분의 논의를 주로 법장의 『오교장』과 『탐현기』 그리고 지엄의 『공목장』 등을 중심으로 정리하고 있는데, 해당 부분의 인용은 『오교장』과 『탐현기』 그리고 『공목장』로부터 직접 인용 처리하였음을

흔히 신만성불信滿成佛이라고도 말해지는 것으로, 신만위信滿位 곧 초발심주初發心住의 지위를 기준으로 언급하는 것이다. 둘째의 행行을 기준으로 한다는 것은, 지위에 기대어 말하지 않고, 행을 성취함을 기준으로 성불을 말하는 것이다. 셋째의 이치(理)를 기준으로 한다는 것은, 일체중생 역시 모두 진여를 본체로 삼기 때문에 일미로서 평등하다는 기준에서는 부처 아님이 없다는 뜻을 설명한 것이다. 이것은 본래성불을 의미하는 것에 다름 아닐 것이다. 어쨌든 이 세 가지 성불이 모두 신만信滿을 기준으로 삼는다는 것에는 차별이 없어 보인다. 아래에서는 지위에 따른 성불과 이치(理)에 따른 성불을 중심으로 살펴본다.

(1) 지위(位)를 기준한 성불: 신만성불信滿成佛

법장은 위에 의거한 성불과 행에 의거한 성불을 다음과 같이 설명한다.

> 또 이 가운데 동자가 법을 얻은 것은 어떤 위位인가? 의미를 상하의 경의 뜻에 준거하면, 세 가지 성불이 있다. 첫째는 지위(位)를 기준하였으니, 육상방편으로써 십신의 마지막 마음(終心)의 승진분의 뒤 십해十解의 초위에 들 때 곧 성불한다. 이것은 삼승종교三乘終敎의 불퇴위에 말미암은 까닭이다. 일승의 육상으로써 융섭하면, 곧 모든 지위를 갖추어서 불과에 이른다. 그러므로 여기에서 동자가

밝혀둔다. 고익진(1989)은 이 두 부분을 정리하는 견등의 초점이 '疾得成佛'을 강조하는 데 있으며, 화엄의 '初發心時便成正覺'이라는 성불론의 초점에 대한 유가의 비판에 대한 대응으로서의 구성이라고 해석하고 있다.(p.359)

첫 부처님을 뵙는 것을 신위의 자분으로 삼으며, 첫 경을 듣는 것을 신위의 승진으로 삼고, 뒤의 부처님을 뵙는 것은 해위의 첫 자분에 해당하고 뒤의 경을 듣는 것을 해위의 첫 승진으로 삼아, 모든 지위를 포섭하여 다 구족하기 때문이다. 둘째는 행行을 기준하였으니, 모두 지위에 의지하지 않고, 다만 자분과 승진의 구경究竟이면 곧 불과에 이른다.[14]

화엄가 중에서 신만성불을 특히 강조한 것은 법장이다. 법장은 『오교장』의 「항위차별行位差別」 중에 별교의를 설명하는 부분에서 '지위에 의거하여 드러내는 부분(約寄位顯)'에 거의 동일한 설명이 있다.[15] 『탐현기』의 지위를 기준으로 한 설명과 거의 동일하지만, 이어지는 문답에 좀 더 자세한 설명이 부가되어 있다.

문 만약 그러해서 이 초문初門이 일체라고 한다면, 어째서 십신의 초심에서 득한다고 말하지 않고, 만심滿心에서 설하는가?

---

14 『華嚴經探玄記』(대정장 35, p.166b), "又此中童子得法是何位者? 義准上下經意有三種成佛. 一約位, 以六相方便, 卽十信終心勝進分後, 入十解初位, 卽成佛. 以此是三乘終教不退之位故. 以一乘六相融攝, 卽具諸位, 至佛果也. 是故此中童子, 見初佛爲信位自分, 聞初經爲信位勝進, 見後佛當解位初自分, 聞後經爲解初勝進, 以攝諸位皆具足故. 二約行, 總不依位, 但自分勝進究竟卽至佛果."

15 『華嚴一乘教義分齊章』(대정장 45, p.489b), "一約寄位顯. 謂始從十信乃至佛地六位不同, 隨得一位得一切位. 何以故? 由以六相收故, 主伴故, 相入故, 相卽故, 圓融故. 經云, 在於一地普攝一切諸地功德, 是故經中, 十信滿心勝進分上得一切位及佛地者, 是其事也. 又以諸位及佛地等相卽等故, 卽因果無二始終無礙. 於一一位上卽是菩薩卽是佛者, 是此義也."

답 만약 이 별교라면 지위에 의거하지 않고 이루지만, 여기에서는 삼승종교의 지위에 의거하여 설했다. 저 교(敎, 삼승종교) 중에서는 신만信滿하여 물러나지 않아야 바야흐로 지위에 들어갈 수 있다. 여기에서는 그 지위에 들어갈 수 있는 곳에 붙여서 일시에 일체의 앞뒤에 있는 온갖 지위와 행상行相을 얻는다. 때문에 십신의 초심이라고 설하지 않으니, 물러나지 않음(不退)을 얻지 못하면 지위의 상相을 성취하지 못해서 다만 행行이기 때문이다.

문 만약 그렇다면 마땅히 주위성불住位成佛이라고 말해야지 어째서 신만성불信滿(成佛)인가?

답 믿음을 말미암아서 이루기 때문이다. 그러므로 이것은 행불行佛이지 위불位佛은 아니다.[16]

십신만심의 승진분 위에서 일체의 지위와 불지를 성취한다는 것이 법장의 주장이다. 주장의 특징은 십신만심의 승진분 위에서 일체의 지위와 불지를 포섭한다는 점이다. 법장은 "만약 믿음이 가득차서 지위(位)를 얻은 다음을 기준으로 한다면, 일으킨 바의 행용行用은 모두 법계에 두루한다."[17]라고 말한다. 이것은 십신의 만위滿位를 기준으로 하는 성불론이라고 할 수 있다.

---

16 같은 책, p.490a. "問. 若爾是初門卽一切者, 何不說信位初心卽得, 而說滿心等耶? 答. 若自別教, 卽不依位成, 今寄三乘終教位說. 以彼教中, 信滿不退, 方得入位. 今卽寄彼得入位處, 一時, 得此一切前後諸位行相. 是故不於信初心說, 以未得不退未成位相, 但是行故. 問. 若爾應言住位成佛, 何名信滿? 答. 由信成故, 是故是行佛非位佛也."

17 같은 책, p.489c. "若約信滿得位已去, 所起行用, 皆遍法界."

다만 왜 믿음을 처음 일으킨 때가 아니라 믿음을 완성한 때를 기준으로 하는지에 대한 질문에 대하여, 법장은 삼승종교는 불퇴의 지위, 곧 지위에 의거하여 설하지만, 화엄에서는 지위가 아니라 행行에 의거하여 성불을 가름한다고 말한다. 곧 하나하나의 지위가 점진적으로 불지에 나아가는 단계적 지위가 아니라, 믿음을 완성하여 지혜가 현전할 때 이루어지는 행 하나하나가 바로 부처이며, 불지와 다르지 않다는 말하고 있는 것이다.

의상의 강의를 담고 있는 『화엄경문답』에도 동일한 취지의 문답이 있는데, "초지가 곧 신信의 초발심이니, 다만 신해信解를 일으키는 문에서 신信·해解·행行·회향回向·십지十地·불지佛地가 서는 것이다. 가령 이 가르침을 들으면 수행하는 사람은 행동 그 자체가 모두 수행이다. 말하자면, 신信을 닦을 때 해解가 없다면 어찌 신信이겠으며, 또 행行이 없다면 어찌 신信이겠는가. 회향이 없다면 어찌 신信으로 향하겠으며, 또한 증득하는 실체가 없다면 어찌 신信의 대상이 되겠는가."[18]라고 한다. 여기에서는 초지와 십신의 초를 들고 있지만, 역시 십신을 기준으로 하여 그 증득함에 따라 전후의 여섯 지위를 모두 갖춤을 말한다.

---

18 『華嚴經問答』(대정장 45, p.607a), "問. 云何十信初心卽初地乎? 答. 旣約初地證中, 立十入以六相示, 卽可知. 初地卽信初發心, 但生信解門中信, 解行回向十地佛地立. 若聞此教, 修行人行頭竝修行. 謂修信時無解何信, 復無行何信, 無回向何所向信, 亦無證體何所信. 故得行頭竝. 旣行並者, 信滿卽解滿, 是故位位每滿位成佛現示."(원문 교감과 번역은 김상현 교감, 『교감번역 화엄경문답』, pp.117~118).

(2) 이치(理)에 기준한 성불

법장은 이치(理)에 기준한 성불을 다음과 같이 말한다.

> 셋째는 이理를 기준으로 하였으니, 즉 모든 중생이 더불어 이미 성취하여 마쳤으며, 다시 새롭게 성취하지 않고, 나머지 양상도 다 없어졌기 때문이며, 성덕性德은 본래 만족하기 때문이다.[19]

이치(理)를 기준으로 한다는 것은, 이치의 측면에서 보면 부처와 중생이 다르지 않다는 곧 평등일미라는 의미에서의 설명이다. 이치(理), 곧 이법계理法界의 관점에서 본다면 일체는 무차별이고 공적한 평등의 일미일 따름이다. 연기한 법이라 할지라도 무자성無自性·공空의 입장에서 취해진다. 따라서 분별을 특징으로 하는 사事가 아니라 무분별을 특징으로 하는 공의 입장에서 부처와 중생을 파악하는 것이므로, 양자의 사이에 차별이 존재할 까닭이 없다. 이理를 기준해서 보면, 중생 역시 부처와 동일하므로, 이理를 기준으로 보는 중생은 이미 성취한 중생이며, 다시 새롭게 성취할 필요가 없는 중생이고, 성덕性德 역시 구족한 것이기에 성불成佛이라고 말해진 것이다. 물론 이理를 기준으로 해서 볼 때 중생이 공空하다는 것은, 색즉시공의 입장만이 아니라 공즉시색의 입장까지 망라하기 때문에 여기에 다시 남는 문제가 존재한다. 이 점에 대해서는 뒤에 다시 언급하기로 한다.

어쨌든 이 부분에 대해 견등은 "생각을 말하자면, 일체 중생은 모두

---

19 『華嚴經探玄記』(대정장 35, p.166b), "三約理, 則一切衆生竝已成竟, 更不新成, 以餘相皆盡故, 性德本滿故."

진여로 본체를 삼는다. 그 체성을 따라서 차별상을 논하지만, 그 상相이 모두 다하면 일미로서 평등하다. 때문에 먼저 불佛에 총괄한 것이다. 묻는다. 부처는 깨달은 자이고, 중생은 계위에 미혹되었다. 어째서 일미이며, 진여로 체를 삼았기 때문에 모두를 총괄하여 부처라고 하였는가?"[20]라고 묻는다.

'상相이 모두 다하면, 일미로서 평등하다.' 하지만 '부처는 깨달은 자이고, 중생은 계위에 미혹되었다'는 명백한 차이가 존재한다. 그런데 어째서 일미라고 하는 것인가? 혹시 중생도 부처도 모두 진여로서 본체를 삼기 때문에 모두를 총괄하여서 부처라고 하고, 그것을 성불이라고 이야기한 것인가 하는 점이 견등의 질문이다. 여기에 대한 견등의 자답은 다음과 같다.

> 하나의 진리로써 체를 삼는다면 중생은 저 위의 양상으로 역시 전혀 차별이 없다. 그러므로 일체중생은 깨달은 자이고, 불신이 드러난 것이다. 저것이 드러낸 중생은 능히 드러난 불신과 같기 때문이다. 그러므로 중생은 성불하지 못함이 없다.[21]

부처와 중생은 동일한 이치(理)를 체로 삼는 것이다. 따라서 중생은

---

20 『華嚴一乘成佛妙義』(대정장 45, p.778a), "意云, 一切衆生皆眞爲體. 隨其體性, 論差別相, 其相皆盡, 一味平等. 故先總佛. 問, 佛者是覺者, 衆生迷位, 何以一味, 眞爲體故, 皆總是佛."

21 같은 책, p.778b. "答. 以一眞理爲體, 衆生彼上相, 亦都無差別. 是故一切衆生覺者, 佛身所現. 彼所現衆生, 同能現佛身故. 故衆生無不成佛."

그 동일한 이치를 기반으로 나타난 양상이며, 그 동일한 이치를 기반으로 하기 때문에 깨달은 자라는 것이다. 또한 이치는 그 자체로서 불佛이므로, 중생은 불신佛身에 의지해서 나타난 것이고, 따라서 불신佛身이 드러낸 중생이 능히 드러난 중생과 다를 리가 없다는 것이 설명의 핵심이다. 때문에 일체중생은 이치로 보아서 성불하지 못함이 없다고 견등은 말한다.

하지만 중생이 부처와 같다면, 그리고 부처와 중생이 같다면, 이것을 어떻게 받아들여야 할까? 이치적으로 일미평등이라는 것은 색즉시공의 입장을 염두에 둘 수밖에 없게 하기 때문이다. 만약 색즉시공이라는 입장만을 염두에 두고서 이치의 성불(理成佛)을 말한다면 이미 부처밖에는 존재하지 않을 터이다. 이미 부처밖에 없다면, 다시 부처로 나아감을 이야기할 필요가 없게 된다. 곧 중생이 번뇌를 끊고 발심하여 나아갈 필요가 없게 되는 것이다.[22]

---

22 理成佛에 있어서 부처와 중생의 차별에 대해 견등은 "宗意라면, 일체중생이 모두 부처일 때는 부처와 중생에 어떤 차별이 있는가? 동일한 연기법이기 때문에 부처일 때는 모두 부처이고 별도로 중생이 없으며, 중생일 때는 전부가 오직 중생이어서 역시 별도로 부처가 없다. 전부 부처가 아니거나 전부 중생이 아니라면, 연기가 성립하지 않는다. 따라서 중생도 없고 부처도 없다. 일체법은 진여로 이루어지는 연기법이다. 그러므로 서로 전체를 포섭하여 비로소 衆生門을 세우기 때문에 전부가 중생이며, 佛門이기 때문에 전부가 부처이다. 그러므로 저 교화하는 부처와 교화대상인 중생이 없는 것은 아니다."(같은 책, p.791a. "問. 宗意, 一切衆生皆是佛時, 佛與衆生, 有何差別? 答. 同一緣起法故, 佛時全佛無別衆生, 衆生時全唯衆生亦無別佛. 若非全佛非全衆生, 緣起不成. 故無衆生亦無佛. 一切法是一如所成緣起法. 故互全攝方立衆生門, 故全衆生, 佛門故皆佛. 故非無彼能化佛所化衆生.")라고 말한다. 동일한 내용이 『화엄경문답』(대정장 45, 606b)에도 조금 달리하여

하지만 이치를 기준으로 한 성불(理成佛)일지라도 중생이 발심하여 성취하는 것은 당연하다는 것이 견등의 견해이다. 견등은 이 점에 대해 "한 부처가 그러한 것처럼, 시방삼세의 모든 부처의 법문 또한 그러하다. 그러므로 앞서 앞서 성취하여 마치고, 뒤에 뒤에 새롭게 새롭게 또한 성취한다. 이것은 나타나는 부처와 마찬가지로, 나타내어지는 중생도 하나의 뜻이라도 결여하지 않는다. 그러므로 모든 지위 역시 갖춘다."[23]고 말한다. 나타내는 부처와 나타내어지는 중생이 앞서고 뒤를 따르며, 뒤를 따르고 앞에 선다.

이 점에 대해 『화엄경문답』에서는 "이 때문에 부처는 '나는 너희들과 더불어 다르지 않다'고 말씀하셨는데, 너희 스스로가 차별을 생각한다는 것이 이 뜻이다. 부처가 중생을 전적으로 자신의 몸과 같이 보고 있으나, 너희들이 스스로 부처임을 모르고, 다만 스스로 여러 고통을 받고 있기 때문에, 영겁 동안 동체대비를 일으켜 중생을 버리지 않는다. 그러므로 함께 닦고, 함께 이루며, 함께 괴로워하고, 함께 즐거워하며, 잠시도 버리거나 떠나 있을 때가 없다. 이 때문에 경에 '큰 자비의 소(大悲牛)'라 하였다."[24]고 말한다.

나타난다.

23 같은 책, p.778b. "如一佛爾, 攝十方三世諸佛門亦然. 故先先成竟, 後後新新亦成. 此如能現佛,所現衆生無闕一義. 故諸位亦具足也."

24 『華嚴經問答』(대정장 45, p.600b), "問. 佛見惑衆生時中, 惑見耶, 覺見耶? 若惑見者, 惑不見惑, 何能見惑? 若覺見者, 覺非惑, 故卽不及見. 云何能見衆生乎? 答. 二俱得. 二俱不得. 所以者何? 言二俱得者, 若非惑不得見惑故, 得以惑見, 以他非自知故. 旣云自惑見故, 見者卽非惑. 故亦得以覺見. 是故佛言, 我與汝不異汝自爲別此意. 佛見衆生全吾身是, 而自佛是汝不知, 徒自受諸苦故, 永劫起同體大悲

(3) 질득성불疾得成佛

질득성불을 말한 것은 지엄이다. 지엄은『공목장孔目章』「석사십오지식문중의장釋四十五知識文中意章」에서 다섯 종류의 질득성불을 들고 있다. 좀 길지만 해당 부분 전체를 인용한다.

또 미륵선지식의 문장에 의하면, 여러 불보살은 무량겁을 닦는데 선재는 한 생(一生)에 모두 증득한다.『화엄경』에 의하면 빨리 성불함(疾得成佛)에 다섯 가지가 있다. 첫째, 뛰어난 몸에 의지하여 한 생(一生)에 곧바로 얻는 것이니, 견문위見聞位로부터 뒤의 한 생(一生)에 이구정離垢定에 이르며, 후신後身으로 바로 성불한다. 둘째, 견문見聞에 의지하여 생을 거쳐서 빨리 극복한다. 셋째, 일시一時에 빨리 성불한다. 넷째, 일념一念에 의지하여 빨리 성불한다. 다섯째, 무념無念에 의지하여 빨리 성불한다.

첫째 뜻에 넷이 있다. 첫째는 세계성世界性 등 열 가지 세계신에 의지하며, 윤왕輪王의 아들은 현신現身으로 성불한다. 보장엄동자 등과 같다. 둘째, 천자의 뛰어난 몸에 의지하며, 삼악도로부터 벗어나서 도솔천에 태어나 현신으로 성불한다, 셋째, 염부제의 뛰어난 공덕신에 의지하며, 선재 등이 현신으로 보현행의 구경에 이르러, 뒤에 태어나 부처를 본다. 넷째, 법화경에 의하면, 용녀의 몸으로 남방에서 성불한다. 뜻은 미혹迷惑이 남은 몸으로 빨리 성불함에 해당한다.

둘째, 견문에 의지하여 생을 거쳐서 빨리 극복한다는 것은, 초지初地

不捨衆生故. 同修同成同苦同樂, 暫時無捨離時也. 是故經云大悲牛也."

가운데서 "세 시기의 이익이 있다. 첫째는 듣는 때의 이익이고, 둘째는 수행할 때의 이익이며, 셋째는 전생할 때의 이익이다."고 한 것과 같다. 그러므로 『지론』에 "이 모든 여래와 모든 보살이 가호하는 이 사람은 능히 이와 같은 미묘한 법을 듣고 지니니, 이것이 들을 때의 이익이다. 모든 지위(地)에서 청정과 무구無垢를 차례대로 만족하고, 부처의 열 가지 힘을 증득하여 무상보리를 성취하니, 이것은 수행할 때의 이익이다. 큰 바다나 겁진화劫盡火 가운데 있더라도 믿음이 굳건(決定)하여 의심이 없으면, 반드시 이 경을 들을 수 있으니, 이것이 전생할 때의 이익이다."라고 하였다. 셋째, 일시에 빨리 성불한다는 것은, 선재동자가 선지식의 처소에서 일시지간에 보현법을 얻음과 같다.

넷째, 일념에 의지하여 빨리 성불한다는 것은, 보현법에 계합하여 일념一念에 바로 성불함과 같으니, 이것은 속제의 일념에 의거한다. 다섯째, 무념으로 빨리 성불한다는 것은, 일체법은 불생이고 일체법은 불멸이니, 만약 이와 같이 이해한다면 이 사람은 참된 부처를 보기 때문이다.[25]

---

25 『孔目章』(대정장 45, p.585c), "又依彌勒文, 諸佛菩薩無量劫修, 善財一生皆得者. 依華嚴經疾得成佛, 有其五種. 一依勝身一生卽得, 從見聞位後, 一生至離垢定, 後身卽成佛. 二依見聞逕生疾剋. 三依一時疾得成佛. 四依一念疾得成佛. 五依無念疾得成佛. 初義有四. 一依世界性等, 十世界身, 輪王之子, 現身成佛, 如普莊嚴童子等. 二者依天子勝身, 從三惡道出, 生兜率天, 現身成佛. 三者依閻浮提勝功德身, 如善財等現身究竟普賢之行, 後生卽見佛. 四者依法華經, 龍女之身, 南方成佛. 義當留惑之身疾得成佛. 二依見聞逕生疾剋者, 如初地中說, '有三時益, 一聞時益, 二修行時益, 三轉生時益.' 故地論云, '是諸如來, 加護於諸菩薩, 此人能聞持, 如是微妙法.', 此是聞時益. 諸地淨無垢, 漸次而滿足, 證佛十種力, 成無上菩

이상의 질득성불은 빨리 성불함의 종류를 설명하고 있는 것처럼 보이지만, 단순히 그렇게 이해할 수 있는 문제는 아니다. 질득성불에 대해 지엄은 그 예를 들고 있는데, 보장엄동자와 선재가 제시된다. 첫째의 몸의 뛰어남에 의지하여 일생一生에 곧바로 얻는다는 것은, 미혹이 남아 있는 몸으로 질득성불한다고 설한다. 이때 미혹이 남아 있다고 하는 것은, 육신의 성불을 의미한다.

이 일생의 성불에 대해 『화엄경문답』은 "이와 같은 것은 또 문자의 양상에 의거한 것으로, 견문 등 삼위三位에 의거하면 삼생三生이 되기 때문에 이와 같이 말했을 따름이다. 실제에 의거하면, 모두 동등하여 다만 일신一身 가운데 부처를 성취한다. 일신一身은 법성신法性身이지 별도의 분단分段 등의 몸은 없다. 가령 인연을 따라 성불함을 나타내는 것은 삼승교에서 설하는 것이다. 일승교의 실법에 의거하면, 찰나찰나(念念)마다 성불하는 것이니, 앞에서 설한 것과 같다."[26]고 말한다. 분단신이라는 것은 사事로서의 개성을 드러낸 육신을 의미한다. '분단 등의 몸은 없다'는 것은 나아감의 분위에 따른 생사와 변역의 관점에서 몸을 바라보지 않는다는 의미이다. 그것을 일신은 법성신이라고 단언하고 있는 것이다. 이것은 철저하게 이치(理)의 관점에서 파악하고

提, 此是修行時益. 雖在於大海及劫盡火中, 決定信無疑, 必得聞此經, 此是轉生時益. 三依一時疾得成佛者, 如善財童子於知識處, 一時之間獲普賢法. 四依一念疾得成佛者, 如契普賢法, 一念卽成佛,此依俗諦念也. 五無念疾得成佛者, 一切法不生, 一切法不滅, 若能如是解, 是人見眞佛故."

26 『華嚴經問答』(대정장 45, p.612b), "此等且約文相, 據見聞等三位爲三生, 故作如是說耳. 約實共皆同, 但以一身中成佛. 言一身者法性身, 無別分段等身. 若隨緣現成佛, 卽同三乘教所說也. 約一乘教實法, 念念每成佛等. 如前說也."

있는 것이지만 한편으로는 일신一身 그 자체를 법성신法性身으로 한다는 측면에서는 현신으로서의 성불을 강조하고 있는 것이라고 볼 수 있다.

일승교의 실법에 의거한다고 하므로, 인과가 다르지 않아서 일시, 념념에 성불하는 것이다. 이상의 질득성불은 신만 혹은 주초住初에 들어감을 말하지 않기 때문에 지위를 기준으로 한 성불(位成佛)이나 행을 기준으로 한 성불(行成佛)에 해당하지 않는다[27]고 볼 수 있다.

2) 근원적 관점: 구래성불 그리고 본래성불

이상에서 차제적인 지위를 기준으로 성불을 말하는 것은 위성불位成佛과 행성불行成佛이다. 이른바 신만성불에 해당한다. 하지만 그 신만성불은 성불하는 동시에 "육상으로써 융섭하면 곧 모든 지위를 갖추어서 불과에 이른다"[28], "처음 십신十信으로부터 불지佛地에 이르기까지 여섯 지위가 같지 않지만, 한 지위를 얻음에 일체의 지위를 얻는다."[29]라고 설해진다. 행도하여 신만에 이르러 성불한다고 표현했지만, 그것은 이미 성불해 있었음에 대한 확인에 다름 아니며, 신만의 그 찰나에 일체의 지위와 불지에 이르기까지 모두 성취하여 마쳤음을 드러내는 부분이기도 하다.

---

27 견등은 一時成佛과 一念成佛만 信滿과 住初에 들어감을 말하지 않기 때문에 理成佛이라고 말한다.〔『화엄일승성불묘의』(대정장 45, p.791a)〕

28 『華嚴經探玄記』(대정장 35, p.166b).

29 『華嚴一乘教義分齊章』(대정장 45, p.489b), "一約寄位顯. 謂始從十信乃至佛地六位不同, 隨得一位得一切位."

한편 주위성불住位成佛이라 하지 않고 신만성불信滿成佛이라고 하는 것 역시, 신만信滿이라고 하는 행行의 이름에 초점을 둔 것이지, 행으로 인해 도달한 지위를 기준으로 성불을 말하지는 않는다는 의미이다. 삼승종교의 불퇴위를 의미하는 주초住初를 굳이 초점으로 하지 않으려는 사유에 따라 등장하는 명칭이 신만信滿인 셈이다. 이를 통해서 화엄가들은 지위의 나아감에 따른 차제로서 보이는 성불을 배제하고 있는 것이다.

이것은 이치(理)의 성불成佛 역시 마찬가지이다. 이치(理)를 기준으로 하면, 일체의 모든 중생이 이미 성불해 마쳤음이 강조된다. 그리고 이치에 의거하여 중생이 이미 성불해 있다고 하더라도 중생의 발심은 당연히 이루어지며, 이 점에 대해 "한 부처가 그러한 것처럼, 시방삼세의 모든 부처의 법문 또한 그러하다. 그러므로 앞서 앞서 성취하여 마치고, 뒤에 뒤에 새롭게 새롭게 또한 성취한다. 이것은 나타나는 부처와 마찬가지로, 나타내어지는 중생도 하나의 뜻이라도 결여하지 않는다. 그러므로 모든 지위 역시 갖춘다."라고 말한다. 이것은 理를 단순히 응연불변하여 공적한 어떤 것으로 간주하지 않는다는 의미이다. '앞서 앞서 성취하여 마치고, 뒤에 뒤에 새롭게 새롭게 또한 성취한다'는 것에서 붓다라는 상태, 정각이라는 상태가 이루어서 그치는 상태가 아님을 명시하고 있는 것이다.

한편 중생이 아직 번뇌를 끊지 못했으며, 복덕과 지혜를 구족하지 못했는데 왜 구래성불舊來成佛이라고 하는지에 대해서 의상은 『화엄일승법계도』에서 다음과 같이 말한다.

문 얽매여 있는 유정有情이 아직 번뇌를 끊지 못했고, 아직 복덕과 지혜를 이루지 못했는데, 무슨 뜻으로 구래성불舊來成佛이라 하는가?

답 번뇌를 아직 끊지 못했으면, 성불이라고 하지 않는다. 번뇌를 다 끊고 복덕과 지혜를 성취하여 마쳐야, 이후부터 구래성불이라고 한다.

문 번뇌를 끊는다는 것은 어떠한가?

답 『십지경론』에서 설한 것과 같이, 처음도 아니고, 중간도 뒤도 아니니, 앞과 중간과 뒤를 취하는 까닭이다.[30]

번뇌를 끊지 못했으면 성불이 아니다. 번뇌를 다 끊고 복덕과 지혜를 성취하고 마치면, 그때부터는 '예부터 이미 성불해 있었다(舊來成佛)'라고 말한다. 그렇게 말하는 의미는 다음의 문답에서 드러난다. 처음을 취한 것이나 중간을 취한 것 혹은 뒤를 취해서 '예부터(舊來)'라고 이름 붙인 것이 아니라고 말한다. 앞과 중간과 뒤를 취해서 '예부터(舊來)'라고 부른다는 것이다. 곧 성불이 시분의 분제에 있는 것이 아님을 지목한 것이다. 이 점에 대해 징관은 "마음이 지극한 도道에 명합冥合하면 고금古今은 혼일渾一한다. 법계는 무생無生이어서 본래 시분時分이 없다."[31]고 말한다. '도道에 명합한다'는 것은 '무생임을 철견한다'는

30 『華嚴一乘法界圖』(대정장 45, p.714a), "問. 具縛有情, 未煩惱斷, 未成福智, 以何義故, 舊來成佛也? 答. 煩惱未斷, 不名成佛. 煩惱斷盡, 福智成竟, 自此已去, 名爲舊來成佛. 問. 斷惑云何? 答. 如地論說, 非初非中後, 前中後取故."

31 『大方廣佛華嚴經疏』(대정장 35, p.505a), "夫心冥至道, 則混一古今. 法界無生, 本亡時分."

것이고, 그 무생은 무생임을 드러내는 순간에 더 이상 시분時分이 없는 것, 곧 시공간의 분제에 의해 제약받는 것이 아님이 드러난다는 의미이다.

의상은 그 의취를 끊음에 대한 설명을 통해서 거듭해서 드러낸다.

> 어떻게 끊는가? 허공과 같다. 이와 같이 끊기에, 아직 끊기 이전에는 끊었다고 이름하지 않고, 지금 끊은 이후로는 '예부터 끊었다(舊來斷)'고 이름한다. 마치 깨는 것과 꿈꾸는 것이, 잠듦과 깨어남이 같지 않은 것과 같다. 그러므로 이룸과 이루지 못함, 끊음과 끊지 못함 등을 건립하지만, 그 실다운 도리는 제법의 실상實相이 늘지도 않고 줄지도 않으며, 본래 움직이지 않은 것이다. 그러므로 경에 "번뇌의 법 가운데 한 법도 줄어드는 것을 보지 못하며, 청정한 법 가운데 한 법도 늘어나는 것을 보지 못한다."고 한 것이 그것이다.[32]

끊는다는 것에 있어서도 의상은 '예부터 끊었다(舊來斷)'고 말한다. 이때의 끊는다는 것 역시 마찬가지이다. 끊기 전에 끊었다고 말하지 못하며, 끊고 난 이후에는 '예부터 끊었다(舊來斷)'고 말한다. 이것은 화엄의 사유가 서 있는 지점 혹은 지평을 보여준다. '구래부동'을 그

32 『華嚴一乘法界圖』(대정장 45, p.714b), "云何斷? 如虛空. 如是斷故, 未斷已還, 不名爲斷, 現斷已去, 名爲舊來斷也. 猶如覺夢睡悟不同. 故建立成不成斷不斷等. 其實道理, 諸法實相, 不增不減, 本來不動. 是故經言, 煩惱法中, 不見一法減, 淸淨法中, 不見一法增, 是其事也."

근원적 지평으로 삼되, 그 구래부동의 근원적 지평은 행자行者의 끊음과 이룸에 의해서만 드러난다는 것이다.

그렇다면 왜 이렇게 말하는 것일까? 박보람은 『십지경론』에서 제법의 실상, 진여의 참모습을 서술하는 구절을, 세친이 '지혜를 얻음'과 '번뇌를 끊음'의 선후관계를 드러내는 것으로 파악하고, '비초비중후非初非中後'를 옳지 않다고 하고, 지혜의 끊임없는 상속/흐름에 의해 번뇌를 대치한다고 풀이한 것(前中後取故)을 지적한다.[33] 그리고 그것으로부터 최종적으로 동아시아 화엄에서 "번뇌의 존재를 적극적으로 부정하고 단지 번뇌가 본래 끊을 바가 없음을 아는 것이 (번뇌를) 끊음이라고 설"[34]하는 것에 이르렀음을 지적한다.

아마도 박보람의 지적처럼, '비초비중후非初非中後' 게송에 대한 세친의 해석은 창조적 변용일 수도 있지만, 그로 인해서 화엄이 서 있는 지점이 명료하게 드러난다는 점은 분명해 보인다. 혹은 화엄이 나아간 바가 거기에서 비롯되었을 수도 있다. 하지만 '시성정각始成正覺'이라는 대지위에 보살지진菩薩地盡을 목표로 일승의 보살도를 건립한 『화엄경』 구조의 특징상, 오히려 그것은 당연한 결과였을지도 모른다. 그리고 구래성불 혹은 본래성불은 '구래성' 혹은 '본래성'이 추구하는 철저한 추궁에 의해, 끊임없이 현실재편성을 촉구하는 것이다. 따라서 그 구래성/본래성을 담지하고서 구래성/본래성의 대지

33 박보람(2016), 「『십지경』 '非初非中後' 게송과 그에 대한 『십지경론』 주석의 이해」, 『불교학보』 74, p.152.

34 박보람(2014), 「…번뇌를 끊음이라는 번뇌를 끊음 없다는…」, 『한국불교학』 76, p.264.

위에 서있는 현실의 중생에게 번뇌가 끊을 바가 없는 것임을 '알도록' 끊임없이 재촉하는 현실태의 구현을 요구하는 것에 다름 아닐 것이다. 주초가 아니라 신만에서 화엄의 깨달음이 설해지는 이유 또한 여기에 있을 것이다.

4. 성기性起; 중생의 마음경계에 현현하는 것으로서의 불세계佛世界

화엄의 성기性起는 본래부동의 무분별인 적정의 세계(性)와 무분별로서의 일어남(起)이 일체화된 세계라고 말할 수 있다. 그리고 무분별 적정이자 본래부동으로서 성性은, 그 일어남(起)에 의해서만 드러나는 것이기도 하다. 그런 점에서 화엄의 성기는 '중생의 마음경계에 현현하는 것으로서의 불세계佛世界'에 강조점을 두는 것이라고 논자는 생각한다. 곧 중생의 마음경계에 현현하는 것이 일어남(起)이며, 무분별 적정 그대로의 세계가 성性이라고 말할 수 있다. 그리고 중생의 마음경계에 현현하지 않는 것은 이미 성性이 아니며, 불佛이 아니다. 성性/불佛의 존재의의는 현현함에 있기 때문이다. 연기한 법은 하나하나가 무자성이며, 일어나는 것(起)이 일어나지 않는 것(不起)과 합치한다. 본래부터 일어나지 않는 것이 과법果法이다. 그렇지만 그 과법이 연기의 일어남에 의지하여 성기가 있게 된다. 모든 연기된 법은 무자성이기 때문이다. 일어나는 것이 일어나지 않는 것과 일체화되는 것이다. 이것이 성기 곧 여래의 출현이다.

『화엄경』은 부동不動이면서 동動이며, 부동不動이면서 용用을 드러내는(顯) 것을 근본적인 구조로 한다. 부처가 시성정각의 그 자리에서 움직이지 않으면서 끊임없이 각각의 회상에 모습을 드러낸다는 구조는 동動이면서 부동不動임을 나타낸다. 부동이면서 동이며, 동이면서 부동인 구조, 부처가 그러한 구조에 끊임없이 수렴하듯이 중생 또한 마찬가지여야 한다는 것이 화엄이 취하는 기본적인 관점이 아닐까.

참고문헌

佛陀跋陀羅 譯, 『大方廣佛華嚴經』(대정장〔大正新修大藏經〕) 9.
實叉難陀 譯, 『大方廣佛華嚴經』(대정장 10).

基, 『妙法蓮華經玄贊』(대정장 34).
元曉, 『金剛三昧經論』(대정장 34).
智儼, 『大方廣佛華嚴經搜玄分齊通智方軌(搜玄記)』(대정장 35).
法藏, 『華嚴經探玄記』(대정장 35).
澄觀, 『大方廣佛華嚴經疏』(대정장 35).
慧遠, 『大乘義章』(대정장 44).
智儼, 『孔目章』(대정장 45).
義湘, 『華嚴一乘法界圖』(대정장 45).
法藏, 『華嚴一乘教義分齊章』(대정장 45).
智通(傳 法藏), 『華嚴經問答』(대정장 45).
見登, 『華嚴一乘成佛妙義』(대정장 45).
智顗, 『摩訶止觀』(대정장 46).

고익진(1989), 『고대한국불교사상사』, 동국대출판부.
보조사상연구원 編(1989), 『진심직설』, 『보조전서』, 불일출판사.

김천학(2009), 「동아시아 화엄학에서의 성불론」, 『한국사상사학』 32.
박보람(2015), 「… 번뇌를 끊음이라는 번뇌를 끊음 없다는 …」, 『한국불교학』 76.
박보람(2016), 「『십지경』 '非初非中後' 게송과 그에 대한 『십지경론』 주석의 이해」, 『불교학보』 74.
석길암(2012), 「대승불교의 믿음, 출발점인가 도달점인가」(오강남 외, 『믿음, 디딤돌인가 걸림돌인가』, 운주사).

선종의 깨달음

김호귀 | 동국대학교 불교학술원 HK연구교수

1. 조사선과 깨달음

보리달마를 초조로 하는 중국선종은 조사선의 역사와 그 궤를 함께 하였다. 달마조사로부터 연유되어 이후에 본격적인 발전을 구가하여 오늘에 이르고 있는 선풍인 조사선은 인도선법과 몇 가지 점에서 분명하게 차별을 보였다. 그 까닭은 선을 위주로 하는 종파의 형성으로 말미암아 그에 따른 변화는 필연적인 것이었다.

가령 수행과 깨달음의 문제를 논의하는 수증관을 비롯하여, 선원의 형성에 따른 새로운 문화와 생활규범으로서 출현한 청규, 선종의 자파에서 바라본 경전 내지 교학관, 나아가서 선수행에 참여한 선자의 위상과 선문답을 비롯한 다양한 접화수단으로 제시된 기관의 개발과 그 전승, 선어록의 발생과 그 활용 등에서 두드러졌다.

그런데 조사선의 깨달음에는 다양한 정의와 성격 그리고 기능과 유형 등으로 설명이 가능하고 또한 필요하다. 따라서 조사선의 깨달음은 그 성격을 비롯하여 깨달음이 바탕이 되어야 가능했던 인가와 전법 내지 접화방편으로 작용한 모습과 그에 수반되어 창출되었던 선문화의 모습 등에서 독특한 모습을 보여주었다.

그러나 깨달음은 수행과 무관하지 않은 까닭에 거기에는 반드시 수행법이 필요하고, 나아가서 깨달음의 존재에 대한 유무, 깨달음의 경험에 대한 횟수, 깨달음의 유용성과 무용성 등 깨달음의 특징 등도 더불어 수반되었다.

2. 깨달음은 상황에 따라 설정된다

조사선의 연원을 이루고 있는 보리달마의 가르침은 『속고승전』[1], 『소실육문』[2], 돈황본의 달마자료 등에 보인다. 이들 자료를 비롯하여 당대부터 본격적으로 출현한 선문헌으로서 조사들의 법어를 바탕으로 하여 특수하게 성립된 선어록에는 깨달음과 관련하여 조사선의 수증관에서 말하고 있는 그 성격에 대하여 주목되는 몇 가지 설명이 드러나 있다. 가령 만약 분별식(識)이 고요하고 분별심(心)이 소멸하면 조금도 번뇌가 동요하지 않는데 그것을 곧 정각이라 말하는데, 여기에서

1 『續高僧傳』 卷16(大正藏 50, p.551中~下)

2 『小室六門』(大正藏 48, pp.365上~376中)

식識과 심心은 번뇌를 의미한다. 번뇌가 적멸하고 따로 정각을 성취하는 것이 아니라 번뇌의 적멸상태가 그대로 정각이라는 의미이다.

그러나 깨달음의 성격에 대해서 선문헌에 보이는 것으로 대체적인 모습은 번뇌는 본래 공이라는 것을 자각함으로써 그대로 지혜가 터득된 모습, 분별심과 집착심의 초월, 자기의 본래성에 대한 자각의 경우 등으로 나타난다. 이것은 깨달음에 대하여 가장 보편적이고 기본적인 성격으로서 조사선에서 불법에 대한 수증관에 해당한다. 수행은 필연적으로 깨달음을 전제하고 있는데, 수행이 구경에 지향하고 있는 깨달음은 이후에 조사선에서 더욱더 진척되어 그 경험에 그치지 않았다. 깨달음이 단순한 수행의 종극으로서만이 아니라, 깨달음에 대한 보증과 확인으로서 선지식의 인가印可, 정법안장의 전승으로서 작용했던 전법傳法, 그리고 납자들을 접화하는 다양한 기관의 창출과 그 활용, 그리고 선어록에 근거한 새로운 선문화의 출현 등에서 깨달음의 실천적인 기능이 발휘되었다.

깨달음의 성격에 대하여 조사어록에 보이는 전체적인 경향은 깨달음이 주체자에 처한 수증의 상황에 따라 설정된다는 점이다. 그래서 딱히 어떤 하나의 용어 내지 개념으로 설정되기보다는 깨달음을 경험하는 납자가 처해있는 현재에 따라서 다양하게 정의되어 있어서 딱히 하나로 정해져 있지 않다는 특징을 지니고 있다. 다만 어떤 상황 내지 문제의 변화에 따라서 결정될 뿐이다. 때문에 깨달음을 고정적으로 규정해놓고 논의할 것이 아니다. 논의에 따라 그 성격에 대한 가변성이 드러난다.

이와 같이 깨달음이 상황의 규정에 따른 가변적인 모습이라면 그에 대하여 새로운 규정을 성립시키기 위한 제반조건이 필요하다. 이를테면 번뇌의 공성에 대한 자각 곧 지혜의 터득, 분별심과 집착심의 초월, 본래성에 대한 자각 등이 그것이다. 왜냐하면 조사선에서는 전체적으로 수증관이 본래불의 바탕에서 이루어지는 수행으로 요약되기 때문이다. 깨달음이란 각각의 개인에게 본래불에 대한 자각에 이르는 수행으로 전개되는 까닭에 그것을 경험하는 개별적인 주체와 현재의 상황에 따라서 변화무쌍하게 드러난다. 때로는 무분별의 평등이라 말하고, 때로는 무집착의 청정이라 말하며, 때로는 본래불에 대한 자각 등 일정하지 않다. 가령 달마는 평등법이란 오직 대보살과 제불여래만의 행위라고 말한다.[3] 이 말은 깨달음의 경험을 평등법으로 규정하는 경우에 해당한다.

이와 같은 평등에 대하여 경전에서 평등법이란 범부라고 해서 들어갈 수 있는 것도 아니고 부처라고 해서 실행할 수 있는 것도 아니라고[4] 말한 것에서 엿볼 수가 있다. 평등의 경험이란 범부나 성인에게 특별하게 정해져 있는 것이 아니라는 것이다. 다만 생사와 동정 및 열반과 번뇌가 다르지 않다고 간주하는 경우가 그 기준이 된다. 왜냐하면 여기에서 깨달음으로 등장하고 있는 평등이 공성이기 때문이다. 곧 깨달음이 공의 성격이므로 딱히 정해져 있지 않다는 것이다. 때문에 깨달음은 범부에게나 부처에게나 차별 없이 평등하게 적용된다고 말한다.

---

3 『悟性論』(大正藏 48, p.371上)

4 『摩訶般若波羅蜜經』 卷26(大正藏 8, p.414下)

1) 번뇌가 그대로 깨달음이다

달마는 『반야경』의 공사상에 근거하여 스승 반야다라의 가르침을 받고 깨달았으며, 중국에 도래해서도 공을 실천했다는 모습은 신광에 대한 깨달음의 인가 및 혜가에게 전법한 일화에서 엿볼 수가 있다. 소위 안심법문安心法門의 일화로 전승되고 있는 것으로 달마가 신광(혜가)의 마음을 안심시켜 주었다[5]는 것을 비롯하여 여타의 경우가 이에 해당한다. 신광은 스스로 자신의 노력을 통하여 자신의 입으로 말했던 불안심의 실체가 공이라는 것을 이해하였는데 그것이 바로 불안심을 찾아보려고 노력하였지만 끝내 찾을 수가 없었다는 답변이었다. 신광은 불안심의 제거를 통해서 깨달음을 경험했다기보다 불안심에 대한 공성을 자각함으로써 그대로 깨달음에 도달할 수가 있었다. 이와 같이 마음의 공성에 대한 법문은 달마가 행·주·좌·와가 모두 선정인데 그 마음이 곧 공인 줄 아는 것을 곧 견불했다고 말하는[6] 대목에서도 쉽게 발견할 수가 있다. 마음이 공임을 이해하는 것이 견불이고, 분별심이 없는 무심이 그대로 견불이란 것을 설하고 있다. 이 경우에 깨달음은 일체중생에게 갖추어져 있는 불심이 본래청정임을 자각하는 것과 다르지 않게 설정되어 있다. 본래청정이란 본래완성의 의미로서 조작분별을 초월해 있다는 말이다. 달마는 다음과 같이 말한다.

> 묻는다. 불심이란 무엇입니까? 답한다. 마음에는 변이하는 형상이 없는데 이것을 진여라 말한다. 마음에는 변화가 없는데 이것을

---

5 『景德傳燈錄』 卷3(大正藏 51, p.219中)

6 『悟性論』(大正藏 48, pp.370下~371上)

> 법성이라 말한다. 마음에는 구속이 없는데 이것을 해탈이라 말한다. 마음 그 자체에 걸림이 없는 것을 보리라 말한다. 마음 그 자체가 적멸한 것을 열반이라 말한다.[7]

이것은 번뇌심이 공성임을 자각함으로써 번뇌를 초탈하고 깨달음을 경험한 사람이 지니고 있는 마음의 구조를 다섯 가지로 설명한 것이다. 그러나 이런 경험에 대하여 달마는 번뇌의 소멸은 다름 아닌 공성을 자각하는 행위로서 애초의 지혜를 터득한다는 입장에서 탐·진·치도 또한 실성이 없지만 무릇 중생심에 의거하여 그렇게 말할 뿐이므로 반조하여 분명하게 살펴보면 탐·진·치의 자성이 곧 불성으로서 탐·진·치 이외에 다시는 별도로 불성이 없다[8]고 말한다.

수증修證에 대한 이와 같은 입장은 조사선의 선경 및 선어록 전반에 걸쳐 나타나 있는 보편적인 모습이기도 하다. 깨달음을 번뇌의 공성에 대한 자각으로 간주하는 것은 그것이 본래적이라는 바탕에서 지혜가 터득된다는 개념으로서 초기선종 시대에 특히 중요시되었던 『유마경』에서 깨달음(道)이 없는 곳으로 가는 것이 곧 불도에 통달하는 것이라는[9] 말에도 나타나 있다. 깨달음이 없는 곳으로 간다는 것은 명칭을 부정하지 않고 형상을 부정하지 않는 것이며, 통달한다는 것은 명칭에 즉해도 명칭이라는 분별이 없고 형상에 즉해도 형상이라는 분별이 없는 것이다. 이것은 곧 심心 그 자체가 무심無心이라는 것으로 이것을

---

7 柳田聖山, 『達摩の語録』(東京: 筑摩書房, 1996)

8 『悟性論』(大正藏 48, p.370下)

9 『維摩詰所說經』 卷中(大正藏 14, p.549上)

가리켜 심도心道에 통달한다고 말한 것이다. 심心을 부정한 결과 무심이 되는 것이 아니라 심心 그 자체가 본래 무심인 줄을 터득하는 것을 심의 실천 곧 심도의 통달이라 말한다.

『단경』에서는 보리의 자성은 본래 청정하므로 무릇 그 청정한 마음을 활용하는 것이 곧 성불이라고[10] 말한다. 이 대목도 본래성불에 바탕하고 있음을 드러내고 있다. 그럼에도 불구하고 그 도리를 자각하지 못하는 까닭에 혜능은 부처님은 본래 범부를 위하여 설법하였지 부처를 위해서 설법한 것은 아니라고 말한다.[11]

이와 같은 언급은 조사선의 문헌에서 본래의 청정심이 곧 깨달음(平常心是道)이고, 본래성불은 조작적이고 의도적인 수행을 초월해 있다는 것(道不用修)이며, 이르는 곳마다 주인공이고(隨處作主), 행동하는 모든 것이 진리이며(立處皆眞), 깨달음은 알고 모르는 것에 상관없다는 것(道不屬知不知) 등 다양한 모습으로 제시되어 있다.

2) 분별상과 집착심을 초월한다

조사선의 수행은 분별상과 집착심을 벗어나려는 것으로부터 비롯된다. 이것은 불교수행의 시작이 삼독심을 벗어나려는 경우와 다르지 않다. 7~8세기에 조사선이 정착되어가는 과정에서 『금강경』이 중요시된 것은 소위 북종이 『능가경』을 중시한 것에 상대적인 측면으로도 작용하였지만, 근본적인 이유는 조사선에서 내세우고 있는 수행법의 양상이 본래청정심의 유지 및 중생심의 번뇌를 다스리는 방법의 제시

10 『六祖大師法寶壇經』(大正藏 48, p.347下)

11 『六祖大師法寶壇經』(大正藏 48, p.356上)

라는 점에서 찾아볼 수가 있다.

『금강경』에서는 발보리심한 사람은 어떻게 애초의 청정한 마음을 자각하고 유지해야 하는가, 그리고 분별심과 집착심을 어떻게 다스리고 벗어나야 하는가의 문제로부터 시작된다.[12] 만약 번뇌심을 다스리지 못하면 곧 청정심의 유지에 어긋나고 만약 오직 청정심의 유지에만 빠져서 집착하면 곧 중생의 제도에 어긋나기 때문이다. 그래서 중생의 제도 가운데서도 번뇌심을 다스리는 것에 대하여 유의해야 한다는 것이다.

이러한 분별상과 집착심을 초월한 경지에 대하여 승찬은 지도至道는 어렵지 않는데, 간택揀擇을 멀리하면 되기 때문에 증애심을 두지 않으면 지도가 명백明白하게 드러난다[13]고 말한다. 간택은 분별지 또는 상대관념으로서 분별계교심이다. 그리고 명백은 무분별지 또는 절대관념으로서 이미 그렇게 작용하고 있는 모습을 가리킨다. 간택은 중생심으로 자신의 눈을 믿고 귀를 믿으며 행위를 믿어버리는 것인데, 『능가경』의 말을 빌리면 자심현량自心現量이다.[14] 승찬은 지도至道의 속성을 분별심의 초월이라고 말하고 있다.

혜능은 혜명 상좌에게 선도 생각하지 말고, 악도 생각하지 않는 바로 그러한 경지에서 혜명상좌의 본래면목은 무엇이냐고[15] 물었다. 이 경우에 선과 악은 그대로 도덕적인 선과 악만 의미하는 것은 아니다.

---

12 『金剛般若波羅蜜經』(大正藏 8, p.748下)

13 『信心銘』(大正藏 48, p.376中)

14 『楞伽阿跋多羅寶經』 卷1(大正藏 16, p.485上)

15 『六祖大師法寶壇經』(大正藏 48, p.349中)

미추美醜·호오好惡·부모父母 등 일체의 상대적인 분별개념을 가리킨다. 이로써 혜명은 상대적인 분별상과 의발에 대한 집착심을 벗어날 수가 있었다.

영가현각이 배우며 닦기를 다해 마치고 시비와 분별에서 초월한 경지에 이른 도인이라는 말은 종파 내지 불법의 교의를 초월한 인간의 본래모습으로 설정하여 대립과 분별을 초월하여 절대세계에서 살아가는 사람을 드러낸 것이다. 그래서 분별이 초월된 상황에서 영가는 수행이 완성된 무위법의 한가한 도인은 망상을 끊지도 않고 참됨을 구하지도 않는데, 무명의 본래성품이 그대로 참불성이고, 허깨비 텅 빈 몸이 그대로 법신이라고[16] 말하였다.

엄양嚴陽과 조주趙州 사이의 문답에서 드러난 방하착放下著[17]은 집착을 벗어나는 방식의 수행법이면서 아울러 그러한 집착으로부터 이미 벗어나 있는 깨달음의 모습을 가리킨다.

이와 같은 분별과 집착의 초월은 조사선의 수증관이 애초부터 번뇌즉보리煩惱卽菩提의 입장에 근거하고 있기 때문이다. 이것은 수행과 깨달음이 다르지 않다는 수증일여修證一如의 모습과 무관하지 않다. 깨달음의 작용은 더 이상 수행의 굴레에 얽매여 있지 않다는 것이다. 마조는 깨달음은 그것을 얻으려고 수행할 필요가 없고, 다만 염오되지 않도록 할 뿐이라는 평상심시도平常心是道를 말한다. 이것은 일체의 분별견해가 없는 것을 가리킨다. 그래서 한 번 깨달으면 그 깨달음은 영원하여 다시는 미혹해지지 않는다[18]고 말한다.

---

16 『景德傳燈錄』 卷30(大正藏 51, p.460上)

17 『黃龍慧南禪師語錄』(大正藏 47, p.632上)

이러한 모습이 평상심의 존재모습인데, 평상심의 존재가 작용으로 드러난 것이 즉심즉불의 행위이다. 평상심이란 본래적인 인간의 숭고한 마음으로서 아무런 조작이 없고 비의도적이며 천연적이고 자연스러운 원인原人 곧 본래인의 모습이기 때문이다. 그래서 임제는 불법은 애쓸 필요가 없고 다만 평소에 무사無事하여 똥을 누고 오줌을 싸며 옷을 입고 밥을 먹으며 피곤하면 잠을 잘 뿐이라고[19] 말한다.

수행한다고 해서 깨달음이 오는 것이 아니다. 수행하지 않는다고 해서 깨달음이 사라지는 것이 아니다. 깨달음은 분별의 수행修行과 불수행不修行을 말미암지 않는다. 그것을 초월해 있다. 단지 사람이 자의적으로 수행하였다 내지 깨달았다고 분별하는 언설과 인식에 불과하다. 그래서 분별상의 초월은 깨달음의 속성으로서 평등성의 구현이고 집착심의 초월은 깨달음의 속성으로서 청정성의 실현이기도 하다.

3) 본래성을 자각하는 것이다

조사선의 깨달음이 번뇌의 공성에 대한 자각, 분별상 및 집착심을 초월하여 궁극의 경지에 도달한다는 근거는 대단히 보편적인 모습이다. 그것은 다름 아닌 본래성에 대한 믿음을 바탕으로 하여 그것을 자각함으로써 가능하였다. 그 본래성이란 불성과 보리와 반야와 자성의 청정 등에 따른 믿음의 자각이었다. 여기에서 청정이란 완성을 의미한다.

---

18 『景德傳燈錄』 卷28(大正藏 51, p.440上~中)

19 『鎭州臨濟慧照禪師語錄』(大正藏 47, p.498上)

조사선에서 이와 같은 연원은 달마의 『이종입』을 비롯하여 『단경』의 첫머리에 보이고 있듯이 그 이면에는 일체중생이 본래성불이라는 사상이 근거하고 있다. 『이종입』에는 모든 중생이 이미 깨달음을 구비하고 있다는 사상에 기초한 내용이 보인다.[20]

앞서 언급했던 『단경』에서 보리의 자성은 본래 청정하다는 대목은 혜능의 사상이 바로 본래성불에 근거하고 있음을 잘 보여주고 있다. 그리고 나아가서 그것을 근거로 하여 청정한 마음을 활용하는 행위가 곧 성불이라는 것이다. 또한 우리네의 마음 그대로가 곧 부처임을 다시는 의심해서는 안 되고, 그 밖에 달리 어떤 거시기도 특별히 내세울 것이 없는데, 그것은 우리네가 지니고 있는 청정본심으로부터 갖가지 법이 생겨나기 때문이라고[21] 말한다.

여기에는 깨달음의 자성이 애초부터 구비되어 있기 때문에 그것을 믿고 자각하여 일상의 생활에서 자유롭게 활용하는 것이 다름 아닌 본래성불의 실천으로 나타나 있다. 그것이 곧 즉심시불卽心是佛이고 평상심시도平常心是道이며 대기대용大機大用으로서 선자禪者들의 일상이 조사선의 가풍으로 구현되었다. 이후로 조사선의 가풍이 크게 번성했던 마조도일馬祖道一 및 석두희천石頭希遷의 시대에는 그 이면에 교와 율에 대한 이해와 더불어 그것이 조화롭게 실천되고 있었기 때문에 가능하였다.[22]

가령 청원행사는 성제제일의聖諦第一義의 수행에 대하여 혜능의

---

20 『二種入』(大正藏 48, p.369下)

21 『景德傳燈錄』 卷5(大正藏 51, p.236上~中)

22 鈴木哲雄, 『唐五代禪宗史』(東京: 山喜房佛書林, 1987)

질문에 대하여 '성제조차 수행하지 않았는데 어찌 터득된 계급인들 있겠습니까'[23]라고 답변하였다. 이것은 수행과 깨달음에 관한 법문으로 분별이 없는 수행이 곧 그대로 깨달음의 터득임을 말하고 있다. 석두희천은 선정과 정진에 집착하여 논함이 없이 불지견을 통달하면 곧 그 마음이 부처가 되기 때문에 본래의 청정한 마음과 부처와 중생과 보리와 번뇌가 이름만 다르지 그 본체는 동일하다[24]고 말했다. 약산유엄藥山惟儼은 몸소 좌선의 모습으로 항상 그것을 실천하였다.[25]

이들 본래성에 대한 자각은 견성체험을 바탕으로 한다. 견성은 견불성·견본성·견자성·견실성 등과 동일한 의미로 활용되기도 한다. 그래서 견성이 깨달음이라는 의미에 대한 경증은 이미 『열반경』에 보인다.

> 선남자야, 계를 닦으면 몸이 적정해지고, 삼매를 닦으면 마음이 적정해진다. 지혜를 닦으면 의심이 없어진다. 의심이 없어지는 것이 수도인데, 수도하여 불성을 보고, 불성을 보면 아뇩다라삼먁삼보리를 성취한다.[26]

여기에는 계와 삼매와 지혜를 닦아 불성을 본다고 말하여 이미 불성의 내재를 상정한 바탕에서 그것을 터득하는 방법으로 견불성이

---

23 『宏智禪師廣錄』 卷4(大正藏 48, p.56上)

24 『景德傳燈錄』 卷14(大正藏 51, p.309中)

25 『景德傳燈錄』 卷14(大正藏 51, p.311下)

26 『南本涅槃經』 卷27(大正藏 12, p.783下)

제기되어 있다. 그 방법은 다름 아닌 무루삼학을 수습함으로써 불성을 현현시키고 마침내 아뇩다라삼먁삼보리에 나아가는 방법이 바로 견불성으로 나타나 있다. 이처럼 견성이 견불성의 의미로 나타난 것은 승량僧亮의 견성성불見性成佛에서 성性은 곧 불佛이라는 말에 보인다.[27] 또한 성이 곧 불이라는 것은 불성을 의미하기 때문에 견성이 곧 보리라고도 말한다.[28] 이처럼 본격적으로 선종이 전개되기 이전에 견성은 불성을 근거로 하여 그 불성을 이해하고 깨달아서 불성이 현현된 것이라는 의미를 지니고 있었다. 이것이 조사선에서는 보다 구체적이고 발전된 모습으로 출현한다.

우선 달마의 『혈맥론』에서는 붓다를 찾고자 하면 반드시 견성해야 하는데 견성이 곧 그대로 부처이기 때문이라고 말한다. 그래서 만약 견성하면 곧 그대로 부처이지만 견성하지 못하면 그대로 중생이라고[29] 말한다. 견성하지 못하면 윤회를 벗어나지 못하여 중생으로 남는다는 것이다. 나아가서 『능가사자기』에서는 견불성에 대하여 불성을 본 사람은 영원히 생사를 떠나는데 이러한 사람을 출세인이라 말한다[30]

이와 관련하여 홍인은 『수심요론』에서 수진심守眞心이라고 말한다. 곧 수도의 본체는 반드시 자심이 본래 청정하고 불생불멸하며 분별이 없는 줄을 알아야 하는데, 자성은 원만하고 청정한 마음인데 이것이 곧 본사本師이기 때문이라는 것이다.[31] 여기에서 심心은 청정한 본심本

27 『涅槃經集解』 卷33(大正藏 37, p.490下)

28 慧遠, 『涅槃經義記』 卷1(大正藏 37, p.633上)

29 『小室六門』(大正藏 48, pp.373下~374上)

30 『楞伽師資記』(大正藏 85, p.1289上)

心이고 자심自心이며 불심佛心이고 자성自性이라는 뜻이다.

그러나 혜능의 『단경』에서는 견성 내지 견불성에 대한 이해가 돈오적인 입장으로 해석되어 간다. 그래서 '견성'이라는 말이 '성을 본다'가 아니라 '견성한다'고 해석되는 점에 주목된다. 이에 '견자본성見自本性'에 대하여 '자기의 본성을 본다'는 의미로서 '견'이 술어의 역할이 아니라 '견은 자기의 본성이다'는 의미로서 주어의 역할로 해석된다. 그래서 '견'이 그대로 '자본성'이라는 구조가 된다. 자기의 본성이란 다름 아닌 견見의 행위이다. 따라서 혜능은 각자 반드시 자성을 스스로 제도해야 그것을 진정한 제도라 말한다.[32]

혜능이 자성을 스스로 제도한다고 말한 것은 깨달음을 추구한다거나 자성의 제도를 추구하는 행위가 아니라 평상의 행위 그대로가 자기의 본성이기 때문에 그것이 바로 묘수妙修이고 묘증妙證으로서 선정과 지혜가 근본이라는 수증관이 가능하였다.[33]

이것은 수행을 의미하는 선정과 깨달음을 의미하는 지혜의 관계 곧 수행과 깨달음이 일체임을 설파한 것으로 수행은 깨달음의 분상에서 이루어지는 수행으로서 묘수이고 깨달음은 수행의 모습으로 실천되어가는 깨달음으로서 묘증으로 구현되어 있다.

---

31 『修心要論』(『鈴木大拙全集』 卷二. 東京: 岩波書店. 1968. pp.303~304)

32 『六祖大師法寶壇經』(大正藏 48, p.354上)

33 『六祖大師法寶壇經』(大正藏 48, p.352下)

3. 깨달음은 실용적으로 작용한다

1) 인가와 전법을 수반한다

깨달음은 선수행의 궁극 목표이다. 그러나 조사선에서는 자파의 정통성에 대한 무한한 자긍심을 발휘하여 새롭게 전등계보를 확립하고 그것을 정통의 방편으로 삼아서 후대에 전승해갔다. 그러한 과정에서 상황에 맞추어 스승이 제자의 깨달음을 증명해주는 인가라는 행위를 내세워서 자파의 권위와 입지를 확고히 해갔다. 따라서 인가행위는 반드시 정법안장을 상승한 조사를 설정하고 그를 통하여 대대상전代代相傳하는 정법을 상승하는 근거로서 점차 고착화되어 갔다. 이 경우에 깨달음은 반드시 필요조건으로 전제되어 있다. 선종의 인가행위로는 염화미소拈花微笑·분반좌分半座·곽시쌍부槨示雙趺 등의 일화를 통한 세존과 가섭 사이의 인가 내지 멱심료불가득覓心了不可得·삼배득수三拜得髓·웅이유리熊耳留履 등의 일화를 통한 달마의 삼처전심[34] 등으로 형성되었다.

그러한 과정에서 조사선에서는 석가모니 부처님마저도 수기受記를 통한 정법안장의 사승嗣承을 강조하게 되었다. 이로부터 역대 불조의 경우는 과거칠불로부터 서천 28대조사 및 동토 6대조사에 이르는 40대 불조의 법맥이 『조계대사별전』·돈황본 『단경』·『보림전』 등 소위 남종선의 전등계보를 통해서 형성되고 전승되었는데 여기에는 하택신회의 역할이 컸다. 전법계보가 상승되어 가면서 점차 전법게傳

34 『禪門證正錄』(『韓佛全』 10, p.1137中~下)

法偈는 물론 그것을 증명해주는 물증으로서 의발과 주장자와 죽비 내지 불자 등이 심표心標로서 부가되어 갔다.[35] 이를 근거로 하여 문중 내지 종파의 정통성과 우월성을 표방하였고, 나아가서 해당 조사들의 어록에 권위를 부여하였다. 선종오가禪宗五家의 형성 이후에는 전법사실을 증명해주는 사서嗣書도 출현하였다.[36]

그 과정에서 깨달음을 보증해주는 명안종사의 인가는 필연적으로 전법의식으로 표출되었다. 스승으로부터 인가를 받은 이후에는 전법을 통하여 후계자로 지목되어 비로소 출세할 수가 있었다. 달마의 경우는 피皮·육肉·골骨·수髓의 일화를 통하여 후계자에 대한 전법이 이루어졌다. 그러나 이 일화는 달마 이후 삼백여 년 무렵에 형성된 것으로 달마문하의 비구니 총지·도육·혜가를 통하여 북종·우두종·남종의 선상판석의 문제를 대변한 것임은[37] 이미 알려져 있다.

그러나 이들 수행법에서도 후대로 내려가면서 점차 독선적인 모습을 보이면서 깨달음의 본래적인 모습과 기능보다는 누구한테서 인가를 받았고 또 누구한테서 전법하였으며 어느 문중에 속해 있는가 등에 보다 많은 관심을 보였다.

2) 선문답으로 활용된다

조사선의 전통에서는 깨달음을 경험한 사람이 스승의 인가를 받고 전법의 과정을 거쳐서 비로소 출세의 길로 나아가는 것을 여법하게

---

35 道元, 『正法眼藏』

36 『百丈淸規證義記』 卷5(卍新續藏 63, p.431中)

37 石井修道, 『宋代禪宗史の硏究』(東京: 大東出版社. 1987) pp.105~122.

간주한다. 따라서 깨달음은 출세의 경우에도 반드시 필요한 조건으로 제기된다. 출세하여 납자를 교화하는 경우에는 각자 다양한 기관機關의 창출을 통하여 나름대로 선기를 발휘하는데, 가장 보편적으로 선문답이라는 방식을 활용한다. 그래서 선문답은 납자를 깨우쳐주는 경우뿐만 아니라 인가와 전법의 행위에도 여전히 유효하다. 달마의 경우에 신광神光을 깨우쳐준 말은 불안한 마음을 가지고 오면 그대를 안심시켜 주겠다는 것이었고, 인가해준 말은 그대를 안심시켜 주었다는 것이었으며, 신광 곧 혜가에게 전법해준 말은 내 골수를 얻은 사람은 혜가이므로 안으로는 법인을 주어 그것으로써 증심證心에 계합시켜주고 밖으로는 가사를 전하여 그것으로써 종지를 확정한다는 것이었다.[38]

이와 같은 다기능적인 선문답은 점차 다양한 기관으로 발전되고 응용되면서 궁극적으로 납자를 성숙시켜가는 데 가장 보편적이고 중요한 수단이 되었다. 이 경우에 선문답은 그냥 이루어진 문답은 아니다. 적어도 선문답에 상응하는 최소한도의 조건이 필요하다. 선문답은 본질적으로는 선에서 활용하는 문답이다. 그 선문답을 통하여 스승과 제자가 의기투합하고 선의 지평을 넓혀가며 선문화를 창출하고 깨달음을 현성시키며 선의 정체성을 표현하기도 한다. 이런 점에서

---

38 『祖堂集』 卷2(高麗大藏經 45, p.245上) 다른 일례로써 홍인의 경우에 혜능을 제접해준 말은 경문의 "應無所住而生其心"이었고, 인가해준 말은 "不識本心 學法無益 若識自本心 見自本性 卽名丈夫 天人師 佛"이었으며, 전법해준 말은 "汝爲第六代祖 善自護念 廣度有情 流布將來 無令斷絶"이었다. 『六祖大師法寶壇經』(大正藏 48, p.349上)

선문답은 선이 있는 곳에 선문답이 있다고 말하기보다도 오히려 선문답이 있는 곳에 선이 있다고 말하는 것이 보다 적절할 것이다.[39]

이에 선문답은 선에 대한 문답이 아니라 선의 문답이다. 이것은 선이 주체가 되는 상황에서 선과 선으로 문답하는 것이지 선을 사이에 두고 선을 빌려서 문답하는 것이 아니라는 말이다. 그래서 선이 선문답이고 선문답이 선이라는 의미이지, 선을 가지고 일반의 문답을 한다든가 일반의 문답을 통해서 선을 발견해낸다는 그런 뜻이 아니라는 말이다.

선문답의 성립에는 문답을 하는 주체가 필요하다. 선지식과 납자 또는 선지식과 선지식의 경우처럼 반드시 두 사람 이상의 참여자가 있어야 한다.[40] 그 가운데 최소한 한 사람은 깨달음을 경험한 선지식이지 않으면 안 된다. 깨달음을 경험한 사람이 부재한 경우에는 선문답이 아니라 가담항설에 불과하다. 그래서 마음을 깨치면 가담항설이 좋은 법문일 뿐만 아니라 지저귀는 새 소리마저 실상의 깊은 도리가 된다[41]고 말한다.

---

39 선문답이 활발하게 논의되고 발생된 시대에는 언제나 선이 활발하게 발달하였을 뿐만 아니라 선문답이 쇠퇴하고 논의가 활발하지 못했던 시대에는 언제나 선이 쇠퇴의 길을 걸었던 역사를 지니고 있기 때문이다. 이것은 공안의 출현빈도와 밀접한 상관관계에 있다. 그래서 선문답은 선의 발달과 특징을 동시에 보여주는 하나의 표준이 되기도 한다.

40 선지식 혼자서 代語 내지 沈默하는 경우가 있지만 그런 경유라 할지라도 그 자리에는 단지 답변의 말을 하지 않았을 뿐이지 문답의 상대자인 납자가 없는 것은 아니다.

41 『禪家龜鑑』(『韓佛全』 7, p.635下)

이때 선문답을 통해서 선지식이 납자를 감변勘辨하는 데에는 선지식에 대한 납자의 절대적인 신뢰가 필요하다. 이 경우에 선지식이 감변의 방식으로 제시한 것은 간혹 선리禪理로 남게 된다. 이들 선리는 삼구三句·삼현三玄·삼요三要·사구四句·삼결三訣·구대九帶·사요간四料揀·사빈주四賓主·사조용四照用·가대식四大式·사할四喝·팔방八棒·추고抽顧·일자관一字關·오위五位·삼종타三種墮·삼삼루三滲漏·삼종강요三種綱要·삼종생三種生·육상六相 등 무척 다종다양하게 출현되었다.[42] 선리는 선지식이 납자를 제접하는 방편으로서 깨달음을 점검하는 기준이 되는가 하면, 나아가서 이러한 선리 자체가 다시 공안화되어 참구의 주제 내지 대상으로 등장하기도 하였다.

3) 새로운 선문화를 창출한다

조사선에서 납자가 깨달음을 경험한 이후에는 필연적인 과정으로 선지식한테 인가를 받고, 인가를 받은 후에는 반드시 전법행위를 거쳐야 조사로서 자격을 지닌다. 이들 조사가 출세하여 개연한 설법은 출가납자 뿐만 아니라 세간 일반의 사회를 향한 교화에도 새로운 선문화의 모습으로 창출되었다.

우선 깨달음에 대하여 언급한 용어가 보편적으로 전개되었다. 붓다의 아뇩다라삼먁삼보리를 상징하는 정각正覺·원각圓覺·묘각妙覺·대각大覺·진각眞覺·구경각究竟覺 등에서 보는 각覺이라는 용어보다는 증證·오悟·성省·휴休·헐歇·회會·계契·선禪·좌선坐禪·소식消息·대

42 『人天眼目』 6권(大正藏 48, pp.300上~336上)

사大死·몰량沒量·과량過量·오도悟道·명심明心·명도明道·득력得力·타파갈등打破葛藤·내외명철內外明徹·견불見佛·견법見法·불법佛法·법안정法眼淨·명종明宗·대오大悟·성오省悟·계오契悟 등 기타의 용어가 빈번하게 활용되었다. 일종의 깨달음의 보편화 및 다양화를 초래하였다. 따라서 그에 상응하는 보증으로서 조사의 어록이 출현함으로써 조사선은 일대 변혁적인 발전을 전개시켰다. 여기에서 어록이란 조사들의 설법說法 및 제자와 나눈 문답問答과 응수應酬를 다른 제자가 수문수록隨聞隨錄한 것으로 특수하게 성립된 문헌을 가리킨다.[43]

선종이 출현하면서 그 집단을 보다 합리적으로 유지하기 위한 청규淸規 개념의 도입, 수행과 깨달음에 대한 의미의 설정 및 그 관계성의 정립, 새로운 수행문화의 창출, 선자들의 언행을 기록한 선어록의 등장, 선종 전등계보의 확립 등 다양하였다. 이 가운데 선어록[44]의 출현은 당대에 조사선이 그 권위가 확보됨에 따라서 조사의 어록을 붓다의 경전과 대등한 입장으로 취급하여 경전마저도 붓다의 어록이라고 인식하는 경향을 보일 만큼 어록은 선종의 문화코드로서 중요시되었다.

선어록의 출현은 많은 선문이 형성되는 과정에서 각자의 문중을 홍보하거나 스승에 대한 권위를 드러내려는 목적도 포함되어 있다.

---

43 柳田聖山, 『語録の歴史 - 禪文獻の成立史的硏究』(京都: 『東方學報』 제57책. 1985. 3) p.227.

44 선어록은 선의 어록 또는 선종의 어록이라는 뜻으로 보다 넓은 의미로는 禪典·禪籍·禪書·禪文獻 등으로도 불리는데 선에 대한 일반적인 전적을 가리킨다. 구체적으로는 禪理 및 思想類·語錄類·傳燈史書類·淸規類·公案集類·隨筆類 및 雜類 등이 모두 포함된다. 그러나 좁은 의미로는 선자의 言行錄에 한정된다.

때문에 선어록은 그 당사자 자신의 의도와는 달리 그것을 기록한 제자들에 따라서 약간의 수정이나 보완의 가능성도 충분히 인정된다.[45] 이와 같은 의미에 딱히 부합되는 어록은 8세기 마조도일(馬祖道一, 708~788) 이후부터 등장하였고, 어록이라는 용어가 직접적으로 출현된 문헌이 『송고승전』(988)이라는 것은 일반화되어 있다.[46]

당대부터 본격적으로 출현하기 시작한 이들 선어록은 그 주인공에 해당하는 조사의 위상이 한껏 고양되어가는 시기와 맞물려서 조사들의 실명이 수록되어 등장하였고 경론에 버금가는 권위를 지니게 되면서 선종의 특수성과 보편성을 함께 보여주는 문화로서 자리잡게 되었다.

4. 깨달음은 표출되어야 한다

1) 일상에서 작용한다

조사선에서 깨달음은 전적으로 개인적인 자내증에 속하는 경험이지만 그것은 어디까지나 타인에게 전승되지 않고서는 무의미하다. 전승되지 못하는 깨달음이라면 그것은 진정한 깨달음이 아니다. 왜냐하면 깨달음의 속성은 깨달음 자체에 대한 경험이 절반이라면 그것을 언설 내지 기타 방식으로 타인에게 표현하는 능력이 절반으로서 대타자적인 행위가 담보되지 않으면 안 되기 때문이다.

이 경우에 깨달음의 규정은 곧 그에 대한 선지식의 인가에 따라서

---

45 김호귀, 『선의 어록』(민족사, 2014) pp.87~88.

46 『宋高僧傳』 卷11 「唐趙州東院從諗傳」(大正藏 50, p.775下); 卷20 「唐洪州黃蘗山希運傳」(大正藏 50, p.842下)

결정되었다. 인가의 중요성이 깨달음을 지배하였다. 수행과 깨달음과 인가라는 구조 속에 놓고 생각해보면 깨달음에 대하여 보다 분명한 성격이 드러난다. 그것은 수행이 깨달음을 규정하고 깨달음이 인가를 규정하기 때문이다. 따라서 깨달음은 경험자 자신이 규정할 수가 없다. 반드시 선지식의 증명이 필요하다. 이것이야말로 조사선에서 깨달음이 선을 체험한 선지식을 말미암아 가능하게 된 이유이다.

이러한 깨달음의 특징으로는 본래면목의 자각, 거듭나는 행위, 지속적인 효용, 일상적인 생활, 보편적인 적용, 초월된 현재, 몸과 마음의 일여一如, 깨달음의 경험에 대한 확신, 지혜의 완성 등으로 정리된다.[47] 깨달음은 어떤 방식으로든지 표출되어야 하는데, 그것이 불가능하다면 불완전한 깨달음에 지나지 않는다. 때문에 언설 등의 수단을 빌려서 표출하는 경우에 대해서는 『금강경』에서 말하고 있듯이 일체법에 대하여 반드시 여시如是하게 알고 여시하게 보며 여시하게 신해信解하여 여여부동如如不動하게 법상法相을 발생해서는 안 되는[48] 능력이 필요하다. 그것은 언어문자 내지 방棒과 할喝을 통해서 표출되기도 하고, 때로는 양구良久와 신체적인 동작의 행위, 내지 불자 및 주장자 등 법구를 활용하는 행위로도 발휘된다.

이러한 조사선의 깨달음은 첫째로 상황에 따른 속성으로서 공성이기 때문에 조건을 만족시켜서 터득하는 유여열반의 깨달음이 아니라는 점, 분별상과 집착심의 초월, 본래성에 대한 자각으로서 견성의 경우처럼 위에서 언급한 세 가지 경우로 드러나 있다.

---

47 김호귀, 『선과 수행』(석란, 2008) pp.73~120.

48 『金剛般若波羅蜜經』(大正藏 8, p.752中)

둘째로 그 기능에 따른 방식으로 분별해볼 수가 있다. 그것은 우선 선종이 정법안장을 전승하고 유지하며 보급시켜가는 인가와 전법의 모습으로 표출되어 있다. 그리고 교화의 구체적인 수단으로 다양한 기관의 창출은 선문답을 통한 교화를 비롯하여 깨달음의 보편화를 추구하는 선문화의 전개 등으로 표출되어 있다.

이들 몇 가지 성격으로 언급되는 조사선의 깨달음은 그 경험의 횟수에 대해서 일회성의 특수한 경험과 다회의 상황에 따른 보편적 경험으로 드러나기도 한다. 특수한 경험이란 처음의 경험을 말한다. 이 점은 깨달음의 완전성과 관련된 문제이다. 상황에 따른 보편적 경험이란 이후의 마음의 추이에 따른 경험으로서 특수한 깨달음의 경험이 매번 새로워질 뿐이지 그것이 새로운 깨달음은 아니다.

가령 지눌의 깨달음의 경험도 일회성의 특수경험에 속하는 것으로서 다회성에 걸친 깨달음의 경험은 아니었다. 그것은 곧 놀람과 기쁨으로서 미증유한 경험(驚喜得未曾有)이었고, 이전의 이해가 더욱더 밝아진 경험(前解轉明)이었으며, 나는 거기에서 깨달았다(予於此契會)는 경험이었다.[49] 이것은 마음의 추이에 따른 경험으로서 상황에 따라 새롭게 그 의미를 다져간 행위였다. 이러한 문제에 대해서 마조는 미혹이란 자기의 본심을 잃은 때이고, 깨달음이란 자기의 본성을 찾았을 때인데, 한번 깨달으면 영원한 깨달음으로 다시는 미혹되지 않는다[50]고 말한다.

이것은 조사선에서 깨달음의 존재성에 관한 문제이기도 하다. 이때 존재를 전제한다면 그것은 공성으로 존재한다는 것인데 이에 대해서는

---

49 「普照國師碑銘」(『普照全書』. 서울: 보조사상연구원. 1989). pp.419~420.

50 『馬祖道一禪師廣錄』(卍新續藏 69. p.3中)

위에서 언급하였다. 때문에 공성의 존재로서 유한한 경험자에 대하여 그 귀속성, 지속성, 전체와 부분, 본분本分과 신훈新熏의 경험, 몸과 마음의 깨달음 등으로 설정되기도 한다.

2) 끊임없이 지속된다

중국에서 출현한 조사선은 달마로부터 그 연원을 삼는다. 그리고 달마의 사상은 『이종입』을 비롯한 『유마경』·『반야경』·『열반경』·『능가경』 기타 대승경전을 통해서 진성眞性이 일체중생에게 본유한다는 것과 연결되어 있다. 이것은 조사선의 사상적인 바탕이 본래성불에 근거하고 있음을 보여준다. 이로써 조사선이 발전되고 전개되어가는 과정에서 출현한 수많은 선문헌에는 그것을 자각하는 방식과 전승 및 교화의 방식에 대해서도 다양한 설명이 드러나 있다. 특히 선수행이 궁극적인 목표로 삼고 있는 깨달음에 관한 문제는 그것을 획득하는 방법만이 아니라 이미 성취된 깨달음에 대한 성격과 그 기능에도 결부되어 있다.

조사선에서 논의되고 있는 깨달음의 성격은 상황에 따라서 달라진다. 본래불의 입장에서 번뇌의 공성이 자각된 상황으로서 그것이 다름 아닌 지혜의 터득이라는 점, 평등과 청정으로 표현되는 분별상과 집착심의 초월, 그리고 깨달음의 경험과 경험된 깨달음이 주객의 관계가 아니기 때문에 자신이 자신을 제도하는 것이라는 점 등이 그것이다.

그리고 깨달음의 기능은 깨달음의 경험을 토대로 해야만 인가와 전법 및 접화, 그리고 깨달음의 표출인 선문답과 그 기록인 선어록으로부터 출현한 새로운 선문화 등이 가능하다. 이것은 깨달음이 자성에 대한 자각으로서 개인의 경험에 머무르지 않고 타인을 향해서 반드시 어떤 모습으로든지 표출되지 않으면 안 되는 유용성의 문제와 결부된 것이기도 하다.

이처럼 깨달음의 자체에 대하여 그 성격과 기능뿐만 아니라 대타적인 입장에서 깨달음이 어떻게 취급되고 있는지에 대하여 많은 관심을 불러일으켰다. 가령 깨달음의 특징들 가운데서 그 작용이 영속적인가, 속성이 보편적인가, 경험이 일회성인가 등의 문제는 항상 논의의 주제로 제시되어 있다. 깨달음의 속성이 보편적이라면 사람 이외의 존재에게도 동일하게 적용되는가, 깨달음의 작용이 영속적이라면 깨달은 이후의 수행은 어떤 수행인가, 깨달음의 경험이 일회성이라면 여러 차례에 걸친 경험들은 어떤 경험인가 하는 갖가지 문제를 논의할 경우에도 기본적으로 깨달음의 성격과 기능이 전제되어 있다.

참고문헌

『金剛般若波羅蜜經』, 大正藏8

『摩訶般若波羅蜜經』, 大正藏8

『南本涅槃經』 大正藏12

『維摩詰所說經』, 大正藏14

『楞伽阿跋多羅寶經』, 大正藏16

『黃龍慧南禪師語錄』, 大正藏47

『鎭州臨濟慧照禪師語錄』, 大正藏47

『悟性論』, 大正藏48

『二種入』, 大正藏48

『六祖大師法寶壇經』, 大正藏48

『信心銘』, 大正藏48

『宏智禪師廣錄』, 大正藏48

『人天眼目』, 大正藏48

『續高僧傳』, 大正藏50

『宋高僧傳』, 大正藏50

『景德傳燈錄』, 大正藏51

『楞伽師資記』, 大正藏85

『祖庭事苑』, 卍新纂續藏經64

『馬祖道一禪師廣錄』, 卍新續藏69

『禪家龜鑑』, 韓佛全7

『禪門證正錄』, 韓佛全10

『祖堂集』, 高麗大藏經45

「普照國師碑銘」, 『普照全書』. 서울: 보조사상연구원. 1989.

김호귀, 『선의 어록』. 민족사. 서울: 2014.

______, 『선과 수행』. 석란. 서울: 2008.

鈴木哲雄,『唐五代禪宗史』. 東京: 山喜房佛書林. 1987.

石井修道,『宋代禪宗史の研究』. 東京: 大東出版社. 1987.

柳田聖山,『語錄の歷史 - 禪文獻の成立史的研究』. 京都: 『東方學報』 제57책. 1985. 3.

________,『ダルマ』. 東京: 講談社. 1998.

________,『達摩の語錄』. 東京: 筑摩書房. 1996.

찾아보기

【ㅅ】

【ㅊ】

저자(글 수록순)

정승석(동국대학교 불교대학 교수)

월암(한산사 용성선원장)

이평래(충남대학교 명예교수)

김준호(울산대학교 인문과학연구소 연구교수)

김한상(한국외국어대학교 HK연구교수)

이필원(동국대학교(경주) 파라미타컬리지 교수)

남수영(중앙승가대학교 불교학부 외래교수)

김성철(금강대학교 불교문화연구소 교수)

차상엽(금강대학교 불교문화연구소 교수)

조윤경(동국대학교 불교학술원 HK연구교수)

이병욱(고려대학교 철학과 외래교수)

석길암(동국대학교(경주) 불교학부 교수)

김호귀(동국대학교 불교학술원 HK연구교수)

깨달음 논쟁

초판 1쇄 인쇄 2018년 11월 1일 | **초판 1쇄 발행** 2018년 11월 8일

엮은이 불교학연구회 | **펴낸이** 김시열

펴낸곳 도서출판 운주사

(02832) 서울시 성북구 동소문로 67-1 성심빌딩 3층

전화 (02) 926-8361 | **팩스** 0505-115-8361

ISBN 978-89-5746-531-8 93220 값 25,000원

http://cafe.daum.net/unjubooks 〈다음카페: 도서출판 운주사〉